O SÉCULO
DA SOLIDÃO

O SÉCULO DA SOLIDÃO

RESTABELECER CONEXÕES EM UM MUNDO FRAGMENTADO

NOREENA HERTZ

Tradução de
Marina Vargas

1ª edição

EDITORA RECORD
RIO DE JANEIRO • SÃO PAULO
2021

CIP-BRASIL. CATALOGAÇÃO NA PUBLICAÇÃO
SINDICATO NACIONAL DOS EDITORES DE LIVROS, RJ

H49s

Hertz, Noreena
O século da solidão: restabelecer conexões em um mundo fragmentado / Noreena Hertz ; tradução Marina Vargas. – 1. ed. – Rio de Janeiro : Record, 2021.

Tradução de: The lonely century : coming together in a world that's pulling apart
Inclui bibliografia e índice
ISBN 978-65-5587-291-0

1. Solidão - Aspectos sociais. 2. Solidão - Aspectos psicológicos. 3. Mídias sociais - Influência. 4. Relação interpessoal. I. Vargas, Marina. II. Título.

CDD: 302.17
CDU: 316.4:364.624.4

21-70413

Meri Gleice Rodrigues de Souza – Bibliotecária – CRB-7/6439

Copyright © Noreena Hertz, 2020

Título original em inglês: The lonely century: coming together in a world that's pulling apart

Todos os direitos reservados. Proibida a reprodução, armazenamento ou transmissão de partes deste livro, através de quaisquer meios, sem prévia autorização por escrito.

Texto revisado segundo o novo Acordo Ortográfico da Língua Portuguesa.

Direitos exclusivos de publicação em língua portuguesa para o Brasil adquiridos pela
EDITORA RECORD LTDA.
Rua Argentina, 171 – 20921-380 – Rio de Janeiro, RJ – Tel.: (21) 2585-2000, que se reserva a propriedade literária desta tradução.

Impresso no Brasil

ISBN 978-65-5587-291-0

Seja um leitor preferencial Record.
Cadastre-se em www.record.com.br
e receba informações sobre nossos lançamentos e nossas promoções.

Atendimento e venda direta ao leitor:
sac@record.com.br.

Para Danny
Por tudo

Sumário

1. Este é o Século da Solidão — 09
2. A solidão mata — 29
3. O rato solitário — 51
4. A cidade solitária — 79
5. A era sem contato — 97
6. Nossas telas, nossos eus — 117
7. Sozinho no escritório — 157
8. Escravidão digital — 187
9. Sexo, amor e robôs — 221
10. A economia da solidão — 253
11. Restabelecer conexões em um mundo fragmentado — 283

Agradecimentos — 311
Bibliografia selecionada — 315
Notas — 319
Índice — 451

CAPÍTULO 1

Este é o Século da Solidão

Abraçada a ele, meu peito pressionado contra suas costas, nossa respiração sincronizada, nossos pés entrelaçados. É assim que temos dormido há mais de 5 mil noites.

Agora, no entanto, dormimos em quartos diferentes. Durante o dia, dançamos um zigue-zague a dois metros de distância um do outro. Abraços, carícias, beijos, nossa taquigrafia diária, agora proibida. "Fique longe de mim" são minhas novas palavras carinhosas. Tossindo constantemente, sentindo dores e mal-estar, tenho pavor de chegar muito perto do meu marido e infectá-lo. Então mantenho distância.

Hoje são 31 de março de 2020, e junto com 2,5 bilhões de outras pessoas, um terço da população mundial, estamos em lockdown.[1]

Com tanta gente presa em casa, condenada a trabalhar remotamente (os que ainda têm emprego), sem poder visitar amigos ou pessoas queridas, saindo de casa uma vez por dia, se tanto, em "distanciamento social", "quarentena" e "autoisolamento", era inevitável que os sentimentos de solidão e isolamento disparassem.

Apenas dois dias depois do lockdown, minha melhor amiga me mandou uma mensagem: "O isolamento está me deixando maluca." No quarto dia, meu pai de 82 anos me escreveu pelo WhatsApp: "Solitário qual nuvem vaguei."* Em todo o mundo, profissionais que atendem

---

* Verso de um poema do poeta romântico inglês William Wordsworth (1770-1850). No original em inglês, *"I wandered lonely as a cloud"*. (N. da T.)

em centrais telefônicas de apoio à saúde mental relataram não apenas um grande aumento no volume de chamadas dias depois do início do distanciamento social obrigatório, mas também que um número significativo das pessoas atendidas se queixava de solidão.[2] "Minha mãe não quer me abraçar nem ficar muito perto de mim", confidenciou uma criança confusa a um voluntário da linha de apoio Childline, do Reino Unido.[3] Na Alemanha, onde em meados de março as linhas de apoio estavam recebendo 50% mais ligações do que o normal, um psicólogo que atendia aos telefonemas observou que "a maioria das pessoas que liga tem mais medo da solidão do que de ser infectada".[4]

O Século da Solidão, no entanto, não começou no primeiro trimestre de 2020. Quando a pandemia de Covid-19 teve início, muitos de nós *já* se sentiam solitários, isolados e desagregados havia um bom tempo.

Por que nos tornamos tão solitários e o que precisamos fazer para nos reconectar é o assunto deste livro.

Linda de rosa

Dia 24 de setembro de 2019. Estou esperando, sentada junto à janela, de costas para a parede rosa.

Meu telefone emite um sinal sonoro de mensagem. É Brittany: ela vai se atrasar alguns minutos.

"Não se preocupe", respondo. "Escolheu um lugar legal." E é verdade. A clientela bonita, aparentemente sem ter de fazer nenhum esforço, parecendo gazelas, com seus portfólios de modelo de moda sob o braço, dá uma ideia do quão descolado o Cha Cha Matcha, no bairro de NoHo, em Manhattan, é.

Alguns minutos depois, ela chega. De membros longos, atlética, seu sorriso se alarga quando, ao dar uma olhada no salão, ela me vê. "Ei, adorei o seu vestido", diz ela.

Por 40 dólares a hora, eu não esperava menos. Pois Brittany é a "amiga" que aluguei de uma empresa chamada Rent-a-Friend [Alugue-um--Amigo] para passar a tarde comigo. Fundada pelo empreendedor Scott Rosenbaum, de Nova Jersey, que havia observado o conceito decolar no

Japão, e agora operando em dezenas de países em todo o mundo, seu site tem mais de 620 mil amigos platônicos disponíveis para aluguel.

Essa não era a carreira que Brittany, uma jovem de 23 anos nascida em uma pequena cidade da Flórida, pretendia seguir quando conquistou uma vaga na Brown University. No entanto, como não conseguiu um emprego na área de ciências ambientais (campo no qual se formou na universidade) e preocupada com sua dívida de financiamento estudantil, ela explica a decisão de alugar sua companhia como uma decisão pragmática, o trabalho emocional como apenas mais uma das suas opções de monetização. Quando não está alugando sua companhia (o que costuma fazer algumas vezes por semana), ela ajuda *start-ups* com postagens nas redes sociais e oferece serviços de assistente executiva via TaskRabbit.

Antes de nos conhecermos, eu estava bastante nervosa; não tinha certeza se "amiga" era um codinome para parceira sexual ou se a reconheceria por sua foto de perfil. Em poucos minutos, no entanto, eu me tranquilizo de que se trata de um território de "amigos sem benefícios". E nas horas seguintes, enquanto caminhamos pelo centro de Manhattan conversando sobre o movimento #MeToo, sobre sua heroína Ruth Bader Ginsberg e sobre nossos livros favoritos na livraria McNallys, por vezes me esqueço de que estou pagando pela companhia de Brittany. Embora ela não parecesse uma velha amiga, realmente tive a impressão de que era uma nova e divertida possibilidade.

Mas é na Urban Outfitters, na Broadway, que ela realmente lança mão de todo o seu charme, justo no momento em que o tempo do nosso encontro começa a se esgotar. Com um sorriso que não sai mais do rosto, intensificando as brincadeiras, ela ri comigo enquanto vasculhamos uma pilha de camisetas e se junta corajosamente a mim enquanto experimento chapéus *bucket* de cores vibrantes. Aparentemente, eles de fato combinam comigo. Embora seja provável que ela tivesse dito isso quer fosse verdade, quer não.

Eu pergunto a Brittany sobre as outras pessoas que a contratam, meus companheiros consumidores de amigos. Ela me conta sobre a mulher de fala mansa que não queria ir a uma festa sozinha; a especialista em tecnologia de Déli que tinha se mudado para Manhattan a trabalho, não conhecia ninguém na cidade e queria companhia para o jantar; o banqueiro que se ofereceu para levar uma canja de galinha quando ela estava doente. "Se tivesse que resumir sua clientela típica, o que você diria?", pergunto. A resposta: "Profissionais solitários, na casa dos 30 aos 40 anos. O tipo de pessoa que trabalha longas horas e não parece ter tempo para fazer muitos amigos."

É um sinal dos nossos tempos que hoje eu possa contratar uma companhia com a mesma facilidade com que compro um cheeseburger, com apenas alguns toques no celular, e que o que chamo de Economia da Solidão tenha surgido para atender (e em alguns casos explorar) aqueles que sentem sozinhos. No século XXI, o século mais solitário de que se tem notícia, no entanto, os profissionais sobrecarregados que contratam Brittany não são os únicos a sofrer: os tentáculos da solidão vão muito além.

Mesmo antes de o coronavírus desencadear uma "recessão social" com a transformação do contato presencial em algo tóxico, três em cada cinco adultos norte-americanos se consideravam solitários.[5]

Na Europa, a situação era semelhante. Na Alemanha, dois terços da população acreditavam que a solidão era um problema grave.[6] Quase um terço dos holandeses admitiu ser solitário — um em cada dez, profundamente.[7] Na Suécia, quase um quarto da população afirmou se sentir solitário com frequência.[8] Na Suíça, duas em cada cinco pessoas relataram se sentir assim às vezes, com frequência ou sempre.[9]

No Reino Unido, o problema havia se tornado tão significativo que em 2018 o primeiro-ministro chegou a nomear um ministro da Solidão.[10] Um em cada oito britânicos não tinha sequer um amigo próximo com quem pudesse contar, número que apenas cinco anos antes era de um em cada dez.[11] Três quartos dos cidadãos não sabiam o nome de seus vizinhos, ao passo que 60% dos funcionários do Reino Unido relataram se sentir solitários no trabalho.[12] Os dados da Ásia, da Austrália, da América do Sul e da África eram igualmente preocupantes.[13]

Inevitavelmente, meses de confinamento, autoisolamento e distanciamento social agravaram ainda mais esse problema. Jovens e velhos, homens e mulheres, solteiros e casados, ricos e pobres.[14] Em todo o mundo, as pessoas se sentem solitárias, desconectadas e alienadas. Estamos no meio de uma crise global de solidão. Nenhum de nós, em nenhum lugar, está imune.

A cerca de 10 mil quilômetros do distrito de NoHo, em Manhattan, Saito-san está acordando. Pequena e de bochechas redondas, um brilho amável nos olhos, essa viúva mãe de dois filhos sabe muito bem o que é se sentir sozinha. Sobrecarregada por problemas financeiros consideráveis, a pensão que recebe é insuficiente para cobrir seu custo de vida, sem ter a quem recorrer e com os filhos ocupados demais para cuidar dela, Saito-san com frequência se sentia muito solitária. Mas isso foi antes de tomar uma medida radical, ainda que não sem precedentes.

Encarcerada agora na prisão de Tochigi, uma instituição para mulheres infratoras, Saito-san é uma entre muitos japoneses idosos que fizeram da prisão uma opção de vida. No Japão, os crimes cometidos por pessoas com mais de 65 anos quadruplicaram nas últimas duas décadas.[15] Setenta por cento das pessoas nessa faixa etária reincidiram em cinco anos. A diretora da prisão, Junko Ageno, não tem dúvida de que a solidão é um dos principais responsáveis por essa tendência — as prisioneiras pelas quais ela é responsável lhe dizem isso.[16] Koichi Hamai, professor da Universidade Ryukoku que estudou o fenômeno dos presos idosos, concorda. Ele acredita que um número significativo de mulheres idosas escolhe a prisão como uma forma de escapar do isolamento social que sentem.[17] Geralmente presas por delitos menores, como furtos em lojas (um dos crimes mais fáceis de cometer se seu objetivo é ir para a cadeia), 40% dessas prisioneiras afirmam raramente falar com parentes ou não ter família; metade dos idosos encarcerados por furto em lojas nos últimos anos vivia sozinha antes de ir para a prisão.

Muitos descrevem a prisão como uma forma de criar para si próprios uma "comunidade que não conseguem ter em casa". Um lugar onde, como explica outra detenta octogenária, "há sempre gente por perto e não me sinto só".[18] Um ambiente que uma de suas colegas de prisão, a sra. O, de 78 anos, descreve como "um oásis", onde "há muitas pessoas com quem conversar". Um santuário que oferece não apenas companhia, mas também amparo e cuidado.[19]

Os idosos são o grupo em que tendemos a pensar primeiro quando consideramos quem é mais solitário entre nós. E, de fato, esse grupo é mais solitário do que a média.

Já em 2010, 60% dos residentes de lares para idosos nos Estados Unidos afirmaram nunca receber visitas.[20] No Reino Unido, dois quintos de todos os idosos relataram em 2014 que a televisão era sua principal companhia.[21] Enquanto isso, na cidade chinesa de Tianjin, um senhor de 85 anos, um dos milhões de idosos solitários da China, ganhou fama internacional em 2017 ao colocar um anúncio no ponto de ônibus local: "Homem solitário na casa dos 80 anos", dizia. "Minha esperança é que uma pessoa ou família de bom coração me adote." Tragicamente, ele morreu três meses depois. Muitos de seus vizinhos demoraram duas semanas para perceber sua ausência.[22]

Essas histórias são difíceis de ler. E levantam questões importantes a respeito de como nós, como sociedade, cuidamos de nossos cidadãos mais velhos. No entanto, na verdade, e talvez surpreendentemente, são os mais jovens entre nós aqueles que se sentem mais solitários.

Tomei conhecimento disso há alguns anos, quando dava aula para estudantes universitários de pós-graduação.[23] Pois não apenas ficou claro para mim, ao observá-los interagindo durante as tarefas em grupo, que eles consideravam as interações presenciais consideravelmente mais difíceis do que as gerações anteriores, mas, quando se sentavam súbita e pesadamente em minha sala, tomados de ansiedade em relação ao curso e a suas perspectivas de emprego no futuro, eu ficava impressionada com quantos deles me confidenciavam se sentir solitários e isolados.

Meus alunos não eram exceções.

Nos Estados Unidos, pouco mais de um em cada cinco millennials afirma não ter nenhum amigo.[24] No Reino Unido, três em cada cinco jovens com idade ente 18 e 34 anos e quase metade das crianças com idade entre 10 e 15 anos afirmam se sentir solitários com frequência ou às vezes.[25]

De novo, esse quadro perturbador é uma tendência global que nos últimos anos tem piorado progressivamente. Em quase todos os países da Organização para a Cooperação e o Desenvolvimento Econômico (OCDE) (que inclui a maior parte da Europa, os Estados Unidos, o Canadá e a Austrália), a porcentagem de jovens de 15 anos que afirmam se sentir solitários na escola aumentou entre 2003 e 2015.[26] Mais uma vez, na esteira da epidemia de Covid-19, é provável que os números sejam significativamente maiores.

Essa não é uma crise apenas de saúde mental. É uma crise que está nos deixando fisicamente doentes. Pesquisas mostram que a solidão é pior para a nossa saúde do que não praticar exercícios, tão prejudicial quanto ser alcoólatra e duas vezes mais prejudicial do que ser obeso.[27] Estatisticamente, a solidão é equivalente a fumar quinze cigarros por dia.[28] E um dado de vital importância: isso independe de renda, sexo, idade ou nacionalidade.[29]

Também se trata de uma crise econômica. Mesmo antes da Covid-19, nos Estados Unidos, estimava-se que o isolamento social custasse quase 7 bilhões de dólares por ano ao Medicare, mais do que o sistema de seguros de saúde gerido pelo governo gasta com artrite e quase tanto quanto gasta com hipertensão — e isso apenas entre pessoas idosas.[30] No Reino Unido, estimava-se que os solitários com mais de 50 anos custassem ao Serviço Nacional de Saúde [National Health Service — NHS] 1,8 bilhão de libras por ano, quase o mesmo valor do orçamento anual do Ministério de Habitação, Comunidades e Governos Locais.[31] Enquanto isso, os empregadores do Reino Unido estavam perdendo 800 milhões de libras a cada ano devido aos dias de licença por doenças relacionadas com a solidão, valor significativamente maior quando também eram levadas em conta as perdas de produtividade.[32]

E também é uma crise política, que alimenta divisionismo e extremismo nos Estados Unidos, na Europa e em todo o mundo. A solidão e o populismo de direita são, como veremos, companheiros próximos.

É especialmente preocupante o fato de provavelmente estarmos subestimando a verdadeira extensão do problema. Isso se deve, em parte, ao estigma associado à solidão. Para algumas pessoas, admitir que são solitárias é algo difícil: um terço dos funcionários do Reino Unido que se sentem solitários no trabalho nunca relatou isso a ninguém.[33] Outras pessoas podem ter dificuldade de admitir até para si mesmas, acreditando que isso sugere um fracasso pessoal, em vez de ser consequência das circunstâncias da vida e de toda uma gama de fatores sociais, culturais e econômicos que estão além do controle de um único indivíduo.

Mais do que isso, no entanto, o problema é subestimado devido a nossa maneira de definir a solidão. Porque não apenas solidão não é o mesmo que estar sozinho (uma pessoa pode estar fisicamente cercada de outras pessoas e ainda assim se sentir solitária, ou pode estar sozinha e não sentir solidão), mas também tem sido tipicamente definida de forma muito restrita. A solidão que vivenciamos no século XXI é muito mais ampla em escopo do que sua definição tradicional.

O QUE É SOLIDÃO?

A Escala de Solidão da Universidade da Califórnia em Los Angeles (UCLA) (veja tabela adiante) foi desenvolvida em 1978 por um trio de pesquisadores da UCLA que procurava criar uma ferramenta quantitativa para medir sentimentos subjetivos de solidão. Consiste em vinte perguntas concebidas para averiguar não apenas quão conectados, amparados e cuidados os entrevistados se sentem, mas também quão excluídos, isolados e incompreendidos. Ainda hoje é o padrão-ouro nas pesquisas sobre solidão.[34] A maioria dos estudos citados neste livro usa essa escala, ou uma variante dela, para avaliar a solidão de um entrevistado.

Por favor, dedique alguns minutos a respondê-la. Circule sua resposta para cada pergunta; ao final, some os valores.[35]

Como você se saiu? Se pontuou acima de 43, você seria considerado solitário.[36] Mas se refizesse o teste usando uma definição mais ampla de solidão — uma que englobasse não apenas sua relação com amigos, família, colegas de trabalho e vizinhos (aqueles que a Escala de Solidão da UCLA costuma considerar na maior parte das vezes), mas também sua relação com seu empregador, seus concidadãos, políticos e o Estado —, como isso afetaria sua pontuação?

Uma diferença fundamental entre minha definição de solidão (aquela que será usada ao longo deste livro) e a definição tradicional é que eu defino solidão não apenas como o sentimento de falta de amor, companhia e intimidade. Tampouco se trata apenas de se sentir ignorado, não visto ou não cuidado por aqueles com quem interagimos: nosso parceiro, nossa família, nossos amigos e vizinhos. É também nos sentirmos não apoiados e não cuidados por nossos concidadãos, empregadores, nossa comunidade, nosso governo. É nos sentirmos desconectados não apenas daqueles de quem deveríamos nos sentir íntimos, mas também de nós mesmos. Não se trata apenas de não ter apoio em um contexto social ou familiar, mas de se sentir excluído política e economicamente.

	Nunca	Raramente	Às vezes	Frequentemente
1. Com que frequência você sente que está "em sintonia" com as pessoas ao seu redor?	4	3	2	1
2. Com que frequência você sente falta de companhia?	1	2	3	4
3. Com que frequência você sente que não há ninguém a quem recorrer?	1	2	3	4
4. Com que frequência você se sente sozinho?	1	2	3	4
5. Com que frequência você se sente parte de um grupo de amigos?	4	3	2	1
6. Com que frequência você sente que tem muito em comum com as pessoas ao seu redor?	4	3	2	1
7. Com que frequência você sente que não está mais perto de ninguém?	1	2	3	4

8. Com que frequência você acha que seus interesses e ideias não são compartilhados por aqueles ao seu redor?	1	2	3	4
9. Com que frequência você se sente extrovertido e amigável?	4	3	2	1
10. Com que frequência você se sente próximo das pessoas?	4	3	2	1
11. Com que frequência você se sente excluído?	1	2	3	4
12. Com que frequência você acha que seu relacionamento com outras pessoas não são significativos?	1	2	3	4
13. Com que frequência você acha que ninguém realmente o conhece bem?	1	2	3	4
14. Com que frequência você se sente isolado dos outros?	1	2	3	4
15. Com que frequência você acha que pode conseguir companhia quando deseja?	4	3	2	1
16. Com que frequência você sente que há pessoas que realmente entendem você?	4	3	2	1
17. Com que frequência você fica tímido?	1	2	3	4
18. Com que frequência você sente que as pessoas estão perto de você, mas não com você?	1	2	3	4
19. Com que frequência você sente haver pessoas com quem pode conversar?	4	3	2	1
20. Com que frequência você acha que há pessoas a quem recorrer?	4	3	2	1

Eu defino a solidão tanto como um estado interno quanto como um estado existencial — pessoal, social, econômico *e* político.

Como tal, minha definição está mais próxima daquela concebida por pensadores como Karl Marx, Émile Durkheim, Carl Jung e Hannah Arendt, e escritores tão diversos quanto Isaac Asimov, Aldous Huxley, George Eliot e, mais recentemente, o criador da série *Black Mirror* Charlie Brooker.[37]

Remodelada pela globalização, pela urbanização, pelas crescentes desigualdades e assimetrias de poder, pelas mudanças demográficas, pelo aumento da mobilidade, pela revolução tecnológica, pela austeridade e agora também pelo coronavírus, acredito que a manifestação contemporânea de solidão vai além do nosso anseio por conexão com aqueles que estão fisicamente ao nosso redor, do nosso desejo de amar e ser amados, e da tristeza que sentimos quando nos consideramos desprovidos de amigos. Ela também incorpora quão desconectados nos sentimos dos políticos e da política, quão desligados nos sentimos do nosso emprego e do nosso local de trabalho, quão excluídos muitos de nós se sentem dos ganhos da sociedade e quão impotentes, invisíveis e sem voz tantos de nós acreditamos ser. É uma solidão que inclui, mas ao mesmo tempo é maior do que nosso desejo de nos sentirmos próximos de outras pessoas, porque também é uma manifestação da nossa necessidade de sermos ouvidos, vistos e cuidados, de termos arbítrio, de sermos tratados com justiça, gentileza e respeito. As medidas tradicionais de solidão captam apenas uma parte disso.

Com essa definição em mente, pergunte a si mesmo: quando foi a última vez que se sentiu desconectado das pessoas ao seu redor, sejam elas parentes, amigos, vizinhos ou concidadãos? Quando foi a última vez que se sentiu desprezado ou ignorado pelos políticos eleitos por você, ou sentiu que ninguém em uma posição de autoridade se importava com suas dificuldades? Quando foi a última vez que se sentiu impotente ou invisível no trabalho?

Você não está sozinho.

Nos anos anteriores à pandemia do coronavírus, dois terços das pessoas que viviam em democracias não achavam que o governo agia em prol de seus interesses.[38] Oitenta e cinco por cento dos funcionários em todo o mundo se sentiam desconectados de sua empresa e de seu trabalho.[39] E apenas 30% dos americanos acreditavam que a maioria das pessoas era confiável, uma queda considerável desde 1984, quando esse número era de cerca de 50%.[40] No que diz respeito a nos sentirmos desconectados uns dos outros, você consegue se lembrar de uma época em que o mundo parecesse tão polarizado, fraturado e dividido como agora?

Como chegamos até aqui

Essa conjuntura não se estabeleceu por acaso. Nem surgiu da noite para o dia. Há um contexto, uma fusão de causas e acontecimentos que explicam por que nos tornamos tão solitários e desagregados tanto em termos pessoais como enquanto sociedade.

Como você deve ter suspeitado, nossos *smartphones* e, em particular, as mídias sociais desempenharam um papel fundamental: desviando nossa atenção das pessoas ao nosso redor; alimentando o pior dentro de nós, de forma que nos tornamos cada vez mais raivosos e tribais; fazendo com que nos comportemos de maneira cada vez mais performática e compulsiva em busca de curtidas, retuítes e seguidores; erodindo nossa capacidade de nos comunicar de maneira eficaz e empática. Isso se manteve verdadeiro mesmo durante o confinamento imposto pelo coronavírus. Pois além do papa transmitindo sua missa diária ao vivo pelo Facebook; do DJ D-Nice promovendo uma festa dançante com a presença de mais de 100 mil pessoas no Instagram; do surgimento de grupos locais no Facebook nos quais vizinhos que nunca tinham se falado antes compartilharam dicas de "como se manter são", senhas de Wi-Fi e leite infantil; os ataques racistas e os discursos de ódio se alastraram pelas redes sociais, teorias da conspiração circularam com uma rapidez cada vez maior e conselheiros matrimoniais me relataram que houve um aumento no número de clientes que se sentiam solitários porque seus parceiros estavam se deixando dominar ainda mais do que o normal pelo celular.[41]

Nossos *smartphones* e mídias sociais, no entanto, são apenas duas peças do quebra-cabeça. As causas da crise de solidão atual são numerosas e diversas.

Certamente, a discriminação estrutural e institucional continuam sendo fatores relevantes. Um estudo feito no Reino Unido em 2019 com quase mil pessoas revelou que sofrer discriminação racial, étnica ou xenófoba no trabalho ou na vizinhança aumenta a chance de sentir solidão em 21%. Por sua vez, uma pesquisa realizada em 2020 com mais de 10 mil americanos concluiu que negros e hispânicos se sentem mais solitários no trabalho do que seus colegas brancos, e também significativamente mais alienados. Ser vítima de comportamento sexista também tem sido associado ao aumento da solidão.[42]

Porém, além desses problemas estruturais duradouros, surgiram novos elementos responsáveis por provocar o sentimento de solidão. A migração em larga escala para as cidades, uma reorganização radical do local de trabalho e mudanças fundamentais em nossa forma de viver também são fatores a considerar. Não estamos apenas "jogando boliche sozinhos" com mais frequência do que em 2000, quando o cientista político Robert Putnam publicou seu livro de referência sobre o cotidiano dos americanos.* Atualmente fazemos cada vez menos coisas uns com os outros, pelo menos no que diz respeito às formas tradicionais de comunhão. Em grande parte do mundo, as pessoas têm menos probabilidade de frequentar a igreja ou a sinagoga, pertencer a uma associação de pais e professores ou a um sindicato, comer ou morar com outras pessoas ou ter um amigo próximo do que tinham há uma década.[43] Também temos tido menos contato físico: nós nos tocamos menos e fazemos menos sexo.[44]

E a tendência já há algum tempo é que mesmo quando fazemos coisas "juntos", para um número cada vez maior de nós isso não significa a presença física de outra pessoa: "participamos" de aulas de ioga em um aplicativo, "falamos" com um *chatbot* de atendimento ao cliente em vez de um vendedor humano, transmitimos ao vivo uma cerimônia religiosa da nossa sala de estar ou fazemos compras na Amazon Go, a nova rede de supermercados da gigante da tecnologia de onde você

---

* O livro é *Bowling Alone: The Collapse and Revival of American Community* [Jogando boliche sozinho: o colapso e o ressurgimento das comunidades americanas]. (*N. da T.*)

pode sair com suas compras sem ter tido nenhum contato com outro ser humano. Mesmo antes da epidemia do coronavírus, a ausência de contato estava começando a se tornar nosso modo de vida, nossa escolha.

Ao mesmo tempo, a infraestrutura comunitária — com o que estou me referindo aos espaços físicos compartilhados onde pessoas de todos os tipos podem se reunir, interagir e criar laços — foi gravemente negligenciada, na melhor das hipóteses, e ativamente destruída, na pior. É um processo que começou em muitos lugares antes da crise financeira de 2008, mas se acelerou acentuadamente como consequência dela conforme políticas governamentais de austeridade atingiram bibliotecas, parques públicos, parquinhos infantis e centros juvenis e comunitários em grande parte do mundo. No Reino Unido, por exemplo, um terço dos clubes que ofereciam atividades para crianças e jovens e cerca de oitocentas bibliotecas públicas foram fechados entre 2008 e 2018, ao passo que nos Estados Unidos, o financiamento federal para bibliotecas diminuiu mais de 40% entre 2008 e 2019.[45] A razão de isso ser tão importante é porque esses espaços não são apenas lugares onde as pessoas se reúnem, mas também onde aprendemos *como* nos reunir, lugares onde praticamos a civilidade e também a democracia, em sua forma inclusiva, aprendendo a coexistir de forma pacífica com pessoas diferentes de nós e a lidar com diferentes pontos de vista. Sem esses espaços que nos unem, é inevitável que nos afastemos ainda mais.

Mundo cão

A maneira como vivemos hoje, a mudança na natureza do trabalho e na natureza das relações, a forma como nossas cidades são construídas, e nossos escritórios, planejados, o modo de tratarmos uns aos outros e a forma como nosso governo nos trata, nosso vício em smartphones e até mesmo nossa maneira de amar — *tudo* isso está contribuindo para nos tornar mais solitários. Mas é preciso recuar mais para entender por completo como nos tornamos tão desconectados, distanciados e isolados. Pois as bases ideológicas da crise de solidão do século XXI antecedem as tecnologias digitais, a onda mais recente de urbanização, as profundas mudanças nos locais de trabalho ocorridas neste século e a crise financeira de 2008, bem como, é claro, a pandemia do coronavírus.

Em vez disso, elas remontam à década de 1980, quando uma forma particularmente cruel do capitalismo se instalou: o neoliberalismo, uma ideologia com ênfase na liberdade — "livre" escolha, "livre" mercado, "liberdade" em relação à interferência do governo e dos sindicatos. Uma liberdade que atribuía um grande valor a uma forma idealizada de autossuficiência, ao governo mínimo e a uma mentalidade brutalmente competitiva que colocava o interesse pessoal acima da comunidade e do bem coletivo. Defendido inicialmente por Margaret Thatcher e Ronald Reagan, e posteriormente adotado por políticos da "Terceira Via", como Tony Blair, Bill Clinton e Gerard Schröder, esse projeto político dominou práticas comerciais e governamentais nas últimas décadas.

Os motivos de ter desempenhado um papel fundamental na atual crise de solidão são, em primeiro lugar, o fato de ter precipitado um aumento significativo da disparidade de renda e riqueza em países em muitas partes do mundo.[46] Nos Estados Unidos, em 1989, os diretores-executivos de empresas ganhavam em média 58 vezes o salário médio do trabalhador; em 2018 esse número havia aumentado para 278 vezes.[47] No Reino Unido, a parcela da renda do 1% das famílias mais ricas triplicou nos últimos quarenta anos, com os 10% mais ricos possuindo agora cinco vezes a riqueza dos 50% mais pobres.[48] Como resultado, faixas significativas da população têm se sentido, há bastante tempo, deixadas para trás, rotuladas como fracassadas em uma sociedade que só tem tempo para vencedores, abandonadas à própria sorte em um mundo no qual seus laços tradicionais de trabalho e comunidade estão se desintegrando, as redes de segurança social estão se erodindo, e seu status na sociedade, diminuindo. Embora as pessoas nas faixas de renda mais alta também possam se sentir solitárias, aqueles que têm menos em termos econômicos sentem o mesmo de forma desproporcional.[49] Considerando os níveis contemporâneos de desemprego e dificuldades econômicas, precisamos estar especialmente atentos a isso.

Em segundo lugar está o fato de o neoliberalismo ter dado cada vez mais poder e carta branca às grandes empresas e ao grande capital, permitindo que os acionistas e os mercados financeiros determinassem as regras do jogo e as condições de emprego, mesmo quando isso tem um custo excessivamente alto para os trabalhadores e a sociedade como um todo. Na virada da década, um número recorde de pessoas em todo o mundo acreditava que o capitalismo como existe hoje faz mais mal do que bem. Na Alemanha, no Reino Unido, nos Estados Unidos e no Canadá, cerca de metade da população acreditava nisso, com muitos sentindo que o Estado estava tão escravizado pelo mercado que não estava cuidando deles ou de suas necessidades.[50] É solitário se sentir negligenciado, invisível e impotente. As grandes intervenções que os governos fizeram para amparar seus cidadãos ao longo de 2020 estavam em total desacordo com o espírito econômico dos quarenta anos anteriores, representado em um comentário feito por Ronald Reagan em 1986: "As nove palavras mais terríveis da língua inglesa são *I'm from the government, and I'm here to help*" [Sou do governo e estou aqui para ajudar]. Ainda que os vários incentivos resultantes da crise do coronavírus sinalizem o surgimento de uma nova abordagem, os impactos sociais e econômicos de longo prazo do neoliberalismo vão inevitavelmente levar muito tempo para ser desfeitos.

Em terceiro lugar está o fato de o neoliberalismo ter remodelado profundamente não apenas as relações econômicas, mas também nossa relação uns com os outros. Pois o capitalismo neoliberal nunca se limitou a uma política econômica, como Margaret Thatcher deixou claro em 1981, quando declarou ao *Sunday Times*: "A economia é o método; o objetivo é mudar o coração e a alma."[51] E, de muitas maneiras, o neoliberalismo foi bem-sucedido nesse objetivo, pois mudou fundamentalmente a forma como víamos uns aos outros e as obrigações que sentíamos ter uns para com os outros, com a sua valorização de qualidades como hipercompetitividade e busca por satisfazer interesses próprios, independentemente das consequências mais amplas.

Isso não quer dizer que os humanos sejam essencialmente egoístas — pesquisas na área da biologia evolutiva deixam claro que não somos.[52] Mas com os políticos defendendo ativamente uma mentalidade autocentrada e competitiva, e "a ganância é boa" (a famosa máxima de Gordon

Gekko proferida no filme *Wall Street: poder e cobiça*, de 1987) servindo como frase feita do neoliberalismo, qualidades como solidariedade, gentileza e cuidado mútuo passaram a ser não apenas desvalorizadas, mas consideradas características humanas irrelevantes. Sob o neoliberalismo, fomos reduzidos a *Homo economicus*, humanos racionais preocupados apenas com nossos interesses pessoais.

Vimos isso se refletir na forma como nossa língua evoluiu. Desde a década de 1960, palavras coletivistas como "pertencer", "dever", "compartilhar" e "juntos" foram sendo progressivamente suplantadas por palavras e expressões individualistas como "conquistar", "possuir", "pessoal" e "especial".[53] Até mesmo as letras de canções pop se tornaram cada vez mais individualistas nos últimos quarenta anos, à medida que o pronome "nós" foi substituído por "eu" na imaginação lírica dessa geração.[54] Em 1977, o Queen nos dizia *"we are the champions"* ["nós somos os campeões"] e David Bowie, *"we could be heroes"* ["podemos ser heróis"]. Em 2013, Kanye West nos disse *"I am a God"* ["Eu sou um Deus"], enquanto a canção de Ariana Grande "thank u, next", que bateu recordes em 2018, foi escrita como uma canção de amor para si mesma.

Não é apenas no Ocidente que vemos isso. Ao analisar as dez canções mais populares da China em todos os anos de 1970 a 2010, pesquisadores da Academia Chinesa de Ciências e da Nanyang Business School de Cingapura descobriram que os pronomes da primeira pessoa como "eu", "mim" e "meu" foram sendo cada vez mais usados nas canções ao longo das décadas, enquanto o uso de "nós", "nos" e "nosso" diminuiu.[55] Mesmo em um país tradicionalmente definido pela solidariedade em massa e pelo coletivismo, e onde o Estado permanece firmemente no controle, o que podemos considerar uma mentalidade neoliberal superindividualista se estabeleceu.

O neoliberalismo fez com que passássemos a nos ver como competidores em vez de colaboradores, consumidores em vez de cidadãos, pessoas que acumulam em vez de compartilhar, que têm em vez de dar, que trabalham sem parar em vez de ajudar; pessoas que não só estão ocupadas demais para ajudar os vizinhos, mas que nem sequer sabem o nome dos vizinhos. E deixamos coletivamente isso acontecer. Em muitos aspectos, essa foi uma resposta racional. Pois, no capitalismo neoliberal, se eu não cuidar de "mim", quem vai cuidar? O mercado? O Estado? Meu empregador? Meu vizinho? Improvável. O problema é que uma sociedade egoísta "voltada para o eu", na qual as pessoas sentem que precisam cuidar de si mesmas porque ninguém mais o fará, é inevitavelmente uma sociedade solitária.

Isso também se torna rapidamente um ciclo que se autoperpetua, uma vez que, para *não* nos sentirmos solitários, precisamos dar além de receber, cuidar além de ser cuidados, ser gentis e respeitosos com as pessoas ao nosso redor além de sermos tratados dessa forma.

Se quisermos restabelecer a conexão em um mundo que se fragmenta, precisaremos reconectar o capitalismo com a busca do bem comum e colocar o cuidado, a compaixão e a cooperação em seu cerne, com essa conduta se estendendo a pessoas que são diferentes de nós. Eis o verdadeiro desafio: nos reconectar não apenas com aqueles semelhantes a nós, mas também com a comunidade muito mais ampla à qual em última instância pertencemos. Depois da Covid-19, isso é não só mais urgente do que nunca, mas também mais possível.

O objetivo deste livro não é apenas expor a proporção da crise de solidão no século XXI, como chegamos até aqui e como ela vai piorar se não fizermos nada a respeito. É também um apelo à ação. Para governos e empresas, sem dúvida — a solidão é motivada por forças estruturais claras que precisam ser enfrentadas. Mas também para cada um de nós como indivíduo.

Porque a sociedade não é apenas feita para nós; nós também "fazemos" a sociedade, participamos dela e a moldamos. Portanto, se quisermos interromper o caminho destrutivo da solidão e restaurar o senso de comunidade e coesão que perdemos, temos de reconhecer que há medidas que precisamos tomar, bem como trocas que temos que fazer: entre o individualismo e o coletivismo, entre o interesse próprio e o bem social, entre o anonimato e a familiaridade, entre a conveniência e o cuidado, entre o que é melhor para si e o que é melhor para a comunidade, entre a liberdade e a fraternidade. Escolhas que não necessariamente são mutuamente excludentes, mas exigirão a renúncia a pelo menos algumas das liberdades que o neoliberalismo prometeu, falsamente, que poderíamos ter sem nenhum custo.

O reconhecimento de que cada um de nós tem um papel crucial a desempenhar na mitigação da crise de solidão é fundamental para este livro. Reconectar a sociedade não pode ser apenas uma iniciativa de cima para baixo, impulsionada por governos, instituições e empresas de grande porte, mesmo que o processo de desconexão da sociedade em grande parte tenha sido.

Portanto, ao longo do livro, apresentarei ideias, pensamentos e exemplos do que podemos fazer para combater a trajetória atual de divisão, isolamento e solidão, não apenas em nível político e econômico, mas também no âmbito pessoal.

Este é o Século da Solidão, mas não precisa continuar a ser.

O futuro está em nossas mãos.

CAPÍTULO 2

A solidão mata

"Estou com dor de garganta. Está ardendo. Está doendo muito. Não posso ir para a escola."

O ano é 1975. "Bohemian Rhapsody" toca no rádio, Margaret Thatcher acaba de se tornar líder da oposição, a Guerra do Vietnã chegou ao fim e estou vivenciando minha sexta amigdalite no ano.

Mais uma vez, minha mãe me leva ao médico. Mais uma vez ela me dá ampicilina, o antibiótico enjoativo com gosto de algodão-doce e anis. Mais uma vez ela amassa banana e me dá maçã raspada — as únicas coisas que consigo comer com a garganta inflamada. Mais uma vez, não vou à escola.

Para mim, 1975 foi um ano de dores de garganta constantes e nariz escorrendo, bem como repetidos episódios de gripe. Foi também o ano em que Sharon Putz mandou e desmandou em minha escola primária. O ano em que me senti mais isolada, excluída, solitária. Todos os dias eu ficava sozinha no recreio, assistindo enquanto as outras crianças no pátio pulavam amarelinha, esperando que me chamassem para brincar com elas. Nunca me chamavam.

Pode parecer um pouco exagerado, à primeira vista, estabelecer uma conexão direta entre quão solitária eu me sentia naquela época e meus gânglios inchados e minha garganta irritada. Mas a verdade é que a solidão tem manifestações corporais. E um corpo solitário, como vamos ver neste capítulo, não é um corpo saudável.

Corpos solitários

Pense na última vez que se sentiu solitário. Pode ter sido por um período curto. Qual era a *sensação* no seu corpo? Onde ela se localizava?

Muitas vezes imaginamos uma pessoa solitária como alguém passivo, discreto, calado. De fato, quando nos lembramos dos períodos mais solitários de nossa vida, o que vem de imediato à mente da maioria de nós não é o coração disparado, pensamentos acelerados ou outros sinais típicos de uma situação extremamente estressante. A solidão, na verdade, evoca associações de quietude. A presença química da solidão no corpo (onde ela se localiza e os hormônios que faz circularem em nossas veias), no entanto, é essencialmente idêntica à reação de lutar ou fugir que temos quando nos sentimos ameaçados.[1] É essa resposta ao estresse a responsável por alguns dos mais insidiosos efeitos da solidão sobre a saúde.[2] Eles podem ser profundos e até, nos piores casos, mortais. Então, quando falamos sobre solidão não estamos falando apenas sobre mentes solitárias, mas também corpos solitários. Os dois estão, é claro, interligados.

Isso não quer dizer que nosso corpo não seja usado na reação ao estresse — nós vivenciamos isso com bastante frequência. Fazer uma apresentação importante no trabalho, escapar por um triz de um acidente ao andar de bicicleta, assistir a uma cobrança de pênalti do nosso time de futebol são todas situações desencadeadoras de estresse comuns. Mas, em geral, depois de passada a "ameaça", nossos sinais vitais (pulso, pressão arterial, respiração) voltam ao normal. Estamos seguros. Em um corpo solitário, no entanto, nem a resposta ao estresse nem a crucial restauração do estado normal acontecem como deveriam.

Quando um corpo solitário vivencia o estresse, os níveis de colesterol sobem mais rápido do que em um corpo não solitário; a pressão arterial sobe mais rápido; os níveis de cortisol, o "hormônio do estresse", sobem mais rápido.[3] Além disso, essa elevação momentânea da pressão arterial e do colesterol se acumula com o tempo nas pessoas cronicamente solitárias, com as amígdalas (a parte do cérebro responsável pela reação de lutar ou fugir), muitas vezes mantendo o alerta de "perigo" ativo por mais tempo do que o normal.[4] Isso leva a um aumento da produção de leucócitos e da inflamação, que em momentos de estresse agudo pode ser um estímulo poderoso, mas quando persiste por períodos mais longos pode ter efeitos colaterais devastadores.[5] Quando está cronicamente inflamado, com o sistema imunológico sobrecarregado e ineficiente, o corpo solitário fica suscetível a outras doenças que em condições normais teria uma capacidade muito maior de combater, incluindo o resfriado comum, a gripe e minha velha inimiga de 1975: a amigdalite.[6]

O corpo também fica mais suscetível a doenças graves. Se é uma pessoa solitária, você tem um risco 29% maior de ter uma doença coronária, um risco 32% maior de sofrer um acidente vascular cerebral e um risco 64% maior de desenvolver demência.[7] Se você se sente solitário ou socialmente isolado, tem quase 30% mais probabilidade de morrer de forma prematura do que se não se sentisse assim.[8]

Embora quanto mais prolongada seja a solidão mais prejudicial seja o impacto sobre a nossa saúde, mesmo períodos relativamente curtos de solidão podem ter impactos negativos sobre o nosso bem-estar.[9] Quando, nos anos 1960 e 1970, uma equipe de pesquisadores da Johns Hopkins University, em Baltimore, realizou um estudo que acompanhou jovens estudantes de medicina durante dezesseis anos, o grupo pesquisado mostrou um padrão revelador: os estudantes cuja infância tinha sido solitária, com pais frios e distantes, mostraram mais propensão a desenvolver vários tipos de câncer mais tarde na vida.[10] Um estudo posterior, realizado em 2010 com pessoas que tinham vivenciado um período de solidão, nesse caso como resultado de um acontecimento específico, como a morte de um parceiro ou a mudança para uma nova cidade, revelou que, mesmo que a solidão tivesse sido sentida por essas pessoas apenas por um tempo determinado (no caso em questão, durou menos de dois anos), sua expectativa de vida diminuiu.[11] Quando consideramos o período de isolamento forçado que a maioria de nós experimentou em 2020, um alarme soa.

Voltaremos a falar das razões por que a solidão causa tanto estrago em nosso corpo, mas primeiro vamos considerar o que é, em muitos aspectos, a antítese da solidão — a comunidade — e seu impacto na nossa saúde. Pois se a solidão nos deixa doentes, sentir-se conectado com os outros nos mantém saudáveis?

O QUEBRA-CABEÇA DA SAÚDE HAREDI

Amanteigado, cremoso, salgado, doce. O rugelash derrete na boca. Assim como meu primeiro pedaço de "jerbo", um tradicional bolo judaico-húngaro no qual se alternam camadas de chocolate, nozes e geleia de damasco. Estou na confeitaria Katz, na cidade israelense de Bene Beraq, uma das paradas mais populares no tour de culinária haredi.

Os haredim são um ramo ultraortodoxo do judaísmo cujas origens remontam ao fim do século XIX.[12] Atualmente, essa população de indivíduos que costumam trajar chapéu preto, camisa branca e roupas recatadas representa aproximadamente 12% da população de Israel, número que, segundo projeções, deve subir para 16% em 2030.[13] Eu acho todos os doces da Katz absolutamente deliciosos. Essas iguarias, no entanto, definitivamente não são saudáveis. Na verdade, todo o açúcar, a manteiga e a gordura ajudam a explicar por que os haredim são sete vezes mais propensos a ser obesos do que os judeus israelenses seculares.[14] Quando pergunto a Pini, o brincalhão judeu haredi que comanda o tour, quanto de vegetais e fibras há na tradicional dieta haredi, ele me responde que é uma quantidade pequena.

A dieta não é o único aspecto pouco saudável da vida deles. Apesar de viverem em um país que tem uma média de 288 dias de sol ao ano, esse grupo sofre de uma séria deficiência de vitamina D. As roupas recatadas fazem com que apenas o punho fique exposto ao sol. Quanto ao exercício físico, qualquer coisa vigorosa tende a ser evitada.[15] De acordo com todos os padrões modernos, Pini e seus pares claramente não levam uma vida saudável.

Tampouco têm segurança financeira. A maioria dos homens opta por sair do mercado de trabalho para estudar a Torá e, embora 63% das mulheres haredim tenham um emprego, e muitas vezes sejam arrimo de família, elas tendem a trabalhar menos horas do que as judias não ortodoxas devido às consideráveis responsabilidades em casa (as mulheres haredim têm em média 6,7 filhos, três a mais do que a média nacional israelense).[16] Elas também costumam ocupar funções na área de ensino, onde os salários são relativamente baixos.[17] Consequentemente, mais de 54% dos haredim vivem abaixo da linha de pobreza, em comparação com 9% dos judeus não haredim; sua renda *per capita* mensal média (de 3.500 shekels) também corresponde à metade da de seus pares judeus não religiosos.[18]

Considerando todos esses indicadores, era de esperar que os haredim tivessem uma expectativa de vida menor do que a população israelense em geral. Afinal, a esmagadora maioria dos estudos ao redor do mundo mostra uma correlação clara e positiva entre dieta e longevidade, atividade física e longevidade e também entre status socioeconômico e longevidade.

De maneira fascinante, no entanto, os haredim parecem contrariar essa tendência: 73,6% deles descrevem sua saúde como "muito boa", em comparação com apenas 50% de outros grupos.[19] Trata-se de uma estatística que poderíamos ficar tentados a desconsiderar por ser autodeclarada e tendenciosa, não fosse pelo fato de sua expectativa de vida de fato ser maior do que a média.[20] As três cidades onde vive a maioria dos haredim de Israel — Bete-Semes, Bene Beraq e Jerusalém — são todas pontos fora da curva no que diz respeito à expectativa de vida.[21] Em Bene Beraq, cuja população é 96% haredi, a expectativa de vida ao nascer é quatro anos maior do que a previsão com base em sua classificação socioeconômica.[22] Em geral, os homens haredim nessas cidades vivem três anos mais, e as mulheres, quase dezoito meses mais do que seria de esperar. Outros estudos também mostram que eles têm um resultado melhor no que diz respeito a medidas de satisfação autodeclarada em relação à vida do que judeus israelenses seculares ou moderadamente religiosos ou árabes israelenses.[23]

É claro que a explicação poderia ser que os membros dessa comunidade, muitos dos quais são originários das mesmas *shtetls* na Polônia e na Rússia e muitos dos quais se casam entre si, compartilham determinada constituição genética que os predispõe a ter uma boa saúde. Mas a verdade é que a limitação a um conjunto genético ao longo do tempo tem muito mais probabilidade de levar a problemas genéticos do que à longevidade da população.

Também poderíamos supor que os haredim são mais saudáveis por causa de sua fé, levando em conta os vários estudos que sugerem que a crença religiosa tem efeitos positivos para a saúde. No entanto, é menos a crença em si e mais a participação na comunidade associada a ela que se acredita ser responsável por esse resultado.[24] Como um estudo muito citado sugere, é a *participação* em cerimônias religiosas, e não simplesmente se identificar como uma pessoa religiosa, que pode acrescentar incríveis sete anos à expectativa de vida.[25]

A comunidade, cujo valor foi tão repudiado pelo foco do capitalismo neoliberal no individualismo e no interesse pessoal, parece ter seus próprios benefícios para a saúde. E para os haredim, a comunidade é tudo.

Esse grupo muito unido passa praticamente todas as suas horas de vigília reunido em suas preces, fazendo trabalho voluntário, estudando e trabalhando. Seu ano é pontuado por dias sagrados e festividades em torno das quais a comunidade está presente, unida. No Sucot, as famílias recebem hóspedes em suas sucás, estruturas temporárias com telhados de folha de palmeira nas quais dormem e comem por uma semana. No Purim, as ruas ficam repletas de foliões fantasiados — o clima é uma combinação de carnaval e Dia das Bruxas. No Hanucá, vizinhos, amigos e amigos de vizinhos se juntam para acender a menorá e comer bolinhos fritos recheados com geleia. Casamentos, bar-mitzvás e funerais reúnem grandes grupos de pessoas ao longo de dias. E, é claro, toda sexta-feira à noite uma multidão de netos, primos, primos de segundo grau e outros parentes se encontra em torno da mesa de jantar para repartir o pão e receber o sábado juntos.

Os haredim não apenas oram e celebram juntos, no entanto. Em tempos de crise ou necessidade, eles também fornecem uns aos outros ajuda e apoio tangíveis. Cuidados relativos às crianças, refeições, transporte para uma consulta médica, conselhos, até mesmo ajuda financeira se necessário for: eles se apoiam quando os tempos são difíceis e a vida é dura. Portanto, não causa nenhuma surpresa que apenas 11% dos haredim afirmem se sentir solitários, em comparação com 23% da população total de Israel.[26]

Dov Chernichovsky, professor de Economia e Políticas Sanitárias na Universidade Ben-Gurion, no deserto de Neguev, em Israel, estuda os haredim há muitos anos. Ele acredita que, apesar de a fé desempenhar um papel em sua expectativa de vida acima da média, os fortes laços familiares e comunitários desempenham um papel ainda mais importante.[27] "A solidão encurta a vida e a amizade reduz a pressão", observa o professor de forma sucinta. Para os haredim, o cuidado e o apoio que oferecem uns aos outros podem realmente ser o segredo de sua vida mais longa e saudável.

Os benefícios da comunidade para a saúde

O haredim não são uma exceção nesse aspecto. Os benefícios da comunidade para a saúde foram identificados pela primeira vez nos anos 1950 na pequena cidade de Roseto, na Pensilvânia, quando médicos locais notaram que entre seus residentes havia uma incidência muito menor de doenças cardíacas do que entre os moradores de cidades vizinhas semelhantes. Após mais pesquisas, eles descobriram que a taxa de mortalidade entre os homens com mais de 65 anos que viviam em Roseto era *metade da média nacional*, embora tivessem trabalhos extenuantes nas pedreiras próximas, fumassem cigarros sem filtro, comessem almôndegas ensopadas em banha de porco e bebessem uma quantidade considerável de vinho diariamente.[28] Por quê? Os pesquisadores concluíram que eram os sólidos laços familiares e o apoio da comunidade dos habitantes de Roseto, formada predominantemente por ítalo-americanos, que proporcionavam excelentes dividendos no que dizia respeito à saúde. Um estudo complementar, realizado em 1992, analisou cinquenta anos de saúde e registros sociais em Roseto e encontrou ainda mais evidências que corroboravam essa tese. Àquela altura, a taxa de mortalidade em Roseto tinha subido de volta para a média devido à "erosão das famílias e relações comunitárias tradicionalmente coesas" dos anos 1960 em diante.[29] À medida que os mais ricos dentre eles começaram a exibir sua riqueza de maneira cada vez mais ostensiva, o comércio local foi fechando devido à chegada de grandes lojas de departamento fora da cidade e as casas para apenas uma família com jardins cercados surgiram, substituindo as construções que abrigavam várias gerações. Também os benefícios protetores da comunidade para a saúde se dissiparam.[30] Outros exemplos de comunidades coesas que protegem a saúde de seus membros incluem os moradores de uma vida inteira da Sardenha, na Itália, e da ilha de Okinawa, no Japão, bem como os adventistas do sétimo dia de Loma Linda, na Califórnia. Essas localidades são conhecidas como "zonas azuis": lugares onde a dieta não é a única responsável pela expectativa de vida especialmente longa, mas também o fato de os laços sociais serem fortes e duradouros.[31] Lugares como Bene Beraq e Roseto nos anos 1950, onde, como disse Dan Buettner, membro da *National Geographic* que cunhou o termo "Você não bota o pé fora de casa sem esbarrar em alguém que conheça".[32]

É importante não romantizar demais a comunidade. Por definição, as comunidades são exclusivas, e como tal podem ser excessivamente insulares e antagônicas em relação a pessoas de fora. Muitas vezes não permitem a diferença e a não conformidade, quer estejamos falando de interesses diferentes, estruturas familiares não tradicionais ou crenças e estilos de vida alternativos. No caso dos haredim e dos adventistas do sétimo dia, por exemplo, aqueles que não se submetem às normas da comunidade podem descobrir que a excomunhão é capaz de ser ao mesmo tempo brutal e brutalmente rápida.

Para aqueles que estão dentro do enclave, no entanto, a comunidade claramente proporciona benefícios para a saúde. Isso resulta não apenas do apoio prático que ela proporciona e da segurança de saber que há sempre alguém pronto para defendê-lo, mas também de algo mais fundamental que tem origem nas profundezas do nosso passado evolutivo: o fato de que fomos programados para não ficar sozinhos.

Criaturas de proximidade

Como todos os outros primatas, os humanos são animais sociais. Dependemos de grupos complexos e muito unidos para funcionar, dos laços químicos primordiais entre mãe e bebê às unidades familiares maiores e aos grandes Estados-nação da atualidade. De fato, em muitos aspectos, a ascensão dos seres humanos ao topo da cadeia alimentar na Terra pode ser atribuída ao nosso entusiasmo pela *proximidade*, do desenvolvimento de sofisticadas técnicas de caça e coleta em grupo para conseguir comida até nossas estratégias de defesa coletiva.[33] Até muito recentemente na história de nossa espécie, um humano solitário estaria correndo um risco considerável de morte: vulnerável em um mundo onde o grupo permitia a sobrevivência. Estar conectado a outros é o nosso estado natural e na verdade desejado, quer esse desejo seja consciente quer não.

É por isso que *não* estarmos conectados uns aos outros tem um impacto tão negativo e profundo sobre a nossa saúde. Pois, a fim de nos desincentivar a permanecer em uma situação fundamentalmente em desacordo com a nossa sobrevivência, a evolução equipou nosso corpo com uma reação biológica ao fato de estarmos sozinhos que intensifica nosso estado de alerta e é tão fisiológica e psicologicamente desagradável que nos sentimos motivados a sair dele tão rapidamente quanto possível.

De certa forma, nossa capacidade de nos sentir solitários, nosso sofrimento e nossa inquietação quando nos sentimos distantes de outros seres humanos são um recurso evolucionário brilhante. "Você não ia querer desarmar o gatilho da solidão", disse o professor John Cacioppo, da Universidade de Chicago, um dos pioneiros nas pesquisas sobre solidão. "Seria como desativar por completo a sensação de fome. Você não receberia os sinais para comer."[34]

No mundo atual, no entanto, tão diferente do cenário no qual nossos ancestrais desenvolveram esse gatilho, isso pode parecer mais um defeito do que uma característica positiva do projeto. Pois, como o professor Anton Emmanuel, do University College Hospital, em Londres, me explicou, a resposta ao estresse desencadeada pela solidão é como colocar um carro em primeira marcha: é o modo mais eficiente de acelerar e nos colocar em movimento. Mas quando você permanece na primeira marcha durante todo o trajeto, ou pior, durante *diversos* trajetos, o motor é sobrecarregado, forçado e danificado. Um carro não é projetado para permanecer na primeira marcha, assim como nosso corpo não foi concebido para se sentir repetidamente solitário. Causa alguma surpresa, então, que os corpos expostos a esse tipo de estresse várias vezes comecem a dar sinais de danos físicos?

O eminente médico escocês do século XVIII William Cullen foi um dos primeiros a estabelecer uma conexão entre solidão e doenças. Uma de suas pacientes, a "sra. Rae", sofria de uma doença misteriosa, para a qual ele prescreveu cacau, passeios a cavalo, tintura de Marte e — o mais significativo para nossos propósitos — companhia. "[Por] mais avessa que seja, ela deve ver os amigos, tanto em casa como fora dela", aconselhou Cullen. "Silêncio e solidão devem ser evitados."[35]

Hoje, os benefícios das boas relações para a saúde já foram estabelecidos por diversos projetos de pesquisa. Na famoso Harvard Study of Adult Development [Estudo sobre o comportamento adulto de Harvard], 238 alunos do sexo masculino cursando o segundo ano na Universidade de Harvard foram monitorados por pesquisadores durante mais de oitenta anos a partir de 1938. Os pesquisadores mediram a quantidade de exercício que eles praticavam, como seu casamento e sua carreira se desenvolveram e, em última análise, seu tempo de vida.[36] (Os objetos originais da pesquisa incluíam o futuro presidente dos Estados Unidos John F. Kennedy e o editor do *Washington Post* Ben Bradlee, mais tarde imortalizado por Tom Hanks no filme *The Post: a guerra secreta*.) Descobriu-se que os mais saudáveis aos 80 anos eram os que estavam mais satisfeitos com seus relacionamentos *trinta anos antes*. Esse benefício não se restringia àqueles que tiveram o privilégio de estudar em Harvard nos anos 1930. Isso se refletiu também em um grupo mais diversificado de moradores da cidade de Boston monitorados pelo mesmo tempo. Como Robert Waldinger, o atual diretor do estudo observou: "Cuidar do corpo é importante, mas cuidar dos seus relacionamentos também é uma forma de autocuidado. Essa, eu acho, é a revelação."[37]

Há uma distinção, é claro, entre relacionamentos escassos e *solidão*; e, como destacado anteriormente, a solidão não é apenas um reflexo de como nos sentimos conectados a outros *indivíduos*, mas também de como nos sentimos conectados a *grupos* de pessoas, instituições e à sociedade como um todo. No entanto, o que centenas de estudos médicos estão revelando é que, ao passo que a comunidade e a conexão proporcionam benefícios para a saúde, a solidão, mesmo quando definida de forma mais restrita, pode ser perigosamente prejudicial.

A questão, portanto, é esta: se a solidão é apenas uma das muitas fontes de estresse em nossa vida, cada uma das quais contribui para o declínio de nossa saúde física ou há algo específico no estresse *causado pela solidão* que engendra problemas de saúde profundos a longo prazo? A resposta parece estar em algum lugar entre uma coisa e outra.

Por um lado, o corpo solitário *é* um corpo estressado: um corpo que fica facilmente exausto e excessivamente inflamado. Não que a inflamação seja inerentemente ruim. Em quantidades normais, ela é na verdade benéfica, parte do mecanismo de defesa do corpo contra infecções e lesões, projetada para reduzir qualquer dano e ajudar o corpo a se curar. Na realidade, sem a inflamação (tipicamente caracterizada por inchaço e vermelhidão), a cura em si seria impossível.[38] O problema está no fato de que, normalmente, a inflamação diminui quando a ameaça patogênica é mitigada ou a lesão cicatriza. No caso da solidão, porém, especialmente a solidão crônica, não há nenhum "interruptor" para lembrar o corpo de se acalmar. Então, a inflamação induzida pela solidão pode se tornar crônica — o novo normal.[39] E a inflamação crônica tem sido associada a todo um conjunto de problemas de saúde, incluindo artérias obstruídas, doenças cardíacas, acidente vascular cerebral, depressão, artrite, mal de Alzheimer e câncer. Na verdade, uma revisão da literatura médica sobre o assunto feita em 2012 revelou que a inflamação crônica, há muito associada a doenças infecciosas, está agora também "intimamente associada a uma ampla gama de doenças não infecciosas", acrescentando, de forma alarmante, "talvez até mesmo a todas elas".[40]

Por outro lado, a solidão é um tipo de estresse que pode *amplificar* enormemente os efeitos de outros estresses. Vejamos o sistema imunológico, por exemplo. Um corpo saudável usa uma variedade de mecanismos para combater forças prejudiciais, sejam patógenos (bactérias e vírus), sejam células cancerosas. Descobriu-se que a solidão reduz a eficácia do corpo no combate a ambos os tipos de ameaça: ela nos deixa mais fracos e mais suscetíveis a doenças, especialmente viroses.[41]

Além disso, não é apenas por nos manter em um estado prolongado de "alerta máximo" (o equivalente a um carro que está rodando há oito horas em primeira marcha) que a solidão causa danos ao nosso sistema imunológico. Ela nos afeta também no nível celular e hormonal. Um influente estudo sugeriu que a solidão prejudica o funcionamento de várias glândulas endócrinas que secretam hormônios pelo corpo e estão conectadas com a nossa resposta imunológica.[42] Steve Cole, professor de medicina e psiquiatria da UCLA, por sua vez, descobriu que no sangue de pessoas solitárias há um nível significativamente mais elevado do hormônio noradrenalina, que, em uma situação de risco de morte, começa a desativar as defesas contra os vírus. Esse enfraquecimento imunológico se estende ao câncer, contra o qual o corpo costuma se defender em parte lançando mão de células exterminadoras naturais [*"natural killer" cells* — NK], que destroem tumores e células infectadas por vírus. Um estudo realizado com estudantes do primeiro ano de medicina mostrou que a atividade das células exterminadoras naturais era muito menor entre os membros mais solitários do grupo.[43]

Assim como a solidão parece contribuir para várias doenças, se você já está doente, também é provável que a solidão dificulte sua recuperação. Como o professor Emmanuel me disse, "estou 100% certo de que a solidão tem um impacto sobre a saúde e a recuperação. Se um paciente solitário e um paciente não solitário recebem o mesmo tratamento, o paciente que não é solitário vai ter uma recuperação melhor. Da mesma maneira que um fumante recebendo tratamento para a doença de Crohn tem resultados piores do que um não fumante, um paciente solitário tem resultados piores em comparação com uma pessoa que não seja solitária".

Os dados corroboram essa conclusão. Em pacientes socialmente isolados, por exemplo, a pressão arterial (e nos homens, o colesterol) leva mais tempo para voltar ao normal depois de um incidente estressante, ao passo que a capacidade reduzida de uma pessoa solitária de "restaurar" os níveis de inflamação do corpo depois de eventos como acidentes vasculares cerebrais, ataques cardíacos e cirurgias é considerada um dos principais fatores para que idosos isolados tenham uma expectativa de vida, em média, menor do que a daqueles que têm contatos sociais regulares.[44]

Como Helen Stokes-Lampard, diretora do Royal College of General Practitioners, observou na conferência anual do grupo em 2017, "o isolamento social e a solidão são semelhantes a uma doença crônica de longo prazo no que diz respeito ao impacto que têm sobre a saúde e o bem-estar dos nossos pacientes".[45]

Sozinho, sozinho, totalmente só

Obviamente não é apenas em nosso corpo que a solidão causa estragos. "Minh'alma em agonia", disse o velho marinheiro de Coleridge sobre como se sentia por estar "Sozinho, sozinho, totalmente só/ Sozinho em um vasto oceano!".* A solidão também pode causar sérias aflições e sofrimentos mentais.

De fato, a literatura é povoada por pessoas solitárias que são também deprimidas ou sofrem de distúrbios mentais: da protagonista

---

* Em inglês: *"My soul in agony"* e *"Alone, alone, all, all alone,/ Alone on a wide sea!"*; versos do poema "The Rime of the Ancient Mariner" [O conto do velho marinheiro], do poeta inglês Samuel Taylor Coleridge. (N. da T.)

sem nome de Charlotte Perkins Gilman no conto de 1892, "O papel de parede amarelo", que, como consequência de ficar confinada em um único quarto por causa de "uma ligeira tendência histérica" ("doença" hoje desacreditada),[46] desenvolve pouco a pouco delírios alucinatórios, a Eleanor Oliphant, do livro homônimo de Gail Honeyman, vencedor do Prêmio Costa de melhor romance em 2017, cuja solidão ao mesmo tempo se agrava e frustra sua recuperação de um passado traumático.*

Surpreendentemente, no entanto, foi apenas na década passada ou pouco antes disso que a solidão começou a ser extensivamente pesquisada dentro do campo da medicina psiquiátrica como uma experiência psicológica distinta. Como tal, apesar de não ser classificada como um problema de saúde mental por si só, agora é reconhecidamente correlacionada a uma série de distúrbios mentais, incluindo ansiedade e depressão. A relação existe em ambos os sentidos. Um estudo realizado em 2012 com mais de 7 mil adultos na Inglaterra concluiu que aqueles com depressão tinham mais de dez vezes mais chance de ser solitários do que aqueles que não estavam deprimidos.[47] Por sua vez, um estudo de referência americano que acompanhou seus participantes durante cinco anos revelou que os pacientes que inicialmente relataram solidão tinham mais probabilidade, cinco anos depois, de estar deprimidos do que aqueles que não haviam relatado solidão.[48]

A relação entre solidão e distúrbios mentais é complexa, e estamos apenas começando a compreendê-la. No entanto, o que parece ser verdadeiro é que a solidão e o isolamento podem acelerar tendências depressivas genéticas ou circunstanciais, em parte por causa de seu impacto fisiológico: dormimos menos quando estamos solitários, por exemplo, e a privação de sono pode desencadear sintomas de depressão. Assim como os sintomas da depressão também podem alimentar a solidão, tornando mais difícil para a pessoa deprimida se conectar com outras. Pode ser o ovo *e* a galinha.

---

* Edições brasileiras: *O papel de parede amarelo*, Rio de Janeiro, José Olympio, 2016, e *Eleanor Oliphant está muito bem*, Rio de Janeiro, Fábrica 231, 2017. (*N. da T.*)

O mesmo se aplica à ansiedade, da qual o isolamento pode ser tanto um sintoma quanto uma causa. "A fobia social tornou meu mundo muito menor", diz Alex, um adolescente do Reino Unido que sofre de transtorno de ansiedade social. "Conforme foi piorando, eu comecei a ficar mais retraído. Quanto mais intenso ficava, mais comecei a me sentir solitário e isolado (...) Eu evitava ir a lojas ou pegar ônibus durante a hora do rush, porque havia pessoas demais (...) Quanto mais a situação foi se prolongando, mais começou a afetar meu trabalho, meus relacionamentos íntimos e minhas amizades (...) então minha vida social... bem, eu na verdade não tenho uma."[49]

Mesmo períodos curtos de isolamento, como o que vivenciamos coletivamente durante a pandemia de coronavírus, podem ter um impacto acentuado sobre a saúde mental.[50] Às vezes, os efeitos ainda são observados anos depois. Pesquisadores descobriram que os profissionais da área da saúde de Beijing que ficaram em quarentena durante a epidemia de SARS em 2003 eram mais propensos a estar sofrendo de depressão grave três anos depois do que aqueles que não tinham ficado em quarentena — embora os períodos de quarentena na epidemia de SARS tenham durado, em geral, menos de um mês, e muitas vezes menos de duas semanas.[51] Estudos independentes, também realizados com funcionários de hospitais em Beijing, concluíram que três anos depois da epidemia de SARS o alcoolismo era maior entre aqueles que tinham sido colocados em quarentena do que entre aqueles que não tinham, com um número significativo ainda sofrendo de síndrome de estresse pós-traumático, com sintomas que incluíam hipervigilância, pesadelos e flashbacks.[52]

Esses resultados deveriam ser levados muito a sério neste momento em que estamos emergindo de uma pandemia de Covid-19. Tanto nós como indivíduos quanto os governos precisamos estar conscientes dos prováveis impactos de longo prazo do isolamento forçado recente sobre a nossa saúde mental, e os políticos precisam destinar recursos suficientes para lidar com essas consequências.

Em casos extremos, a solidão pode levar ao suicídio.[53]

Francie Hart Broghammer é chefe dos residentes de psiquiatria no Irvine Medical Center da Universidade da Califórnia, nos Estados Unidos. Em um artigo recente, ela escreveu de forma comovente sobre dois pacientes com os quais havia se deparado recentemente e para os quais a solidão tinha feito com que a vida parecesse não valer a pena. Um desses pacientes era uma jovem mulher que ela tratara havia pouco tempo e "que cortara intencionalmente as vias aéreas e a medula espinhal com uma faca de cozinha de vinte centímetros em uma tentativa de tirar a própria vida". Em entrevistas, ela citou "o isolamento associado à necessidade de cuidar da avó doente e a escassez de indivíduos com quem pudesse discutir de forma significativa essas dificuldades" como as causas de seu desespero.[54]

O outro paciente era o "sr. White", um homem de 38 anos com tendências suicidas cujos pais tinham morrido recentemente. Ele estava tendo dificuldades para conseguir emprego e equilibrar as finanças, fora rejeitado pelos irmãos, não tinha amigos próximos e agora era um sem-teto. A perda de sua cadela — a única companheira que lhe restava — pareceu ter sido a gota de água.

Sobre o animal de estimação, o sr. White disse: "Ela era a única coisa neste mundo que me via como alguém digno de ser amado. Eu durmo no parque, e todo mundo que passa acha que eu sou pior do que um animal vadio; que eu sou subumano. Ninguém se importa quando você está em uma situação como a minha. A não ser ela... ela se importava comigo, e o meu único propósito na vida era cuidar dela em troca. Agora ela se foi, e não me resta mais nada neste mundo."

Infelizmente, a dra. Broghammer trata pacientes como esses com demasiada frequência. Seus conhecimentos diretos sobre a ligação entre solidão e suicídio são confirmados pelas pesquisas. Há mais de 130 estudos que identificaram uma ligação entre solidão e suicídio, tendências suicidas e automutilação.[55] É uma ligação que se mostra válida em *todas* as faixas etárias, incluindo os jovens. Uma pesquisa com mais de 5 mil estudantes de ensino médio norte-americanos revelou que os adolescentes que declaravam um alto grau de solidão tinham duas vezes mais probabilidade de ter pensamentos suicidas do que aqueles que não se sentiam solitários.[56] Esses resultados são corroborados por pesquisas não apenas no Reino Unido, mas também com jovens adultos em lugares distantes como Quênia, Kiribati, Ilhas Salomão e Vanuatu — um lembrete de que a solidão não é um fenômeno exclusivo dos países mais ricos.[57] Além disso, esses efeitos podem, mais uma vez, se manifestar muitos anos depois: um estudo constatou que os pensamentos suicidas em jovens de 15 anos estavam estreitamente correlacionados com sua autodeclarada solidão oito anos antes, ou seja, quando tinham 7 anos de idade.[58] Considerando os elevados níveis de solidão entre crianças e adolescentes, isso é especialmente preocupante.

O importante a compreender aqui é que a solidão que leva a um desespero tão profundo pode resultar de uma ampla gama de circunstâncias — dos sentimentos de exclusão social vivenciados por uma criança ostracizada no pátio da escola ou nas mídias sociais; passando pelos sentimentos de isolamento físico de uma pessoa idosa que não recebeu uma visita sequer em um mês pode experimentar; até os sentimentos de isolamento social que um adulto cuja comunidade se desintegrou e cujo sistema de apoio deixou de existir tem grandes chances de sentir. Alguém como o sr. White.

De fato, no Estados Unidos (e em menor grau no Reino Unido), os lugares onde se observou um pico do que se conhece como "mortes por desespero" em anos recentes (mortes por overdose de drogas, alcoolismo ou suicídio predominantemente de homens da classe trabalhadora e de meia-idade) são tipicamente aqueles em que as estruturas de apoio social tradicionais entraram em colapso. Esses homens têm maior probabilidade de ser divorciados, são menos propensos a frequentar a igreja e têm mais chance de ter perdido a camaradagem do sindicato ou do local de trabalho, ou porque ficaram desempregados, ou porque estão em empregos precarizados, não sindicalizados e transitórios.[59]

É por isso que, apesar do grande interesse da indústria farmacêutica em desenvolver uma pílula para a solidão (e de fato uma cujo objetivo é reduzir a sensação de solidão está atualmente sendo testada, assim como vários compostos que buscam neutralizar alguns dos impactos fisiológicos da solidão), precisamos fazer mais do que apenas tentar tratar seus sintomas — ou, ainda pior, simplesmente tentar entorpecê-los.[60] As causas mais profundas da solidão precisam ser enfrentadas, com um entendimento de que as soluções precisarão ser políticas, econômicas e, é claro, sociais, em vez de simplesmente farmacêuticas.

E precisamos tirar esperança e encorajamento do fato de que soluções são possíveis. Pois, enquanto comunidades fragmentadas levam a vidas solitárias e potencialmente pouco saudáveis, como vimos, o inverso também é verdadeiro.

Como Edgar diz em *Rei Lear*: "Mas eis que a mente evita os diversos agrores/ Quando o auxílio do amigo nos palia as dores."* Mesmo as conexões positivas fugazes com outras pessoas têm um impacto significativo na saúde: a simples presença de um amigo em uma situação estressante tem sido associada a respostas fisiológicas mais serenas, com a redução da pressão arterial e dos níveis de cortisol.[61] Segurar a mão de uma pessoa querida pode ter um efeito analgésico comparável a tomar um remédio para dor.[62] Por sua vez, pesquisas recentes sobre envelhecimento revelaram que mesmo manter vínculos relativamente fracos com outras pessoas quando somos idosos — jogar uma partida de cartas ocasional, trocar cartões em datas comemorativas, conversar com o carteiro — pode fornecer uma proteção significativa contra a perda de memória e a demência.[63]

Nossa saúde, ao que parece, é moldada não apenas pela comunidade e pelo sentimento de estar conectado a outras pessoas, mas também pela gentileza. A gentileza de amigos e parentes, colegas, empregadores e vizinhos, mas também a gentileza de estranhos. Ao reconstruir nosso mundo pós-Covid-19, precisamos nos lembrar disso. E também de como, no capitalismo neoliberal, a gentileza se tornou uma moeda que desvalorizamos coletivamente.

---

* No original em inglês: *"The mind much sufferance doth o'erskip/ When grief hath mates and bearing fellowship."* A tradução para o português é de Lawrence Flores Pereira, publicada pela Penguin/Companhia das Letras. (N. da T.)

A EUFORIA DE AJUDAR

Faz sentido que ser uma pessoa tratada por outras com gentileza e cuidado faça com que nos sintamos menos solitários e que isso tenha efeitos benéficos sobre a saúde.[64] Menos óbvia, porém, é a constatação de que ser gentil, cuidar e fazer pequenas coisas pelas *outras pessoas* sem esperar nada em troca tem um efeito semelhante.

Há um volume significativo de pesquisas que corroboram a ideia de que ajudar os outros é bom para a nossa saúde, especialmente quando se tem contato direto com a pessoa que está recebendo ajuda.[65] No início dos anos 2000, pesquisadores enviaram questionários a 2.016 membros da Igreja Presbiteriana nos Estados Unidos com perguntas sobre os hábitos religiosos, a saúde física e mental dos participantes e sua experiência de dar e receber ajuda.[66] Mesmo depois de levar em conta gênero, acontecimentos estressantes na vida e a saúde em geral, os participantes que estavam envolvidos de forma constante em *dar* ajuda (por meio do voluntariado, de atividades comunitárias ou do cuidado de um ente querido) tinham uma saúde mental significativamente melhor.

Diversos outros estudos concluíram, de forma semelhante, que ajudar os outros diretamente traz benefícios para a saúde, tanto mentais quanto físicos. Veteranos sofrendo de síndrome de estresse pós-traumático mostravam uma redução dos sintomas depois de cuidar dos netos.[67] Cuidar de crianças em uma creche reduziu os níveis de cortisol e epinefrina (outro hormônio do estresse) na saliva de voluntários idosos.[68] Quando adolescentes ajudam outras pessoas, seus índices de depressão tendem a diminuir.[69] No entanto, em um estudo realizado pelo Instituto de Pesquisa Social da Universidade de Michigan, os pesquisadores descobriram que as pessoas que *não davam nenhuma ajuda*, logística ou emocional, a outras tinham mais de duas vezes mais probabilidade de morrer nos cinco anos do estudo em comparação com as pessoas que desempenhavam papéis que envolviam a prestação de cuidados, fosse a um parceiro, um parente, um vizinho ou um amigo.[70] Pensemos em Ebenezer Scrooge, personagem de Charles Dickens em *Uma canção de*

Natal, cuja transformação de um ranzinza avarento em um generoso benfeitor faz com que ele se torne uma pessoa feliz e saudável no fim da história.

Quando ajudamos outra pessoa, desde que a nossa motivação não seja ressentimento ou obrigação, experimentamos uma reação fisiológica positiva.[71] É por isso que as pessoas que prestam ajuda muitas vezes experimentam o que é conhecido como "euforia de ajudar", uma sensação de energia, força, entusiasmo e calma.

O que isso sugere é que no Século da Solidão é essencial não apenas que as pessoas se sintam cuidadas e de fato *sejam* cuidadas, mas também que tenham a oportunidade de cuidar umas das outras.

Como garantir, então, que todos tenham a capacidade tanto de dar quanto de receber ajuda e cuidados? A solução é em parte estrutural: é muito mais fácil ser útil para os outros quando você não passa o tempo todo trabalhando e não se sente o tempo todo exausto, e é muito mais fácil se voluntariar quando você não precisa conciliar vários empregos ou quando seu empregador dá a você tempo de folga para fazê-lo. Há medidas que o Estado e os empregadores podem e devem adotar a esse respeito, e não podemos permitir que as atuais circunstâncias econômicas impeçam isso. Da mesma maneira que nos Estados Unidos depois da Grande Depressão e no Reino Unido depois da Segunda Guerra Mundial, os trabalhadores passaram a ter mais direitos e proteção, e um compromisso maior foi assumido com o objetivo de preservar o bem-estar dos cidadãos.[72] Precisamos encarar a pandemia do coronavírus como uma oportunidade de desenvolver novos comportamentos e estruturas que nos permitam ajudar mais uns aos outros.

Também é necessária uma mudança cultural. Cuidado, gentileza e compaixão precisam ser ativamente incentivados e recompensados de maneira mais clara. Em décadas recentes, esses comportamentos têm sido subestimados e mal remunerados. Uma pesquisa em um grande site de empregos feita em janeiro de 2020 revelou que descrições de vagas especificando a gentileza como requisito pagavam apenas cerca de metade do salário médio.[73] Daqui em diante, devemos nos certificar de que seja conferido à gentileza e à compaixão o valor que elas merecem, e que sua importância não seja determinada apenas pelo mercado. Os aplausos para cuidadores que ecoaram pelo mundo em 2020 têm de se traduzir em algo tangível e permanente.[74] Pelo bem da nossa saúde física bem como da nossa saúde mental e, como vamos ver, para nossa futura segurança, precisamos nos unir em uma comunidade coesa e preservar os benefícios do contato social.

CAPÍTULO 3

O rato solitário

Pelo branco. Focinho rosa. Rabo. O rato tem três meses de idade. Está em sua gaiola há quatro semanas em um período de solidão forçada. Mas hoje vai receber uma visita.

Outro rato entra na gaiola. "Nosso" rato o olha de cima a baixo. Há "um padrão inicial de atividade exploratória", como os pesquisadores que realizam o experimento relatam. Então, de repente, "nosso" rato faz um movimento surpreendente. Ele se ergue, apoiado nas patas traseiras, sacode a cauda e morde agressivamente o "intruso", atirando-o no chão. A luta que se segue — cruel, violenta e motivada apenas pela entrada de outro rato na gaiola — é filmada pelos pesquisadores. Eles já viram isso acontecer. Em quase todos os casos, quanto mais tempo um rato passa isolado, mais agressivo ele é em relação ao recém-chegado.[1]

Então, quando isolados, os ratos se voltam uns contra os outros. Isso vale para os ratos, mas será que vale também para os humanos? Poderia a atual crise de solidão, agravada por semanas e meses de isolamento social e lockdown, estar não apenas nos voltando contra nós mesmos, mas também fazendo com que nos voltemos *uns contra os outros*? Pode a solidão não apenas ser prejudicial a nossa saúde, mas também tornar o mundo um lugar mais agressivo e mais raivoso?

SOBRE RATOS E HOMENS

Atualmente, há diversos estudos científicos que associam a solidão de seres humanos a sentimentos de hostilidade em relação a outras pessoas.[2] Isso se origina em parte em uma atitude defensiva inicial, um "passo atrás", como Jacqueline Olds, professora de psiquiatria em Harvard, explica. Pessoas solitárias muitas vezes se cercam de uma casca protetora que nega a necessidade de companhia e calor humano. Conscientemente ou não, essas pessoas "começam a enviar sinais, com frequência sinais não verbais, que dizem às outras 'me deixe em paz, não preciso de você, vá embora'".[3]

Há também outra coisa em jogo, algo que a solidão faz com nosso cérebro. Diversos pesquisadores já identificaram uma ligação entre a solidão e níveis reduzidos de empatia, a capacidade de se colocar no lugar do outro, de entender sua perspectiva e sua dor. Isso se reflete não apenas no comportamento, mas também na atividade cerebral.[4]

Diversos estudos já mostraram que, no cérebro de pessoas solitárias, o nível de atividade da junção temporoparietal, a parte do cérebro mais estreitamente ligada à empatia, diminui quando essa pessoa é confrontada com o sofrimento alheio, ao passo que nas pessoas não solitárias ela aumenta. Ao mesmo tempo, o córtex visual das pessoas solitárias, a parte do cérebro que normalmente processa o estado de alerta, atenção e visão, é estimulado.[5] Isso significa que pessoas solitárias em geral reagem mais rapidamente — em vários milissegundos, na verdade — ao sofrimento alheio, mas sua resposta é *vigilante*, não *perspectiva*. Assim como o corpo solitário intensifica a resposta ao estresse, a mente solitária, ansiosa e hiperalerta, opera em termos de autopreservação, perscrutando os arredores para identificar ameaças em vez de tentar ver as coisas do ponto de vista da pessoa afetada.[6] "Você já fez uma caminhada em meio à natureza e de repente deu um salto para trás porque viu um galho no chão e achou que era uma cobra?", pergunta a dra. Stephanie Cacioppo, diretora do Laboratório de Dinâmica Cerebral da Universidade de Chicago. "A mente solitária vê cobras o tempo todo."[7]

Mais recentemente, pesquisadores também descobriram que a solidão tem impacto não apenas na forma como vemos o mundo, mas também na forma como o categorizamos. Um estudo realizado em 2019 no King's College de Londres pediu a 2 mil adolescentes de 18 anos que descrevessem a cordialidade de sua vizinhança. Os pesquisadores também pediram a mesma coisa aos irmãos dos participantes. Em resumo, os irmãos mais solitários consideravam a vizinhança menos amigável, menos coesa e menos confiável do que o irmão ou a irmã que sofria menos com a sensação de isolamento.[8] A solidão, portanto, não é simplesmente um estado individual. Nas palavras do professor John Cacioppo, ela "opera em parte moldando o que as pessoas esperam e pensam sobre outras pessoas".

Raiva, hostilidade, propensão a considerar o ambiente ameaçador e insensível, empatia diminuída — a solidão pode gerar uma combinação perigosa de emoções com implicações profundas para todos nós. Pois a crise de solidão se desenrola não apenas no consultório médico, mas também nas urnas, com consequências para a democracia profundamente preocupantes para aqueles que acreditam em uma sociedade baseada na unidade, na inclusão e na tolerância.

Isso porque, para que a democracia funcione bem — estou me referindo aqui a conciliar de forma justa os interesses dos diferentes grupos e ao mesmo tempo garantir que *todas* as necessidades e queixas dos cidadãos sejam ouvidas —, dois conjuntos de vínculos precisam ser fortes: aqueles que conectam o Estado e os cidadãos *e* aqueles que conectam os cidadãos uns aos outros. Quando esses vínculos de conectividade se desfazem; quando as pessoas sentem que não podem confiar umas nas outras nem contar umas com as outras e se sentem desconectadas emocional, econômica, social ou culturalmente; quando os indivíduos não acreditam que o Estado está atento a eles e se sentem marginalizados ou abandonados, não apenas a sociedade se fratura e se polariza, mas as pessoas perdem a fé na política em si.

É assim que nos encontramos hoje. Os vínculos que nos unem uns aos outros e ao Estado têm se deteriorado neste Século da Solidão porque cada vez mais pessoas se sentem isoladas e alienadas, desconectadas tanto de seus concidadãos quanto dos políticos convencionais, que, em sua percepção, não as têm escutado nem têm se preocupado com seus interesses.

Embora essa já seja a tendência há algum tempo, o perigo é que a pandemia a exacerbe. Corremos o risco de as dificuldades econômicas produzirem ainda mais desilusão em relação a nossos líderes políticos, especialmente se a percepção é de que arcamos com ela de forma desigual, ao mesmo tempo que corremos o risco de o medo de contrair Covid-19 nos leve a temer nossos concidadãos de uma maneira muito visceral e física.

Isso deveria preocupar a todos nós porque, como temos visto nos últimos tempos, essas condições são terreno fértil para políticos nos extremos do espectro, populistas com um ouvido finamente apurado para os descontentamentos das pessoas e uma sede de explorar isso a fim de obter ganho político.

Com "populistas" quero dizer políticos que instigam o "povo" (que eles afirmam não apenas representar, mas também serem os únicos capazes de fazê-lo) contra uma "elite" econômica, política e cultural que costumam demonizar; uma "elite" que muitas vezes inclui instituições fundamentais para manter a integridade de uma sociedade tolerante e respeitadora das leis, quer seja o parlamento, o poder judiciário ou a imprensa livre.[9] No caso dos populistas de direita, em particular, sua retórica tipicamente enfatiza as diferenças culturais e a importância da identidade nacional, muitas vezes criando uma imagem de seu país como uma nação sob ameaça de "invasão" por imigrantes ou pessoas de etnias ou religiões diferentes. Ao fazer isso, eles representam uma grave ameaça para uma sociedade coesa na qual haja respeito pelas instituições e normas que ajudam a nos manter unidos, assim como para uma cultura de tolerância, compreensão e justiça. Eles buscam dividir a sociedade em vez de uni-la e estão dispostos a instigar tensões raciais, religiosas e étnicas se isso for útil a seus propósitos. Pessoas solitárias, ansiosas e desconfiadas, desesperadas para se sentir parte de algo, mas ao mesmo tempo "vendo cobras" constantemente, são o seu público ideal — e mais vulnerável.

A SOLIDÃO E A POLÍTICA DE INTOLERÂNCIA

Foi Hannah Arendt quem primeiro escreveu sobre a ligação entre a solidão e as políticas de intolerância. Uma das titânides do pensamento intelectual do século XX, Arendt cresceu na cidade alemã de Königsberg (hoje Kaliningrado, na Rússia), a cidade de um de seus maiores influenciadores filosóficos, Immanuel Kant. Ao passo que Kant levou uma vida de extremo enraizamento — ele nunca deixou sua cidade natal e há uma história popular segundo a qual os habitantes de Königsberg ajustavam o relógio por suas caminhadas infalivelmente pontuais —, a vida de Arendt foi marcada pelo exílio e pela expropriação.

Seus pais eram judeus assimilados. "A palavra 'judeu' nunca foi mencionada em minha casa", ela se recordou mais tarde, mas a crescente onda de perseguição antissemita na Alemanha fez com que tomasse rápida consciência de sua identidade religiosa.[10] O momento decisivo foi em 1933: o ano do incêndio do Reichstag e da tomada do poder por Adolf Hitler. Arendt morava em Berlim, oferecia seu apartamento como refúgio para opositores de Hitler e realizava pesquisas ilegais para a Federação Sionista da Alemanha sobre a extensão do antissemitismo oficial. A Gestapo tomou conhecimento dessas atividades e prendeu Arendt e sua mãe por oito dias. Depois de serem libertadas para aguardar julgamento, e apesar de não terem nenhuma documentação legal que lhes permitisse viajar, as duas fugiram da Alemanha; primeiro para Praga, através da floresta Hercínia e com a ajuda de uma família alemã solidária cuja casa era cruzada pela fronteira; depois foram para Genebra, com a ajuda de um amigo socialista da família que trabalhava para a Liga das Nações. Arendt, agora apátrida, foi em seguida para Paris, onde ficou por sete anos como "refugiada sem documentos".[11]

Quando os nazistas invadiram a França, em 1940, Arendt foi separada do marido — Heinrich Blücher, um ativista que também tinha fugido da Alemanha de Hitler — e levada para o notório campo de concentração de Gurs, no sul da França. Em meio ao caos da derrota da França, ela fugiu e se reuniu ao marido na pequena cidade de Montauban. O casal então conseguiu um visto de emergência para os Estados Unidos, cruzou a fronteira espanhola ao longo dos Pireneus, tomou um trem para Lisboa e, três meses depois, em abril de 1941, zarpou para Nova York.[12]

Foi um golpe de sorte. No verão de 1941, o Departamento de Estado norte-americano encerrou seu programa de vistos emergenciais, fechando mais uma rota de fuga para os judeus que tentavam escapar dos nazistas.[13] Nos oito anos durante os quais Arendt havia levado a vida de uma fugitiva — uma vida de desenraizamento e fugas por um triz por nenhuma outra razão além do fato de ser judia —, os alemães foram enfeitiçados pelo totalitarismo nazista.

Depois da guerra, evidências documentais apresentadas nos julgamentos de Nuremberg expuseram o horror da máquina de extermínio nazista. Como aquilo podia ter acontecido?, Arendt se perguntou. O que leva uma pessoa comum a participar de um plano industrializado para cometer genocídio, ou no mínimo tolerá-lo?[14] Arendt queria "identificar os principais elementos do nazismo, determinar sua origem e descobrir os verdadeiros problemas políticos subjacentes".[15] Em 1951, ela publicou um livro emblemático e controverso sobre o assunto: *As origens do totalitarismo*. É um volume amplo, que abrange a ascensão do antissemitismo, o papel da propaganda e a fusão imperialista de racismo e burocracia. No fim do livro, no entanto, ela se volta para o que parece ser um fator surpreendente: a solidão. Para Arendt, o totalitarismo "se baseia na solidão (...) que está entre as mais radicais e terríveis experiências do homem".[16] Identificando os adeptos do totalitarismo naqueles cuja "principal característica (...) não é a brutalidade nem a rudeza, mas o seu isolamento e a falta de relações sociais normais", ela argumenta que, para aqueles "que sentem que não têm lugar na sociedade, é por meio da entrega do seu eu individual à ideologia que os solitários redescobrem seu propósito e o respeito próprio".[17] A solidão, ou "a experiência de não pertencer ao mundo", é, escreve ela, "a essência do governo totalitário, preparação de seus carrascos e vítimas".[18]

A solidão da qual Arendt fala ecoa aspectos fundamentais da minha definição: sentimentos de marginalização e impotência, de estar isolado, excluído e desprovido de status e apoio. E essas dimensões da solidão são um perigo claro e crescente no momento atual do século XXI.

A SOLIDÃO E A NOVA ERA DOS POPULISTAS

É preciso deixar claro que nosso mundo hoje não é o mesmo da Alemanha dos anos 1930. Apesar da ascensão do populismo em todo o mundo nos últimos anos e de diversos líderes autoritários, incluindo Viktor Orbán, na Hungria; Rodrigo Duterte, nas Filipinas; Xi Jinping, na China; e Recep Tayyip Erdogan, na Turquia, usando o manto da Covid-19 para se fortalecer no poder e suprimir as liberdades dos cidadãos, não estamos vivenciando o amplo surgimento de regimes totalitários.[19]

Há, no entanto, advertências históricas que não devemos ignorar. Os impactos da Covid-19 têm levado muitas pessoas a comparar o período atual com a Grande Depressão dos anos 1930, devido ao aumento do desemprego e da pobreza. E a solidão e as circunstâncias econômicas frágeis estão com frequência interligadas: pesquisadores mostraram que os desempregados são significativamente mais solitários do que aqueles que têm emprego e que a pobreza aumenta o risco de isolamento social.[20] Além disso, a solidão já havia se tornado "uma experiência diária das massas sempre crescentes", como Arendt escreveu sobre a Alemanha pré-guerra, mesmo antes da pandemia do coronavírus.[21] Trata-se de um fenômeno que ao longo dos últimos anos tem sido ativamente explorado pelos líderes populistas de direita e pelas forças extremistas às margens da democracia a fim de obter ganhos políticos.

A solidão não é, obviamente, a única força motriz do populismo. A ascensão do populismo contemporâneo tem antecedentes culturais, sociais e tecnológicos, bem como causas econômicas. Isso inclui a rápida propagação da desinformação e da dissensão nas mídias sociais, o confronto entre valores liberais e conservadores, progressistas e tradicionais, e as mudanças demográficas.[22] Além disso, experiências populistas em diferentes países podem ter diferentes combinações de causas. Tampouco seria certo dizer que todas as pessoas que se sentem solitárias e marginalizadas votam em populistas de direita *ou* de esquerda, da mesma maneira que nem todas as pessoas que são solitárias ficam doentes. Mesmo entre aqueles que se sentem social, política ou economicamente marginalizados, há claramente um grande número de pessoas que mantém a esperança de que os partidos tradicionais vão responder às suas necessidades, ao passo que outras decidem ignorar por completo as urnas.

A solidão, no entanto, é uma importante e muitas vezes negligenciada força motivadora para que muitas pessoas tenham votado em líderes populistas nos últimos anos — e populistas de direita, em particular. Como vamos ver, um corpo crescente de dados revela o papel significativo que sentimentos de isolamento e alienação têm desempenhado na transformação de nosso cenário político, com ecos perturbadores das conclusões de Arendt.

A SOLIDÃO E A POLÍTICA DA DESCONFIANÇA

Já em 1992, os pesquisadores começaram a identificar uma correlação entre o isolamento social e votos para o candidato de extrema direita Jean-Marie Le Pen, da Frente Nacional, na França.[23] Na Holanda, ao analisar dados obtidos com mais de 5 mil participantes em 2008, pesquisadores descobriram que quanto menos as pessoas acreditavam que aqueles ao seu redor zelavam por seus interesses e não seriam capazes de deliberadamente lhes fazer mal, mais provável era que votassem no PVV, o partido populista de extrema direita nacionalista na Holanda.[24]

Do outro lado do Atlântico, uma sondagem realizada em 2016 pelo Center for the Study of Elections and Democracy perguntou a 3 mil americanos a quem recorreriam primeiro se precisassem de ajuda com desafios que iam de cuidados infantis a assistência financeira, conselhos sobre relacionamentos e conseguir uma carona. Os resultados foram reveladores. Os eleitores de Donald Trump eram significativamente mais propensos do que os apoiadores tanto de Hillary Clinton quanto de Bernie Sanders a dar uma resposta não se referindo a vizinhos, organizações comunitárias ou amigos, mas simplesmente dizendo "eu só confio em mim mesmo".[25] Também havia mais probabilidade de eles relatarem ter menos amigos próximos e menos conhecidos e passar menos horas por semana com ambos. Outra pesquisa, realizada pelo Public Religion Research Institute, que investigou as características de partidários dos republicanos nos estágios finais das primárias do partido em 2016, revelou que apoiadores de Trump tinham duas vezes mais probabilidade do que os apoiadores de seu principal oponente, Ted

Cruz, de nunca ter participado ou de raramente participar de atividades comunitárias como equipes esportivas, clubes do livro ou organizações de pais e professores.[26]

O corolário também é verdadeiro. Um grande estudo que analisou 60 mil indivíduos em dezessete países europeus ao longo de quinze anos concluiu que as pessoas que eram membros de "associações cívicas" (como grupos de voluntários e associações de bairro) se mostravam significativamente menos propensas a votar no partido populista de direita de seu país do que as pessoas que não participavam como membros desse tipo de associação. Pesquisadores chegaram a conclusões semelhantes em relação à América Latina.[27]

Ao que parece, quanto mais envolvidos estamos em nossa comunidade mais ampla, mais sentimos que há pessoas em nosso entorno com as quais podemos contar e menos propensos somos a nos deixar levar pelo canto da sereia da extrema direita populista. E apesar de correlação não necessariamente implicar causalidade, há uma lógica para que as coisas sejam assim. Pois é fazendo parte de associações locais, realizando trabalho voluntário, assumindo papéis de liderança na comunidade ou simplesmente participando de atividades comunitárias e mantendo nossas amizades que conseguimos praticar a democracia inclusiva — aprender não apenas a nos unir, mas também a gerenciar e conciliar nossas diferenças.[28] Por outro lado, quanto menos laços sociais possuirmos, quanto mais isolados nos sentirmos e quanto menos prática tivermos em lidar com as diferenças e agir de maneira civilizada e cooperativa uns com os outros, menos propensos estaremos a confiar em nossos concidadãos e podemos considerar mais atraente a forma excludente e divisionista de comunidade fomentada pelos populistas.

A SOLIDÃO DA MARGINALIZAÇÃO

Ser solitário, no entanto, não é apenas se sentir socialmente isolado ou não ter laços comunitários. Ser solitário também inclui não ser ouvido e compreendido. O psiquiatra suíço Carl Jung teve este insight: "A solidão não advém de não ter ninguém além de si mesmo, mas de ser incapaz de comunicar as coisas que são importantes para si, ou ter opiniões que os outros consideram inadmissíveis."[29]

Como vimos recentemente, os apoiadores dos populistas estavam especialmente desesperados por ter suas dificuldades econômicas e seu consequente sentimento de marginalização e isolamento reconhecidos por aqueles com poder político. E sentiam de forma intensa que não eram. Testemunhos de trabalhadores ferroviários dos Estados Unidos antes da eleição presidencial de 2016 mostram como Donald Trump redesenhou o mapa político ao jogar ativamente com isso, fazendo com que muitos dos que se sentiam economicamente abandonados e ignorados — especialmente indivíduos que historicamente não tinham se sentido assim — achassem que estavam sendo ouvidos. É um sentimento que perdurou entre grande parte desse eleitorado durante a eleição presidencial de 2020.

Rusty é um engenheiro de locomotivas de 40 e poucos anos de Etowah, no condado de McMinn, leste do Tennessee. Seu avô e seu pai trabalharam para a ferrovia e votaram no Partido Democrata durante toda a vida. Ele também... até 2016. "Enquanto crescia, aprendi que, se você vai ser membro do sindicato, operário, se vai sujar as mãos, você precisa ser um democrata", disse ele. Mas, "para ser sincero, quanto mais trabalho, menos eu vejo, você sabe, eu não vejo minha situação melhorando nem um pouco." Para Rusty e seus colegas engenheiros, cujo trabalho era essencial para transportar bilhões de toneladas de carvão todos os anos, as regulamentações da era Obama resultaram em mais do que uma economia em termos de custos. Elas foram uma espécie de traição. "A sensação que eu tenho é de que ele veio com essa Lei do Carvão Limpo e algumas das políticas dele e me prejudicou", disse Rusty. Sua voz falhou. "Ele me prejudicou pessoalmente", provocou grandes "dificuldades". Em contraste, Donald Trump foi o único candidato "honesto e direto", o único a se importar com o que Rusty estava sentindo e que queria ouvir sobre seus problemas.

Seu colega ferroviário e ex-democrata Gary depositou uma fé semelhante no candidato presidencial de bronzeado permanente: "Quando Trump disse que ia trazer nossos empregos de volta para os Estados Unidos e negociar acordos comerciais, foi quando pensei: 'Uau, vou votar em Trump.'" Gary continuou: "Trump é o único que se preocupa com os pobres e a classe média. Ele é o único que parece estar interessado em ajudar os trabalhadores. Ele é nossa única esperança."

Terry, outro ex-eleitor democrata, concorda.[30] Esse pai de oito filhos do leste do Tennessee, com vinte anos de serviço ferroviário, que se viu vivendo de "salário em salário" em vez da "vida bastante boa" que levava antes, tinha um discurso semelhante ao de Gary e Rusty. "Trump vai cuidar do seu povo", garantiu ele, enquanto os líderes políticos anteriores haviam, em sua opinião, ignorado suas necessidades quando se tratou de proteger seu emprego e garantir que mantivessem um padrão de vida decente.

Se antes o Partido Democrata ou pelo menos o sindicato lhes dava esperança, em 2016 e também em 2020 muitos daqueles que se sentiam marginalizados depositaram toda a sua fé em Trump, especialmente os eleitores brancos da classe trabalhadora. Isso aconteceu em especial em lugares onde a infraestrutura da comunidade era frágil, os laços sociais haviam sido corroídos e os cidadãos se sentiam economicamente vulneráveis.[31] Lugares como a cidade de Terry e Rusty, no leste do Tennessee, onde na década anterior minas de carvão haviam sido fechadas[32] e as feridas da crise financeira de 2008 ainda estavam abertas — tudo isso contribuiu para a crença de que os poderosos de Washington não estavam nem um pouco preocupados com as necessidades dos trabalhadores comuns.

Se as políticas de Donald Trump iam ou não melhorar de fato a vida de seus apoiadores quase parecia importar menos do que o fato de ele dar a impressão de estar *ouvindo*, ao passo que outros políticos pareciam surdos aos seus apelos e às necessidades de suas comunidades economicamente devastadas. Ele usou a estratégia do "eu sou o único que realmente se importa" ao longo de sua candidatura à reeleição. "Nancy Pelosi só está interessada em resgatar cidades e estados democratas mal administrados e dominados pelo crime. É seu único interesse. Ela não tem a intenção de ajudar as pessoas", afirmou Trump na campanha de 2020. Ainda que Joe Biden tivesse tentado ativamente rebater essa narrativa, focando sua campanha em uma mensagem de recuperação de postos de trabalho — lembrando ao eleitorado da classe trabalhadora de seu histórico como seu aliado e de suas próprias raízes no proletariado —, para muitos eleitores de Trump isso não foi o suficiente.[33]

É solitário se sentir economicamente inseguro. Mas é ainda mais solitário sentir que ninguém se preocupa com suas dificuldades, em especial as pessoas em posições de poder que você acredita que deveriam proporcionar ajuda e apoio. Este foi o grande feito de Trump: convencer tantas pessoas de que ele se importava.

Não foi apenas nos Estados Unidos que os populistas continuaram a se mostrar convincentes. Eric é um jovem padeiro parisiense que adora dança tradicional escocesa, rap e videogames. Quando conversei com ele em 2019, achei-o sério, direto e muito educado. Ele falou abertamente sobre o esforço e a frustração de trabalhar duro e ainda assim viver com pouco mais do que o salário mínimo. Como muitos jovens, Eric tinha a sensação de que, na sociedade, as probabilidades estavam fortemente contra ele. "O sistema econômico é injusto", explicou. "Não basta trabalhar duro, você tem que trabalhar muito duro. Se é bom, não é o suficiente. Você tem que ser muito bom e conhecer as pessoas certas, caso contrário, não vai ganhar o suficiente para viver." Ele também compartilhou comigo como se sentia "abandonado" em um grau angustiante, me contando, com a voz ao mesmo tempo triste e zangada, como não acredita que o Estado vá ampará-lo se ele ficar doente ou quando envelhecer, e como isso faz com que se sinta sozinho.

Eric é um membro proeminente da ala jovem do Rassemblement National. Antes conhecido como Frente Nacional, esse partido populista de direita com um longo histórico de xenofobia foi rebatizado em 2018 e continua sendo um dos partidos políticos mais populares da França. Em sua encarnação anterior, foi associado a tentativas de minimizar os horrores do Holocausto, com seu fundador e então líder Jean-Marie Le Pen referindo-se às câmaras de gás nazistas como "um pormenor na história da Segunda Guerra Mundial".[34] Mais recentemente, com a filha de Le Pen, Marine, a retórica anti-imigrante do partido passou a se dirigir à comunidade muçulmana na França, que ela descreve como uma anfitriã inerente do Islã radical, "um polvo com tentáculos por toda parte, nos bairros [de imigrantes], nas associações, nos clubes desportivos".[35] Em 2015, Marine Le Pen foi processada por grupos de defesa dos direitos humanos por incitar o ódio, com comentários nos quais comparava as preces muçulmanas nas ruas à ocupação nazista. Embora no fim das contas ela tenha sido absolvida, sua retórica não mudou muito.[36]

Ainda que no passado Eric pudesse ter encontrado seu lar político no Partido Socialista da França, hoje é no partido nacionalista e populista de direita radical que ele encontrou um lugar ao qual sente pertencer. Pois, assim como os trabalhadores ferroviários antes democratas que votaram em Trump em 2016, ele acredita que o Rassemblement National é o único que "protege as pessoas comuns", grupo ao qual se orgulha de pertencer, cidadãos que outros partidos "abandonaram". O fracasso da esquerda é, obviamente, o fato de, aos olhos de muitas pessoas, ter deixado de ser o espectro político comprometido com os interesses dos "esquecidos" e "abandonados".

Esses sentimentos de abandono encontram eco em estudos de maior alcance em toda a Europa. Pesquisadores analisaram quinhentas entrevistas com pessoas em redutos de direita na França e na Alemanha — lugares como Gelsenkirchen-Ost, um subúrbio pobre a nordeste de Essen marcado pela alta taxa de desemprego e onde o partido anti-imigrantes Alternativ für Deutschland (AfD) obteve quase um terço dos votos nas eleições de 2017 (três vezes mais votos do que obteve em âmbito nacional); e o bairro Les Kampes, de Loon-Plage, no norte da França, onde, nas eleições presidenciais francesas de 2017, 42,5% dos eleitores escolheram Marine Le Pen.[37] O que eles descobriram foi que o sentimento generalizado de "abandono" era um tema dominante e recorrente entre os entrevistados.

Em todo o mundo, aqueles que se sentem social e economicamente marginalizados acham que os partidos políticos tradicionais que um dia os defenderam agora os deixaram de lado e não dão atenção às suas preocupações nem oferecem respostas às suas queixas. Nas primeiras décadas do século XXI, essas pessoas têm se voltado em números desproporcionalmente altos para os partidos nos extremos políticos. Faz sentido que as coisas sejam assim. Se você se sente marginalizado, ignorado, invisível e aparece alguém que promete enxergá-lo e ouvi-lo, é compreensível que essa promessa seja sedutora. Seja o grito de guerra de Trump nos comícios, prometendo que "os homens e as mulheres esquecidos dos Estados Unidos não ficarão mais esquecidos!"; seja o juramento de Marine Le Pen de servir "a uma França esquecida, uma França abandonada pelas autoproclamadas elites" — esse tipo de mensagem cuidadosamente escolhida tem grandes chances de ser atraente.[38] E a realidade é que muitos *ficaram* esquecidos por décadas quando ao capitalismo neoliberal e à desindustrialização se seguiram a crise financeira de 2008 e uma subsequente recessão, acompanhada de políticas de austeridade. Coletivamente, tudo isso teve um impacto econômico negativo assimétrico, com os homens menos qualificados entre aqueles que se sentiram mais afetados — o mercado visado pelos populistas de direita.[39]

A SOLIDÃO E A PERDA DE STATUS E ESTIMA

Muitos líderes populistas também compreendem outra coisa: que a solidão não é apenas sentir-se esquecido ou socialmente isolado ou sentir-se sem voz; é também um sentimento de perda. Perda da comunidade, com certeza. Perda de segurança econômica. Mas também a perda crucial da posição social. Lembra-se da definição de Arendt dos solitários como aqueles que "não têm lugar na sociedade"? E a posição social está inexoravelmente ligada, especialmente para os homens, com o companheirismo, o orgulho e o status que resultam não apenas de ter um emprego, mas um trabalho decente com história, solidariedade e propósito.[40] Na verdade, na retórica trumpiana, "Tornar a América Grande de Novo" ["Make America Great Again"] é restaurar a ordem do velho mundo na qual as indústrias tradicionais eram o coração dos bairros, gerando empregos que criavam ao mesmo tempo um forte senso de autoestima e um forte espírito comunitário. Lembra-se da promessa repetida por ele diversas vezes de levar "nossos grandes mineiros de carvão de volta ao trabalho"?[41] Em um mundo no qual "Eu produzo, logo existo", no qual é vergonhoso não estar empregado ou ter um emprego de baixo status, a promessa de uma comunidade revitalizada e de uma situação social renovada é particularmente bem-vinda.

Assim, não surpreende que as promessas de Trump tenham atraído tanto trabalhadores ferroviários como Terry, que se ressentiam de como "costumávamos ter orgulho de trabalhar na ferrovia, orgulho do que fazíamos, e agora ninguém tem". Ou Gary, que enumerou longamente as fábricas em sua área que tinham sido fechadas em anos recentes, fábricas — como a Libbey-Owens-Ford Glass Factory, a Union Carbide, a True Temper e a fábrica de artilharia naval perto de sua cidade natal, South Charleston — que produziam coisas. Em seguida, Gary explicou que, embora "haja outros empregos que uma pessoa pode conseguir (...) um emprego em uma rede de fast-food, em uma mercearia ou em um Walmart, são todos trabalhos de baixa remuneração".

Se esses empregos inevitavelmente pagam menos do que os antigos empregos nas fábricas, é discutível. Mas a questão não é só que esses "novos" empregos pagam mal. O maior problema é que são empregos considerados de status e posição social inferiores, trabalhos que talvez uma pessoa não se sinta tão orgulhosa de realizar. Mesmo antes de a pandemia do coronavírus fazer o desemprego disparar, esses "empregos de baixo status" eram as únicas oportunidades disponíveis para um número cada vez maior de pessoas, especialmente em antigos centros de manufatura e regiões desindustrializadas. As baixas taxas de desemprego encobriam isso, escondendo assim o descontentamento e o inconformismo que espreitavam por trás das estatísticas.

Na verdade, é a sensação de perda de status, talvez mais até do que a perda de ganhos em si, que os sociólogos Noam Gidron e Peter A. Hall acreditam que esteja na base do que motivou tantos homens brancos da classe trabalhadora em particular — homens como Gary, Rusty, Terry e Eric — a se voltar para populistas de direita nos últimos anos. Em um artigo publicado em 2017 no qual analisaram a relação entre os sentimentos de perda de posição social e as preferências de voto em doze democracias desenvolvidas entre 1987 e 2013, eles concluíram que homens brancos sem diploma universitário que sentiam não ter status social — seja por causa da má qualidade dos trabalhos disponíveis para eles, seja porque não tinham emprego, seja porque achavam que sua posição havia sido inferiorizada pela elevação do status de pessoas com educação universitária, não brancos e mulheres — eram significativamente mais propensos a votar em partidos populistas de direita do que aqueles que não sentiam o mesmo.[42] E isso porque esses partidos lhes prometeram respeito e uma restauração de status.

Como Donald Trump expôs na campanha em 2016: "Enquanto minha adversária os calunia como deploráveis e irredimíveis, eu os chamo de americanos patriotas e trabalhadores que amam seu país e desejam um futuro melhor para todo o nosso povo. Vocês são (...) soldados e marinheiros, carpinteiros e soldadores (...) Vocês são americanos e têm direito a um líder que os honre, os valorize e os defenda. Todo americano tem o direito de ser tratado com dignidade e respeito em nosso país."[43]

Voltando ao tema em 2020, Trump escolheu estimular sua base apelando para seus desejo por status e autovalorização. "Cidadãos orgulhosos como vocês ajudaram a construir este país", disse em outubro de 2020, "e juntos nós vamos tomar nosso país de volta. Nós vamos trazer o poder de volta para o povo americano."[44]

A DESVALORIZAÇÃO DA COMUNIDADE

Há outra coisa que os populistas também oferecem: pertencimento. Para alguém que havia perdido não apenas status, mas também a comunidade que seu trabalho e seu sindicato haviam fornecido até então, e que estava desproporcionalmente isolado e desprovido de laços sociais, isso também era extremamente importante.[45] A perda da "irmandade", agora que ele e seus colegas engenheiros disputavam uns com os outros empregos cada vez mais escassos, era algo que Rusty, entre outros, lamentava em especial.

Foi esse vazio de comunidade e mutualidade que populistas como Trump ocuparam de forma tão bem-sucedida e intencional com sua própria visão clara e ressonante de pertencimento.

Pense nos comícios de Trump, um elemento fundamental oferecido por ele ao longo de sua carreira política, não apenas antes de chegar à presidência, mas também depois, fazendo quase setenta nos primeiros três anos de seu mandato, e continuando firme mesmo durante o ápice da pandemia.[46] Embora, é claro, outros políticos americanos também realizem comícios, os de Trump eram qualitativamente diferentes. Eles atraíam as pessoas não apenas como demonstrações políticas, mas como rituais comunitários em grande escala nos quais as pessoas se sentiam parte de uma irmandade. Eram um programa de família, com três gerações comparecendo regularmente, mães e filhos, avós e avôs a reboque. Diferentemente dos comícios de seus rivais políticos, aos quais as pessoas costumavam comparecer vestindo roupas comuns, nos comícios de Trump o que se via era um mar de gente vestida de vermelho, usando bonés, broches e camisetas com a frase de campanha "Tornar a América Grande de Novo".[47] Playlists repetitivas (a canção "Proud to Be an American" [Orgulho de ser americano], às vezes tocando sem parar) permitiam às pessoas cantar junto as músicas que lhe eram familiares, preenchendo o ambiente com mantras patrióticos.[48] Os mesmos slogans e frases impactantes faziam com que cada membro da plateia se sentisse em sincronia com milhares de outros.[49] Enquanto os comícios de Hillary Clinton eram sérios e alguns poderiam dizer até um tanto enfadonhos, e os de Biden, contidos e restritos devido ao seu compromisso em seguir os protocolos de segurança e prevenção da Covid-19, os de Trump lembravam mais a teatralidade e o entusiasmo de um evento de luta livre da World Wrestling Entertainment, mesmo com o avanço do coronavírus.[50]

Além disso, havia as escolhas linguísticas, a retórica que Trump usava para reforçar esse senso de união, de unidade. Ele falava predominantemente na primeira pessoa do plural, usando repetidamente "nós" para forjar um vínculo relacional, embora, é claro, Trump não tivesse praticamente nada em comum com muitos de seus apoiadores.[51] Isso "faz com que as pessoas se sintam incluídas no que de fato está acontecendo", disse um dos presentes em um comício — ao mesmo tempo conectadas com as outras pessoas e com Trump.[52] Além disso, ele invoca repetidas vezes "o povo": "o belo povo", "povo incrível", "povo excelente". Na verdade, "povo" é a palavra mais comum em seus discursos.[53]

Essas técnicas — a indumentária com uma marca, as frases impactantes, as frases na primeira pessoa do plural e os apelos intermináveis ao coletivo — caracterizam uma teatralidade e uma astúcia política que possivelmente remontam às megaigrejas americanas e, indo além, ao movimento revivalista do século XIX. Como tal, os comícios de Trump são muito mais do que discursos políticos e apertos de mão. Eles são o que o autor Johnny Dwyer chamou de "uma espécie de comunhão".[54] O próprio Trump já comentou sobre sua atmosfera fervorosa e quase religiosa. Na abertura de seu primeiro grande comício, em 21 de agosto de 2015, ele sorriu para a multidão e invocou o evangelista mais famoso dos Estados Unidos. "Que lindo", disse. "Agora eu sei como o grande Billy Graham se sentia."[55]

Trump vinha conseguindo fazer com que as pessoas sentissem que são importantes de uma maneira única na política americana. Ele saciou a fome de pertencer, de se sentir parte de algo para muitas pessoas cujos vínculos tradicionais do local de trabalho e da comunidade em geral tinham sido rompidos, apelando diretamente para a nossa necessidade evolutiva básica de ser parte de algo maior do que nós mesmos.[56]

Na Europa, a dinâmica tem sido muito semelhante, com comícios que são ao mesmo tempo eventos sociais usados de forma efetiva para aproximar as pessoas dos partidos populistas e de seus líderes. Na Bélgica, nos festivais patrocinados pelo partido populista de direita Vlaams Belang (um partido nacionalista que tem o discurso anti-imigração como princípio fundamental),[57] apoiadores "dividiam seu tempo entre discursos anti-imigração do lado de dentro e um festival do lado de fora que incluía pintura de rosto, castelos infláveis e um estande do livro *The Kidnapping of Europe* [O sequestro da Europa]".[58] Do outro lado da fronteira, na Alemanha, os comícios da AfD têm muito em comum com os de Donald Trump: famílias comparecem levando balões, bebem juntas em mesas de piquenique e seguram cartazes caseiros com mensagens como *"Björn Höcke: Kanzler der Herzen"* ("Chanceler do Coração").[59] Enquanto isso, na Espanha, o partido populista de direita

Vox atrai as pessoas em noites regadas a cerveja voltadas para os jovens, realizadas em casas noturnas e bares nos quais ninguém com mais de 25 anos pode entrar.[60]

E, mais uma vez, a linguagem usada é a da comunidade, com a intenção de criar um sentimento de pertencimento que seus apoiadores não conseguiram encontrar em nenhum outro lugar no século XXI. "A Liga é uma grande família", repetem diversas vezes os políticos populistas de direita da Liga em seus comícios.[61] Originalmente um partido regionalista que afirmava representar o norte do país, a Liga (antiga Lega Nord) tornou-se poderosa no cenário nacional, tendo dado uma guinada para a direita na última década. Em vez de defender a secessão do norte, a Liga agora faz campanha contra a imigração, a União Europeia (EU) e os direitos LGBTQIA+, e construiu uma base política muito significativa.[62] Nas eleições para o Parlamento Europeu de 2019, conquistou mais de um terço dos votos da Itália.[63] O líder do partido, Matteo Salvini, maneja a linguagem como uma espada, muitas vezes lançando mão de palavras íntimas como "mamãe", "papai" e "amigos" para cativar seus partidários e reforçar sua oferta de comunidade.[64]

Não é apenas nesses grandes eventos que os partidos populistas oferecem pertencimento. Giorgio, um apoiador da Liga, um elegante pequeno empresário de Milão com uma queda por *paddle tennis** que compartilhou orgulhosamente comigo sua selfie com Salvini, descreveu em 2019 como o partido fez com que se sentisse menos sozinho. Graças à Liga, "há um ano e meio comecei a ir a jantares e festas — são chamados de comitês, reuniões para pessoas do partido. E são realmente muito legais. Você tem a oportunidade de conhecer várias pessoas. Nós cantamos, e há um sentimento muito forte de tradição. Todo mundo canta em dialetos do norte. E todos ficam muito felizes com isso porque se sentem parte da comunidade".

Eric, em Paris, falou de maneira similar sobre a alegria que sente em suas reuniões políticas regulares às quartas-feiras, ao saírem depois

---

* Jogo adaptado do tênis no qual a quadra e a rede são menores e a raquete é maciça. (*N. da T.*)

para tomar um drinque, ao distribuírem pôsteres e panfletos juntos, sobre como "é difícil encontrar pessoas com as quais compartilhar sentimentos de solidariedade e comunidade" e como ele encontrou tudo isso no Rassemblement National. Ele admitiu de maneira lúcida que, se não tivesse se filiado ao partido, estaria profundamente solitário. O partido lhe deu um propósito e uma comunidade pelos quais ansiava. Uma comunidade que antes poderia ter sido fornecida por um sindicato, um partido político tradicional, a igreja ou até mesmo um centro comunitário ou um café de bairro animado.[65]

É muito cedo para avaliar se o apoio aos políticos populistas diminuiu nos meses durante os quais as reuniões presenciais de seus apoiadores foram restritas pelas regras de distanciamento social. Aproximadamente 70 milhões de pessoas votaram em Trump em 2020, mais até do que em 2016. Como eles vão se sair no futuro vai depender em grande medida da posição em que estavam quando a música parou (as crises econômicas tendem a ser ruins para os partidos governantes), e haverá dúvidas em todas as nações sobre quão competentes aqueles que ocupam cargos serão considerados no que diz respeito não apenas a salvar empregos, mas também vidas.[66] Sua popularidade também será influenciada pela capacidade de controlar a narrativa da mídia e pela escolha de seus seguidores de acreditar ou não em sua versão da análise pós-crise. Durante o lockdown, porém, foi impressionante a rapidez com que os populistas aumentaram sua oferta de comunidade on-line à medida que sua capacidade de se reunir pessoalmente diminuía. Além de o presidente ter assumido pessoalmente o centro do palco nas coletivas diárias da imprensa televisiva com mensagens abertas à sua "tribo" (incluindo repetidas condenações à mídia que divulgava "fake news" e fazendo acusações contra instituições globais), a campanha de Trump, que já possuía uma quantidade enorme de seguidores nas mídias sociais, aumentou sua presença no Facebook e intensificou sua produção digital, realizando treinamentos em grande escala de voluntários via Zoom e lançando uma campanha exclusivamente digital com um "comício virtual" que teve quase 1 milhão de transmissões ao vivo.[67] A Liga, o Vox, da Espanha, e o partido de extrema direita

Vlaams Belang, da Bélgica, também mestres das mídias sociais, aumentaram igualmente suas ofertas.[68]

A IMIGRAÇÃO COMO ARMA

Quer a comunidade que está sendo oferecida seja on-line, quer seja presencial, está claro que elas compartilham uma característica particular: a exclusão aberta de outras pessoas. Pois, lado a lado com o foco dos partidos populistas de direita no pertencimento, com suas noites de cerveja e castelos infláveis, sempre há uma mensagem clara sobre quem *não* está convidado. Pense, por exemplo, nos milhares de vozes cantando como se entoassem um hino nos comícios de Trump: "Construa o muro" ["Build the wall"]. O subtexto da mensagem de união dos populistas de direita é de exclusão racial, religiosa e nacionalista. De "nós" e "eles". É aí que reside seu maior perigo.

Visando àqueles que se sentem solitários e abandonados e criando uma comunidade com delimitações nacionalistas e raciais, os líderes populistas usam seu tribalismo como arma contra quem é diferente. Esses políticos perceberam que para aqueles que se sentem excluídos, abandonados e solitários, para aqueles que não estão acostumados a lidar com a diferença e cujas fontes de identidade tradicionais (seja a classe, seja o emprego, seja a igreja) não são mais tão fortes nem seguras como costumavam ser, "identidades sociais como nacionalidade, etnia, língua e gênero se tornam", como escreveram os professores Mikko Salmela e Christian von Scheve, "mais atraentes como fontes de significado [e] autoestima".[69] Eu acrescentaria a essas "fontes" o fascínio de pertencer.

É nesse sentido que a manipulação da solidão e do isolamento feita pelos populistas assume sua forma mais torpe e divisiva, uma vez que as pessoas solitárias tendem a encarar sua vizinhança como mais hostil e ameaçadora. Lembremos do nosso rato solitário e de como ele se tornou agressivo quando outro rato surgiu para compartilhar seu espaço. E lembremos de como a capacidade do nosso cérebro de sentir empatia pode ser inibida pela solidão. Ao reforçar o sentimento de abandono e marginalização de seus seguidores e contrapor isso a um aparente favorecimento político de pessoas diferentes deles (em geral imigrantes), o medo fomentado pelos populistas de direita inflama as emoções, a ansiedade e a insegurança de seus seguidores e manipula diferenças étnicas e religiosas a fim de angariar lealdade e apoio. Eles combinam isso ao apelo da nostalgia por uma era passada na qual as pessoas — de acordo com essa versão da história — estavam mais conectadas, eram mais felizes e tinham uma vida melhor, antes de "esses imigrantes chegarem e roubarem seus benefícios e seus empregos".

E agora, é claro, os populistas de direita acrescentam a isso "antes de aqueles estrangeiros os infectarem com um vírus mortal". Quando começou a pandemia, não demorou muito para que vários políticos populistas usassem a crise para alimentar tensões raciais, étnicas e religiosas e demonizar aqueles que são diferentes.

Nos Estados Unidos, a predileção de Donald Trump por chamar a Covid-19 de "o vírus chinês" instigou uma onda de ataques contra asiático-americanos.[70] Na Hungria, o primeiro-ministro Viktor Orbán passou de responsabilizar um grupo de estudantes iranianos, que foram colocados em quarentena e depois testaram positivo, pela incidência do vírus na Hungria para declarar todas as universidades propensas a disseminar o vírus — porque "há muitos estrangeiros nelas".[71] Na Itália, Matteo Salvini não perdeu tempo em relacionar erroneamente a disseminação da doença às pessoas que haviam cruzado o Mediterrâneo oriundas do norte da África para pedir asilo na Itália. Ele não forneceu nenhuma evidência para fundamentar essa afirmação.[72] O uso da doença como arma de dissensão racial e fervor nacionalista tem, é claro, um precedente histórico de longa data. Os judeus foram culpados pela epidemia de Peste Negra que varreu a Europa no século XIV, milhares deles sendo massacrados como consequência. "Estrangeiros" foram atacados por turbas durante a praga de Milão em 1629-31, com os espanhóis particularmente vulneráveis, e imigrantes irlandeses foram responsabilizados por surtos de cólera em cidades americanas como Nova York e Boston durante a década de 1830.[73] Pandemias e xenofobia sempre estiveram interligadas.

No entanto, mesmo antes de a pandemia do coronavírus fornecer uma nova linha de ataque contra "o outro", Giorgio, o apoiador da Liga na Itália, evidentemente já havia absorvido essas mensagens de tribalismo antagônico. "O governo tem colocado seus próprios cidadãos em segundo plano, depois dos imigrantes que estão vindo da África", ele me disse, "pessoas que vêm aqui e têm direito a férias enquanto muitos italianos nativos estão trabalhando nos campos sem direitos sociais. É preciso cuidar da sua comunidade e das pessoas que já vivem no seu país, não das pessoas que vêm da África."

Matthias, um especialista em logística de 29 anos que vive em Berlim, ex-eleitor de centro-esquerda, se voltou para o partido populista de direita AfD por razões semelhantes.[74] "É simplesmente um fato que se faz mais pelos refugiados do que por nós", disse ele em 2017, um ano depois de a Alemanha aceitar 1 milhão de refugiados como parte da política pró-refugiados "nós podemos fazer isso" da chanceler Angela Merkel.[75] "Muitos dos meus amigos ainda estão procurando trabalho. Os refugiados ganham dinheiro sem fazer nada. Eles até recebem tratamento preferencial quando se trata de apartamentos — tudo é pago para eles."[76]

Terry, o apoiador de Trump do leste do Tennessee, por sua vez, protestava contra "pessoas que não deveriam estar aqui, que estão tirando benefícios, dinheiro e empregos de pessoas daqui que lutaram pelo nosso país. Temos veteranos sem-teto e querem trazer refugiados de outros países. Precisamos cuidar do nosso próprio povo".

Assim como as teorias da conspiração envolvendo o coronavírus, esses argumentos não correspondem aos fatos. Refugiados na Alemanha não recebem "dinheiro sem fazer nada" além dos mesmos subsídios do governo que todos os outros cidadãos recebem e na verdade enfrentam discriminação habitacional em muitos lugares; nos Estados Unidos, veteranos e cidadãos têm direito a muito mais benefícios do que refugiados e imigrantes sem documentos. Mas, para quem se sente abandonado, sozinho e ignorado; para aqueles que não se sentem mais ligados nem a seus concidadãos nem ao Estado; para aqueles que já estão mais propensos a encarar seu entorno como um ambiente ameaçador e hostil, cheio de cobras em vez de gravetos, e a ser receptivos a teorias conspiratórias (como pesquisas recentes mostraram que aqueles que se sentem socialmente excluídos ou ostracizados são), essas narrativas disseminadas por populistas de direita são claramente atraentes.[77]

De fato, uma análise recente com mais de 30 mil pessoas recrutadas como parte do European Social Survey (um questionário aprofundado usado por muitos cientistas sociais) revelou que aqueles que expressaram as opiniões anti-imigrantes mais extremas se distinguiam não por dados demográficos básicos, como gênero e idade, e sim pela insegurança financeira, pelos baixos níveis de confiança em seus concidadãos e em seu governo e pelo isolamento social.[78] "Em suma", concluíram os pesquisadores, "pessoas que se sentem politicamente impotentes, financeiramente inseguras e sem apoio social têm mais probabilidade de se tornar extremamente negativas em relação aos migrantes." E o que essas três características têm em comum? Todas são motivadoras importantes da solidão.

Oferecer outra pessoa a quem culpar, alguém retratado como diferente de você, alguém que você na verdade não conhece — pois tipicamente o maior fervor anti-imigrantes está em lugares com baixos níveis de imigração[79] — provou ser uma estratégia vitoriosa. Em muitos casos, tem sido mais eficaz do que jogar a culpa na economia global, no neoliberalismo, na automação, nos cortes de gastos públicos ou nas prioridades de gastos distorcidas do governo, mesmo que sejam explicações mais adequadas para o fato de as pessoas se sentirem marginalizadas. Os populistas de direita entendem melhor do que qualquer outra pessoa como as emoções superam a racionalidade e a complexidade, e quão poderosa a ferramenta do medo pode ser. E exploram isso repetindo continuamente suas mensagens contra "o outro". Mesmo que nos próximos anos o apoio aos populistas de direita diminua, seria prematuro anunciar a morte do populismo. Seu controle sobre a imaginação, as emoções e as intenções de voto de uma proporção considerável de cidadãos provavelmente perdurará.

Outra preocupação é o fato de que a retórica divisionista e com matizes raciais costuma ser contagiosa por si só. Em uma tentativa incendiária de se esquivar de um desafio do candidato populista de direita Geert Wilders, o primeiro-ministro não populista e de centro-direita da Holanda Mark Rutte publicou um anúncio nos jornais em 2017 que instruía os imigrantes: "ajam normalmente ou vão embora".[80] Os social-democratas de centro-esquerda da Dinamarca foram vitoriosos nas eleições de 2019 no país com um manifesto que era perturbadoramente evocativo da extrema direita em se tratando de questões de imigração.[81] Na verdade, em muitos aspectos, o maior perigo associado ao aumento do populismo nos últimos anos é como ele empurrou partidos tradicionais tanto de direita quanto de esquerda cada vez mais para os extremos e normalizou um discurso de divisionismo, desconfiança e ódio.

Meu medo é que em um mundo pós-Covid-19 esses instintos fiquem ainda mais exacerbados, e que a saúde e a segurança biológica de cada nação individualmente não sejam vistas apenas pelos populistas como um terreno fértil a explorar, mas que políticos mais centristas busquem obter capital político apelando para a construção de muros e culpando e demonizando "os outros".

Isso não significa deixar de levar em conta a responsabilidade individual das pessoas. Com frequência é difícil ter certeza do que vem primeiro: o sentimento racista, a mensagem xenófoba dos líderes populistas — e sua amplificação nas redes sociais — ou as mudanças econômicas, culturais e sociais que levaram tantas pessoas a se sentirem marginalizadas, desamparadas, ignoradas e com medo. O que está claro, porém, é que para as pessoas que sentem que não têm mais lugar no mundo, que sentem falta de pertencimento e ausência de solidariedade, para aqueles que temem pelo seu futuro e se sentem abandonados e sozinhos, o ódio pelos outros pode se tornar, como Hannah Arendt identificou na Alemanha nazista, "uma forma de autodefinição" que mitiga sua sensação de solidão e "restaura parte do autorrespeito (...) antes derivado de sua função na sociedade".[82] Em especial, eu diria, em tempos de crise econômica.

O que Arendt descreve une os sentimentos dos solitários e despossuídos ao longo de gerações, daqueles na Alemanha dos anos 1930 aos de hoje, no século XXI. Eles são exemplificados por um jovem, Wilhelm, cujas palavras sugerem que ele poderia estar vivendo na Alemanha do Terceiro Reich ou em qualquer Estado economicamente devastado hoje. Esse "belo rapaz de pouco menos de um metro e oitenta de altura, esbelto em constituição, com cabelos e olhos negros e rosto extremamente inteligente"[83] ficou desempregado por vários anos após a crise econômica e explicou como se sentia da seguinte forma:

> Não havia espaço para nenhum de nós. Minha geração, que trabalhava duro e com muito sacrifício, simplesmente não era desejada. Quando saí da universidade, fiquei desempregado por um ano (...) permaneci desempregado por cinco anos, o corpo e o espírito abatidos. Eu não era desejado [pela Alemanha], e, certamente, se não era desejado aqui, não seria desejado em lugar algum do mundo (...) A vida para mim se tornou completamente desesperadora.

No caso de Wilhelm, ele estava de fato descrevendo seus sentimentos na década de 1930. E continuou: "Então, fui apresentado a Hitler (...) A vida para mim assumiu um novo e tremendo significado. Desde então, eu me comprometi de corpo, alma e espírito com esse movimento pela ressurreição da Alemanha."

As causas e consequências da solidão estão no cerne dos maiores problemas políticos e sociais que nossa sociedade enfrenta. Recentemente, foram os políticos populistas que melhor tenderam a compreender isso, em particular os de direita. Contudo, não podemos permitir que eles sejam vistos como os únicos que oferecem soluções para quem vivencia a solidão. Há coisas demais em jogo.

Isso significa que políticos de todos os matizes precisarão encontrar respostas para questões muito prementes. Como garantir que grupos já vulneráveis da sociedade não sejam ainda mais marginalizados? Como fazer as pessoas se sentirem amparadas e cuidadas em uma época em que os recursos são cada vez mais escassos? E, o mais importante, como fazer com que as pessoas se importem não apenas com aqueles que se parecem com elas, que têm a mesma história, a mesma cultura e as mesmas origens, mas também com "os outros", aqueles que não se parecem? Como conectar novamente as pessoas em um mundo que se fragmenta?

Igualmente importante: nossos líderes precisam encontrar maneiras de fazer com que todos os cidadãos sintam que são ouvidos e vistos. E devem se certificar de que as pessoas tenham oportunidades suficientes de praticar a inclusão, a civilidade e a tolerância em seu cotidiano. Agora, mais do que nunca, precisamos que os políticos coloquem no centro de seus projetos um comprometimento verossímil com a reconstrução da comunidade em nível local, nacional e internacional. E é algo encorajador que o governo de Joe Biden tenha se comprometido tão abertamente com essa questão.

No entanto, para entender *como* podemos efetivamente virar o jogo contra a solidão, restaurar o senso de comunidade dos cidadãos e começar a reparar as fissuras entre nós, precisamos ir mais fundo. Precisamos entender de forma mais detalhada por que *este* é o Século da Solidão não apenas para aqueles que se deixam seduzir pelo canto da sereia dos populistas, mas para todos nós. E esse trabalho começa com as nossas cidades, pois elas estão se tornando cada vez mais epicentros de isolamento.

CAPÍTULO 4

A cidade solitária

Nova York, 2019. Toda vez que sai da cidade, Frank pega a foto de seu falecido pai e a guarda em um armário junto com seus outros objetos de valor para "protegê-los" do hóspede do Airbnb que vai dormir em sua cama algumas horas depois.

Não era isso que Frank, de 32 anos, imaginava quando se mudou para Manhattan alguns anos antes, com a esperança de construir uma carreira brilhante no design gráfico. O aumento do conteúdo entregue no formato digital e os cortes subsequentes na mídia impressa e nos orçamentos de publicidade, no entanto, levaram a demissões drásticas em seu campo de atuação. Então, em 2018, com certa relutância, ele se juntou à informalidade da *gig economy* (economia alternativa, ou economia "dos bicos"), conseguindo trabalhos em plataformas como Upwork ou Fiverr, e às vezes através do boca a boca. Hospedar pessoas em sua casa por intermédio do Airbnb foi a única maneira que encontrou de conseguir tirar férias. Sua preocupação com a insegurança de seu trabalho e com o pagamento do aluguel eram constantes.

Esse tipo de precariedade econômica seria um desafio para qualquer um, mas para Frank o que tornava a vida ainda mais difícil era o fato de morar em uma cidade grande. No início, ele ficou muito orgulhoso de fazer o depósito para alugar seu primeiro imóvel, um minúsculo apartamento em um arranha-céu no centro da cidade. Mas voltar para sua casa vazia à noite ou pior, passar o dia todo preso lá dentro sozinho, trabalhando, fazia com que muitas vezes parecesse mais claustrofóbico do que aconchegante, confidenciou ele. Especialmente porque não havia uma única pessoa em seu prédio que ele conhecesse bem o suficiente para compartilhar um café, muito menos alguém com quem pudesse relaxar tomando uma cerveja depois de um dia de trabalho. Pois, apesar de morar no prédio havia alguns anos, o problema não era "apenas que nenhum vizinho soubesse meu nome", mas que "cada vez que passo por eles nos corredores ou no elevador é como se nunca tivessem me visto".

O frio anonimato do prédio de Frank parecia um microcosmo de sua experiência de viver em uma cidade grande. "Aqui, ninguém sorri", diz ele sobre Manhattan. Cabeça voltada para o celular, relógios monitorando os passos, cara fechada ou expressões sérias, a cidade parecia implacável, hostil e dura. Se não fosse pelo simpático funcionário sudanês de seu café local, para onde às vezes ia com seu laptop para trabalhar, ele me disse que provavelmente passaria dias sem falar com ninguém.

Frank também falou sobre como era difícil fazer amigos em uma cidade onde todos pareciam estar sempre tão ocupados, com tanta pressa, tão concentrados em seu próprio progresso que davam a impressão de não ter tempo para parar e conversar, muito menos fazer novos amigos ou cultivar os relacionamentos existentes. Como resultado, muitas vezes ele passava as noites trocando mensagens com "alguma mulher aleatória no Tinder", não porque de fato quisesse conhecê-la pessoalmente (isso parecia exigir muito esforço), mas apenas para ter alguém com quem "conversar", algum contato humano que ajudasse a aliviar a solidão que sentia. E embora a pequena cidade do Meio-Oeste onde ele morava antes parecesse sufocante, e Nova York fosse onde ele achava que "tinha que estar" para ter alguma chance de sucesso em termos de carreira, ficou claro quando nos falamos que ele tinha uma sensação de perda agora que vivia em um lugar onde não sabia nada sobre as pessoas com quem morava lado a lado, e onde incontáveis outras passavam por ele na calçada todos os dias sem nem ao menos notar sua existência. Pois quando falou sobre "as coisas boas da minha cidade" e, principalmente, quando lembrou a época em que tinha um papel de liderança no clube juvenil local, o que transpareceu em sua voz cheia de energia e em seu entusiasmo foi que, para Frank, aquela sensação de se sentir parte de uma comunidade era algo que ele havia perdido ao se mudar para a cidade grande e da qual sentia muita falta.

Aqui, ninguém sorri

Que as cidades podem ser lugares solitários, claramente não é nenhuma novidade. Como escreveu o ensaísta Thomas De Quincey: "Qualquer homem que tenha se visto sozinho pela primeira vez nas ruas de Londres deve ter ficado entristecido e mortificado, quiçá aterrorizado, pela sensação de deserção e absoluta solidão que caracterizava sua situação (...) uma infinidade de rostos, sem voz ou expressão; olhos infindáveis (...) e figuras apressadas de homens serpenteando para lá e para cá (...) parecendo máscaras de maníacos, ou muitas vezes, um desfile de fantasmas."[1]

De Quincey estava escrevendo sobre a Londres do século XIX, mas poderia estar descrevendo qualquer grande cidade do Século da Solidão atual. Mesmo antes da epidemia do coronavírus, do distanciamento social e dos encontros mascarados se tornarem a norma, 56% dos londrinos afirmavam se sentir solitários e 52% dos nova-iorquinos diziam que sua cidade era "um lugar solitário para se viver".[2] Em termos globais, esse número era de 50% para Dubai, 46% para Hong Kong e 46% para São Paulo. Mesmo nos casos de Paris e Sydney, que ocupavam, respectivamente, a décima primeira e a décima segunda posição na lista das cidades mais solitárias da Pesquisa sobre Índices Urbanos da Time Out, ainda estamos falando de *mais de um terço* dos entrevistados sinalizando a solidão urbana no lugar onde vivem.[3]

Não que a solidão seja um problema unicamente urbano.[4] Embora as pessoas que vivem na cidade tendam a ser mais solitárias do que as que vivem no campo, aquelas morando em áreas rurais podem experimentar sua própria forma particular e profunda de solidão:[5] a falta relativa de transporte público significa que aqueles que não têm carro podem se sentir muito isolados; a migração de jovens para cidades distantes da família resulta em um número significativo de idosos vivendo em áreas rurais que se veem sem estrutura de apoio nas proximidades;[6] e o fato de, em muitos lugares, os gastos governamentais tenderem a favorecer os centros urbanos[7] faz com que a probabilidade de os moradores rurais se sentirem marginalizados no que diz respeito às prioridades do governo seja maior. No entanto, compreender as características e causas singulares da solidão nas cidades contemporâneas é de particular importância neste exato momento, considerando a extensão da urbanização no mundo. Em 2050, quase 70% da população mundial estará vivendo em cidades, mais de uma em cada dez pessoas viverá em cidades com mais de 10 milhões de habitantes. Levando em conta que um número cada vez maior de indivíduos se concentra em espaços urbanos cada vez mais densamente ocupados, embora talvez em um ritmo mais lento do que antes da pandemia, compreender o impacto das cidades sobre nossa saúde emocional nunca foi tão importante, especialmente ao fazermos escolhas sobre *como* vamos viver depois da Covid-19.

Mais duras, mais secas, mais frias

Então, o que acontece nas cidades contemporâneas que faz com que elas pareçam tão frias e solitárias?

Se você mora ou trabalha em uma grande cidade, pense no deslocamento diário típico do século XXI: os empurrões para entrar em um vagão lotado, as buzinas agressivas de outros motoristas se você se desloca de carro, as hordas anônimas de pessoas sérias que passam apressadas, alheias à sua existência.

A imagem de um habitante urbano rude, seco e autocentrado não é um mero estereótipo.[8] Estudos mostram que não apenas a civilidade é menor nas cidades, mas também que quanto mais densamente povoada é uma cidade, menos civilizada ela é.[9] Isso é em parte uma questão de escala; quando sabemos que é pouco provável voltarmos a ver alguém por quem passamos na rua, sentimos que podemos escapar impunes de certa falta de cortesia (talvez esbarrando nas pessoas e não nos desculpando, ou talvez até mesmo deixando uma porta bater em sua cara). O anonimato gera hostilidade e falta de cuidado, e a cidade, cheia de milhões de estranhos, é anônima demais.

"Com que frequência você sente que as pessoas estão perto de você, mas não com você?", pergunta a Escala de Solidão da UCLA que vimos anteriormente. Na cidade, há sempre pessoas por perto, mas raramente parece que elas estão "com você".

O tamanho da cidade não apenas gera brusquidão, mas também impõe a muitos de nós uma espécie de mecanismo de defesa. Da mesma forma que, quando confrontados com vinte opções de geleia em um supermercado, nosso comportamento mais comum é não comprar nenhuma, quando confrontados com uma quantidade tão grande de pessoas, nossa resposta muitas vezes é recuar.[10] Evitar se sentir sobrecarregado é uma resposta racional. Porque embora se envolver com os outros como seres humanos plenos e vibrantes seja algo a que muitos de nós aspiramos ou dizemos a nós mesmos que aspiramos, a realidade é que a vida na cidade exige que compartilhemos um espaço com tantas pessoas que se estendêssemos a cada uma que passa um quinhão de humanidade isso exauriria nossos recursos sociais.[11] Como Shannon Deep escreve sobre suas experiências em Nova York: "Se disséssemos oi para todas as pessoas por quem passamos, estaríamos roucos ao meio-dia. Não dá para ser 'simpático' com todas as 75 pessoas nos dez quarteirões entre seu apartamento e a estação de metrô."[12]

Então, em vez disso, com demasiada frequência fazemos o oposto. Oprimidos pela agitação urbana, pelo barulho e pelo bombardeio constante de estímulos visuais, a tendência dos que vivem nas grandes cidades, mesmo antes do coronavírus, era de efetivamente adotar o distanciamento social (não físico, mas psicológico), criando seus próprios casulos pessoais ambulantes, seja usando fones de ouvido, seja usando óculos escuros, seja se enterrando no isolamento do celular.[13] Cortesia de Apple, Google, Facebook e Samsung, nunca foi tão fácil nos desconectar de pessoas e lugares ao nosso redor e criar nossa própria bolha socialmente contraproducente de privacidade digital. A ironia, é claro, é que, ao mesmo tempo que nos distanciamos da massa da humanidade que nos cerca no mundo real, acessamos uma versão virtual alternativa enquanto rolamos pela tela as imagens da vida das pessoas no Instagram ou seus pensamentos no Twitter.

Alguns teóricos sociais e semiólogos chegam a afirmar que as cidades desenvolveram "culturas de cortesia negativa", normas sociais de acordo com as quais é considerado rude interferir no espaço físico ou emocional de alguém sem motivo, embora haja, é claro, diferenças geográficas e culturais.[14] No metrô de Londres, por exemplo, a maioria das pessoas acharia estranho receber uma saudação calorosa de um transeunte e ficaria surpresa ou mesmo irritada se um estranho tentasse puxar conversa. A convenção social estabelecida é ler o jornal ou olhar para o celular em silêncio.

Eu entendo a importância da privacidade. Entendo também por que a vigilância sobre a vida alheia em comunidades rurais leva um grande número de pessoas a optar pelos espaços urbanos e seus arredores, lugares onde podem viver como quiserem, livres da desaprovação social. No entanto, histórias de distanciamento urbano durante o lockdown tornam ainda mais evidentes as consequências do anonimato da vida na cidade. Pois, em meio aos relatos comoventes de solidariedade e cooperação, também houve histórias desoladoras que deixaram claro que a privacidade urbana tem um custo. Hazel Feldman, uma senhora de 70 anos que mora sozinha em um apartamento de um quarto no centro de Manhattan, descreveu de forma muito comovente como, durante o confinamento, se viu sem nenhum vizinho com quem pudesse contar para ajudá-la com as compras: "Os noticiários não param de dizer: 'As pessoas estão se unindo.' Elas podem estar se unindo, mas não aqui. Não neste tipo de edifício." Assim como Frank, embora visse regularmente outros residentes nos corredores e elevadores de seu prédio de cem apartamentos, ela na realidade não "conhecia" nenhum deles, muito menos considerava que algum outro morador fosse seu amigo.

Nossa cultura de autossuficiência e pressa, tão valorizada pelo capitalismo neoliberal, tem um custo significativo. Pois quando vizinhos são estranhos e a amizade e a conexão estão longe de ser a norma, o perigo é que, nos momentos em que mais precisamos da comunidade, ela simplesmente não exista.

As normas sobre como interagimos com as pessoas ao nosso redor nas cidades não têm nos feito bem, e ainda levaremos algum tempo para saber se o impacto da Covid-19 vai mudar nosso comportamento a longo prazo para melhor ou para pior. Se as pessoas nas cidades já resistem a aberturas amigáveis devido à "cultura da cortesia negativa", o que acontece quando se acrescenta a isso o medo de se infectar com um vírus? Será que a conversa espontânea com desconhecidos vai se tornar cada vez mais rara? Será que aqueles de nós que se ofereceram para fazer compras para nossos vizinhos idosos e deixá-las do lado de fora da porta continuarão a se preocupar com o bem-estar deles depois que o perigo passar? Ou será que vamos voltar a ser simplesmente indiferentes?

Antissocial

Além de tudo isso, há o ritmo acelerado da cidade. Os moradores da cidade sempre se moveram rápido, mas no Século da Solidão estão se movendo ainda mais rápido. A velocidade de marcha urbana hoje é em média 10% mais alta do que no início da década de 1990, ainda mais no Extremo Oriente.[15] Um estudo comparando a velocidade de marcha no início da década de 1990 e em 2007 em 32 cidades do mundo revelou que o ritmo de vida em Guangzhou, na China, aumentou mais de 20%, e em Cingapura o aumento foi de 30%.[16] Quanto mais rica uma cidade se torna, mais rapidamente as pessoas andam.[17] Nas cidades mais ricas do mundo, as pessoas andam muito mais rápido do que nas cidades menos prósperas.[18] Tempo é dinheiro, especialmente na cidade, cujos habitantes geralmente trabalham mais horas do que aqueles que vivem em áreas menos urbanizadas. Passando apressados uns pelos outros, enviando mensagens de texto enquanto andamos, sobrecarregados e com pouco tempo, ostentando com orgulho o fato de estarmos sempre ocupados, é fácil não notar as pessoas ao nosso redor. Certa manhã, entrando na Estação Euston do metrô de Londres, contei o número de pessoas que passaram por mim sem olhar na minha direção. Depois da quinquagésima, parei de contar. Embora racionalmente eu soubesse que isso era um subproduto de seu nível de distração, e não uma atitude agressiva, ainda assim foi doloroso me sentir tão invisível, como se minha existência não tivesse nenhuma importância.

O ritmo acelerado da vida urbana não nos torna apenas *in*sociais, mas também nos torna *anti*ssociais. Em um estudo seminal realizado em 1973, os sociólogos americanos John Darley e Daniel Batson deram a jovens pastores um sermão que deveriam proferir: para alguns, sobre a parábola do Bom Samaritano; para os outros, uma passagem bíblica selecionada de forma aleatória.[19] A caminho do sermão, os pastores passaram por um homem caído na calçada, tossindo — um ator que os pesquisadores haviam colocado sorrateiramente lá. Batson e Darley presumiram que os pastores que haviam recebido o sermão do Bom Samaritano teriam mais probabilidade de parar e ajudar. Mas, no fim das contas, não fez diferença a passagem que os pastores haviam recebido — o fator mais relevante ao prever se eles seriam ou não bons samaritanos era o fato de acharem que estavam ou não atrasados. Se soubesse que estava adiantado, o pastor parava. Porém, se estivesse com pressa, lá se iam as boas ações. Talvez isso seja algo familiar para muitos de nós que vivemos em espaços urbanos. Apressados e autocentrados, não apenas muitas vezes passamos correndo sem nem mesmo perceber a cor da vida humana ao nosso redor, mas com frequência nem mesmo notamos aqueles que estão obviamente precisando de ajuda.

No meu caso, fazer as pesquisas para este livro me fez perceber quão raramente eu sorria para pessoas desconhecidas ao passar por elas, ou quão poucas vezes dispunha de um momento para conversar com o carteiro ou alguém que passeava com seu cachorro. Todos os dias em Londres, eu me comportava como aquelas pessoas na Estação Euston que não tinham um minuto a perder comigo. Isso importa? Há evidências que sugerem que sim.

POR QUE VOCÊ DEVE CONVERSAR COM SEU BARISTA

Embora breves encontros com desconhecidos possam não oferecer o tipo de satisfação emocional que obtemos com conversas mais íntimas, ao que parece até mesmo conexões passageiras podem fazer uma diferença real no que diz respeito a nos sentirmos ou não solitários.[20]

Em 2013, as sociólogas Gillian Sandstrom e Elizabeth Dunn, da Universidade da Colúmbia Britânica, realizaram um estudo para investigar se as "microinterações" tinham um efeito quantificável sobre o bem-estar das pessoas. Diante de um Starbucks em uma área urbana movimentada, elas recrutaram clientes que chegavam para participar de um experimento: metade dos clientes foi instruída a ser amigável e conversar com o barista, enquanto a outra metade foi instruída a ser "eficiente" e "evitar conversas desnecessárias".[21] Mesmo que a interação durasse apenas 30 segundos, as pesquisadoras descobriram que aqueles que haviam sido aleatoriamente designados para o grupo "amigável" relataram níveis mais elevados de felicidade, bem como um maior senso de conexão com as pessoas ao redor depois da interação do que aqueles que foram secos.

É compreensível que essas respostas sejam encaradas com algum cinismo. Afinal, quão conectado você poderia realmente se sentir com alguém cuja simpatia é determinada pelo manual do funcionário do Starbucks ou cujo "Tenha um bom-dia" foi uma instrução da gerência do Walmart? Ou um atendente da rede de fast-food Chick-fil-A, a "rede mais educada dos Estados Unidos", que é treinado para dizer "foi um prazer" em vez de "obrigado" — mas será que é *realmente* um prazer para ele?[22]

No entanto, esse tipo de microinteração com roteiro pode ter um impacto mais significativo do que muitos de nós imaginamos. Não apenas porque, quando somos amigáveis com alguém, é mais provável que essa pessoa seja mais amigável conosco, ou porque o ato de ser amigável *por si só* proporciona um reforço emocional, embora ambas as coisas sejam verdadeiras. Mas também porque somos realmente muito ruins em diferenciar entre simpatia performativa e simpatia real, contanto que o desempenho seja decente. Basta pensar nos sorrisos: vários estudos revelaram que somos surpreendentemente medíocres em identificar os falsos.[23]

Há outra coisa inevitavelmente em jogo também, algo mais profundo. Ao sermos amigáveis com os outros, ou ao recebermos um tratamento amigável, seja ele genuíno ou performativo, mesmo que por breves momentos, nos lembramos do que temos em comum, de nossa humanidade compartilhada. Dessa forma, é menos provável nos sentirmos tão sozinhos.[24]

Isso pode ter contribuído para a vida, nos últimos tempos, parecer tão desconectada e isolada. Pois não só temos vivenciado muito menos dessas microinterações diárias como, quando as vivenciamos, muitas vezes, atualmente, elas acontecem enquanto usamos máscaras. Isso significa que não sabemos se alguém está sorrindo para nós, e essa pessoa não sabe se estamos sorrindo para ela. (A uma distância social de 2 metros, a maioria das pessoas não consegue nem ao menos distinguir o sorriso em torno dos olhos das outras pessoas acima da máscara.) Ao cobrir nosso rosto, escondemos nossa compaixão. A ironia é que nossa motivação para fazer isso pode derivar menos do nosso autocentramento e mais da responsabilidade que sentimos de proteger os outros.

BAIRROS SEM RAÍZES

Não é apenas *como* nos comportamos que impacta nossas emoções, no entanto. Como vimos, a solidão também tem componentes estruturais. Considere a transitoriedade da vida em muitas cidades grandes — as constantes idas e vindas e a agitação sem fim. Em muitas das principais metrópoles, isso é em grande parte um fator para os locatários hoje superarem os proprietários, já que locatários tendem a se mudar significativamente mais do que os proprietários de um imóvel.[25] Em Londres, por exemplo, onde os locatários ultrapassaram os proprietários em 2016, a locação média é de apenas vinte meses.[26] Em Nova York, onde a grande maioria aluga, em 2014 quase um terço da população havia se mudado de casa nos três anos anteriores.[27]

Isso é importante quando se trata de coesão social porque, seja você aquele que está sempre se movendo, seja você aquele que permanece muito tempo em um mesmo lugar, as consequências são igualmente problemáticas: você tem menos probabilidade de conhecer seus vizinhos e, como resultado, é provável que se sinta mais isolado. Você dificilmente vai bater à porta dos seus vizinhos para pedir um pouco de leite emprestado ou se oferecer para fazer compras para eles durante o lockdown sem nem ao menos saber seu nome. Também é improvável que queira investir tempo e esforço em construir laços e contribuir para uma comunidade se acha que logo vai se mudar para outro bairro.

Para muitas das pessoas que vivem em cidades, a escalada dos aluguéis e os preços inacessíveis dos imóveis fizeram com que criar raízes em uma comunidade e investir emocionalmente nela se tornasse uma opção econômica cada vez mais inviável. Mais uma vez, isso é um problema para *todos* nós. Porque os bairros precisam de cuidados e, acima de tudo, de participação, se quiserem ser comunidades vibrantes e não apenas tijolos, asfalto e placas de concreto. E isso exige confiança. O problema é que quando você não conhece seus vizinhos, é menos provável que confie neles. Isso ajuda a explicar por que menos da metade dos moradores urbanos nos Estados Unidos afirma ter um vizinho a quem confiaria as chaves de sua casa, em comparação com 61% dos moradores das áreas rurais.[28]

Portanto, um passo importante a ser dado se quisermos que nossa vizinhança se sinta mais conectada e se quisermos nos sentir menos solitários é reduzir a rotatividade. Os governos, em âmbito nacional e local, podem desempenhar um papel nesse sentido. Em parte, é preciso tornar os custos de aluguel mais estáveis, e algumas autoridades já estão encarando esse problema. Em Berlim, por exemplo, o governo local anunciou em outubro de 2019 que ia impor um congelamento de cinco anos aos aluguéis.[29] Outras cidades que já impõem algum tipo de medida de estabilização de aluguéis ou que estão avaliando sua implementação incluem Paris, Amsterdã, Nova York e Los Angeles.[30]

É muito cedo para saber se essas iniciativas terão o impacto desejado. A teoria econômica sugere que, como o controle de aluguéis reduz os incentivos à construção de novos imóveis residenciais, isso pode acabar exacerbando a escassez de oferta de moradia e, assim, levar ao aumento de preços.[31] Pode ser, portanto, que outras formas de intervenção, como contratos de aluguel mais longos, ou mesmo aluguéis por período indefinido, de forma que os inquilinos saibam que podem estabelecer residência de longo prazo em um bairro, produzam melhores resultados — embora mesmo essas intervenções presumivelmente precisem de algum tipo de medida de estabilização de aluguel associada para funcionarem. Várias cidades também introduziram limites para o número de dias por ano que uma propriedade pode ser alugada no Airbnb ou em plataformas de aluguel de curto prazo semelhantes, de forma a desestimular a alta rotatividade de habitantes que elas incentivam. Qualquer que seja a medida que se mostre a melhor, todas são exemplo de um reconhecimento crescente por parte dos governos e das autoridades locais de que a habitação é uma área na qual as forças do mercado precisam ser mediadas, tendo em vista nosso bem coletivo.

Morando sozinho...

O tipo de telhado sobre nossa cabeça é apenas um fator estrutural que impacta quão solitária a vida urbana pode ser. Outro componente do isolamento da vida urbana é que os moradores da cidade vivem cada vez mais sozinhos.

Esse já foi um fenômeno mais rural. Na década de 1950, nos Estados Unidos, em estados ocidentais extensos como Alasca, Montana e Nevada predominavam as pessoas que viviam sozinhas, porque era para esses estados ricos em terras e de desenvolvimento tardio que muitos homens solteiros migravam em busca de fortuna, aventura ou um emprego estável como trabalhador braçal.[32] Atualmente, no entanto, viver sozinho é mais comum em grandes cidades como Nova York, Washington D.C. e Pittsburgh.[33] Em Manhattan, mais da metade dos residentes vive sozinha.[34] A situação é semelhante em cidades como Tóquio, Munique, Paris e Oslo,[35] onde cerca de metade de todos os residentes também vive sozinha.[36] Na China, impressionantes 58 milhões de jovens solteiros que vivem na cidade — conhecidos como "jovens do ninho vazio" — vivem sozinhos, ao passo que em Londres o número de pessoas morando sozinhas deve crescer 30% nos próximos vinte anos.[37]

Para alguns, viver sozinho é, sem dúvida, uma escolha, um marco de independência e autossuficiência econômica.[38] Foi apenas recentemente que o casamento deixou de ser uma necessidade econômica para as mulheres, o que significa que mais mulheres passaram a ter a possibilidade de decidir viver sozinhas.[39] Foi uma opção que eu mesma fiz durante vários anos. Para muitos, porém, viver sozinho é menos uma escolha, e mais uma circunstância, por vezes resultado do luto ou do divórcio. Outras talvez queiram muito viver com um parceiro, mas ainda não encontraram "a pessoa certa", possivelmente por causa das longas horas de trabalho, de seus sentimentos em relação à insegurança financeira ou dos desafios de iniciar e manter um relacionamento na era digital. Algumas pessoas podem até ter se candidatado a dividir uma casa ou apartamento, mas se viram impossibilitadas de "passar" no "processo de triagem" por serem idosas, doentes ou introvertidas e, portanto, consideradas "inadequadas".

Quaisquer que sejam os motivos, nem todo mundo que vive sozinho é solitário.[40] Na verdade, viver sozinho pode fornecer um ímpeto para sair e interagir que aqueles que vivem com outras pessoas não necessariamente têm.[41] Sem dúvida eu sentia muito mais vontade de sair à noite com amigos antes de conhecer meu marido do que agora. Além disso, morar com alguém não é garantia de companhia significativa. Pode ser extremamente solitário, como aqueles que experimentaram o isolamento de viver com um parceiro com demência ou aqueles que estiveram presos a um relacionamento abusivo podem atestar.

Os dados, no entanto, são inequívocos: as pessoas que vivem sozinhas correm um risco significativamente maior de se sentir sozinhas do que aquelas que vivem com outras pessoas, uma diferença de quase dez pontos percentuais, de acordo com o Relatório sobre a Solidão da Comissão Europeia de 2018.[42] Além disso, aqueles que moram sozinhos se sentem solitários com mais frequência do que quem mora com outras pessoas, em especial durante os momentos mais difíceis ou vulneráveis da vida.[43] Como Sheila, uma divorciada inglesa de 70 anos que recentemente se recuperou de uma gripe me explicou, os olhos se enchendo de lágrimas: "É solitário ficar doente e não ter ninguém por perto para ao menos lhe trazer uma xícara de chá."

... COMENDO SOZINHO

Tomar um chá sozinho pode ser solitário. Assim como jantar sem companhia. Entretanto, comer sozinho é uma consequência inevitável do aumento da vida solitária. Basta ver como as vendas de refeições individuais aumentaram vertiginosamente nos últimos anos.[44] E a hora das refeições costuma ser o momento em que as pessoas que vivem sozinhas se sentem mais conscientes de seu isolamento e de sua solidão. Algumas recorrem a medidas surpreendentes para tentar mitigar esse problema.

Isso é especialmente verdadeiro na Coreia do Sul, onde está explodindo um mercado para o que ficou conhecido como *mukbang*: a prática de ver outra pessoa comer (grandes quantidades de comida) diante da tela enquanto você mesmo faz sua refeição.[45] Embora possa parecer improvável, essa tem sido uma tendência de rápido crescimento global na última década e é cada vez mais popular no Japão, na Malásia, em Taiwan, na Índia e nos Estados Unidos.[46] Na Malásia, o tempo que as pessoas passam vendo *mukbang* cresceu 150% em 2019.[47]

As estrelas de *mukbang* mais populares chegam a ter mais de 2 milhões de seguidores e podem ganhar centenas de milhares de dólares por ano com os anúncios que passam antes e durante seus vídeos.[48] As mais bem-sucedidas começaram até mesmo a atrair oportunidades de patrocínio. O *mukbanger* indonésio Kim Thai fez uma parceria bastante apropriada com o antiácido Pepto-Bismol, enquanto a estrela americana Nikocado Avocado anuncia o jogo de computador *Cooking Diary*.[49]

O público é predominantemente de pessoas que vivem sozinhas. "Ficar diante da tela do computador, com o praticante de *mukbang* servindo como seu 'companheiro de refeição' e 'conversando' com você, atenua a sensação de solidão durante as refeições", diz Sojeong Park, pesquisador da Universidade Nacional de Seul que foi coautor de um relatório sobre *mukbang* em 2017.[50] De fato, um estudo publicado em janeiro de 2020 que revisou 33 artigos sobre o impacto do *mukbang* revelou que vê-lo diminuía significativamente a sensação de solidão das pessoas.[51]

A experiência de observar seu *mukbanger* comer não é passiva. No mínimo, é social — ou pelo menos uma simulação. Pagando determinado valor, os espectadores podem enviar para seus *mukbangers* favoritos "balões de estrela" que aparecem na tela para que todos vejam. À medida que cada "balão" flutua na barra de bate-papo pública, o *mukbanger* em geral faz uma pausa na mastigação e até mesmo agradece ao doador o nome de usuário, "Obrigado pelos dez balões de estrela... Obrigado, hbhy815... O que devo comer primeiro? Croquete de muçarela?"[52] Esses astros da refeição on-line reconhecem a sensação de companheirismo que oferecem a seus seguidores. "Eu me tornei um amigo para eles", diz o *mukbanger* Kim Thai.[53] Mas, assim como meu encontro com a amiga de aluguel Brittany, a amizade tem um preço. Pois os balões, ao contrário de "likes" ou "corações", são comprados com dinheiro vivo. Uma estrela de *mukbang* que atende pelo nome de Haekjji recebeu 120 mil balões durante uma única transmissão, no valor de aproximadamente 100 mil dólares.[54]

Eu entendo que comer com Kim Thai ou Haekjji pode ser preferível a comer sozinho, mas me preocupo com as consequências sociais desse tipo de relacionamento comercializado e comoditizado, da mesma forma que me preocupo com as consequências de amizades pagas como a que vivenciei com Brittany. Não porque esses ditos relacionamentos transacionais não consigam aliviar a solidão: em um grau considerável, eles conseguem, pelo menos para algumas pessoas. O perigo é que, como os relacionamentos negociados exigem pouco de nós emocionalmente (embora sejam comprados, não são conquistados), eles podem acabar se tornando nossa preferência. Afinal, os humanos costumam optar pelo que é mais fácil, como pesquisas tanto na área de antropologia quanto na área de negócios vêm mostrando há décadas.[55] Na verdade, Brittany me relatou que vários de seus clientes lhe disseram que são muito mais felizes alugando a amizade dela do que "tendo que dedicar esforço e tempo a uma pessoa que pode sobrecarregá-los com seus problemas".

Talvez seja por isso que alguns fãs de *mukbang* afirmam considerar as amizades "reais" um fardo — como a mulher que descreveu sua irritação quando sua antiga colega de quarto na faculdade ligou enquanto ela preparava o jantar. "Eu estava pronta para me sentar e passar um tempo no YouTube. [Em vez disso] tive que comer enquanto falava com ela, e isso realmente me irritou."[56] Sim, essa jovem prefere se sentar sozinha e ver Nikocado Avocado consumir 4 mil calorias a conversar com uma amiga — alguém que de fato a conhece pessoalmente.

Esses podem ser casos extremos, mas a questão é mais ampla, e mais uma vez tem implicações para a sociedade. Quanto mais nos envolvemos em relacionamentos pagos (virtual ou pessoalmente) ou permanecemos sozinhos, menos conseguimos praticar as habilidades que constroem uma comunidade e sustentam uma democracia inclusiva.[57]

Aprimorando nossas habilidades democráticas

Afirmar que morar ou comer com outras pessoas nos permite praticar a democracia parece um pouco exagerado. Mas é por meio dessas pequenas interações que aprendemos as habilidades necessárias para fazermos parte de algo maior.

Todos nos lembramos de uma época durante a qual enfrentamos alguma dificuldade de convivência. Talvez tenha sido por causa de algo tão pequeno quanto quem é responsável por tirar o lixo ou de quem é a vez de preparar o jantar. É morando com outras pessoas — o que para muitos de nós começa com nossos pais e irmãos, depois se estende para companheiros de casa, parceiros, cônjuges, filhos — que aprendemos a resolver essas questões, a equilibrar nossos desejos e os desejos dos outros, a ceder, a administrar nossas diferenças, a coexistir pacificamente. *Não* ter que fazer isso (poder fazer as coisas do nosso jeito o tempo todo) talvez seja uma das coisas que estamos comprando quando pagamos 20% a mais por um apartamento para apenas uma pessoa ou 40 dólares por hora para alugar um amigo. Estamos comprando autodeterminação, mas nossa chance de aprimorar ainda mais nossos instintos democráticos pro-sociais pode ser parte do preço a pagar.

Quer seja discutir, deliberar ou mesmo aprender a discordar respeitosamente das pessoas com quem você mora, seus vizinhos ou seu parceiro, é importante praticar todas essas habilidades se quisermos aprender um dos princípios-chave da democracia inclusiva: que às vezes precisamos fazer sacrifícios por um bem maior.

Além disso, essas habilidades são mais bem praticadas presencialmente, cara a cara. Não era por acaso que 6 mil cidadãos atenienses se reuniam em uma colina perto do centro da cidade nos primeiros dias da democracia, ou que a ágora (um espaço aberto na direção do centro da cidade) assumiu um papel tão crucial na formação da democracia.[58] Reunir-se fisicamente produz algo muito precioso, algo de que relacionamentos digitais e até mesmo conversas em serviços de vídeo como o Zoom serão sempre e apenas cópias inferiores. Pois é quando vemos o branco dos olhos uns dos outros e captamos sinais não verbais, como a linguagem corporal ou mesmo os cheiros, que somos mais capazes de sentir empatia e praticar reciprocidade e cooperação. Também é muito mais difícil dar as costas e ir embora quando você discorda de alguém do que simplesmente se desconectar ou desligar o telefone. É por isso que preservar as interações presenciais em nossa vida dominada pelos meios digitais é tão importante, especialmente (como veremos no próximo capítulo) na era sem contato.

CAPÍTULO 5

A era sem contato

East 53rd Street, Manhattan. Estou no mercado. Luzes fluorescentes iluminam corredores repletos de produtos coloridos. Cereais e bebidas geladas, vegetais e alimentos congelados; todos os itens habituais estão presentes.

Exceto pelas catracas brancas elegantes na entrada, tudo parece normal — como um mercado comum em qualquer cidade. Mas, se olhar ao redor com mais atenção, você vai perceber que há algo incomum nesse lugar. Não há ninguém trabalhando no mercado: nada de caixas, nenhum trabalhador uniformizado estocando prateleiras, ninguém para vir em seu socorro quando você não consegue descobrir como ler os códigos de barras naqueles irritantes leitores de autoatendimento. Olhe para cima e entenderá por quê. Espalhadas pelo teto, há centenas de câmeras discerníveis: seus movimentos estão sendo monitorados o tempo todo. Então, não há necessidade de esperar na fila do caixa. Em vez disso, fique à vontade para enfiar pacotes de biscoitos nos bolsos tão sub-repticiamente quanto quiser: sua atividade, por mais discreta que seja, será digitalmente registrada. Você não será perseguido por seguranças ao sair da loja; em vez disso, será cobrado automaticamente.

É setembro de 2019 e estou fazendo compras no que, naquele momento, era uma das primeiras lojas do serviço Amazon Go; em 2021, eles pretendem ter mais de 3 mil em todo o mundo.[1]

Na época, foi uma experiência muito estranha. Por um lado, gostei do fator conveniência, do fato de poder entrar e sair sem demora. Isso era algo de que todos os outros clientes com quem conversei me disseram gostar muito. Mas fiquei incomodada com o silêncio: o lugar tinha a atmosfera de um mosteiro trapista. Também senti falta da conversa superficial no caixa. E me incomodou que, ao me aproximar de outros clientes para perguntar sobre sua experiência, eles tenham demonstrado certa indignação, como se eu tivesse invadido seu espaço pessoal com o simples ato de dizer algumas palavras.

Como as coisas mudam rapidamente. Pois o que recentemente parecia tão futurístico, agora parece exemplificar a maneira como vivemos na era da Covid-19.

O comércio sem contato, do qual a Amazon Go é um exemplo extremo, já era, obviamente, no fim de 2019, uma tendência crescente, com o aumento do número de balcões de autoatendimento e sites e aplicativos que nos permitiam ter de tudo, de mantimentos e artigos para animais de estimação a medicamentos sob prescrição entregues em nossa porta. Já naquela época, podíamos ignorar o atendente do McDonald's e pedir um Big Mac com alguns toques em uma tela gigante, evitar o desconforto de uma conversa com um livreiro de carne e osso e, em vez disso, ter nosso material de leitura "recomendado pessoalmente" pelo algoritmo da Amazon, ficar cansado e suado na privacidade de nossa sala de estar graças a aplicativos de ioga on-line como o Asana Rebel ou youtubers como Adriene, e receber refeições de restaurante em casa quando quiséssemos, uma cortesia de serviços como Deliveroo, Seamless, Caviar, Postmates, Just Eat e Grubhub.

O que a pandemia fez, entretanto, foi transformar o que antes era uma inclinação constante, mas de crescimento mais lento, em uma ascensão súbita e acentuada. Depois de apenas algumas semanas de lockdown, mais de 2 milhões de pessoas estavam fazendo ioga com Adriene no YouTube; 40% dos consumidores que recorriam a supermercados on-line nos Estados Unidos estavam fazendo isso pela primeira vez; e meu pai, de 82 anos, estava "frequentando" aulas em seu centro comunitário local pelo Zoom.[2] Da noite para o dia, fazer as coisas sem ter contato direto com ninguém se tornou, em muitos aspectos, nossa única opção.

É impossível prever com certeza como isso vai se desenrolar a longo prazo. Como vimos, o anseio humano por proximidade e conexão física é profundo e mais adiante neste livro vamos ver como uma crescente Economia da Solidão pode atuar como uma força de contrapeso. A realidade, porém, é que novos hábitos, uma vez forjados, podem se estabelecer muito rapidamente. Muitas pessoas que viveram durante a Grande Depressão, por exemplo, permaneceram frugais ao longo de toda a vida.[3] Mais recentemente, vimos como grandes supermercados que vendem produtos com desconto, marcas próprias e lojas onde todos os produtos custam 1 dólar, como Aldi e Dollar General, permaneceram populares entre os consumidores de classe média na Europa e nos Estados Unidos muito depois de a crise financeira de 2008 ter exigido um corte nos gastos das famílias.[4]

Considerando que a preocupação dos consumidores com a contaminação provavelmente ainda vai persistir por algum tempo, e que as experiências de muitas pessoas com as compras e o lazer sem contato durante o lockdown foram em grande parte positivas (em função tanto da conveniência quanto da maior quantidade de opções oferecidas), é provável que a demanda por pelo menos algumas categorias de encontros sem contato permaneça forte enquanto o mundo se reconstrói após a Covid-19. Muitas das pessoas que tiveram suas primeiras experiências sem contato durante o lockdown provavelmente vão continuar com o que se pode chamar de "pouco toque humano", especialmente porque as empresas agora investiram em tecnologia e práticas de trabalho que limitam as interações dos clientes com a equipe.

Em abril de 2020, cadeias de restaurantes já estavam desenvolvendo tecnologias que permitiam que os clientes fizessem o pedido com antecedência e pagassem sem ter contato com garçons, e aplicativos que permitiam aos motoristas fazer o pagamento em postos de gasolina sem sair do carro estavam ganhando popularidade. Muitas empresas atentas aos resultados financeiros estão ávidas por manter essas mudanças nos hábitos do consumidor, tendo em vista a economia de custo com mão de obra associada. Isso vai se dar particularmente enquanto o medo de confinamentos futuros permanecer, o distanciamento social continuar a ser uma recomendação "oficial" e a economia for vista como algo frágil.

A institucionalização da vida sem contato me dá motivos reais de preocupação. Pois quanto mais o humano é exorcizado de nossas transações diárias, não é inevitável que nos sintamos mais solitários? Se nossa agitada vida urbana não for mais interrompida por bate-papos na caixa registradora ou brincadeiras com o barman, se não virmos mais o rosto simpático da pessoa atrás do balcão preparando nosso sanduíche ou o sorriso encorajador de nosso instrutor de ioga quando conseguimos fazer nossa primeira postura invertida, se perdermos os benefícios de todas essas microinterações que agora sabemos que são responsáveis por nos sentirmos mais conectados, não é inevitável que o isolamento e a desconexão sejam cada vez maiores?

Além disso, o perigo é que quanto mais coisas fizermos sem ter contato com nenhuma outra pessoa, mais se perca nossa capacidade natural de nos conectarmos pessoalmente. Pois embora essas inovações sem dúvida tornem a vida mais segura, pelo menos por algum tempo, e mais conveniente — ou, em linguagem técnica, mais "sem atrito" —, é a convivência que nos faz sentir conectados e que nos ensina *como* nos conectar. Mesmo algo tão simples quanto negociar silenciosamente quem passa primeiro no corredor de um pequeno mercado ou onde colocar o tapete na aula de ioga nos força a fazer concessões e levar em consideração os interesses dos outros.

Mais uma vez, isso tem ramificações que vão além do âmbito pessoal ou individual. Lembremo-nos do nosso rato solitário partindo para o ataque ao ser "incomodado" por outro. Ou de como nosso ambiente parece muito mais hostil e ameaçador quando não nos sentimos conectados aos nossos vizinhos. Na era sem contato, o perigo é nos conhecermos cada vez menos, nos sentirmos cada vez menos conectados uns aos outros e, consequentemente, nos tornarmos cada vez mais indiferentes às necessidades e aos desejos uns dos outros. Afinal, não podemos repartir o pão se estivermos sozinhos em casa comendo uma refeição entregue pelo Deliveroo.

A vida sem contato, entretanto, não é apenas resultado dos avanços tecnológicos, do desejo dos consumidores por conveniência ou mesmo uma imposição do coronavírus. Muito antes de a pandemia da Covid-19 ter início, já estávamos construindo um mundo de separação e fragmentação.

Arquitetura hostil

À primeira vista, é exatamente o que parece: um banco de concreto retangular e amorfo. Se está procurando um lugar para se sentar por um momento, você pode fazer isso em uma de suas superfícies alternadas em ligeiros graus de inclinação. Mas se quiser fazer qualquer outra coisa, a falta de uniformidade da superfície começa a parecer ardilosa. Tente se deitar e uma das quinas sempre estará cutucando a lateral do seu corpo. Depois de mais ou menos quinze minutos, mesmo ficar sentado não é muito confortável. Conhecido como "o banco de Camden", foi chamado pelo escritor e crítico de ciência Frank Swain de "o não objeto por excelência", e o podcast *99% Invisible* descreve-o como uma "obra extremamente refinada de design desagradável".[5]

Não é por acaso que é difícil se sentir confortável nesse banco. É exatamente esse o objetivo. Se você torna difícil para um sem-teto descansar, difícil para um skatista tentar fazer uma manobra, difícil até mesmo para um grupo de jovens passar um tempo reunido sem que seus joelhos e suas costas comecem a doer, então as pessoas simplesmente terão que procurar outro lugar para se reunir.

O banco de Camden não é uma anomalia: cada vez mais, nossas cidades estão sendo projetadas para manter aqueles considerados "indesejáveis" longe. Por natureza, trata-se de uma "arquitetura hostil": design urbano com foco na exclusão, design que desestimula a comunidade e determina quem é bem-vindo e quem não é.

Dê uma olhada nos arredores de onde você mora e provavelmente verá muitos exemplos: "assentos" em pontos de ônibus que mal têm largura suficiente para uma pessoa se apoiar, bancos públicos com vários apoios de braço, grelhas de metal na calçada diante das lojas de onde brotam espinhos de ferro à noite, parques públicos cercados com defesas semelhantes às de um castelo. Você pode perguntar: O que há de errado com um apoio de braço? Verdade, às vezes é bom ter algo em que se apoiar, mas a verdadeira razão para essas divisórias nos bancos é mais insidiosa. Os apoios de braço tornam impossível deitar, principalmente para pessoas em situação de rua que não têm para onde ir.

Como muitas tendências do Século da Solidão, esse é um problema global. Em Acra, capital de Gana, pedras enormes foram colocadas sob as pontes para evitar que os sem-teto se abriguem ali; em Seattle, bicicletários reluzentes foram instalados para bloquear uma área plana e coberta antes usada por sem-teto, uma medida que o governo municipal admitiu mais tarde não ter sido inspirada pelo cuidado com os ciclistas, mas sim "parte de um esforço emergencial em relação à população de rua" com o objetivo de "evitar que a área seja reocupada".[6] Em Hong Kong, onde a população de sem-teto triplicou desde 2004, os espaços públicos foram deliberadamente projetados com quase nenhum assento de forma a repelir tanto pessoas à toa quanto desabrigados.[7] Lançando mão de uma medida talvez ainda mais nefasta, em 2015, a Catedral de Santa Maria, em San Francisco, deu um passo nada cristão ao instalar um sistema de *sprinklers* que encharcava os sem-teto que se abrigavam em suas entradas (não surpreende que tenha havido um grande protesto público).[8]

A arquitetura hostil não se limita a estratégias contra os sem-teto. Na Filadélfia e em vinte outras áreas metropolitanas dos Estados Unidos, os postes em torno dos centros recreativos são equipados com pequenos dispositivos, apropriadamente chamados de "mosquitos", que emitem um som agudo desagradável que só pode ser ouvido por jovens, pois suas frequências não são mais audíveis para os mais velhos (devido a um processo natural chamado presbiacusia, que faz com que determinadas células do ouvido morram com o tempo).[9] O objetivo desses dispositivos é, de acordo com o presidente da empresa que os fabrica, "manter distantes" adolescentes desordeiros e "ociosos" enquanto, convenientemente, mantém as áreas agradáveis para os adultos.[10] É por razões semelhantes que luzes cor-de-rosa projetadas para destacar as imperfeições da pele e as marcas de acne foram instaladas em locais públicos em todo o Reino Unido — uma "estratégia antivadiagem" projetada na esperança de que adolescentes vaidosos se dispersem assim que suas espinhas e manchas forem expostas.[11] De acordo com um residente de Nottingham que a princípio "duvidou" do conceito, "deu certo".[12]

Embora se possa argumentar que a arquitetura hostil não é um fenômeno novo — basta lembrar os fossos ao redor de castelos e as muralhas nas cidades antigas —, sua encarnação moderna tem raízes no policiamento de "janelas quebradas"* implementado nos Estados Unidos na década de 1980, quando atividades cotidianas como ficar parado, esperar e dormir (especialmente quando "cometidas" por pessoas negras) começaram a ser criminalizadas como comportamento "desordeiro" e "antissocial".[13] Reprimir esses comportamentos, segundo a lógica, tornaria os espaços mais "ordenados" e, ao convencer os moradores locais a "reivindicar seus espaços públicos", também coibiria o crime.[14] Assim, conversar se tornou "vadiagem", dormir na rua se tornou "alojamento impróprio", ficar à toa se tornou "malandragem", observar as pessoas se tornou "espreitar".[15] O fato de a teoria das janelas quebradas ter revelado grandes falhas — foi responsável pelo policiamento excessivo de minorias[16] e se provou ineficaz em evitar crimes mais graves — não impediu muitas cidades de continuar a lançar mão de suas estratégias.[17] O resultado é que, nos últimos quinze anos, cidades em todo o mundo estão cada vez mais fazendo brotar espinhos de ferro.

De certa forma, isso é surpreendente. As cidades se inclinam predominantemente para políticas sociais progressistas em comparação com áreas mais rurais. Historicamente, seu governo municipal tende a gastar mais *per capita* com programas sociais, como os voltados para

---

* De acordo com essa teoria, proposta por James Q. Wilson e George Kelling em 1982 e que usava janelas quebradas como metáfora, eliminar os sinais visíveis de desordem, como pichações, vadiagem, mendicância e prostituição, ajudava a prevenir crimes mais sérios. (*N. da T.*)

a saúde e a alimentação, mesmo que a pobreza seja menos prevalente,[18] e os governantes eleitos tendem a se inclinar mais para a esquerda.[19] Considerando tudo isso, era de esperar níveis mais altos de empatia nos ambientes urbanos — afinal, um voto no sentido de apoiar ativamente as pessoas que vivem na pobreza (por meio do programa político de bem-estar social da esquerda) é presumivelmente motivado por cuidado e compaixão, pelo reconhecimento de que os necessitados devem ser ajudados. No entanto, essas ideias empáticas, embora defendidas com ardor, não se traduzem necessariamente em mais empatia na prática para com aqueles com quem compartilhamos nossos espaços públicos.[20]

Na verdade, parte dos moradores urbanos que votam em programas sociais está terceirizando sua compaixão para o governo, aparentando ser totalmente a favor de programas sociais progressistas até sentir que sua própria qualidade de vida está ameaçada. Não faltam registros da mentalidade "não no meu quintal" de muitos moradores urbanos supostamente progressistas.[21] Além disso, uma pesquisa realizada pela cientista política Meri T. Long sugere que, nos Estados Unidos, embora os democratas sejam mais propensos a "votar com o coração", não há evidências de que se comportem de forma mais compassiva no cotidiano.[22] Vide San Francisco, que lidera nos Estados Unidos ações que tratam tanto de população sem-teto quanto de arquitetura hostil, apesar de ser uma cidade que elege prefeitos democratas desde 1964 e que é o distrito natal da presidente democrata da Câmara dos Representantes, Nancy Pelosi.[23]

Ambientes hostis não apenas exacerbam a solidão de grupos já marginalizados, como os sem-teto, um grupo que definitivamente deveríamos ajudar, em vez de expulsar dos bancos.[24] *Todos nós* pagamos o preço por essa arquitetura da exclusão. Pois o mesmo banco de parque projetado para impedir que pessoas durmam sobre ele faz com que seja menos provável que você convide um amigo a se sentar para um bate-papo casual. O banco inclinado do ponto de ônibus não é apenas inóspito para "vagabundos", mas também torna muito mais difícil para uma pessoa que tem esclerose múltipla e usa uma bengala pegar o ônibus para ir fazer compras ou encontrar amigos. O banco de Camden, que repele skatistas, também repele os idosos que no passado poderiam passar uma tarde agradável sentados ao sol, conversando com atendentes de loja em horário de almoço ou com crianças que passassem — aqueles esteios da comunidade que a ativista de planejamento urbano Jane Jacobs chamou de nossos "olhos na rua".[25]

Ao assumir a tarefa moralmente duvidosa de proteger os bairros daqueles considerados "indesejáveis", a arquitetura hostil nos nega a todos espaços compartilhados para sentarmos juntos, ficarmos juntos, nos reunirmos. É irônico que uma estratégia destinada a proteger a comunidade na verdade faça exatamente o oposto.

Exclusão disfarçada

Dispositivos sônicos de alta frequência para repelir jovens em centros comerciais, blocos de concreto disfarçados de bancos e *sprinklers* que encharcam os sem-teto do lado de fora das igrejas deixam bem claro quem é bem-vindo e quem não é. Mas os meios de exclusão em nossas cidades não precisam ser tão óbvios para provocar sentimentos de mal-estar, alienação e, em última instância, solidão.

Elegante e bonito, o empreendimento Royal Wharf, no bairro londrino de Newham, afirma "explorar o rio, a paisagem urbana e o espaço aberto que nos cerca e oferecer casas e apartamentos brilhantemente projetados que proporcionam individualidade e mudança".[26] Os reluzentes panfletos de propaganda anunciam piscina, sauna, clube e *"technogym"* com personal trainers, divulgando essas comodidades como "uma plataforma perfeita para reunir as pessoas".

Visto de fora, esse bairro verdejante às margens do rio, "projetado de dentro para fora para fazer a vida funcionar melhor", definitivamente parece ser um paraíso luxuoso. A construtora, Ballymore, enfatiza claramente a criação de espaços comunitários, com uma pitoresca área que funciona como "centro comercial" — a "Praça Coríntia" — e um píer ao longo do Tâmisa. O problema era — como se tornou dolorosamente óbvio para os inquilinos de baixa renda que participavam do programa de habitação a preços acessíveis que a Ballymore incorporou ao complexo — que a comunidade não estava à disposição de todos.

Ade Eros se mudou para um apartamento de três quartos com os dois filhos em 2018 e estava ansioso para ensiná-los a nadar na piscina do Royal Wharf. No entanto, logo soube que sua família, assim como os outros 17% dos inquilinos que recebiam subsídio de aluguel do governo, não teria acesso ao clube e seus serviços.[27] "Somos como os parentes pobres", disse outro morador.

No complexo Baylis Old School, no sul de Londres, havia uma forma semelhante de segregação. Dessa vez, era o playground, que os residentes de baixa renda eram impedidos de acessar graças ao emaranhado intransponível de cercas vivas que separava os blocos destinados à habitação social dos espaços de lazer "comunitários". Pais como Salvatore Rea, um morador do bloco com aluguéis mais acessíveis, sentiram a dor de ver outras crianças brincando em um espaço que era negado aos filhos dele simplesmente por causa do local onde sua família morava no condomínio. "Meus filhos são amigos de todas as outras crianças neste condomínio, [mas] não podem se juntar a elas", explicou ele.[28]

Em ambos os casos, após uma significativa indignação pública, a política de segregação foi revertida.[29] No entanto, em muitos outros casos, medidas para excluir de forma invisível certos residentes, incluindo crianças, permanecem firmemente em vigor.

No complexo de Westbourne Place, do outro lado da cidade, inquilinos subsidiados pelo governo, alguns dos quais sobreviventes do trágico incêndio da Torre Grenfell, ainda estavam, no momento em que escrevi o livro, sendo impedidos de frequentar os jardins comunitários para os quais seu apartamento tinha vista.[30] "Um dos melhores amigos do meu filho de 7 anos, que é da turma dele na escola, mora naquele lado privado", diz o morador Ahmed Ali. "Eles se sentam lado a lado na escola, mas não podem brincar juntos. Os residentes particulares têm acesso a tudo, podem usar todos os portões e passam o tempo todo ao nosso lado, levam os cachorros para passear e se exercitar aqui. Isso é discriminação aberta. Nós trabalhamos, pagamos taxas de serviço, pagamos aluguel, não merecemos ser tratados dessa forma."

Esse não é um fenômeno exclusivamente britânico. "Portas dos pobres" — entradas separadas para residentes de unidades habitacionais acessíveis em um complexo habitacional mais rico — surgiram em Nova York e Washington, assim como em Londres.[31] Até 2015, os incorporadores imobiliários nessas cidades americanas na verdade recebiam uma redução de impostos, ou relaxamento nas restrições de zoneamento, por alugar determinada porcentagem de seus apartamentos como habitação de baixa renda subsidiada pelo governo, mesmo que os edifícios segregassem os inquilinos e ainda que o suposto objetivo desses empreendimentos fosse uma maior integração e inclusão.[32] Empreendimentos imobiliários com áreas de lazer separadas para inquilinos que pagavam preço de mercado e inquilinos que faziam parte de programas de habitação social também foram construídos em Vancouver, a segunda cidade mais cara da América do Norte em termos de moradia.[33] Nesse caso, depois de uma reação pública negativa, os empreendedores fizeram uma concessão: não integrar os playgrounds (o que, eles sustentavam, era "inviável"), mas separá-los de tal forma que as crianças brincando em um não pudessem ver o interior do outro.[34]

Há algo particularmente chocante em crianças sendo fisicamente proibidas de brincar juntas. Na verdade, evoca imagens perturbadoras, tanto históricas quanto contemporâneas: da África do Sul durante o *apartheid* às crianças que vimos em lados opostos da fronteira dos Estados Unidos com o México, tentando brincar juntas em gangorras que atravessavam a cerca de metal e arame farpado entre elas.[35] O problema é que, a menos que seja explicitamente proibido ou penalizado por fazê-lo, o ímpeto do mercado com frequência será segregar. Pense na popularidade perene de escolas particulares, universidades particulares, propriedades particulares, limusines particulares, "passes rápidos" em parques de diversões, faixas de serviços exclusivas em restaurantes e hotéis, viagens de primeira classe e áreas VIP em clubes. A realidade é que os ricos muitas vezes pagam mais para ficar separados das massas. Sempre foi assim.

A pergunta que temos de fazer a nós mesmos é em que circunstâncias essas medidas de exclusão são inaceitáveis? Por questões morais, mas também por razões de interesse próprio. Pois, como vimos, todos pagamos o preço quando as pessoas se sentem excluídas. Também vimos como, quando as pessoas não se conhecem, o ódio e o medo têm mais chance de se desenvolver. Lembremo-nos de como o sentimento anti-imigração mais intenso costuma ser identificado nas áreas com menos imigrantes — áreas onde as pessoas têm muito menos probabilidade de se encontrar pessoalmente com um imigrante, interagir com ele, estabelecer um relacionamento com ele. Quando crianças de diferentes classes sociais, origens e etnias não podem brincar juntas nem mesmo dentro de seu próprio condomínio de apartamentos, não estamos fomentando uma fragmentação e uma divisão social cada vez maiores?

Há muito tempo prevalece a crença na sociologia de que quanto mais diversa é uma comunidade, menos seus membros confiam uns nos outros, mas pesquisas recentes realizadas em Londres — "possivelmente a conurbação mais etnicamente diversa do planeta" — puseram fim a esse mito.[36] Embora possa haver um impacto nos níveis de confiança quando subconjuntos menores dessas comunidades *não* interagem entre si, os pesquisadores descobriram que quanto mais diferentes grupos étnicos entram em contato uns com os outros, mais forte se torna a coesão social.[37] Na verdade, em "bairros etnicamente diversos", concluíram, "aqueles que relatam ter contato frequente com pessoas de sua vizinhança confiam consideravelmente mais nas pessoas em geral, incluindo estranhos, e não apenas nas pessoas em sua localidade imediata", do que aqueles que têm pouco ou nenhum contato interpessoal, independentemente do grupo étnico ao qual pertençam.[38]

Em suma, interações presenciais diárias com pessoas diferentes de nós nos ajudam a identificar o que temos em comum, em vez daquilo que nos separa. Para que este Século da Solidão se torne menos solitário, precisamos de mais contato, não menos.

É por isso que uma das tendências mais preocupantes quando se trata dos nossos ambientes urbanos nos últimos anos é a redução de subsídios públicos para lugares que *todos* possamos frequentar, sejam centros para jovens, bibliotecas, centros comunitários, parques ou playgrounds, uma tendência que se acelerou conforme os governos foram cortando gastos na esteira da crise financeira de 2008 e na subsequente recessão.

No Reino Unido, um terço dos clubes para jovens e cerca de oitocentas bibliotecas públicas[39] foram fechados desde a crise financeira de 2008.[40] Em todo o país, 41% dos centros comunitários para adultos — uma tábua de salvação para os idosos e vulneráveis, que compõem os grupos mais solitários da sociedade — fecharam na década desde a crise.[41] Parques públicos, espaços nos quais por mais de um século pessoas de todos os matizes perambularam e se misturaram, perderam 15 milhões de libras em financiamento local apenas entre 2017 e 2019.[42]

A situação é semelhante em outros lugares. De Bolton a Barcelona, de Houston a Le Havre, de Kansas à Califórnia, em todo o mundo, as comunidades têm sido privadas da infraestrutura social de que precisam.[43] E esse problema costuma ser pior nas cidades do que em outros lugares.[44]

Para que as pessoas se sintam unidas, é preciso haver espaços públicos devidamente financiados e estimados pelas pessoas, onde relações possam se desenvolver, evoluir e se fortalecer, inclusive com pessoas diferentes de nós; espaços onde *todos* possamos interagir, independentemente de raça, etnia ou situação socioeconômica. Não podemos nos unir se não interagirmos uns com os outros. Não podemos encontrar uma base comum se não houver um espaço para compartilharmos.

Isso precisa ser enfatizado porque, diante da nova onda de restrições econômicas que enfrentaremos, a tentação de governos e autoridades locais nos próximos meses e anos será diminuir ainda mais os gastos públicos com esses espaços. Se quisermos começar a reparar as divisões sociais que se tornaram ainda mais visíveis durante a pandemia do coronavírus, não podemos deixar que isso aconteça. O refinanciamento e a revitalização de espaços públicos que ficaram à míngua desde a crise econômica de 2008 devem ser inegociáveis. E não se trata apenas de voltar a financiar os espaços públicos existentes. Os governos locais e nacionais devem se comprometer a colocar a inclusão no cerne de novos projetos de construção.

Uma iniciativa liderada por Rahm Emanuel, ex-prefeito de Chicago, durante sua gestão fornece um exemplo inspirador do que os gestores municipais podem fazer. Lá, três novos empreendimentos habitacionais públicos foram projetados de forma a incorporar filiais da Biblioteca Pública de Chicago. A biblioteca funciona como um local onde a comunidade pode se encontrar, onde diferentes gerações podem interagir e pessoas de diferentes situações socioeconômicas se reúnem para ler, ouvir leituras, assistir a filmes ou simplesmente desfrutar do fato de fazerem parte de um ambiente comunitário. As crianças cujos pais vivem com assistência do governo são tão bem-vindas nesses espaços quanto aquelas cujas famílias moram em apartamentos pelos quais pagam um aluguel de mercado — é possível até mesmo que sejam vizinhas de porta. "Chicago está inovando", disse Emanuel quando os projetos foram anunciados. "Unir bibliotecas de alto nível a moradias constrói bairros fortes e proporciona um lugar onde todos os residentes da comunidade podem se reunir, compartilhar e prosperar."[45]

De fato, a presença da biblioteca já está tendo um impacto positivo na coesão social; em vez de se ressentir do súbito surgimento de novos "projetos habitacionais" em seu meio, os moradores existentes (em geral relativamente ricos) veem o empreendimento como um benefício para sua comunidade, seus filhos, seu espaço.

"Às vezes, quando ficam sabendo de moradias populares chegando ao seu bairro, as pessoas adotam uma postura de: 'Bem, sim, tudo bem oferecer isso em outro lugar, mas não no meu bairro.' Mas a comunidade apoiou muito", disse Doug Smith, diretor administrativo da empresa de arquitetura que projetou o espaço.[46] "Espero que ajude as pessoas que não têm estabilidade financeira [a] melhorar suas circunstâncias de vida", concorda Shelley McDowell, mãe que educa os filhos em casa e é usuária frequente das bibliotecas públicas de Chicago. "E para as pessoas mais ricas, espero que isso permita que elas aprendam sobre outras comunidades e construa pontes entre diferentes status sociais e comunidades."[47]

As bibliotecas desenvolvidas em Chicago são um poderoso motivo para ter esperança. Mostram que há maneiras de superar a fragmentação da cidade e que o ambiente físico pode ter um enorme impacto em *como* interagimos e *com quem* interagimos.

Os governos podem atuar de outras formas: reconhecendo o papel crucial que lojas e cafés locais desempenham como centros comunitários e centros de gravidade em nossos bairros. Embora não possamos deixar que o mercado seja o único guardião da sociedade — especialmente porque a inclusão, como vimos, não é uma de suas preocupações —, é importante reconhecer o papel vital que os negócios locais desempenham na mitigação da solidão coletiva. Voltarei ao papel que o setor privado pode desempenhar na revitalização da comunidade com mais detalhes adiante, mas o que está claro é que, considerando quão devastadora a pandemia do coronavírus foi para o comércio de rua, os governos precisarão dar um apoio muito significativo aos estabelecimentos de bairro se quiserem que eles sobrevivam.

Mais uma vez, há precedentes aos quais podemos recorrer. Em Roeselare, na Bélgica, por exemplo, um "imposto sobre lojas vazias" aplicado aos proprietários (que começa a ser cobrado assim que um ponto de venda fica vazio por mais de um ano e se torna mais oneroso quanto mais tempo ele permanece desocupado), introduzido em 2015, teve um impacto significativo nas taxas de desocupação, desencorajando os proprietários de exigir aluguéis mais altos, em um patamar que os pequenos negócios não podem pagar. O governo local também introduziu uma política de rejeitar qualquer novo pedido de espaço de varejo fora dos limites da cidade a fim de evitar que shoppings e superlojas sejam abertos nessas áreas, afastando os consumidores do centro da cidade.

Enquanto isso, se houve um momento para atender ao pedido de Jasper King, ex-diretor da rede de supermercado Sainsbury's, do Reino Unido, de uma redução pela metade dos impostos para lojas de rua, esse momento é agora. Especialmente se considerarmos que não são apenas o distanciamento social e uma crise econômica que os estabelecimentos locais estão tendo que enfrentar, mas também uma drástica mudança em direção às compras on-line que os eventos recentes catalisaram. A decisão do Reino Unido de dispensar os estabelecimentos de rua de impostos de 2020 a 2021 deve ser vista como um precedente.

Claramente, há uma série de políticas fiscais e de zoneamento que os governos podem implementar para ajudar os estabelecimentos de rua a sobreviver. Mas ainda há mais coisas que nossos líderes políticos podem fazer.

Imagine se as cidades fossem projetadas para ser acolhedoras, em vez de hostis. Se em vez de projetar espinhos de metal e pedaços de concreto disfarçados de banco, os urbanistas canalizassem sua habilidade para descobrir como nos unir, em vez de como nos manter separados.

Em um mundo assolado por uma pandemia, pensar nesse tipo de coisa pode parecer uma utopia. E, claro, a realidade é que os governos e as autoridades municipais provavelmente vão se mover na direção oposta a curto prazo, devido ao medo contínuo de contágio. "A forma", como escreveu o crítico de arquitetura Oliver Wainwright, "sempre seguiu o medo da infecção, tanto quanto a função."[48] No momento que escrevo, algumas calçadas foram aumentadas para que as pessoas possam manter distância umas das outras.

Entretanto, é essencial que nosso atual estado de medo não determine a forma que nossas cidades vão assumir a longo prazo e que as gerações futuras não paguem o preço por nossos males contemporâneos. Podemos ter construído para nós mesmos um mundo solitário, mas agora temos a oportunidade de redefinir nosso pensamento e nossas obrigações mútuas e construir um mundo com a inclusão e a comunidade em seu cerne.

Mais uma vez, há exemplos de planejamento urbano inspiradores com os quais aprender. O governo da cidade de Barcelona, por exemplo, embarcou em um ambicioso projeto de planejamento urbano com o objetivo de transformar bairros em "superquadras", locais onde o tráfego de veículos é proibido e cujo espaço é destinado a áreas comuns de uso gratuito, como playgrounds, parques e espaços para apresentações ao ar livre.[49] A ideia é que os moradores não tenham mais que conviver com o barulho do tráfego ou os gases de escapamento, e os bairros se tornem mais acolhedores para pedestres e ciclistas, que podem "vadiar", "ficar à toa" e "espreitar" à vontade. Seis das 503 superquadras planejadas já foram implantadas.

Muitos moradores inicialmente resistiram à primeira superquadra, no bairro de Poblenou, que pareceu ter surgido praticamente da noite para o dia.[50] É fácil compreender: aqueles que ainda dependiam de carros viram a extensão de seu trajeto diário triplicar e de repente ficou impossível encontrar estacionamento para os estabelecimentos que precisavam descarregar mercadorias. Conforme os moradores passaram a apreciar seus novos parques públicos e playgrounds, no entanto, e à medida que a cidade cumpriu suas promessas de investir em infraestrutura de alta qualidade, as atitudes mudaram. Salvador Rueda, o urbanista por trás do projeto das superquadras, observou que uma década depois de 2007, o tráfego de pedestres aumentou 10%, e o de ciclistas, 30% na superquadra Gràcia, do outro lado da cidade.[51] "É um ritmo de vida mais lento", diz Carles Peña, morador de Barcelona. "Você redescobre seu bairro e seus vizinhos."[52]

De fato, os dados confirmam isso de forma impressionante. Pesquisadores concluíram, de modo mais geral, que as pessoas que vivem em ruas com pouco volume de tráfego têm três vezes mais conexões sociais, amigos e conhecidos do que pessoas que vivem em ruas com tráfego mais intenso.[53] Além disso, seu "território de morada" — o trecho da rua em relação ao qual nutrem um senso de propriedade, investimento e pertencimento — se expande. Não é difícil imaginar por quê. Pessoas que moram em áreas de pouco tráfego sentem que sua rua e, por extensão, seu bairro, são mais seguros; o ar é menos poluído; seus filhos têm menos probabilidade de ser atropelados ao brincar ao ar livre; é mais agradável para as pessoas passar um tempo fora de casa nos arredores de onde moram. Assim, são menos propensas a ficar confinadas em edifícios, longe do domínio público, e têm mais probabilidade de conviver umas com as outras.

Pode ser que os habitantes das grandes cidades, tendo se acostumado durante o lockdown a viver sem o ruído constante do tráfego e com o ar visivelmente mais limpo, passem a ter um desejo significativamente maior por esse tipo de planejamento urbano agora do que tinham no passado. O que os acontecimentos recentes deixaram claro, mesmo para os moradores da cidade que se identificam como cidadãos de lugar nenhum, é como nosso bem-estar é determinado pela nossa geografia local e pelo nosso bairro.

É claro que a solidão da cidade não pode ser solucionada simplesmente pelo que governos, arquitetos, construtores ou urbanistas decidem de cima para baixo. São a política, os tijolos e as pessoas *juntos* que determinam como a cidade faz as pessoas se sentirem.

Isso se provou especialmente verdadeiro para muitos de nós durante o lockdown. Ao lado de histórias de solidão e isolamento, como a de Hazel Feldman em Manhattan, ou de egoísmo, como a de consumidores brigando por papel higiênico em Sydney, houve também histórias do coronavírus unindo comunidades urbanas de maneiras que muitas vezes nunca haviam sido experimentadas.

Em Kennington, Londres, o entusiasta da boa forma Simon Garner iniciou sessões de exercícios diárias em sua rua. Vizinhos confinados se postavam na porta de suas respectivas casas, alongando-se em sincronia, usando como "pesos" vassouras e latas de feijão cozido. Em Houston, no Texas, diante da notícia de que os restaurantes só teriam permissão para fornecer comida para viagem e entregas, um casal anônimo demonstrou verdadeira solidariedade ao deixar uma gorjeta colossal de 9.400 dólares em uma conta de 90 dólares. Havia um bilhete anexado: "Guarde essa gorjeta para pagar seus funcionários nas próximas semanas."[54] Em Madri, um motorista de táxi foi elogiado por transportar pacientes para o hospital local sem custo.[55] E no Reino Unido, nos Estados Unidos e em outros lugares do mundo, muitos de nós se postaram pelo menos uma vez por semana na porta da frente, na varanda ou na janela, aplaudindo, dando gritos e batendo panelas e frigideiras, unidos para expressar gratidão àqueles que lutavam na linha de frente contra a Covid-19.

Nunca devemos esquecer que, mesmo em um mundo globalizado, precisamos que as raízes de nossas comunidades locais sejam fortes. Se quisermos aprofundar a solidariedade que tantos de nós vivenciaram em sua vizinhança durante a pandemia e também expressar gratidão por todos os comerciantes locais que nos alimentaram e apoiaram durante o confinamento, isso significa que há compromissos que teremos de assumir. A comunidade é algo que temos de cultivar juntos e ativamente para que todos possamos sentir os benefícios.

Precisamos apoiar os cafés locais, mesmo que isso signifique um custo um pouco maior, considerando essa diferença algo como um imposto comunitário, um pequeno preço a pagar para ajudar a proteger e manter nosso bairro. Precisamos nos comprometer a fazer compras, pelo menos parte das vezes, em lojas locais em vez de on-line, com a consciência de que, sem a nossa compra, será impossível para esses estabelecimentos se manterem. E se quisermos que nossa vizinhança seja mais coesa, precisamos nos comprometer a interagir ativamente com pessoas diferentes de nós. Nosso centro comunitário local e nossa rua de comércio local nunca conseguirão cumprir sua promessa de comunidade se todos nós não aproveitarmos as oportunidades que eles oferecem de nos envolvermos com nossa comunidade como um todo. Isso é algo em que eu sei que preciso melhorar.

De maneira mais geral, se quisermos que nosso ambiente local seja acolhedor e cheio de vida, precisamos interagir mais com as pessoas ao nosso redor fisicamente, cara a cara. Desacelerar. Dar um tempo, fazer uma pausa. Sorrir. Conversar. Mesmo que, como é o caso no momento em que escrevo, ainda tenhamos que manter o distanciamento social ao fazê-lo, mesmo que nosso sorriso ainda seja ocultado pela máscara, mesmo que, neste momento, a interação humana presencial nos cause temor. Agora, mais do que nunca, devemos estar preparados para nos dedicar a fortalecer nossa comunidade e as pessoas que fazem parte dela, e nos esforçar conscientemente para ajudar aqueles de nós que estão mais solitários.

Nesse sentido, podemos nos inspirar em pessoas como Allison Owen-Jones, que em maio de 2019 reparou em um homem idoso sentado sozinho em um banco de parque em Cardiff, sua cidade natal. Durante 40 minutos, as pessoas passaram, preocupadas com seus compromissos e afazeres na cidade, ignorando-o. "Havia um pouco daquela reserva britânica que me fez pensar que ele poderia me achar estranha se eu me sentasse ao lado dele", disse ela mais tarde à BBC. "'Não seria bom se houvesse uma maneira simples de informar às pessoas que você está aberto para conversar?', pensei. Então, tive a ideia de colocar uma placa que abrisse o caminho para as pessoas. Dizia: 'Banco da conversa. Sente-se aqui se deseja que alguém pare e diga olá.'"[56]

E as pessoas pararam. E não foi só isso: Owen-Jones acabou indo trabalhar com uma instituição de caridade local e com a polícia a fim de estabelecer "bancos da conversa" permanentes por toda a cidade de Cardiff. Isso foi mais do que apenas uma maneira de fazer as pessoas conversarem umas com as outras: isso as ajudou a se sentirem ouvidas e vistas — especialmente aquelas que costumavam ser ignoradas. Como Owen-Jones disse: "De repente, você não é mais invisível."

CAPÍTULO 6

Nossas telas, nossos eus

O polímata escocês David Brewster foi um dos cientistas mais ilustres do período da Regência Britânica. Prodígio formado na Universidade de Edimburgo, ele foi fascinado a vida toda por dispositivos ópticos e construiu seu primeiro telescópio aos 10 anos. Evangélico, inicialmente tentou seguir carreira na Igreja da Escócia, mas achava falar em público muito estressante; certa vez, desmaiou durante um jantar ao ser convidado a fazer a oração.[1] Então se voltou para um tipo diferente de evangelismo: o evangelismo científico. Em 1817, Brewster — a essa altura membro da Royal Society e ganhador da prestigiosa Medalha Copley por sua contribuição ao campo da óptica — patenteou um "brinquedo filosófico" que usava espelhos inclinados e pequenos pedaços de vidro colorido para criar belas formas simétricas. Esse dispositivo, ele esperava, permitiria que as pessoas se divertissem ao mesmo tempo que observavam as maravilhas da ciência.

A invenção de Brewster, o caleidoscópio — do grego *kalos* (bela) e *eidos* (forma) —, decolou além de seus sonhos mais ousados. Praticamente da noite para o dia, a Grã-Bretanha foi dominada pela "caleidoscomania". "Pessoas de todas as idades têm seus caleidoscópios: os jovens, os velhos; pessoas de todas as profissões, de todas as ocupações, de todas as nações, de todos os governos, de todas as seitas, de toda parte", exclamou o *Literary Panorama and National Register* em 1819.[2] A adolescente Sara Coleridge, filha do poeta Samuel Taylor Coleridge, estava entre os muitos entusiastas do instrumento. Depois que um visitante trouxe de Londres o "brinquedo muito curioso", ela disse a sua amiga Dora Wordsworth, que também vivia em Lake District: "Você olha através de um tubo oco e vê no final pequenos pedaços de vidro formando todos os tipos de belas formas. Essas formas mudam toda vez que você agita o tubo. E, mesmo que o agitasse por cem anos, nunca veria exatamente a mesma forma outra vez."[3]

A "caleidoscomania" se espalhou rapidamente pelo continente europeu e além. Brewster estimou que 200 mil caleidoscópios tivessem sido vendidos em Londres e Paris em três meses, e "grandes carregamentos deles foram enviados para o exterior, especialmente para as Índias Orientais".[4] Logo, as revistas americanas se encheram de artigos sobre a nova e admirável engenhoca.[5] "Esse belo brinquedinho com suas maravilhosas bruxarias de luz e cor se espalhou pela Europa e pela América com um furor agora quase inacreditável", lembrou a filha de Brewster, Margaret Gordon.[6]

Para Brewster, no entanto, a enorme popularidade do caleidoscópio — o que hoje chamaríamos de "sucesso viral" — foi uma experiência agridoce. Uma das primeiras vítimas da pirataria, ele pouco lucrou com a invenção. Assim que estabeleceu parcerias com os fabricantes de Londres, cópias baratas inundaram o mercado. Além disso, seu brinquedo inocente logo começou a receber críticas por capturar de maneira implacável a atenção das pessoas. Em um comentário sobre a natureza absorvente do modismo, o *Literary Panorama and National Register* afirmou em tom zombeteiro que "[t]odos os meninos na rua dedicam grande atenção a seu caleidoscópio, mesmo que batam a cabeça contra uma parede".[7] Uma gravura da época intitulada *La Kaloïdoscomanie où les Amateurs de bijoux Anglais* retoma esse tema, retratando homens colados a seu caleidoscópio, tão distraídos que nem percebem que suas companheiras estão sendo cortejadas pelas suas costas.[8]

Os detratores viam o caleidoscópio como expressão de uma cultura de consumo em massa que se deixava distrair com muita facilidade pelas novas sensações e bugigangas mais reluzentes. Como Percy Bysshe Shelley disse em 1818, quando seu amigo e biógrafo Thomas Jefferson Hogg lhe enviou instruções para montar um caleidoscópio: "Seu caleidoscópio se espalhou como a peste em Livorno. Ouvi dizer que toda a população se entregou ao caleidoscopismo."[9]

Avancemos dois séculos e tenho certeza de que sabe aonde estou querendo chegar. A revolução a que Steve Jobs deu início em 2007 com o lançamento do iPhone fez com que a maioria de nós agora carregue um caleidoscópio moderno no bolso. Um que é muito mais poderoso e usado de forma muito mais obsessiva do que o popular brinquedo de David Brewster.

Caleidoscomania sob o efeito de esteroides

Duzentos e vinte e um. Esse é o número de vezes que verificamos nosso celular, em média, todos os dias.[10] Isso soma 3 horas e 15 minutos de uso diário médio, quase 1.200 horas por ano.[11] Hoje em dia, cerca de metade dos adolescentes está on-line "quase o tempo todo".[12] Um terço dos adultos no mundo checa o celular nos primeiros 5 minutos depois de acordar; muitos de nós (sabemos quem somos) fazem isso ao despertar no meio da noite também.[13]

A distração digital se tornou tão grave que em Sydney, Tel Aviv e Seul, cidades com uso particularmente alto de smartphones, os urbanistas tomaram medidas drásticas para manter a segurança pública.[14] Luzes de "pare/siga" foram instaladas nas calçadas para que os pedestres possam ver se é seguro atravessar a rua sem ter que desviar os olhos da tela. Nos cruzamentos de uma rua de Seul foram instalados até mesmo lasers que mandam uma notificação para o smartphone do pedestre "zumbi" avisando que ele está prestes a chegar a uma rua com fluxo de carros. É uma inovação sem dúvida inspirada pelo fato de que, em um teste feito durante cinco anos com as luzes "pare/siga" na Coreia do Sul, as lesões de pedestres caíram 20%, e as mortes, 40%.[15] Parece que, para alguns de nós, o fluxo interminável de conteúdo no smartphone é mais persuasivo do que garantir que não seremos atropelados por um carro.

É claro que eu não sou a primeira pessoa a destacar a quantidade de tempo que passamos no celular. Tampouco se trata de um ataque ludita e irrestrito contra os pequenos computadores em nosso bolso. As questões que proponho são específicas: Quão cruciais são esses dispositivos para a crise de solidão do século XXI? E o que torna essa inovação na comunicação do século XXI tão diferente daquelas que vieram antes?

Afinal, todas as grandes inovações na tecnologia da comunicação, da prensa de Gutenberg ao smartphone, transformaram a maneira como interagimos uns com os outros e nem sempre foram bem recebidas. Na Grécia antiga, Sócrates advertia que a escrita "produzirá esquecimento na mente daqueles que aprenderem a usá-la, porque deixarão de exercitar a memória".[16] No século XV, o polímata e abade beneditino Johannes Trithemius repreendeu monges por abandonarem a cópia manual em favor da prensa de Gutenberg, pois acreditava que o rigor e o conhecimento iriam desaparecer como consequência (seu próprio opróbrio, no entanto, ele imprimiu; era a única maneira de fazer alguém lê-lo).[17] Ao passo que em 1907 um jornalista do *New York Times* lamentou: "O uso generalizado do telefone, em vez de promover a civilidade e a cortesia, vai provocar a rápida morte do pouco que nos resta."[18]

Há, no entanto, uma diferença fundamental entre o uso atual de smartphones e as inovações na comunicação ocorridas em séculos anteriores. Simplificando, é a forma como estamos colados a eles. No passado, pegávamos o telefone, o quê, umas poucas vezes ao dia? Hoje, como um par de óculos em nosso rosto cuja presença não notamos mais, o celular se tornou efetivamente uma parte de nós.[19] Como veremos, não se trata de um "acidente feliz". Os grandes monstros corporativos da nossa era digital se esforçaram muito para que fosse assim.

Juntos, mas sozinhos

É esse estado de conexão permanente que torna o uso que fazemos do celular e das mídias sociais algo sem precedentes na história da humanidade, e um comportamento que contribui de maneiras muito profundas para a natureza única da crise de solidão deste século.

Pois não são apenas o fato de estarmos sempre ocupados e o ritmo da vida urbana que nos impedem de sorrir para outro paciente no consultório médico ou acenar com a cabeça para um passageiro no ônibus, nem mesmo as normas sociais contemporâneas. Cada momento que passamos no celular, rolando a tela, assistindo a vídeos, lendo tuítes, comentando fotos, é um momento que não estamos presentes para aqueles que nos cercam, privando-nos das múltiplas interações sociais diárias que nos fazem sentir parte de uma sociedade mais ampla — aqueles pequenos momentos quando nos sentimos vistos e validados e que, como vimos, são muito importantes. O simples fato de termos um smartphone *conosco* muda nosso comportamento e a maneira como interagimos com o mundo ao nosso redor. Em um estudo recente, pesquisadores descobriram que desconhecidos sorriem significativamente menos uns para os outros quando estão com seus smartphones.[20]

Ainda mais preocupante é constatar como nossos dispositivos eletrônicos nos afastam das pessoas que já conhecemos, incluindo aquelas que amamos e das quais cuidamos. Pois todo o tempo que dedicamos a nossos dispositivos também é tempo que não estamos presentes com nossos amigos, nossos colegas, nossos parceiros, nossos filhos. Nunca antes estivemos tão continuamente distraídos e nunca antes tantos de nós foram simultaneamente afetados. Cada vez mais estamos na companhia de outras pessoas, mas na verdade sozinhos.

Em casos extremos, as consequências dessa atenção parcial constante podem ser trágicas. Nos últimos anos, houve vários casos de bebês que morreram porque seus pais estavam distraídos com o celular.[21] Em um caso em Parker County, no estado do Texas, uma mãe transtornada alegou que havia deixado a filha de oito meses no banho "por apenas alguns minutos enquanto cuidava de outro filho".[22] Quando a polícia analisou seu celular, descobriu que ela havia passado mais de 18 minutos no Facebook enquanto a filha jazia morta na banheira.

Esses são, obviamente, casos de negligência extrema, mas todos já vimos crianças pequenas serem ignoradas enquanto seus responsáveis enviam mensagens de texto, jogam ou navegam pelas redes sociais. Todos já vimos os pais de fim de semana no parque, ignorando os filhos no balanço enquanto estão no celular, todos já vimos famílias em restaurantes que mal se falam porque cada um está totalmente concentrado em seu próprio dispositivo. Esse comportamento tem consequências profundas.

Olha aquele cachorro

Chris Calland é uma importante especialista em desenvolvimento infantil. Ex-professora, ela agora presta consultoria para escolas e creches em todo o Reino Unido e tem um interesse particular na criação de filhos. O trabalho de Calland fez com que ela chegasse a uma conclusão preocupante: que uma proporção crescente das crianças que iniciam a escola hoje é cada vez mais deficiente em habilidades interpessoais fundamentais, ao mesmo tempo que carecem de habilidades básicas de linguagem para sua idade. Ela acredita que os celulares estejam no cerne do problema: o rolar constante da tela distrai os pais da interação com os filhos, o que, por sua vez, faz com que não lhes transmitam habilidades de comunicação vitais.

Os esforços de Calland para remediar isso são um tanto espantosos. Em uma creche, ela chegou a distribuir roteiros que os pais poderiam seguir para ajudá-los a interagir com os filhos. "Me conta uma coisa legal que você fez hoje" é uma sugestão desoladoramente óbvia; "Olha aquele cachorro" é outra. Ela também sugeriu espalhar pela creche fotos de celulares atravessados por uma tarja vermelha, um alerta para os pais repensarem sua relação com a tecnologia e controlar seu uso no local.[23]

Não são apenas as habilidades de comunicação das crianças que ficam prejudicadas. Estudos preliminares sugerem que filhos de pais que se deixam distrair por esses dispositivos são mais propensos a ser seletivos com a comida ou a comer demais, e mais propensos a ter defasagem nas habilidades motoras. Aspectos do desenvolvimento infantil medidos de forma menos rotineira, do apego emocional ("por que mamãe ama mais o celular do que a mim?") à resiliência emocional, foram igualmente afetados.[24] Também há evidências de que crianças cujos pais costumam ficar distraídos com o celular são mais propensas a fazer birra, a ter dificuldade de controlar sentimentos negativos fortes, como a raiva, e a ficar emburradas quando seus pedidos não são atendidos.[25] Assim como as competências linguísticas, esses efeitos emocionais perduram muito além dos primeiros anos, quando as crianças estão aprendendo a navegar pela relação entre pais e filhos: adolescentes que descrevem os pais como mais distraídos por dispositivos digitais relatam menos "afeto" parental e são mais propensos a desenvolver ansiedade e depressão.[26]

É claro que os filhos não são os únicos a ser ignorados. Pense em quantas vezes você já se deitou na cama ao lado do seu parceiro, cada um navegando no seu celular. Ou as ligações de trabalho durante as quais você verificava o Twitter. Ou as vezes que preferiu assistir à Netflix usando fones de ouvido em vez de conversar com seu colega de apartamento, ou todo o tempo e esforço que você dedica a criar a foto perfeita das férias para publicar no Instagram — tempo que poderia na verdade ter gasto interagindo com quem estivesse passando as férias com você, dando origem a lembranças que os tornariam mais próximos e ajudariam a estabelecer uma conexão de longo prazo.

Eu sou tão culpada disso quanto qualquer outra pessoa. O celular é nosso amor e nosso amante. Hoje, traímos aqueles que nos cercam bem à vista e, de alguma forma, todos passamos a aceitar essa infidelidade. Estamos presentes mas ao mesmo tempo não estamos, juntos e ao mesmo tempo sozinhos.[27]

O EU FRAGMENTADO

Quanto à nossa capacidade de sentir empatia, a natureza distrativa dos smartphones corrói significativamente essa habilidade crucial, que nos ajuda a compreender e nos conectar uns com os outros. Isso acontece porque eles segmentam nossa atenção, criando um eu fragmentado, dividido entre a realidade física de uma conversa íntima em pessoa e as dezenas, talvez até centenas, de conversas baseadas em texto e imagem que acontecem simultaneamente em nossa tela. Quando somos puxados em tantas direções diferentes, é quase impossível dar àqueles que estão bem diante de nós toda a nossa atenção e toda a nossa compaixão, ou ver as coisas de seu ponto de vista.

O mais surpreendente é que não precisamos nem ao menos estar *usando* nosso celular para que ele tenha esse efeito. Um estudo observacional com cem casais que conversavam em cafés em Washington, D.C., revelou que, quando um smartphone era colocado sobre a mesa, entre as duas pessoas, ou mesmo apenas segurado por uma delas, os casais se sentiam menos próximos, menos empáticos.[28] Surpreendentemente, quanto mais íntima é a relação, mais prejudicial é o efeito do celular sobre a empatia mútua do casal e menos cada pessoa se sente compreendida, apoiada e valorizada. Isso é particularmente preocupante porque a empatia, assim como a democracia, precisa ser praticada. Sem o uso regular, ela se atrofia.

Não é apenas sua capacidade de sugar a atenção que coloca os smartphones em conflito com a empatia. Quando, como parte de um estudo realizado em 2017 na Universidade da Califórnia em Berkeley, os participantes foram solicitados a avaliar quão "humanas" outras pessoas eram com base em sua opinião sobre tópicos políticos controversos, os pesquisadores descobriram que as avaliações eram determinadas não apenas pela concordância daqueles que avaliavam com a opinião expressada, mas também, em um grau significativo, pelo *meio* (vídeo, áudio ou texto) no qual a opinião era expressa.[29] Quanto mais ausentes a forma e a voz humana, mais provável era que os avaliadores desumanizassem a pessoa. Isso ficou mais evidente quando a única coisa a que o avaliador tinha acesso era uma transcrição por escrito das opiniões das outras pessoas. Como o professor de Stanford Jamil Zaki afirmou: "Interações escassas [tornam] a empatia mais difícil de acessar."[30]

Isso é preocupante porque a tendência clara, na última década, foi apenas em uma direção: no sentido de interações cada vez mais escassas. E isso tem se mostrado especialmente verdadeiro para os jovens. Uma pesquisa global realizada em 2018 com 4 mil jovens com idade entre 18 e 34 anos nos Estados Unidos, na Grã-Bretanha, na Alemanha, na França, na Austrália e no Japão revelou que 75% deles prefeririam se comunicar por texto em vez de ligações, com essas trocas cada vez mais circunscritas, em grande parte em função do design.[31] A relativa dificuldade de digitar em um smartphone (apesar do corretor automático e do texto preditivo) nos incentiva a ser cada vez mais breves em nossas missivas. O limite de caracteres no Twitter exige que façamos declarações enfáticas, breves e sem nuances. O fato de que, quando postamos mensagens mais curtas no Facebook, temos mais probabilidade de obter uma resposta (postagens com menos de oitenta caracteres têm 66% mais "interação") nos incentiva a autoeditar. E se você pode se expressar com um único clique para "curtir" uma postagem, por que se preocupar em gastar energia com palavras?[32]

O lockdown mudou isso. Da noite para o dia, o humilde telefonema ganhou popularidade. Nos Estados Unidos, o volume de chamadas diárias em abril dobrou em comparação com as médias recentes, e a duração média de cada chamada aumentou 33%.[33] Até os mais jovens mudaram de comportamento. Emily Lancia, de 20 anos, cursando o terceiro ano da faculdade, descreveu como, ao caminhar pelo campus, decidiu ligar para sua melhor amiga de infância, alguém com quem trocava mensagens de texto quase diariamente, mas para quem nunca havia ligado.[34] No Reino Unido, a operadora de telefonia móvel O2 revelou que um quarto de seus clientes com idade entre 18 e 24 anos ligou para um amigo *pela primeira vez* depois do começo do lockdown, em março de 2020.[35]

As videochamadas foram, obviamente, as outras grandes beneficiárias do confinamento. Os downloads do Zoom, do Houseparty e do Skype no mundo aumentaram exponencialmente em março de 2020, à medida que festas, noites de jogos e reuniões de trabalho migraram para o vídeo. O Microsoft Teams viu o número de chamadas de vídeo crescer mais de 1.000% naquele mês. Alguns casais até começaram a namorar por vídeo, tendo se "visto" apenas na tela.

É impossível prever com precisão, a esta altura, até que ponto nosso apetite por interações por meio de voz e vídeo vai persistir depois da crise imediata, embora seja provável que as videochamadas de trabalho continuem por algum tempo, devido às exigências do distanciamento social e às restrições impostas às viagens. Conforme fazemos escolhas sobre como interagir além da crise pandêmica, no entanto, é importante refletir sobre o que perdemos quando fazemos da brevidade nosso objetivo, da troca de mensagens de texto nosso padrão e, de maneira mais geral, escolhemos nos comunicar de forma virtual em vez de presencial. Como muitos de nós descobrimos durante o lockdown, até mesmo o vídeo — a forma de interação virtual menos diluída —, embora seja melhor do que nada, ainda é surpreendentemente insatisfatório.

Isso se deve essencialmente ao papel crucial que nosso rosto desempenha no estabelecimento de empatia e conexão. Ele não apenas é a fonte mais importante de informação não verbal que temos quando interagimos com outros seres humanos (nossas emoções, nossos pensamentos, nossas intenções são todos evidenciados nele), mas os biólogos evolucionistas acreditam que a plasticidade do nosso rosto — sua capacidade de produzir diversas expressões faciais usando centenas de músculos — evoluiu justamente para permitir que os primeiros primatas cooperassem e ajudassem mais uns aos outros.[36]

A ciência corrobora isso. Imagens produzidas por meio de ressonância magnética revelam que, quando nos comunicamos pessoalmente, não apenas imitamos uns aos outros de maneira inconsciente, mas as ondas eletromagnéticas em partes do nosso cérebro na realidade se sincronizam.[37] Como a dra. Helen Riess, autora de *The Empathy Effect* [O efeito empatia], explica: "Quando estamos na presença de uma pessoa que está vivenciando uma emoção, percebemos isso porque as emoções das outras pessoas e as expressões faciais e as experiências de dor estão na verdade registradas no cérebro do observador, no nosso próprio cérebro." Por exemplo, quando vemos outra pessoa chorar, isso ativa, ainda que de forma moderada, a mesma área do nosso cérebro que é ativada quando sentimos tristeza. "É por isso que nos sentimos tristes quando estamos na presença de alguém que está muito choroso ou desolado e que sentimentos positivos como o entusiasmo são contagiosos. Na verdade, há uma fundamentação neurobiológica para afirmarmos que 'a maioria dos sentimentos é recíproca'."[38]

Esse espelhamento é essencial para a conexão e a empatia. O problema é que o vídeo, pelo menos em sua forma atual, com frequência irregular, fora de sincronia, congelada e borrada, nos nega a capacidade tanto de nos vermos da maneira apropriada (terapeutas que fazem sessões on-line costumam pedir a seus pacientes que exagerem os comportamentos não verbais a fim de se comunicar de forma mais eficaz) quanto de nos sincronizarmos perfeitamente.[39] Isso acontece em especial porque, muitas vezes, as pessoas com quem estamos nos comunicando não estão nem ao menos nos olhando nos olhos — seja por causa do ângulo da câmera ou porque estão olhando para si mesmas na tela.

Não é de admirar, portanto, que depois de uma chamada de vídeo possamos nos sentir de certa forma insatisfeitos e, em alguns casos, ainda mais isolados ou desconectados do que antes. Cheryl Brahnam, professora do departamento de tecnologia da informação e cibersegurança da Universidade do Estado do Missouri em Springfield, afirma que "a comunicação presencial se assemelha a uma videoconferência tanto quanto um muffin de mirtilo real se assemelha a um muffin de mirtilo industrializado que não contém um único mirtilo, mas sabores, texturas e conservantes artificiais. Você come demais e no fim das contas não fica satisfeito."[40]

Acrescente-se a isso o fato de que e-mails e mensagens de texto são placas de Petri para mal-entendidos. Um estudo realizado em 2016 pela Universidade de Minnesota revelou que pessoas confrontadas com um mesmo emoji discordavam fortemente sobre seu significado em um quarto das vezes, abrindo as comportas para falhas de comunicação. Da mesma forma, uma série de estudos mostrou que o sarcasmo em e-mails é com frequência interpretado como sinceridade, e o entusiasmo costuma ser encarado como zombaria.[41] Até mesmo a raiva, a mais reconhecível das emoções textuais, é difícil de identificar com precisão, inclusive na comunicação entre amigos próximos.[42]

Parece, portanto, que, em se tratando de promover envolvimento emocional, empatia e compreensão, as novas formas de comunicação digital deste século têm sérias falhas e deficiências que comprometem a qualidade de nossos diálogos e, consequentemente, a qualidade dos nossos relacionamentos. Elas são um substituto inferior para o ato de conversar e passar tempo pessoalmente com gente de quem gostamos e desempenham um papel significativo em nosso estado coletivo de desconexão.

Como ler uma expressão facial

Em muitos aspectos, o mais preocupante é o fato de que o impacto dos nossos smartphones está comprometendo cada vez mais nossas habilidades de comunicação, mesmo quando *estamos* cara a cara uns com os outros. Isso é especialmente verdadeiro no que diz respeito aos jovens.

Foi há alguns anos, durante um jantar no qual me sentei ao lado do presidente de uma das universidades da Ivy League dos Estados Unidos, que me dei conta disso pela primeira vez. Para minha surpresa, ele me contou que ficara tão preocupado com a quantidade de novos alunos que chegavam à universidade incapazes de identificar até mesmo os sinais mais evidentes em conversas presenciais que decidiu remediar essa situação com aulas sobre "Como ler expressões faciais".

No Boston College, uma professora perspicaz adotou outra estratégia. Igualmente preocupada com o fato de seus alunos acharem as interações presenciais cada vez mais desafiadoras, Kerry Cronin desenvolveu uma maneira única de ajudá-los a aprimorar essas habilidades. Ela lhes deu a oportunidade de ganhar crédito extra se convidassem alguém para sair *pessoalmente*.

Cronin, que ministra cursos sobre relacionamento, espiritualidade, ética e desenvolvimento pessoal, teve a ideia depois de uma palestra sobre a cultura da "pegação" no campus, quando, em vez de fazerem o tipo de pergunta que ela esperava sobre sexo e intimidade, os estudantes expressaram curiosidade sobre algo muito mais simples: "Como se convida alguém para sair?"[43] Ela percebeu que os encontros eram "um roteiro social perdido": seus alunos literalmente perguntaram a ela quais palavras usar para convidar alguém para sair "NVR" (na vida real). Então ela decidiu intervir.

Cronin deu a seus alunos 22 regras pontuais que eles deveriam seguir para concluir com sucesso a tarefa.[44] Regras cujo objetivo era ajudá-los a se conectar com uma pessoa com quem desejassem sair sem a muleta digital dos aplicativos de relacionamento, das mídias sociais ou da cultura de encontros casuais anônimos que havia se tornado tão familiar. Os alunos tinham que convidar alguém para um encontro pessoalmente — não por mensagem de texto — e ir até o fim, sem "sumir" (interromper abruptamente todo contato). O encontro não poderia ser no cinema, nem poderia envolver álcool ou contato físico além de um abraço entre amigos. Em outras palavras, nada de fugir da comunicação real: nada de se esconder no escuro do cinema, nada de se armar de "coragem líquida" nem de abdicar das conversa simplesmente "se pegando". O encontro tinha que envolver falar de verdade com a outra pessoa, constrangimento, nervosismo e ansiedade incluídos.

Cronin também recomendou que os alunos preparassem com antecedência uma lista de três ou quatro perguntas, além de dois ou três tópicos para ajudar na conversa. Ela também fez questão de deixar claro que uma pausa no diálogo era natural — para uma geração para a qual a comunicação e o entretenimento nas redes sociais são constantes e sob demanda, ela precisou explicar que na vida real também há espaço para o silêncio.

A dificuldade de ter encontros presenciais em uma geração tão acostumada a se comunicar por meio de smartphones que desenvolveu, como disse um dos alunos, "medo da interação humana", não é um problema restrito aos estudantes do Boston College.[45] O Wikihow, site que costuma fornecer uma série de etapas concretas para resolver problemas do tipo "Como escrever uma redação", "O que fazer se você teve uma intoxicação alimentar" e "Como manter animais de estimação longe dos móveis", agora também fornece um breve tutorial sobre "Como convidar alguém para sair na vida real"... em "doze passos (com fotos)".[46]

Da mesma forma que a calculadora destruiu nossa habilidade coletiva de fazer aritmética mental, corremos o risco de a revolução da comunicação digital nos deixar mal preparados para nos comunicarmos pessoalmente de forma eficaz. No fim das contas, ao fazer seu alerta sobre "usar ou perder", Sócrates tinha alguma razão.

Há sinais de que esse déficit nas habilidades de comunicação está se instalando cada vez mais cedo. As crianças não estão sendo afetadas apenas pelo uso que os pais fazem do smartphone, como Chris Calland revelou. Já em 2010, o projeto PEACH, da Universidade de Bristol, revelou que, em um grupo de mil crianças de 10 e 11 anos, aquelas que passavam mais de 2 horas por dia diante de uma tela (seja uma televisão, seja um computador) eram mais propensas a ter dificuldade de expressar suas emoções.[47] Em 2011, a psicóloga infantil nova-iorquina Melissa Ortega notou que seus jovens pacientes estavam usando o celular como uma estratégia de fuga, esquivando-se das perguntas sobre como estavam se sentindo ao verificar constantemente as mensagens de texto.[48] Em 2012, um estudo observacional realizado nos Estados Unidos com mais de seiscentos professores do jardim de infância ao ensino médio relatou que o uso elevado de mídias (com mídias definidas como programas de TV, música, videogames, mensagens de texto, iPods, jogos para celular, redes sociais, aplicativos, programas de computador, vídeos on-line e sites que os alunos acessam para se divertir) estava afetando o comportamento e as atitudes dos alunos. Mesmo no jardim de infância, as crianças "carecem de habilidades sociais e lúdicas porque se ocupam tanto do uso de mídias que não sabem como interagir cara a cara com outras pessoas", relatou um professor.[49] Mais recentemente, em um estudo canadense realizado em 2019 que acompanhou 251 crianças com idade entre 1 e 4 anos, os pesquisadores descobriram que quanto mais tempo passavam diante das telas, menos capazes elas eram de compreender os sentimentos das outras crianças e menos prestativas eram com as outras crianças, além de ser mais indisciplinadas.[50] Outro estudo de 2019, dessa vez realizado na Noruega, acompanhou quase mil crianças com idade entre 4 e 8 anos e revelou que o uso intenso de telas aos 4 anos vaticinava um nível mais baixo de compreensão emocional quando essas crianças atingiam os 6 anos em comparação com crianças que não faziam tanto uso de telas.[51]

Embora, inevitavelmente, grande parte disso dependa de até que ponto o tempo de tela substitui a interação humana de qualidade e com que finalidade a criança está usando seu dispositivo, e embora, como sempre, haja visões conflitantes,[52] também há evidências de que o tempo passado longe das telas melhora a capacidade das crianças de se relacionar.

Em um estudo realizado por pesquisadores da UCLA, um grupo de crianças de 10 e 11 anos passou cinco dias em um acampamento ao ar livre onde não tinham acesso a mídias digitais (smartphones, TV ou internet). Tanto antes quanto depois, elas foram submetidas a alguns testes simples, como identificar as emoções expressadas pelas pessoas em fotos e vídeos. Depois de apenas cinco dias sem tela, foram observados progressos evidentes no reconhecimento de sinais emocionais não verbais, como expressões faciais, linguagem corporal e gestos, e no discernimento de como as pessoas nas fotos e vídeos estavam se sentindo, tanto em comparação com seu desempenho anterior quanto em comparação com um grupo de pares que haviam ficado em casa diante de telas.[53] Os pesquisadores acreditam que isso se deve ao fato de que, na ausência de telas, as crianças tiveram que passar muito mais tempo interagindo umas com as outras e com os adultos presencialmente. "Uma pessoa não aprende a identificar sinais emocionais não verbais em uma tela da mesma forma que aprende na comunicação presencial", explicou a autora principal, Yalda T. Uhls.[54]

Embora advertências sobre a relação das crianças com as telas venham sendo feitas desde a década de 1950, quando os televisores entraram nas casas das pessoas, mais uma vez o problema provavelmente é de escala. Enquanto no passado o acesso das crianças à tela se dava em um período de tempo limitado, hoje metade das crianças de 10 anos (esses dados são do Reino Unido, mas o cenário é semelhante em outros países de alta renda) tem um smartphone próprio.[55] Mais da metade dorme com ele ao lado da cama.[56] O problema é a onipresença bem como a onipotência de nossos dispositivos, aliadas ao fato de que a natureza atraente das telas muitas vezes desencoraja as interações pessoais de alta qualidade que poderíamos ter.

VIDAS SEM TELA

É com essas descobertas em mente que alguns pais estão se empenhando em promover vidas sem tela para seus filhos. Ironicamente, são os pais do Vale do Silício que estão mostrando o caminho. Eles compõem um dos grupos mais propensos a proibir o uso de smartphones entre seus filhos e mandá-los para escolas sem tela. Steve Jobs limitou a quantidade de tecnologia que seus filhos usavam em casa, ao passo que Bill Gates só permitiu que os filhos tivessem celulares depois dos 14 anos, e mesmo assim estabeleceu limites de tempo de tela rígidos.[57] Já em 2011, o *New York Times* fez reportagens sobre a crescente popularidade de sistemas de educação de aprendizagem experimental e sem o uso de telas, como as escolas Waldorf no Vale do Silício e em outras áreas densamente povoadas por executivos de tecnologia e suas respectivas famílias.[58] Hoje, muitos pais do Vale do Silício que se prezam chegam a incluir no contrato de suas babás uma cláusula na qual elas se comprometem a não usar o celular para fins pessoais na frente das crianças. A hipocrisia, é claro, fica muito evidente: não apenas alguns desses pais trabalham nas empresas responsáveis por tornar esses dispositivos viciantes, mas muitos "voltam para casa e continuam grudados ao celular, sem prestar atenção em uma palavra do que os filhos dizem", afirma Shannon Zimmerman, que trabalha como babá em San Jose.[59]

Ainda que os mais ricos possam pagar para que seus filhos levem uma vida com acesso limitado às telas, empregando cuidadores humanos em vez de colocá-los diante de um tablet, para a grande maioria das famílias essa não é uma opção viável.[60] Adolescentes e pré-adolescentes (de 8 a 12 anos) americanos de baixa renda, que não têm condições de arcar financeiramente com atividades fora do horário escolar e cursos extracurriculares, acumulam cerca de 2 horas a mais de tela por dia do que seus pares mais ricos.[61] Conversas com professores no Reino Unido revelam uma dinâmica semelhante.[62]

Em um momento em que os pais muito ricos estão tentando ativamente reduzir a quantidade de tempo que seus filhos passam diante de telas e as faculdades mais prestigiosas oferecem aulas sobre como ler expressões faciais, não podemos permitir que surja uma nova divisão de acordo com a qual as crianças ricas se tornem mais competentes no que diz respeito à empatia e comunicação, e as crianças pobres corram o risco de ser cada vez menos capazes de se comunicar com eficácia. É absolutamente vital para o nosso futuro coletivo que *todas* as crianças preservem essas habilidades fundamentais. Para isso é preciso garantir que as atividades extracurriculares estejam disponíveis para crianças de todas as faixas de renda e também que a tendência de aprendizagem por meio de telas na escola não ocorra em detrimento das aulas, do apoio e das interações interpessoais.

Caça-níqueis digitais

Passar muito tempo diante de telas claramente não é bom para nós. O problema é que, mesmo sabendo disso, resistir ao impulso de pegar o celular exige um nível de comprometimento e força de vontade que muitos de nós têm dificuldade de encontrar. Isso se deve ao grau do nosso vício nos dispositivos digitais.

É entre as crianças que esse vício fica talvez mais evidente. Um professor de Indianápolis agora mantém os celulares confiscados dos alunos em um saco plástico transparente amarrado em torno da cintura, à vista de todos, para amenizar seus sintomas de ansiedade de separação; outros professores instalaram estações de carregamento na sala de aula para incentivar os alunos a se separar de seu aparelho garantindo que ele permaneça à vista. A capacidade de um aluno de controlar o vício no smartphone durante as aulas pode inclusive render benefícios especiais, com alguns professores recompensando os alunos com créditos extras ou vales-presente da Starbucks quando eles evitam tocar no celular durante a aula.[63]

Nós, adultos, no entanto, muitas vezes negamos o quanto somos viciados. Considere estas perguntas: Você já sentiu que deveria reduzir o tempo que passa no celular? Já se irritou com pessoas que criticaram a quantidade de tempo que você passa no celular? Já se sentiu mal ou culpado por causa do tempo que passa no celular? Pega o celular assim que acorda? Se respondeu sim a pelo menos duas dessas perguntas, vício pode ser um termo apropriado para o que você está vivenciando. Essas perguntas se baseiam no questionário CAGE — uma ferramenta de triagem de quatro perguntas amplamente utilizada em hospitais, centros de atenção primária e clínicas de reabilitação para verificar possíveis problemas com o consumo de álcool.[64]

Mas por que exatamente somos tão viciados em nossos celulares? Está na hora de colocar os gigantes da mídia social do Vale do Silício no banco dos réus. Pois, assim como acontece com os caça-níqueis, as plataformas de mídias sociais foram conscientemente projetadas para nos manter constantemente navegando, assistindo, curtindo e atualizando, na esperança de obter reafirmação, ecos, reforço da confiança, atração mútua e até amor.⁶⁵ Cada serifa, cada layout de tela, cada matiz com foco em grupo, cada animação quase imperceptível, cada pixel do que vemos na tela foi ativamente configurado para nos manter sempre conectados e viciados.⁶⁶ Na verdade, em 2017, o ex-presidente do Facebook, Sean Parker, disse sem rodeios à empresa de notícias Axios que a principal questão que movia o Facebook em seus primeiros dias era: "Como podemos consumir o máximo possível do seu tempo e da sua atenção consciente?" "Nós sabíamos que nossa criação era viciante", disse ele. "E fomos em frente mesmo assim." E acrescentou: "Só Deus sabe o que isso está fazendo com o cérebro dos nossos filhos."⁶⁷

É um vício que está nos tornando solitários, embora, é claro, não em todos os casos. É importante reconhecer que, para algumas pessoas, essas trocas virtuais de qualidade inferior ainda são melhores do que aquelas que podem acessar pessoalmente em seu entorno. Seja o adolescente LGBTQIA+ em uma pequena cidade no estado americano de Idaho que, graças a novos amigos de lugares distantes no Twitter, não se sente mais tão sozinho; seja a imigrante filipina que usa o Facebook todos os dias para manter contato com os filhos em seu país de origem; seja o portador de fibrose cística que não conhece ninguém em sua região com a doença, mas encontrou consolo em grupos de apoio on-line; seja a avó que graças ao Instagram consegue se manter conectada com os netos de uma maneira que antes não conseguia — as mídias sociais podem proporcionar a algumas pessoas uma comunidade que, de outra forma, elas não teriam. E, como vimos durante o lockdown, às vezes podem funcionar como tábuas de salvação vitais e atenuar o isolamento.

No entanto, vários estudos na última década estabeleceram uma ligação clara entre o uso de mídias sociais e a solidão. Um estudo revelou, por exemplo, que adolescentes que faziam uso elevado das redes sociais relatavam mais solidão do que seus pares.⁶⁸ Outro revelou que para cada aumento de 10% nas experiências negativas nas redes sociais, os estudantes universitários relatavam um aumento de 13% na solidão.⁶⁹ Um terceiro estudo descobriu que, na década de 2010, os adolescentes americanos socializavam pessoalmente uma hora inteira a menos todos os dias (em média) do que na década de 1980, uma tendência que os pesquisadores vincularam explicitamente ao aumento do uso das mídias sociais.[70] A solidão entre adolescentes, eles também observaram, disparou depois de 2011 — o mesmo ano em que o número dos que possuíam smartphone começou a aumentar. Ao passo que em 2011 apenas 23% dos adolescentes americanos tinham um smartphone, em 2018 esse número havia subido para 95%.[71]

O problema era que, embora esses estudos demonstrassem que o uso das mídias sociais e a solidão estavam conectados, quase todos eles tinham dificuldade de determinar uma relação de causalidade. Em outras palavras, as pessoas solitárias usam mais as mídias sociais ou as mídias sociais na verdade *causam* a solidão?

Recentemente, dois estudos de referência se propuseram a responder exatamente a essa pergunta. O crucial nesses estudos foi que os participantes não foram simplesmente solicitados a relatar seus hábitos nas mídias sociais; em vez disso, foram orientados pelos pesquisadores a *mudá-los* ativamente. Isso fez com que os efeitos dessas mudanças em seu comportamento e seu humor pudessem ser observados e comparados diretamente, e a causalidade pôde ser estabelecida.[72]

Os resultados foram esclarecedores. Um dos estudos revelou que limitar o Snapchat e o Instagram, assim como o Facebook, a 10 minutos por plataforma por dia produziu uma redução significativa na solidão.[73] O outro, um estudo padrão-ouro com quase 3 mil pessoas no qual durante um período de dois meses metade dos participantes usou o Facebook normalmente e a outra metade — o grupo "Tratamento" — desativou completamente suas contas no aplicativo, constatou que o grupo que havia desativado o Facebook simplesmente não usou o tempo que passaria na plataforma em outros sites. Em vez disso, eles usaram menos a internet de modo geral e passaram mais tempo socializando com amigos e família presencialmente. E como se sentiram? Relataram mais felicidade, mais satisfação em relação à vida, menos ansiedade e, em um grau moderado mas estatisticamente significativo, menos solidão também. Quando se trata de melhorar o bem-estar subjetivo, excluir o Facebook foi até 40% tão eficaz quanto fazer terapia.[74]

Mais mesquinho

O impacto prejudicial das mídias sociais é ainda mais profundo. Elas não estão simplesmente nos levando a bolhas digitais isoladas que restringem as interações pessoais mais ricas. Também estão fazendo com que o mundo pareça mais hostil, menos empático e menos gentil. E isso está afetando de forma significativa nosso bem-estar coletivo.

"Trolagem", a postagem de conteúdo deliberadamente ofensivo ou provocativo; "doxxing", a divulgação de informações pessoais, como endereço residencial, para permitir o assédio; "swatting", o uso de informações resultantes do "doxxing" para denunciar uma falsa situação envolvendo reféns, o que leva a polícia a acionar uma equipe da SWAT e potencialmente prender a pessoa em sua própria casa — todo um vernáculo do século XXI foi criado para descrever uma série de novos e insidiosos comportamentos on-line.[75] Pois, embora as plataformas de mídia social nos permitam compartilhar momentos de felicidade, a maneira como foram projetadas também faz com que favoreçam algumas das piores manifestações da natureza humana: agressão, bullying, racismo, antissemitismo, homofobia. Todos esses comportamentos estão crescendo. Em 2018, *mais da metade* dos usuários adultos da internet no Reino Unido relataram ter visto conteúdo ofensivo on-line, um aumento de 6% em relação ao ano anterior.[76] No Reino Unido, uma em cada três mulheres sofreu agressões no Facebook, e entre jovens de 18 a 25 anos esse número aumenta para 57%. Em 2016 (o ano mais recente para o qual há dados confirmados), uma postagem antissemita surgia nas redes sociais a cada 83 segundos, em média, e 80% delas eram postadas no Twitter, no Facebook ou no Instagram.[77]

Não há sinal algum de que essa tendência vá diminuir tão cedo.

Obviamente, o ódio e as agressões não são fenômenos novos. A diferença é que as mídias sociais os introduzem em nossa vida de maneiras novas e excepcionalmente perturbadoras, em uma escala que, mais uma vez, é simplesmente sem precedentes. E o mais assustador é que elas recompensam os usuários por fazerem isso. Pois cada vez que uma postagem nossa é retuitada, recebemos uma dose de dopamina, o mesmo neurotransmissor associado à heroína e à morfina. É uma dose mínima, é verdade, mas o suficiente para nos fazer querer mais. E você sabe que tipos de postagem costumam ser mais compartilhados? As mais descabidas, extremas e agressivas. Coloque uma palavra como "matar", "destruir", "atacar" ou "assassinar" em sua postagem e ela será retuitada quase 20% mais vezes.[78]

Embora seja improvável que estimular comportamentos tóxicos fosse a intenção dos criadores dessas plataformas, o que está claro é que isso rapidamente se tornou algo que eles estavam dispostos a tolerar. Pois o fato é que a indignação e a raiva são mais proveitosas para os negócios. Emoções mais viciantes do que a gentileza ou a positividade, elas mantêm o tráfego e o fluxo altos, aumentando assim o número provável de cliques em anúncios, que é como as empresas de mídia social ganham dinheiro.[79] É esse impacto nos resultados financeiros que ajuda a explicar por que quase tudo que atrai o olhar é tolerado nessas plataformas, por mais sombrio, perigoso ou polarizador que seja.[80] É a amoralidade do mercado não regulado em ação. O Twitter, em particular, estabeleceu um limite em 29 de maio de 2020, ao ocultar o agora infame tuíte do presidente Donald Trump, no qual ele dizia "quando o saque começa, o tiroteio começa",[81] por trás de uma mensagem de alerta de que o conteúdo exaltava a violência.[82] O Facebook, no entanto, permitiu que o mesmo post continuasse a ser exibido em sua plataforma.[83] As razões apresentadas por eles: não se tratava de moralidade, mas de liberdade de expressão.

Não são apenas os adultos que ficam afetados por uma ética de projeto que nos incentiva a transmitir mensagens cada vez mais furiosas e desagregadoras e permite que encontremos facilmente comunidade no ódio. Para as crianças, as mídias sociais também se tornaram um lugar de agressões e bullying em uma escala preocupante. Em Cingapura, três quartos dos adolescentes afirmam ter sofrido bullying on-line.[84] No Reino Unido, 65% dos estudantes já vivenciaram alguma forma de cyberbullying, sendo que 7% o vivenciam "regularmente".[85] E em uma pesquisa recente realizada no Reino Unido com mais de 10 mil jovens com idade entre 12 e 20 anos, quase 70% admitiram ter tido atitudes ofensivas contra outras pessoas on-line — seja enviando uma mensagem desagradável, seja postando comentários de ódio com um nome de usuário falso, seja compartilhando algo com a intenção de ridicularizar outra pessoa.[86]

Essas agressões podem ter um impacto devastador, mas muitos de nós não imaginavam quão devastador ele poderia ser até a morte amplamente noticiada da britânica Jessica Scatterson, de 12 anos, vítima de cyberbullying, que se suicidou em 2019 depois de receber uma série de mensagens abusivas nas mídias sociais. Como o legista disse no inquérito, "o nível e a intensidade de sua atividade em plataformas de mídia social, particularmente nos dias que antecederam sua morte, não podem ter deixado de influenciar seu pensamento, seu estado de espírito".[87]

É claro que as crianças sempre fizeram e sofreram bullying. Mais uma vez, no entanto, trata-se de uma questão de escala, pois, enquanto no passado esse abuso psicológico ficava tipicamente confinado ao pátio do recreio, ao parquinho e à sala de aula, hoje ele os segue de forma inescapável 24 horas por dia, 7 dias por semana, adentrando sua casa e seu quarto. Além disso, enquanto o bullying costumava ser público apenas na medida em que outras pessoas o testemunhavam diretamente em tempo real, hoje o constrangimento da vítima fica exposto para todos verem, permanentemente gravado em seus rastros digitais.

As mídias sociais estão nos tornando mais solitários não apenas porque todo o tempo que dedicamos a elas faz com que nos sintamos menos conectados com as pessoas ao nosso redor, mas também porque estão tornando a sociedade como um todo mais agressiva e mais cruel. E um mundo agressivo e cruel é um mundo solitário.

A solidão é sentida de forma mais evidente por aqueles que estão na linha de fogo e que vivenciam tanto o sofrimento provocado pelos abusos quanto a sensação de impotência que o acompanha, já que os espectadores digitais não vêm em seu socorro e as plataformas de mídia social não fazem nada para protegê-los.[88] Mas é um mundo mais solitário para todos nós também. Porque, assim como as crianças que veem os pais discutindo (ou pior, episódios de violência doméstica) tendem a se tornar retraídas, a sofrer de ansiedade social e a se isolar, o mesmo se aplica nesse caso.[89] Ao passar muito tempo navegando por um ambiente virtual raivoso e tóxico, você corre o risco de se sentir cada vez mais sozinho, mesmo que não esteja sendo diretamente atacado. Além disso, quanto mais toxicidade testemunhamos, menos confiança temos na sociedade como um todo.[90] Como vimos, isso também tem ramificações sociais e políticas mais amplas, pois quanto menos confiamos uns nos outros, mais egoístas e divididos nos tornamos.

BOMP:* A CRENÇA DE QUE OS OUTROS SÃO MAIS POPULARES DO QUE VOCÊ

Nossa experiência com as mídias sociais, mesmo no âmbito cotidiano, pode fazer com que nos sintamos solitários, como mostra a história de Claudia.

Último ano da escola. Festa de formatura. Claudia está em casa, sentada no sofá, de pijama, navegando pelo Facebook e pelo Instagram. Suas amigas tinham dito que não iriam. "Superestimado", sentenciaram. Então as fotos começaram a aparecer em seu feed. Suas amigas, superarrumadas para a festa, rindo, curtindo, se divertindo sem ela. Nunca antes Claudia se sentira tão mal em relação a si mesma, "tão insignificante e sozinha". Ficou tão deprimida que se recusou a ir à escola por uma semana, refugiando-se em seu quarto. Notas, atividades escolares, até mesmo a perspectiva de ir para a faculdade pareciam coisas secundárias em relação à dor de sua exclusão pública. Encarar as amigas parecia simplesmente impossível. "Por que ir à escola se eu era invisível para todo mundo?", disse ela.

Você provavelmente já está familiarizado com a expressão FOMO:** o medo de ficar de fora, aquela sensação incômoda de que as outras pessoas estão em algum lugar se divertindo enquanto você está em casa sozinho. Mas a história de Claudia é sobre algo sem dúvida muito mais

---

* Do inglês *Belief that Others are More Popular*. (N. da T.)
** Do inglês *Fear of Missing Out*. (N. da T.)

doloroso: o medo de não ter amigos em um mundo em que todo mundo tem. É um fenômeno tão prevalente que psicólogos estão começando a estudá-lo.[91] Eu o chamo de "BOMP": a crença de que os outros são mais populares. Como o FOMO, é um sentimento exacerbado pelas mídias sociais — e que se tornou demasiado comum.

O BOMP pode ser angustiante, independentemente da idade. Nunca é bom se sentir socialmente inferior ou excluído. Na verdade, em minha pesquisa, me deparei com diversos adultos que se sentiram impopulares porque vivenciaram uma versão adulta da experiência de Claudia na festa de formatura: viram evidências on-line de antigos colegas da escola tomando drinques para os quais não foram convidados, ou uma reunião de família na qual ninguém os incluiu. Se antes talvez nunca descobríssemos que tínhamos sido deixados de fora desses encontros, hoje a exclusão nos atinge em cheio, em tempo real, em cores e com filtros, lentes e efeitos sonoros.

Para crianças e adolescentes, isso é especialmente doloroso. Como um adolescente britânico disse ao serviço de aconselhamento Childline: "Vejo todos os meus amigos se divertindo nas redes sociais e isso me deixa para baixo, tenho a sensação de que ninguém se importa o suficiente para me convidar. Meu humor está piorando e agora fico chateado o tempo todo e não consigo parar de chorar."[92] Ou, como um pai americano me disse: "Você não tem ideia de como é doloroso ver seu filho adolescente angustiado em casa enquanto vê postagens de pessoas que ele pensava que eram suas amigas fazendo uma festa sem ele. É muito cruel."

Mas as mídias sociais fazem mais do que funcionar como uma janela em tempo real para experiências das quais fomos excluídos; as próprias plataformas estão sendo usadas como ferramentas de exclusão de maneira ainda mais direta.

Eu penso no WhatsApp principalmente como uma maneira útil de manter contato com amigos e familiares no exterior, ou com meus colegas do grupo semanal de improvisação. Meu marido está em um grupo de WhatsApp com os irmãos no qual tudo, desde refeições em família até cuidados com os pais, é discutido, e em outro com os amigos nos quais partidas de futebol são dissecadas com um nível de detalhe que eu tenho dificuldade de compreender. Todos esses parecem, de uma forma ou de outra, usos positivos dos aplicativos de mensagens de mídia social. Entre muitos adolescentes e jovens na casa dos 20 anos, no entanto, esse tipo de grupo de conversa é agora a principal forma de comunicação, com 30% deles usando alguma forma de grupo de bate-papo (WhatsApp, Houseparty, Facebook Messenger ou WeChat) várias vezes por dia (o uso tem sido ainda maior, é claro, durante o confinamento).[93] E daí, você pode perguntar. Bem, tomar consciência de que está de fora de um desses grupos se tornou uma nova e dolorosa forma de isolamento. E é uma experiência que um número cada vez maior de jovens está vivenciando. Jamie, uma jovem de 16 anos de Oxford, me explicou como foi solitário descobrir que seus colegas de turma da escola faziam parte de um grupo para o qual ela não havia sido convidada, perceber que conversas inteiras estavam acontecendo (até mesmo em ocasiões em que ela estava fisicamente presente) e que havia sido excluída.

Outro pai com quem conversei se mostrou angustiado ao me contar sobre a ocasião em que sua filha estava com cinco ou seis amigos em um café quando de repente os celulares começaram a tocar. Era uma mensagem em um grupo convidando-os para uma festa naquele fim de semana — todos, exceto ela. Para disfarçar, ela fingiu que também havia recebido o convite. Era melhor mentir do que se sentir humilhada. Era solitário se sentir excluída, mas seria ainda mais solitário se as pessoas vissem que ela havia sido excluída.

Tanto professores quanto pais se tornaram extremamente conscientes dessas novas formas de exclusão social e de suas consequências, bem como dos desafios de gerenciá-las. Oliver Blond, diretor do colégio interno para meninas Roedean, no Reino Unido, me explicou que, como a exclusão digital normalmente é invisível, os professores têm muita dificuldade de combatê-la. Enquanto no passado o professor podia ver a exclusão acontecendo (uma criança sentada sozinha no almoço ou um grupo dando as costas para um de seus colegas), hoje muitas dessas interações acontecem na esfera virtual. E, por se tratar de situações não presenciadas, os adultos não podem intervir, o que faz com que a criança excluída fique ainda mais sozinha em seu sofrimento.

Rejeição pública e vergonha

Há mais uma coisa que as mídias sociais fazem que contribui de maneira perniciosa para a solidão contemporânea: elas tornam público nosso status social e, consequentemente, nossa impopularidade ou rejeição por nosso grupo de pares. Considerando que mesmo a mais banal das reuniões sociais provavelmente vai ser registrada no Instagram ou transmitida em um Snap Story, nossa ausência é facilmente notada. Mais do que isso, a nova moeda social dos retuítes, curtidas e compartilhamentos significa que, cada vez que postamos e nossas postagens são ignoradas, corremos o risco de nos sentir não apenas rejeitados ou sem valor, mas também envergonhados, porque vivenciamos a rejeição em público.

É esse medo de ser tão *visivelmente* ignorado que pode fazer com que um adulto bem-sucedido e confiante, como um importante professor de política do Reino Unido que conheço, passe, como me confidenciou, horas a fio tentando criar o tuíte perfeito: ajustando-o, refinando-o — horas que ele sabe que seriam mais bem aproveitadas em sua pesquisa. É esse mesmo medo que faz com que a estudante de pós-graduação Jennifer dedique tanto tempo a aprimorar suas fotos do Instagram que muitas vezes não consegue vivenciar o que está documentando no mesmo instante. Em férias recentes na Costa Rica, ela passou tanto tempo elaborando seu post sobre "Jen na tirolesa" que acabou não conseguindo fazer o percurso da tirolesa, ironicamente perdendo uma experiência memorável de vínculo com seus amigos na vida real.

Mais uma vez, é para os mais jovens entre nós que o medo de ser visivelmente impopular é mais doloroso e gera mais ansiedade. Um pai me contou sobre a dor que sentiu ao ver a filha curtindo de maneira maníaca cada postagem de todas as pessoas em seu feed para tentar garantir uma resposta recíproca quando ela mesma postasse. Peter, um estudante londrino do nono ano, baixinho e de óculos, me descreveu a "agonia" que sentia ao "postar, esperar e torcer e ninguém responder, e então me perguntar sem parar por que ninguém gosta de mim?. O que estou fazendo de errado?". E Jamie me contou sobre como pensar em qualquer uma de suas sequências de Snapchat terminando a deixava em pânico. "Isso me deixa fisicamente doente", explicou ela.

Não que ser popular não tenha sido sempre importante para os jovens. Na verdade, é o tema central da maioria das tramas dramáticas ambientadas no ensino médio. A diferença é, mais uma vez, o impacto poderoso e inescapável que as mídias sociais trouxeram para essas dinâmicas. "As mídias sociais marcam uma nova era na intensidade, densidade e onipresença dos processos de comparação social, em especial para os mais jovens entre nós, que estão 'quase constantemente on-line' em um momento da vida em que a própria identidade, voz e o próprio arbítrio moral são um trabalho em curso", escreve Shoshana Zuboff, uma professora de Harvard. Ela continua: "O tsunami psicológico da comparação social desencadeado pela experiência das mídias sociais é considerado algo sem precedentes."[94] É esse constante processo de ter que vender a si mesmo — e o medo constante de que ninguém queira comprar — que constitui o problema.

Algumas empresas de mídia social estão começando a reconhecer o problema que criaram, pelo menos tacitamente. O Facebook testou versões beta de sua própria plataforma, bem como do Instagram (de sua propriedade), nas quais as "curtidas" públicas são suprimidas — o usuário pode ver quantas "curtidas" uma postagem acumulou, mas ninguém mais pode.[95] O homem por trás dessa iniciativa no Instagram, o veterano do Facebook Adam Mosseri, admite que foi impulsionado em parte por um episódio da série de ficção científica distópica *Black Mirror*, de Charlie Brooker, no qual as classificações onipresentes das mídias sociais atiram o protagonista em uma espiral que leva ao desastre.[96] Eu reconheço esses esforços (que, é claro, vieram apenas depois de preocupações e reações negativas prolongadas), mas a questão é se essas mudanças — mesmo implementadas após o projeto piloto — realmente farão diferença. Será que nosso cérebro sedento por dopamina não vai simplesmente encontrar outros indicadores — comentários, compartilhamentos, repostagens ou marcação em outras postagens — com os quais nos comparar? E não vamos continuar perseguindo a afirmação proporcionada por cada curtida, mesmo que ninguém mais veja? Nossa relação com as mídias sociais e a profundidade com que absorvemos psicologicamente sua arquitetura fazem com que seja provável que as condições de nosso envolvimento já estejam definidas.

Amo meu avatar

Ao nos transformar em pessoas cada vez mais inseguras, perseguindo incansavelmente curtidas, seguidores e aprovação social on-line, as mídias sociais também nos encorajam a fazer outra coisa: apresentar versões cada vez menos autênticas de nós mesmos on-line. Quer dizer, ninguém posta no Facebook: "Acabo de passar o fim de semana inteiro de pijama comendo dez pacotes de biscoito e assistindo a *Friends*." Em vez disso, a vida que compartilhamos on-line é uma série bem selecionada de destaques inspiradores e momentos felizes, festas e celebrações, praias de areia branca e fotografias de comida de dar água na boca. O problema é que essas versões de nós mesmos manipuladas no Photoshop e acrescidas de filtros estão quase sempre fundamentalmente desconectadas de nosso próprio ser autêntico.

Quem sou eu na verdade? A pessoa sempre feliz, bem-sucedida e sociável que coloco no Instagram, ou alguém que as vezes falha, vacila e se sente inseguro? E o que acontece se a versão fictícia de mim mesmo for aquela que meus amigos on-line preferem? Quanto mais cuidadosos somos na curadoria de nossa vida nas mídias sociais e quanto mais nos mercantilizamos, mais corremos o risco de sentir que ninguém conhece ou gosta da pessoa "real" por trás do perfil. É um sentimento de isolamento e desconexão. Como Tessa, uma californiana de 17 anos, inteligente e artística, tão apropriadamente disse, "estamos cada vez mais vivendo a vida como avatares em um videogame on-line". Avatares com uma imagem perfeita, claro. Em 2016, ao entrevistar 2 mil pessoas no Reino Unido, a empresa de pesquisa de mercado Custard constatou que apenas 18% delas afirmavam que seu perfil no Facebook as representava com precisão.[97]

Talvez seja da natureza humana se concentrar desesperadamente em nossa aparência externa e até mesmo, às vezes, cair em um tipo de encenação que nos faz parecer diferentes do que realmente somos. Afinal de contas, foi há mais de quatrocentos anos que Shakespeare declarou que "o mundo inteiro é um palco". Os adolescentes sempre foram especialmente propensos a isso; delineador preto em torno dos olhos, microminissaias, coturnos e a obra *Assim falou Zaratustra*, de Nietzsche, na bolsa constituíam minha persona cuidadosamente elaborada aos 14 anos.

A era das mídias sociais, no entanto, marca uma mudança no comportamento humano tradicional no seguinte aspecto-chave: no passado, podíamos fazer regularmente uma pausa na encenação e voltar a uma noção de nosso eu, privada e autêntica. Uma vez por semana, sem falta, meu eu de 14 anos tirava a pintura de guerra, vestia um pijama e se aninhava com a família para assistir à série *Dallas*. Mas e agora, que ficamos o tempo todo esmiuçando nosso smartphone e cada momento da vida é uma oportunidade potencial para fotos, quando é que a encenação termina?

É uma pergunta que se aplica a todos nós. Pense na última vez que você tirou uma selfie. O que passou pela sua cabeça? Você estava olhando para o seu rosto ou estava tentando olhar para o seu rosto "pelos olhos" dos seus seguidores nas mídias sociais que eventualmente o veriam? No fim das contas, era realmente *você* tirando a foto?

Como as mídias sociais afetam também o nosso relacionamento com os outros se ele se transforma em interações entre avatares idealizados? É inevitável que isso torne os relacionamentos necessariamente mais rasos e vazios, bem como estranhamente competitivos. Cada vez mais descolados de nossa persona on-line, estamos encenando o ato de compartilhar, em vez de realmente compartilhar a nós mesmos. Como um jovem de 16 anos que abandonou as redes sociais colocou de maneira eloquente: "Eu estava apresentando uma versão desonesta de mim mesmo, em uma plataforma na qual a maioria das pessoas apresentava versões desonestas de si mesmas."[98]

Desde o início, o projeto das mídias sociais encorajou as pessoas a distorcerem seu verdadeiro eu em troca de validação social. Vejamos o Facebook: em seus primórdios, em meados dos anos 2000, quando ainda se chamava "TheFacebook" e estava disponível apenas para estudantes universitários, os usuários começaram a editar seu perfil com precisão cirúrgica, das fotos de perfil atualizadas regularmente (posadas, mas não muito) às descrições espirituosas de seus clubes e atividades, chegando até mesmo a mudar sua grade de cursos acadêmicos (que era pública) para "projetar determinada imagem de si mesmos", diz David Kirkpatrick, autor de *O efeito Facebook*.[99] Será que Mark Zuckerberg e companhia se preocupavam com o que estavam desencadeando? Mais uma vez, aparentemente não. Conectar o mundo podia ser seu objetivo, mas, ao que parece, se no processo as conexões se tornassem mais superficiais, mais cruéis e cada vez mais distorcidas, paciência.

Em casos extremos, algumas pessoas chegam a preferir seu eu digital ao eu autêntico. Pode começar, de maneira inocente, com um filtro de selfie do Instagram que acrescenta orelhas caídas e um nariz de desenho animado ao seu rosto. Mas logo você descobre outro filtro que também deixa a pele mais lisa, define as maçãs do rosto e amplia os olhos, criando uma versão cada vez melhor do seu rosto sob o verniz de uma selfie bonita. Talvez depois disso você passe a um aplicativo de edição que vai ainda mais longe, iluminando sua pele, alongando sua mandíbula e, consequentemente, afinando ainda mais suas bochechas, clareando seus dentes, remodelando seu queixo, a largura do seu rosto e seu nariz.[100] Tudo isso são coisas que se pode fazer em um aplicativo como o FaceTune, constantemente um dos mais vendidos na App Store da Apple.[101] Inevitavelmente, o rosto que olha de volta para você no espelho começa a parecer muito menos... polido do que o seu rosto digital. Então você leva a versão do seu rosto criada no FaceTune a um cirurgião plástico e pede que ele faça as intervenções necessárias para chegar à versão de si mesmo que você editou on-line.[102]

Isso pode parecer extremo, mas não é um cenário imaginário. Um número cada vez maior de jovens está recorrendo a cirurgiões plásticos levando fotos de si mesmos alteradas digitalmente por meio de filtros e do Photoshop. Em 2017, 55% dos cirurgiões da Academia Americana de Cirurgia Facial, Plástica e Reparadora tiveram pelo menos um paciente que levou uma selfie editada no Photoshop e pediu que a recriassem, um aumento de 13% em relação ao ano anterior.[103] A estimativa do estudo é de que essa tendência continue a crescer.

As mídias sociais não estão apenas nos transformando em vendedores cujo produto é nosso eu transformado em mercadoria e com uma nova embalagem — elas também estão internalizando o BOMP, fazendo com que muitos de nós se sintam não apenas menos populares do que as outras pessoas ao nosso redor, mas também tenham a sensação de que nosso verdadeiro eu é menos popular que nosso eu digitalmente aprimorado. E isso é fundamentalmente alienante.

A MUDANÇA É POSSÍVEL

Então, o que podemos fazer em relação aos efeitos deletérios das mídias sociais e ao papel que elas estão desempenhando na crise de solidão do século XXI?

Claramente, passar menos tempo nessas plataformas é fundamental. Durante as pesquisas para este livro, encontrei várias pessoas que se desconectaram por completo. Pessoas como o jovem Sammy, de 15 anos, um entusiasta de debates que decidiu que simplesmente não queria mais participar da toxicidade e abandonou as redes sociais para sempre. Ou Peter, o universitário formado de 22 anos, que me disse que saiu do Instagram e pôde observar uma melhora realmente significativa em sua felicidade e em sua saúde emocional. Ou Maxine, a profissional de finanças de 40 anos que saiu do Facebook porque chegou à conclusão de que não suportaria ler mais uma "postagem presunçosa" que fosse de um amigo sobre sua felicidade doméstica ou profissional. Essas pessoas, no entanto, continuam sendo exceções. A migração em massa para as mídias sociais e sua utilidade como serviço de mensagem significa que aqueles que se desligam podem se sentir consideravelmente excluídos. Isso é especialmente verdadeiro no que diz respeito aos jovens. Se todos na sua turma "interagem" no Instagram, ficar off-line para a maioria vai ser simplesmente insustentável. A menos que surjam novas normas sociais nas quais estar presente pessoalmente seja mais valorizado do que estar sempre nas redes sociais, é improvável que isso mude.

Mesmo para aqueles que desejam reduzir seu tempo nessas plataformas, se desligar é extremamente difícil devido à sua natureza viciante. Existem, no entanto, medidas práticas que todos podemos tomar para mitigar isso. Adotar dias sem acesso ao universo digital. Implementar "incentivos" que ajudem a controlar a fissura, como colocar todas as mídias sociais em uma pasta do smartphone inconvenientemente localizada ou excluir os aplicativos de mídia social do celular. Peça ao seu parceiro, até mesmo a seus filhos, que o lembrem sem piedade de não ser "um androide" (embora você possa usar expressões menos pejorativas). Ou que tal entregar a um amigo ou familiar uma quantia significativa ou "depósito" que só será devolvido se você reduzir o uso das mídias sociais a uma determinada quantidade de tempo em um período de seis meses? É uma estratégia que obteve um sucesso considerável quando se trata de ajudar fumantes a abandonar o vício.[104]

Você pode até mesmo considerar abrir mão do smartphone e, em vez dele, usar um Light Phone, um dispositivo intencionalmente "de baixa tecnologia", que oferece chamadas e (prepare-se!) mensagens de texto T9 (a forma mais básica, que não conta nem mesmo com a facilidade de um teclado qwerty) e armazena apenas dez contatos por vez.[105]

No entanto, não se trata de uma batalha que possamos travar sozinhos. Para conter nosso vício digital em uma escala significativa, é essencial uma intervenção governamental enérgica. Pense nas medidas que os governos usam para desencorajar o consumo do tabaco, como exigir que advertências sejam impressas em todas as embalagens. Considerando as propriedades similarmente viciantes das mídias sociais, não seria hora de os alertas sobre os perigos dessas plataformas também se tornarem obrigatórios? Mensagens pop-up toda vez que abrimos um aplicativo, banners em sites, adesivos em embalagens de smartphones com a foto de um cérebro confuso? Essas etapas estimulariam uma consciência diária dos riscos. Cada vez que usamos essas tecnologias, precisamos ser lembrados de seu potencial de causar danos. E, assim como fumantes são encorajados a parar, campanhas de saúde pública que nos encorajem a reduzir o tempo no celular e nas redes sociais também devem ser consideradas. Especialmente porque, diferentemente do açúcar — uma substância viciante que prejudica apenas o próprio usuário —, as mídias sociais, assim como o tabaco, têm um efeito em rede significativo, potencialmente prejudicial não apenas para nós, mas também para aqueles que nos rodeiam.[106]

Em se tratando de crianças, precisamos ir ainda mais além. Quando, como disse Anne Longfield, comissária da infância da Inglaterra, crianças de 9 anos estão "cada vez mais ansiosas em relação a sua imagem on-line" e estão ficando "viciadas em curtidas como uma forma de validação social", não podemos aceitar o mal que as mídias sociais estão causando a tantos jovens como "apenas o jeito como o mundo é agora".[107]

Por isso, plataformas de mídia social viciantes deveriam ser banidas para crianças que ainda não atingiram a idade de consentimento (16 anos, no Reino Unido, 18, nos Estados Unidos). Embora alguns possam alegar que isso vai cercear a liberdade de expressão e a independência pessoal das crianças, observe-se que não estou propondo uma proibição geral das mídias sociais para essa faixa etária, mas sim uma proibição das mídias sociais *viciantes*. E o ônus da prova deve ser da plataforma de mídia social, que deverá fornecer evidências científicas convincentes de que não causa dependência em crianças. Quando não puder apresentar essas evidências, a plataforma deve ser forçada a instituir sistemas de identificação verdadeiramente eficazes para comprovar que os usuários estão acima da idade mínima permitida.[108]

Às plataformas caberia, portanto, a responsabilidade de criar novas formas de mídia social que sejam menos viciantes, ou de remover os elementos viciantes que utilizam atualmente, sejam eles curtidas, sequências instantâneas ou a rolagem sem fim da tela, se quiserem estar aptas a atingir esse grupo demográfico.

Embora essa abordagem possa parecer para alguns bastante draconiana, basta olhar para trás para ver como, ao longo da história, as atitudes em relação a intervenções desse tipo podem mudar. Eu me lembro do choque e da surpresa que muitos no Reino Unido sentiram quando, em 1989, os cintos de segurança passaram a ser obrigatórios para as crianças no banco traseiro dos carros.[109] Na época, parecia ao mesmo tempo uma medida desnecessária e um ataque à liberdade pessoal, mas é claro que essa medida salvou inúmeras vidas, e hoje pareceria imprudente não colocar o cinto em uma criança. Da mesma forma, fumar em um carro no qual eram transportadas crianças já foi algo comum e agora não apenas é algo amplamente desaprovado, mas também ilegal no Reino Unido, em alguns estados e cidades dos Estados Unidos e em muitos outros lugares ao redor do mundo.[110] Mesmo que apenas a título de precaução, os argumentos a favor da proibição de mídias sociais viciantes até a idade de consentimento são convincentes.

Quando se trata dos exemplos mais flagrantes de discurso tóxico, como o discurso de ódio e o compartilhamento de conteúdo violento nessas plataformas, é necessário que haja tolerância zero. E embora eu compreenda a relutância de executivos de empresas líderes em tecnologia, como Mark Zuckerberg, em assumir o papel de árbitro, especialmente considerando a tradição de liberdade de expressão que cerca a Primeira Emenda nos Estados Unidos, as plataformas de mídia social não podem se vender como praças públicas e ao mesmo tempo insistir que têm apenas uma responsabilidade limitada pelo que acontece dentro delas. Especialmente porque as grandes plataformas já tomam decisões editoriais e estão dispostas a impor um julgamento de valor sobre algumas questões. O Facebook, por exemplo, proíbe a nudez em graus muitas vezes absurdos.[111]

Eu entendo também, é claro, que há uma dificuldade legítima quando se trata de monitorar centenas de milhões de postagens publicadas nas redes sociais todos os dias, e que os mecanismos automatizados para sinalizar conteúdo ofensivo provavelmente não têm nuances suficientes. O que isso sugere, no entanto, é que, além de investir consideravelmente mais em soluções tecnológicas para o problema — usando os recursos de engenharia que são obviamente abundantes nessas empresas —, as plataformas também precisam lançar mão de um número muito maior de moderadores humanos para ajudar nessa tarefa. Ao fazer isso, devem reconhecer que moderar conteúdo é um trabalho difícil, tanto intelectual quanto emocionalmente, e que treinar bem os moderadores, remunerá-los de forma decente e fornecer-lhes o apoio emocional necessário é indispensável. No momento, as plataformas não estão fazendo o suficiente. Se ao menos 10% da energia que as Big Techs (grandes empresas de tecnologia) dedicam ao crescimento e à expansão corporativa fosse dedicada a encontrar soluções mais inteligentes para a moderação de conteúdo, o mundo já teria avançado muito mais no combate à toxicidade, à polarização, ao distanciamento e à desconexão.

Não é que elas não possam fazer mais. Com suas dezenas de bilhões de dólares de receita e montanhas de reservas de caixa, as empresas de mídia social têm imensa capacidade e poder para realizar mudanças. Em última análise, parece que simplesmente não querem investir dinheiro, mão de obra e foco que as soluções realmente eficazes exigem. Na verdade, a impressão é de que alguns dos líderes mundiais em tecnologia aceitaram que determinado volume de reclamações, determinado nível de multas, talvez até determinado número de mortes é algo que estão dispostos a tolerar quando a recompensa é tão grande e tantos bilhões de dólares em lucros anuais estão em jogo.[112] Da mesma forma que as grandes empresas da indústria do tabaco determinaram que era aceitável vender um produto prejudicial porque os lucros eram muito grandes, parece que os gigantes das mídias sociais concluíram que o dano colateral que causam é uma consequência aceitável de seu modelo de negócios. Como o professor Jamil Zaki observou, "Mark Zuckerberg exortou seus funcionários a 'mover-se rápido e transgredir'. A essa altura, está claro que eles transgrediram bastante".[113]

Deixar que as plataformas autorregulem o conteúdo tóxico claramente não funcionou, como o próprio Zuckerberg reconheceu.[114] Precisamos de uma regulamentação firme que obrigue as Big Techs a combater os abusos. As penalidades aplicadas até agora como punição pela não remoção imediata de conteúdo inequivocamente odioso foram de um valor tão baixo que são irrelevantes no contexto dos lucros já gigantescos e a cada ano maiores das Big Techs. Os principais transgressores precisam ser multados em quantias que realmente afetem seus resultados financeiros.

Talvez a mudança finalmente esteja no horizonte. Em consequência da transmissão ao vivo no Facebook do tiroteio de 2019 em Christchurch, na Nova Zelândia, no qual 51 pessoas foram mortas em duas mesquitas, a Austrália introduziu a Lei de Compartilhamento de Material Violento Torpe, que impõe multas correspondentes a até 10% do faturamento global de uma empresa caso não consiga remover material "violento torpe" "com rapidez" suficiente.[115] Embora essa lei se aplique ao compartilhamento apenas de conteúdo mais extremo ("assassinato ou tentativa de assassinato, ato terrorista, tortura, estupro ou sequestro"), é um marco legislativo no que diz respeito ao valor da penalidade que as plataformas infratoras terão de pagar. Ela estabelece até mesmo penas de prisão de até três anos para executivos de empresas de tecnologia que não cumprirem as determinações.[116]

No que diz respeito ao tipo de discurso tóxico que circula nessas plataformas e que não chega ao nível de discurso de ódio, incitação à violência ou material torpe de maneira óbvia, mas ainda assim é altamente perturbador — como o bullying —, o desafio é evidentemente ainda mais complexo. Uma postagem de bullying, por exemplo, pode ser surpreendentemente difícil de identificar, considerando a rapidez com que o vernáculo muda e como o humor pode ser usado como uma arma. "Paula é tão incrível!" pode soar como uma postagem positiva; mas, se Paula for uma garota nerd, acima do peso e sem amigos, pode ser uma forma de bullying. Determinar o que se qualifica como ofensivo por meio de um algoritmo é quase impossível, razão pela qual sistemas de notificação eficazes e moderadores de conteúdo humanos são tão necessários.

Isso não quer dizer que não haja soluções tecnológicas no que diz respeito à civilidade on-line. As plataformas de mídia social poderiam ajustar seus algoritmos para recompensar a gentileza em vez do ódio ou para garantir "que as postagens positivas e tolerantes subissem mais rapidamente [no feed]", como sugere o professor Zaki.[117] No mínimo, poderiam ajustar seus algoritmos para que postagens raivosas e ofensivas não chegassem tão rápido ao topo. E que tal as empresas de mídia social pedirem aos usuários que pensem duas vezes antes de publicar uma postagem na qual façam bullying ou que tenha conteúdo tóxico?[118] Isso é algo que o Instagram começou a testar em alguns mercados, com pop-ups que instam os usuários a pensar duas vezes antes de postar comentários que a inteligência artificial sinaliza como prejudiciais (coisas como "Você é tão feio e estúpido"). Mas, novamente, sem a espada de Dâmocles da regulação pairando sobre elas, é difícil acreditar que as plataformas tomarão medidas suficientes, considerando seu histórico medíocre e as fortunas em jogo.

No Reino Unido, as mudanças legais também parecem estar no horizonte. Regras propostas em janeiro de 2020 pelo Information Commissioner's Office com a finalidade de proteger as crianças no ambiente on-line exigem que as empresas garantam que elas "não sejam expostas a conteúdo prejudicial a seu bem-estar ou à sua saúde física e mental".[119] Se implementadas, as empresas que não as cumprirem receberão uma multa "proporcional ao dano potencial ou real causado e ao tamanho e à receita da empresa".[120]

No mínimo, as empresas de tecnologia devem ter um "dever de cuidado" em relação a seus clientes previsto em lei que as obrigue a tomar medidas razoáveis para garantir que suas plataformas não causem danos significativos. Isso seria algo semelhante ao dever de cuidado dos empregadores no sentido de garantir que o local de trabalho seja seguro para seus funcionários. E, caso não cumprissem esse dever, essas empresas novamente deveriam pagar multas e sofrer punições significativas.

Isso é algo que um grupo de parlamentares britânicos defendeu recentemente com referência específica às mídias sociais e às crianças, sugerindo em um relatório de 2019 que, além de impor um "dever de cuidado", o governo também deveria responsabilizar pessoalmente os diretores de empresas de tecnologia pelos danos causados por seus produtos, ecoando a recente legislação australiana.[121]

Claramente, há medidas que nossos governos podem e devem tomar. Não precisamos aceitar que o trem digital já partiu e não há nada que possamos fazer para mudar sua rota. Há muito que pode ser feito para proteger a nós mesmos e nossas comunidades das Big Techs, se houver vontade e pressão política. E embora eu saúde o recente estímulo do Facebook à regulamentação, devemos ter uma boa dose de ceticismo em relação a suas ações proativas para moldar a natureza dessa regulamentação. Afinal, pedir mais regulamentação — de uma forma que funcionasse melhor para si mesma — foi durante muito tempo uma estratégia da indústria do tabaco.[122] Garantir que as empresas de mídia social não tenham voz excessiva na formulação das novas regras do jogo é mais importante agora do que nunca, dado seu imenso poder econômico e de mídia.

E como indivíduos, o que mais podemos fazer, além de reconhecer quão viciados somos em nossos dispositivos, tentar restringir nosso uso e superar a abstinência? No mínimo, se decidirmos permanecer nas redes sociais, precisamos estar atentos às consequências potencialmente prejudiciais de nossas postagens e ser mais gentis quando se trata de nossos próprios comentários e compartilhamentos. Devemos tentar redirecionar nosso envolvimento on-line para longe de vozes que promovem o ódio e a divisão, resistir ao impulso de "curtir" e compartilhar postagens que sejam cruéis e dedicar mais tempo a promover ideias e sentimentos que expressem o que nos une a todos. E, claro, não devemos hesitar em bloquear, deixar de seguir ou desfazer a amizade com qualquer pessoa que faça com que nos sintamos mal ou aumente nossa sensação de desconexão. As escolas também têm um papel nesse sentido, ensinando os alunos sobre a civilidade nas mídias sociais e fornecendo a eles, assim como aos pais, as ferramentas necessárias para interagir de forma saudável. Isso pode parecer um pouco "ingênuo" para alguns, mas, se as mídias sociais estão causando solidão e infelicidade generalizadas, não temos todos a responsabilidade de tentar pelo menos combater parte de seu impacto por conta própria?

Além disso, também podemos pressionar as marcas que anunciam nessas plataformas para que exijam que as empresas de mídia social façam muito mais no que diz respeito a combater o ódio e o bullying. A decisão tomada em meados de 2020 por uma série de marcas importantes, incluindo Unilever, Starbucks, Coca-Cola e Ford, de suspender a publicidade no Facebook por um período como parte da campanha #StopHateForProfit demonstra que as marcas estão dispostas a intervir dessa forma e assumir uma posição contra o discurso de ódio e os conteúdos divisionistas.[123] Porém, é essencial que seu compromisso com o combate a abusos perdure até que haja uma mudança significativa.[124]

É aí que nós, consumidores, entramos: lançando mão do nosso poder de consumo, podemos deixar claro para as marcas que, a menos que mantenham a pressão sobre as empresas de mídia social, elas podem nos perder como clientes. Não importa nossa idade, se nos comprometermos a mobilizar nossa comunidade e a fazer nossas objeções de forma ruidosa o bastante, a mudança é possível.

O encorajador é descobrir em minhas entrevistas com jovens adultos — a geração nascida entre 1994 e 2004 que chamei de Geração K, uma geração cuja vida foi documentada por câmeras digitais desde o nascimento e cujos membros estão entrando no ensino médio e na universidade com o espectro do doxxing e dos nudes vazados pairando sobre sua cabeça — que muitos estão profundamente cientes das falhas e, na verdade, dos perigos de seu suposto território "nativo" digital, talvez ainda mais do que os mais velhos. Da mesma maneira que a Geração K se destaca no ativismo — de Greta Thunberg a Malala Yousafzai e aos sobreviventes do tiroteio em Parkland, que engajaram mais de 1 milhão de pessoas em todo o mundo em protestos contra a violência armada —, talvez eles também liderem a ofensiva no que diz respeito a responsabilizar as mídias sociais e a reconhecer os profundos perigos do vício em tecnologia.

CAPÍTULO 7

Sozinho no escritório

Quarenta por cento. Essa é a porcentagem de funcionários de escritório em todo o mundo que afirmam se sentir solitários no trabalho.[1] No Reino Unido, essa porcentagem chega a 60%.[2] Na China, mais da metade dos funcionários de escritório dizem que se sentem solitários todos os dias.[3] Nos Estados Unidos, quase uma em cada cinco pessoas não tem um único amigo no trabalho, e 54% da Geração K se sentem emocionalmente distantes de seus colegas de trabalho.[4] Todos esses números são anteriores ao coronavírus e ao período do distanciamento social, que tem apenas exacerbado esses sentimentos.[5] Ao mesmo tempo, 85% dos trabalhadores em todo o mundo não se sentem comprometidos com seu trabalho.[6] Não se trata de mero tédio ou falta de disposição: o comprometimento dos funcionários está intimamente relacionado com quão conectados eles se sentem com seus colegas de trabalho e seu empregador.

Obviamente, não é apenas nossa vida doméstica e privada que nos torna solitários, mas também a maneira como trabalhamos hoje.

É claro que não devemos romantizar os ambientes de trabalho de outrora. O operário alienado de Karl Marx no século XIX labutava por baixos salários, tinha um trabalho repetitivo e monótono, se sentia cada vez mais desconectado de si mesmo, de seus colegas de trabalho e do que estava nominalmente produzindo. A ficção (anglófona) dos séculos XIX e XX está repleta de solitários trabalhadores de escritório, do cada vez mais apático escrivão Bartleby, de Herman Melville, a Esther Greenwood, de Sylvia Plath. Por sua vez, a operadora de telefone Sharon Griggins disse ao estimado escritor e locutor de rádio americano Studs Terkel, em 1972, que, embora falasse tanto todos os dias a ponto de ficar com a boca cansada, ainda assim saía do trabalho com a sensação de não ter falado com ninguém.[7]

O local de trabalho, sem dúvida, tem um longo histórico de sentimento de solidão para muitos. Mas o que surpreende em sua manifestação contemporânea é como tantos aspectos do trabalho moderno, cujo objetivo é nos tornar *mais* produtivos e eficientes, estão tendo o efeito oposto, porque fazem com que nos sintamos menos conectados e mais isolados. A solidão no ambiente de trabalho não é ruim apenas para os funcionários, também é ruim para os negócios, pois solidão, comprometimento e produtividade estão claramente interligados. Pessoas que não têm nenhum amigo no trabalho têm *sete vezes* menos probabilidade de se envolver intelectual e emocionalmente com o que fazem.[8] De modo mais geral, trabalhadores solitários e desconectados tiram mais dias de licença médica, são menos motivados, menos comprometidos, cometem mais erros e têm um desempenho menos produtivo do que aqueles que não o são.[9] Em parte, isso ocorre porque, como um estudo revelou, "uma vez que o sentimento de solidão se estabelece (...) você na verdade se torna menos acessível. Também deixa de ouvir e se torna mais autocentrado. Diversas coisas acontecem que o tornam um parceiro de interação menos desejável para as outras pessoas". Como resultado, explicam os autores, é mais difícil obter a ajuda e os recursos de que você precisa para ter sucesso.[10]

Quando nos sentimos solitários no trabalho, também ficamos mais propensos a mudar de emprego ou pedir demissão.[11] Um estudo com mais de 2 mil gerentes e funcionários em dez países, por exemplo, revelou que 60% dos entrevistados afirmaram que seria mais provável permanecerem em sua empresa por mais tempo se tivessem mais amigos no trabalho.[12]

O que, então, faz com que ambiente de trabalho do século XXI pareça para muitos tão solitário?

Plano aberto e solitário

Um espaço sem paredes divisórias ou cubículos, trabalhadores sentados em longas fileiras de mesas, digitando em seus teclados, todos respirando o mesmo ar reciclado: bem-vindo ao escritório de plano aberto.

Nos últimos tempos, a maior parte da preocupação em relação aos escritórios de plano aberto se concentrou, compreensivelmente, em sua natureza propensa ao risco biológico. Um estudo realizado pelo Centro para Controle e Prevenção de Doenças da Coreia que rastreou um surto de coronavírus em uma central de atendimento em Seul, em fevereiro de 2020, mostrou como, pouco mais de duas semanas após o primeiro funcionário ter se infectado, mais de noventa outros que trabalhavam no mesmo andar do escritório de plano aberto também testaram positivo para Covid-19.[13] Contudo, não é apenas a nossa saúde física que essa escolha de projeto ameaça. Uma das razões pelas quais tantos funcionários de escritório se sentem desconectados uns dos outros é o fato de passarem os dias em grandes ambientes de plano aberto.

Isso pode parecer contraditório. De fato, ao serem adotados pela primeira vez, na década de 1960, os escritórios de plano aberto foram anunciados como um conceito de design progressivo e quase utópico que iria — ou assim dizia a teoria — criar um ambiente de trabalho mais sociável e colaborativo onde pessoas e ideias poderiam conviver e se misturar mais naturalmente. Seus defensores atuais usam os mesmos argumentos. No entanto, como vimos no contexto das cidades, nosso espaço físico pode impactar de forma significativa no quanto nos sentimos conectados ou desconectados. E, conforme se constatou, o escritório de plano aberto — de longe o tipo mais comum de layout hoje, compreendendo metade dos escritórios na Europa e dois terços dos escritórios nos Estados Unidos — é especialmente desagregador.[14]

Em um estudo de referência publicado recentemente pela Harvard Business School que acompanhou o que aconteceu com os funcionários quando mudaram de cubículos para escritórios de plano aberto, os pesquisadores descobriram que, em vez de "estimular uma colaboração presencial cada vez mais dinâmica e relações mais profundas", a arquitetura aberta aparentemente "desencadeou uma reação de afastamento social" dos colegas, já que as pessoas optaram por enviar e-mails e mensagens em vez de falar diretamente umas com as outras.[15]

O motivo pelo qual as pessoas se retraem é, em parte, a reação humana natural ao excesso de ruído, distração e interrupções indesejadas que costumam ser parte integrante do escritório de plano aberto. Observamos um fenômeno semelhante acontecer nas cidades, onde, nos sentindo oprimidos pela massa de pessoas e pela cacofonia ao redor, nossa tendência pode ser a de nos recolher em nossas bolhas pessoais. Também é um ato de autocuidado. Estudos revelaram que ruídos acima de 55 decibéis (aproximadamente o som de uma chamada telefônica alta) estimulam nosso sistema nervoso central e desencadeiam um aumento mensurável no estresse.[16] Em muitos escritórios de plano aberto, os níveis de ruído são sistematicamente mais elevados do que isso, já que as pessoas falam cada vez mais alto apenas para ser ouvidas.[17]

O nível de ruído não é o único aspecto problemático. Assim como a Alexa, da Amazon, está sempre ouvindo, à espera de um comando ao qual responder, em um escritório de plano aberto nosso cérebro funciona de maneira semelhante — monitorando constantemente o ruído ao nosso redor, a digitação no teclado de outra pessoa, a conversa na mesa ao lado, o telefone que toca.[18] Como resultado, não só é mais difícil nos concentrarmos, mas temos que trabalhar mais para completar as tarefas, pois estamos tentando ao mesmo tempo ouvir e ignorar todos os sons do ambiente. Quando trabalhava em um escritório de plano aberto, eu colocava fones de ouvido que abafavam o ruído antes mesmo de entrar no prédio. Bloquear o barulho incessante era a única maneira de conseguir me concentrar no meu trabalho, mesmo que isso significasse estar menos atenta ao que acontecia ao redor. Eu achava que não tinha escolha a não ser me isolar de meus colegas se quisesse ser produtiva e fazer meu trabalho. Como explica o psicólogo Nick Perham, que pesquisou exaustivamente esse fenômeno, "a maioria das pessoas trabalha melhor quando há silêncio, apesar do que pensam". De fato, estudos revelaram que uma simples conversa próxima pode reduzir a produtividade de um funcionário em até 66%.[19]

Podemos estar entrando em uma era em que escritórios de plano aberto menos densamente ocupados se tornem a norma. Embora isso possa significar uma redução no ruído, o bombardeio incessante de sons não é a única coisa que nos faz querer nos recolher; há também a falta de privacidade. Pesquisadores escreveram sobre "um sentimento de insegurança" que permeia os escritórios de plano aberto, uma vez que todos podem ver e ouvir o que você está fazendo.[20] Isso, segundo eles descobriram, leva a uma falta de conversas significativas e a uma "espécie de inquietação desconfortável" que "desestimula conversas prolongadas", engendra "discussões mais curtas e superficiais" e leva à autocensura.[21] Isso também ecoa minha experiência; é difícil ter uma conversa significativa com um colega de trabalho — mais ainda ligar para o consultório do seu médico ou falar com seu parceiro — quando você sabe que está sendo ouvido por qualquer pessoa que por acaso esteja por perto.

Da mesma forma que as conversas entre adolescentes nas redes sociais tendem a ser encenadas e superficiais porque acontecem em um fórum público, o comportamento de uma pessoa que trabalha em um escritório de plano aberto também muda quando essa pessoa sabe que seu comportamento está sendo observado. Pois o escritório é agora o palco no qual uma pessoa é constantemente observada, tem que atuar o tempo todo e nunca pode baixar a guarda. Em termos cognitivos e emocionais, isso não é apenas exaustivo, mas também afasta os outros: nosso avatar agora trabalha arduamente também por nós no mundo real.

Essa sensação de afastamento é ainda pior se o seu escritório adotou a ideia de *hot-desking*. Os empregadores tentaram vendê-la como o epítome da liberdade de escolha no ambiente de trabalho: a cada dia você decide onde vai se sentar. A realidade, porém, é que não ter um espaço de trabalho próprio e um lugar onde afixar uma foto do seu filho ou parceiro; não poder se sentar ao lado de alguém por tempo suficiente para fazer amizade; e ter de travar uma batalha diária para saber qual mesa você vai ocupar também podem contribuir para uma existência bastante isolada: em uma pesquisa realizada em 2019 no Reino Unido,

19% dos *hot-deskers* disseram que se sentiam desconectados dos colegas de trabalho e 22% alegaram que tinham dificuldade de se sentir parte de uma equipe.[22] Os *hot-deskers* são o equivalente no ambiente de trabalho dos locatários que nunca chegam a conhecer os vizinhos. Mais um errante do que um nômade, o *hot-desker* inevitavelmente se sente cada vez mais dispensável e desprezado, e cada vez menos visível. Quando Carla, gerente de estrutura em uma grande empresa do Reino Unido, teve que se ausentar do trabalho por um mês após uma operação inesperada, a maioria de seus colegas de escritório demorou semanas para perceber que ela não estava comparecendo ao escritório.[23]

Alguns empregadores, reconhecendo que uma força de trabalho estressada e distraída na qual as pessoas se sentem desconectadas e alienadas umas das outras não é algo bom em termos de eficiência, produtividade e reflexão profunda, começaram a modificar sua escolha de design, mesmo antes de o coronavírus tornar as divisórias de acrílico obrigatórias. Módulos de privacidade com isolamento acústico, pré-fabricados e portáteis, que podem ser facilmente instalados em escritórios de plano aberto, como ROOM, Zenbooth e Cubicall, já vinham observando um aumento nas vendas.[24] Em janeiro de 2020, no site da Cubicall, o módulo estilo cabine telefônica (o individual, tão pequeno que o ocupante só pode usá-lo em pé) estava sendo ativamente comercializado como "uma solução eficiente para os problemas do design moderno de interiores, aumentando a produtividade e a motivação ao proporcionar a escritórios e espaços compartilhados um lugar de privacidade e concentração".[25] Em outras empresas, empregadores têm tomado medidas ainda mais radicais. Em alguns locais de trabalho, luzes vermelhas, amarelas e verdes foram instaladas nas mesas de forma que os ocupantes possam indicar aos colegas se podem ou não ser interrompidos. Em outros, um dispositivo que se assemelha a uma mistura de "fones de ouvido e antolhos" está sendo usado para ajudar a manter os trabalhadores concentrados em suas próprias tarefas.[26] Essas soluções seriam cômicas se não fossem muito reais.

Era de pensar que a combinação desses problemas com os novos riscos à saúde indicaria que a era dos escritórios de plano aberto está chegando ao fim. No entanto, os rumores de seu fim podem ser prematuros. Pois seja qual for a história "oficial" sobre o motivo por que sua empresa optou pelo plano aberto em primeiro lugar, e qualquer que tenha sido a estratégia adotada, a realidade é que quase certamente teve a ver com custos. Escritórios de plano aberto chegam a custar 50% menos por funcionário do que os layouts de escritório mais tradicionais, porque cada funcionário ocupa menos espaço em metros quadrados.[27] *Hot-desks* são ainda mais "eficientes": como cada mesa tem mais probabilidade de estar constantemente ocupada, elas proporcionam um retorno consideravelmente maior por funcionário.[28] Com os prejuízos econômicos causados pela Covid-19 e as empresas agora sob pressão ainda maior para reduzir os custos gerais e mantê-los baixos — embora a infecção e o plano aberto sejam parceiros no crime, e mesmo que se tenha identificado que os escritórios de plano aberto contribuem para o descontentamento da equipe —, não só é improvável que haja orçamento disponível para uma reconfiguração fundamental do escritório de muitas organizações, mas o *hot-desking* pode ressurgir como uma tendência, apesar de estar associado ao risco de disseminação do coronavírus. É preciso lembrar, afinal, quando foi que os escritórios de plano aberto se tornaram uma tendência: logo após a crise financeira de 2008. Não é inconcebível que algumas empresas adotem um sistema de dois escalões, com a diretoria isolada em segurança em escritórios e aqueles com cargos mais abaixo na hierarquia da organização equipados apenas com telas, se tanto.

Submeter a saúde emocional e física dos funcionários a métricas como despesas gerais por funcionário não é apenas moralmente questionável, mas também comercialmente tacanho. Isso evidencia de forma mais ampla uma abordagem míope na qual as pessoas são reflexivamente subordinadas ao lucro, e suas emoções e demandas de saúde consideradas irrelevantes para o sucesso, apesar de o bem-estar e a satisfação estarem fundamentalmente ligados à produtividade e, por sua vez, ao desempenho geral da empresa.

Empregadores visionários precisam reconhecer isso, mesmo nesses tempos de restrições orçamentárias e corte de pessoal. Empresas que dão a impressão de ignorar as necessidades de seus funcionários provavelmente serão penalizadas em termos tanto da qualidade dos profissionais que conseguirão atrair quanto da dedicação de seus funcionários. Você dificilmente vai se esforçar um pouco mais se acreditar que seu empregador não se preocupa com suas necessidades básicas ou com sua segurança física.

A DOMINAÇÃO DIGITAL DO AMBIENTE DE TRABALHO

É claro que não é apenas o ambiente físico que vem corroendo nossos relacionamentos no trabalho e fazendo com que nos sintamos solitários. Parte da razão por que hoje muitos de nós nos sentimos tão distantes de nossos colegas é o fato de a qualidade de nossa comunicação com eles ser muito mais superficial do que no passado.

Voltemos apenas uma década. Se precisasse discutir alguma questão com um colega de trabalho, você provavelmente teria ido até a mesa dele. Hoje em dia, com que frequência você faz isso? E não é apenas por causa do distanciamento social. Um estudo global realizado em 2018 revelou que os funcionários costumam passar quase *metade do dia* enviando e-mails e mensagens uns para os outros, muitas vezes para pessoas que estão a apenas algumas mesas de distância.[29] No trabalho, assim como em nossa vida pessoal, falar uns com os outros tem sido cada vez mais substituído pelo pressionar de teclas, mesmo quando seria mais fácil e mais rápido se comunicar pessoalmente. Isso também contribui para a solidão no ambiente de trabalho. Até 40% dos trabalhadores relatam que comunicar-se com os colegas por e-mail "com frequência" ou "sempre" faz com que se sintam solitários.[30]

Isso não é uma surpresa quando consideramos a qualidade das trocas em um típico e-mail de trabalho: transacional em vez de conversacional, eficiente em vez de afável, estéril em vez de caloroso. "Por favor" e "obrigado" foram as primeiras vítimas de nossa atribulada vida profissional, sobrecarregada de informações 24 horas por dia, 7 dias por semana. Sob uma pressão cada vez maior em termos de tempo, a caixa de entrada constantemente lotada, nossos e-mails, assim como nossas mensagens de texto, se tornaram cada vez mais curtos e concisos. E quanto maior é a nossa carga de trabalho, menos civilizada é nossa correspondência eletrônica.[31]

A ampliação do trabalho remoto — estima-se que em 2023 mais de 40% da força de trabalho trabalhará remotamente durante a maior parte do tempo — pode aumentar significativamente a solidão dos funcionários.[32] Isso acontece porque a maioria dos trabalhadores remotos recorre ao e-mail ou a outro tipo de ferramenta de comunicação por meio de texto como sua principal forma de interagir,[33] o que é parte do motivo pelo qual, apesar do entusiasmo inicial que algumas pessoas sentiram ao trabalhar de casa durante a pandemia, poucas semanas depois relataram níveis significativamente mais acentuados de solidão.[34] De fato, como já se identificou há algum tempo, a solidão pode ser o aspecto mais difícil do trabalho remoto.[35]

Em março de 2019, Ryan Hoover, blogueiro e fundador do site de resenhas Product Hunt, postou no Twitter que estava escrevendo um texto sobre trabalho remoto e perguntou: "Para aqueles que trabalham em casa, qual é a sua maior frustração?". A solidão foi o problema mais comum citado pelas mais de 1.500 pessoas que responderam, muitas das quais comentaram sobre o isolamento de trabalhar sem interação presencial.[36] "Deixar de vivenciar a interação social no escritório" foi a descrição dada pelo consultor de gestão Eraldo Cavalli.[37] Outros concordaram, expressando o anseio por "conversas fluidas e dedicadas em tempo real", o tipo de bate-papo casual e passivo que permite "desenvolver amizades presenciais" que "migram para fora do trabalho", como lamentou o engenheiro de software de música e investidor Seth Sandler, que vive na Califórnia.[38] "Não posso me levantar da minha mesa e socializar com os colegas de trabalho", escreveu o engenheiro John Osborn, que continuou: "E é extremamente solitário."[39] Eric Nakagawa, que desenvolve softwares de código aberto, é mais direto: "O isolamento acaba com você. Barba de lobisomem e tudo mais."[40]

O mais alarmante, embora não surpreendente, levando em conta nossa propensão a "usar ou perder", foi que vários dos entrevistados perceberam o impacto do trabalho remoto se inserindo gradualmente em seu cotidiano. "Quando fico sozinho diante do laptop por um longo tempo e depois saio para ir a algum lugar, é como se, por algumas horas, eu esquecesse como falar e me comunicar com as pessoas adequadamente, até me recuperar", postou Ahmed Sulajman, um engenheiro de software e CEO de uma start-up da Ucrânia. "Tenho dificuldade de alternar entre as mensagens e a comunicação no mundo real."[41]

O trabalho remoto não é fundamentalmente ruim. Muitas das pessoas que trabalham remotamente prezam a autonomia e a flexibilidade que isso oferece, adotam o ideal de "trabalho onde quiser, quando quiser", e se beneficiam do fato de evitar um longo trajeto entre sua casa e o local de trabalho. Além disso, uma política que incentive o trabalho remoto não só dá às empresas um grupo muito maior de contratações potenciais, mas pode ser um equalizador poderoso, oferecendo a determinados grupos — como mulheres que se tornaram mães recentemente, funcionários que cuidam de pais idosos e pessoas que sofreram uma lesão ou têm alguma deficiência e que de outra forma talvez estivessem fora do mercado — melhores oportunidades para gerenciar as demandas do trabalho e da família.

No entanto, ainda que tudo isso possa ser verdadeiro, também é um fato que o trabalho remoto exacerba os sentimentos de isolamento e solidão. Fofoca, risos, conversa fiada e abraços são apenas algumas das coisas que as pessoas compartilhavam e das quais passaram a sentir falta quando foram forçadas a deixar o escritório durante o lockdown. O professor Nicolas Bloom, de Stanford, um dos principais pesquisadores do mundo sobre o trabalho em casa, descobriu que "é muito frequente que quem trabalha remotamente fique deprimido e sem inspiração em casa".[42] Na verdade, em um experimento que realizou, publicado em 2014, metade dos 16 mil funcionários de uma empresa chinesa foram designados aleatoriamente para trabalhar em casa por nove meses; ao final desse período, metade deles optou por retornar ao escritório, embora enfrentassem um deslocamento médio de quarenta minutos na ida e mais quarenta minutos na volta. Trabalhar em casa fez com que sentissem tanta falta das interações sociais do escritório que estavam dispostos a sacrificar mais de uma hora de seu tempo todos os dias para recuperá-las.[43]

O que isso sugere é que os empregadores devem resistir à tentação de cortar custos aumentando de forma significativa e institucionalizando o trabalho remoto depois da pandemia, ao mesmo tempo que devem pensar cuidadosamente sobre como mitigar o lado emocional negativo para aqueles que continuarem trabalhando de casa.

O uso crescente do vídeo, em vez de recorrer exclusivamente ao áudio ou ao texto para comunicação entre funcionários, pode fazer parte da estratégia. Essa foi uma medida que, estranhamente, o Aquário Sumida, de Tóquio, implantou durante o lockdown para tentar mitigar a solidão de suas minúsculas enguias pintadas. Privadas de visitantes humanos, as enguias começaram a agir de maneira errática, enterrando-se na areia quando os tratadores tentavam checar sua saúde.[44] Assim como o trabalhador remoto Ahmed Sulajman, elas esqueceram rapidamente como socializar. Então os tratadores pediram ao público que ligassem para o aquário pelo FaceTime e, quando conectados, acenassem ou chamassem as enguias (não muito alto) por 5 minutos de cada vez. Até que ponto isso ajudou é, no momento que escrevo este livro, uma incógnita. Mas, como vimos no capítulo anterior, e como a maioria de nós, humanos, que usamos o Zoom durante o lockdown rapidamente percebeu, comunicar-se por meio de telas, embora seja melhor do que se comunicar exclusivamente por e-mail ou mensagens de texto, ainda é uma experiência limitadora e limitada, pelo menos em comparação com as interações presenciais. A perda de gestos de corpo inteiro, proximidade física e sinais mais sutis como o cheiro torna a comunicação mais sujeita a mal-entendidos, e os laços entre nós, menos fortes. Além disso, as dificuldades impostas pelas velocidades de conexão com a internet fazem com que as chamadas de vídeo sejam não apenas uma experiência com frequência um tanto problemática, pontuada por imagens congeladas e problemas de sincronização, mas às vezes algo que parece ativamente nos desconectar.

É por isso que a maioria das empresas que implantaram com sucesso o trabalho remoto antes da pandemia foram aquelas que limitaram a quantidade de dias que um funcionário trabalhava remotamente. Laszlo Bock, ex-chefe de recursos humanos do Google, investigou a quantidade ideal de tempo para se "trabalhar de casa".⁴⁵ Ele descobriu que era um dia e meio por semana. Com essa combinação, os funcionários têm tempo para se conectar e construir vínculos entre si e também tempo sozinhos para trabalhar de forma aprofundada e sem distrações.

Os pioneiros no trabalho remoto bem-sucedido também fizeram o seguinte: certificaram-se de institucionalizar oportunidades regulares e estruturadas para que seus funcionários se encontrassem e socializassem pessoalmente, quer estejamos falando de "quintas-feiras de pizza no escritório" ou de reuniões, conferências e eventos regulares. E projetaram conscientemente seus escritórios de forma que, quando estivessem lá, as pessoas quisessem socializar, não apenas para atenuar a solidão, mas também com propósitos mais pragmáticos. "As empresas de tecnologia têm pequenas cozinhas e oferecem lanches gratuitos não porque acham que as pessoas vão morrer de fome entre 9h e meio-dia", disse Bock a Kevin Roose, do *New York Times*, "mas porque é aí que acontecem aqueles momentos em que as pessoas por acaso fazem descobertas valiosas e interessantes."⁴⁶

No trabalho como na vida privada, contato é melhor do que não ter contato, e a proximidade física é crucial para criar um senso e um espírito de comunidade.

INCENTIVANDO A GENTILEZA

É claro que estar no escritório não significa necessariamente ser mais sociável. E não são apenas nossa dependência do e-mail e a natureza panóptica de nosso local de trabalho que funcionam como fatores limitantes.

Uma série de razões — a ênfase cada vez maior das empresas em produtividade e eficiência, mudanças após o movimento #MeToo na cultura do local de trabalho, a erosão dos sindicatos e da socialização que vinha com eles, os deslocamentos cada vez mais longos — se combinaram e conspiraram para fazer com que passar um tempo com um colega durante ou após o trabalho seja cada vez menos frequente.⁴⁷ O resultado é que muitas práticas sociais que eram comuns apenas algumas décadas atrás — como fazer uma pausa para o chá no meio da manhã com os colegas, sair para tomar drinques depois do trabalho ou convidar um companheiro de trabalho para uma refeição em nossa casa — estão se tornando cada vez menos usuais.

Em nenhum momento isso fica mais evidente do que quando se trata de comer no trabalho.

O almoço no escritório. Não faz muito tempo, esse era um momento do dia em que estabelecíamos laços afetivos com nossos colegas, tínhamos a oportunidade de descobrir interesses e paixões em comum, conversar e buscar apoio. Hoje, comer com nossos colegas de trabalho é cada vez mais incomum, e não podemos culpar as exigências do distanciamento social.

Sarah, produtora de uma grande empresa de notícias, me disse em 2019 que, apesar de trabalhar na empresa havia quatro anos, quase nunca almoçava com colegas. Quando isso acontecia, a raridade da ocasião fazia com que parecesse um grupo de estranhos tentando conhecer uns aos outros pela primeira vez, em vez de uma comunidade formada por pessoas que na verdade passavam dezenas de horas por semana na companhia umas das outras. Quando ocupei uma cátedra em Amsterdã em 2011, eu me lembro que meus colegas de trabalho nunca almoçavam juntos e de como era solitário comer sozinha todos os dias.

Dados de pesquisa deixam claro que essas experiências são comuns. Em uma pesquisa realizada no Reino Unido em 2016, mais de 50% dos entrevistados relataram que nunca ou raramente almoçavam com colegas.[48] Um sanduíche comido à mesa de trabalho — em geral ao mesmo tempo navegando no Instagram, fazendo compras na Amazon ou assistindo à Netflix — havia substituído aqueles 60 minutos que antes proporcionava tempo para se relacionar com os companheiros de trabalho, bem como para recarregar as energias. A situação era semelhante nos Estados Unidos, onde 62% dos profissionais afirmaram comer "à mesa de trabalho", mas menos da metade deles realmente desejava fazê-lo.[49] Mesmo na França, onde uma longa pausa para o almoço com os colegas foi por muitos anos algo quase sacrossanto, a realidade do mercado começou a se impor. "Os dias de almoços de uma hora e meia ou duas horas acabaram", observou Stéphane Klein, diretora da Pret A Manger na França.[50]

E não são apenas os funcionários de escritório que comem sozinhos. Mo, um homem corpulento do sul de Londres que trabalhava como motorista da Uber desde que seu empregador anterior, uma empresa de táxi local, havia encerrado as atividades (porque não conseguiu competir com a Uber), me disse no fim de 2019 como sentia falta da solidariedade proporcionada por comer com seus companheiros motoristas na antiga empresa. Lá, "os motoristas ficavam em uma grande sala de estar, com micro-ondas e geladeira, e muçulmanos e cristãos levavam sua comida e comiam juntos" como "uma comunidade". "Era um lugar", explicou ele, "onde eu conhecia você, você me conhecia, e, se passasse uma semana sem ver você, eu ligava para saber se estava tudo bem." E comparou isso a sua experiência como motorista da Uber: sem ter um lugar onde se reunir e com todos comendo sozinhos, "não há solidariedade: se meu carro quebrar, eu sei que nenhum motorista da Uber vai parar para me ajudar".

Faz sentido que seja mais provável nos sentirmos solitários no trabalho se comemos sozinhos, da mesma forma que aqueles que vivem sozinhos tendem a se sentir mais solitários quando comem sem companhia. Também é menos provável nos sentirmos conectados com nossos colegas. Preparar, servir e desfrutar de uma refeição juntos é um ritual central de culturas humanas em todo o mundo, dos jantares em família às cerimônias do chá japonesas, o Dia de Ação de Graças nos Estados Unidos e a Véspera do Solstício de Verão na Suécia.[51] Esses momentos não apenas oferecem uma oportunidade para trocas que já vimos que ajudam as pessoas a se sentirem menos sozinhas, mas também funcionam como ponto de partida para as conversas e os relacionamentos mais significativos que unem os colegas de forma mais profunda.

O dr. Nicholas Beecroft é psiquiatra militar das forças armadas britânicas. Ele está convencido de que uma mudança na forma de fazer as refeições, de comer em um refeitório coletivo para um modelo no qual cada um escolhe como e onde gastar o dinheiro destinado à alimentação (implantado essencialmente para economizar dinheiro, além de proporcionar mais liberdade de escolha), é uma das principais razões pelas quais ele vê "muito menos camaradagem e união" entre os soldados do que no passado e muito mais soldados relatando se sentirem solitários. E suas preocupações vão mais além, pois, em sua concepção, é se sentando lado a lado, conversando e rindo enquanto comem juntos que as bases de uma comunidade forte são forjadas. "No campo de batalha, são esses laços que ajudam os soldados a passar por situações de estresse extremo", diz ele. Na verdade, o dr. Beecroft acredita que o fato de os soldados se sentirem ou não parte de um grupo unido é um dos principais fatores que explicam por que alguns deles sofrem de transtorno de estresse pós-traumático, e outros, não — e que "comer juntos ajuda a cimentar isso". Pesquisas acadêmicas corroboram essa ideia: o apoio social ou a falta dele é um dos principais indicadores da probabilidade de determinada pessoa desenvolver o transtorno depois de uma experiência traumática.[52]

Pesquisadores que estudam o impacto de fazer as refeições juntos em um grupo de pessoas não muito diferentes (bombeiros) chegaram a uma conclusão semelhante. Depois de passar quase um ano e meio observando treze quartéis de bombeiros em uma grande cidade americana, Kevin Kniffin e seus colegas da Cornell University descobriram que os grupamentos de bombeiros que planejavam suas refeições, cozinhavam e comiam juntos tinham um desempenho duas vezes melhor no trabalho do que aqueles que não seguiam esses rituais, porque colaboravam e cooperavam mais.[53]

No caso de combate a incêndios, é provável que isso signifique mais vidas salvas: uma melhor cooperação até mesmo em tarefas básicas, como usar a mangueira para jogar água em construções em chamas e remover escombros, pode fazer uma grande diferença quando vida e morte são decididas em questão de minutos. Comer juntos, concluiu Kniffin, funcionava como uma espécie de "cola social" que estimulava amizades, preocupação mútua e trabalho em equipe.[54] E parece que os próprios bombeiros percebiam quão importante era esse vínculo informal. A refeição diária era parte essencial do turno, disseram eles. Tão importante, aliás, que alguns jantavam duas vezes, uma em casa e outra no corpo de bombeiros, pois consideravam que recusar uma refeição preparada por um colega era essencialmente um sinal de desrespeito. Quando os pesquisadores falaram com bombeiros que não comiam juntos, os participantes da pesquisa pareceram envergonhados. "Foi basicamente um sinal de que algo mais profundo estava errado na forma como o grupo trabalhava", disse Kniffin.[55]

Quer você esteja em um campo de batalha real, quer seu ambiente de trabalho simplesmente se pareça com um, a refeição coletiva é uma das maneiras mais fáceis de construir um maior senso de comunidade e espírito de equipe. Portanto, quando as empresas buscarem reconstruir um senso de comunidade e ajudar seus funcionários a se reconectar depois de meses de distanciamento forçado, reinstituir um intervalo formal para o almoço (de preferência em um horário definido) e incentivá-los a comer juntos deve ser parte de sua estratégia. Em especial porque isso gera um claro benefício para os negócios.

Não estou sugerindo uma abordagem Big Tech completa, com refeitórios internos que servem de tudo, de peixe recém-pescado em Half Moon Bay* a shots de gengibre com pimenta caiena e costelinha estufada na cerveja — a maioria das empresas não tem dinheiro para isso,[56] e os cafés e mercados locais precisam de clientes. Mesmo medidas simples como uma sala aconchegante ou espaço ao ar livre com uma longa mesa comunitária, chefes de equipe pedindo comida em uma sala de reunião ou saídas em grupo para almoçar em algum estabelecimento próximo podem fazer a diferença.[57]

Acima de tudo, uma mensagem clara da direção para a equipe de que um intervalo adequado para o almoço não é apenas permitido, mas ativamente encorajado, criará condições para que a antiga e primitiva tradição de comer juntos se torne uma parte regular do cotidiano profissional novamente.

Apenas fazer uma pausa no mesmo momento que outros funcionários, seja na hora do almoço seja em qualquer outro horário, pode ter um grande impacto tanto na motivação quanto na produtividade. Ao

---

* Cidade na Califórnia. (*N. da T.*)

realizar um estudo detalhado da central de atendimento de um banco dos Estados Unidos, o professor do MIT Alex "Sandy" Pentland descobriu que as equipes mais produtivas eram aquelas cujos integrantes conversavam mais entre si fora das reuniões formais, com as interações presenciais sendo as mais valiosas. Então, ele aconselhou o gerente da central a revisar a programação de pausas para o café a fim de garantir que todos em uma equipe pudessem usufruir desse intervalo ao mesmo tempo e, assim, ter a oportunidade de socializar com seus colegas longe das estações de trabalho. A estratégia deu certo. Não apenas os funcionários se sentiram mais felizes, mas o tempo médio de atendimento por chamada (uma métrica importante do sucesso nesse setor) caiu um quinto entre as equipes de mais baixo desempenho, e cerca de 8%, no geral. Em meio aos bate-papos sociais, descobriu-se que os funcionários também compartilhavam dicas e truques eficazes relacionados ao trabalho. Como resultado, o banco agora está implementando esse cronograma de intervalos mais alinhados em todas as suas dez centrais de atendimento, uma mudança de estratégia que vai ter impacto sobre 25 mil funcionários e deve resultar em 15 milhões de dólares em ganhos de produtividade, bem como no aumento da motivação dos empregados. Onde essa simples mudança de abordagem foi implantada, a satisfação dos funcionários já aumentou, em alguns casos, mais de 10%.[58]

Criar oportunidades de socialização informal enquanto o distanciamento social ainda é necessário é, obviamente, um verdadeiro desafio. É difícil ter aqueles momentos de conversa junto ao bebedouro quando o bebedouro está lacrado, e as pausas e pontos de encontro virtuais não têm o mesmo efeito. Quando os ambientes de trabalho estiverem livres do coronavírus, no entanto, é fundamental que as empresas reconheçam quão convincente é a justificativa de negócios para fazê-lo. Não apenas porque funcionários conectados são mais produtivos, mais comprometidos e menos propensos a deixar a empresa, mas também porque, na disputa pelos melhores talentos (que não vai desaparecer mesmo com o aumento das taxas de desemprego), um local de trabalho com a reputação de ser agradável vai se destacar. Isso vale em especial para a

Geração K, a próxima geração de funcionários, que é a mais solitária na sociedade e também o grupo que mais anseia por se conectar.

Mas eis o problema. Enquanto a maioria dos funcionários prefere trabalhar em um lugar onde todos sejam gentis e amigáveis, em nosso sistema capitalista neoliberal a gentileza e a amabilidade são, como vimos, características bastante subestimadas: trabalhos que demandam ativamente essas qualidades, como os de professor, enfermeiro e assistente social, pagam salários significativamente abaixo da média.[59] Ao mesmo tempo, as mulheres que são consideradas calorosas e amigáveis no trabalho podem ser "marginalizadas com muita facilidade, não sendo vistas como pessoas poderosas ou de referência", e "suas habilidades podem ser subestimadas", de acordo com Marianne Cooper, pesquisadora sênior de Stanford que estudou esse fenômeno extensivamente.[60]

Portanto, se quisermos que um ambiente de trabalho pareça menos solitário, parte do desafio é valorizar explicitamente qualidades como gentileza, cooperação e colaboração. E não apenas afirmando valorizar, mas encontrando maneiras de recompensar e incentivar esse tipo de comportamento. Uma ideia, adotada recentemente pela empresa de software australiana Atlassian, é basear as avaliações dos funcionários não apenas no desempenho pessoal, mas também em quão colaborativos eles são, até que ponto procuram ativamente oportunidades de ajudar os outros e como tratam os colegas.[61]

Essa abordagem, no entanto, não elimina por completo os preconceitos de gênero em potencial.[62] É comum haver mais expectativas em relação às mulheres do que aos homens quando se trata de solicitude, em especial no que diz respeito a "tarefas domésticas de escritório", como planejar reuniões e cuidar da organização; portanto, estar atento a esses preconceitos é fundamental.[63] Enfatizar essas qualidades ao avaliar o desempenho dos funcionários, contudo, é um passo importante na direção de um local de trabalho mais inclusivo, mais acolhedor e, consequentemente, mais colaborativo e menos solitário.

A líder mundial em tecnologia Cisco leva essa abordagem ainda mais longe. Eles usam duas estratégias tanto para encorajar a colaboração e a gentileza quanto para recompensar ativamente esses comportamentos. A primeira, que já vêm utilizando há vários anos, é uma iniciativa por meio da qual qualquer funcionário em qualquer nível da empresa, de faxineiro a diretor-executivo, pode nomear outro funcionário para receber um bônus em dinheiro cujo valor varia de 100 a 10 mil dólares, como reconhecimento por ser particularmente prestativo, gentil ou colaborativo.

Uma funcionária com quem falei, Emma, me contou como recentemente indicou um de seus novos contratados simplesmente por chegar ao escritório todos os dias com um grande sorriso no rosto. Tom, um gerente baseado em Stowe, Vermont, me contou que recompensou um membro de sua equipe por ajudar os novos contratados a se sentirem especialmente bem-vindos, passando um tempo com eles para explicar os procedimentos da empresa. Mais recentemente, a Cisco também implementou "gestos de agradecimento". Igualmente voltados para os funcionários, nesse caso, os gestos de agradecimento digitais são passados de funcionário para funcionário por atos de gentileza ou ajuda, ou apenas para dizer obrigado, uma espécie de tapinha nas costas virtual. Não há recompensa monetária direta, mas, cada vez que um agradecimento digital é passado adiante, ele se reverte em uma doação para uma obra de caridade.

Um local de trabalho no qual as pessoas se sentem mais valorizadas por sua contribuição cultural, bem como pelo lucro com o qual contribuem para os resultados financeiros, e que incentiva ativamente as pessoas a reconhecer e a agradecer umas às outras é inevitavelmente um ambiente no qual os funcionários se sentem mais conectados — ao empregador e entre si. Suas estratégias para incentivar a gentileza sem dúvida desempenharam um papel importante para que a Cisco fosse eleita recentemente a melhor empresa do mundo para se trabalhar.[64]

Fazer com que os funcionários se sintam cuidados, reconhecidos como seres humanos, e não vistos simplesmente como engrenagens da máquina corporativa é uma estratégia que claramente traz bons resultados, em especial porque derivamos grande parte de nosso autorrespeito do reconhecimento que recebemos de outras pessoas, como pensadores de Hegel a Lacan já mostraram.[65] E não é preciso muito para conseguir isso. Até mesmo iniciativas muito pequenas podem fazer uma grande diferença. Um editor de livro em uma grande editora certa vez me contou sobre um gerente "incrível" que levava biscoitos de chocolate para as reuniões com sua equipe. Outro editor me contou sobre um gerente que se destacava por começar todas as reuniões reconhecendo os sucessos que todos na equipe haviam obtido na semana anterior e agradecendo explicitamente por isso. Para mim foi surpreendente, e ao mesmo tempo deprimente, ver como esses comportamentos se tornaram incomuns no ambiente de trabalho.

Apenas trabalho, nada de diversão

O sentimento de solidão na vida profissional, no entanto, pode ser atribuído a razões que vão além do ambiente físico e da cultura da empresa. Muitos de nós se sentem solitários no trabalho porque somos solitários *fora* dele. Afinal, não deixamos nossos sentimentos em casa quando vamos trabalhar. O problema é que uma das razões para nos sentirmos tão solitários são justamente as longas horas que muitos de nós passamos trabalhando. É um ciclo vicioso.

É verdade que, considerando populações inteiras, a quantidade *média* de horas trabalhadas hoje é menor na maioria dos lugares do que era há algumas décadas.[66] Alguns grupos, entretanto, estão trabalhando significativamente mais agora. Isso inclui os profissionais qualificados, muitas vezes com formação universitária.

Em quase todos os países da Europa Ocidental, a "carga horária de trabalho extrema" (mais de 50 horas por semana) aumentou de forma significativa entre esse grupo desde 1990.[67] No Reino Unido, os mais qualificados são os que agora trabalham mais horas por semana.[68] No Japão, tantos funcionários de escritório se mataram de trabalhar — literalmente — que há até um nome para isso: *karoshi*.[69] Na China, por sua vez, começar a trabalhar às 9h, sair do trabalho às 21h e trabalhar seis dias por semana agora é algo tão normal, especialmente entre os profissionais de finanças, tecnologia e e-commerce, que também há um nome para isso: "996."[70]

Com o custo de uma vida de classe média significativamente mais alto hoje do que era vinte anos atrás, muitos trabalham essas longas horas apenas para pagar as contas.[71] Na verdade, trabalhar muitas horas e fazer malabarismos com mais de um emprego[72] é algo cada vez mais frequente entre aqueles que compõem o que poderíamos considerar a classe profissional, com muitos desses profissionais qualificados não tendo escolha a não ser ter um segundo e às vezes até um terceiro emprego. No Reino Unido, um quarto dos membros do Royal College of Nursing pesquisados afirmou ter um "trabalho remunerado adicional" para ajudar a arcar com as contas diárias e o custo de vida.[73] Nos Estados Unidos, uma em cada cinco enfermeiras faz o mesmo.[74] Quase um em cada seis professores americanos agora tem um segundo emprego, e não apenas no verão.[75] Ao passo que no Oregon, a Uber agora tem tantos professores trabalhando para a empresa que notifica os passageiros pelo aplicativo quando o motorista é um "UberEducador", com um emoji de livro ao lado do nome do motorista.[76] Se a crise da Covid-19 nos ensinou alguma coisa, foi que, ao seguirmos em frente, é essencial que aqueles que cuidam dos outros não apenas sejam mais valorizados pelo que fazem, mas também sejam consideravelmente mais bem remunerados.

No entanto, há aqueles para quem a motivação para trabalhar longas horas é menos a necessidade e mais normas culturais ou sociais. Considere a prática "996" na China. É uma prática que o bilionário chinês e cofundador do Alibaba, Jack Ma, endossa ativamente. "Pessoalmente, acho que a prática 996 é uma grande bênção", postou Ma na conta do Alibaba no WeChat. "Como alcançar o sucesso que deseja sem dedicar esforço e tempo extra?", continuou Ma, acrescentando que aqueles que trabalham menos horas "não experimentam a felicidade e as recompensas do trabalho duro".

Eu entendo o que Ma quer dizer. Não sou preguiçosa. E trabalhar pode compensar as pessoas, não apenas financeiramente (nos Estados Unidos, mais de um terço das pessoas que ganham 110 mil dólares ou mais trabalha pelo menos 60 horas por semana), mas também em termos de satisfação e realização pessoal.[77] Ainda assim, o problema de trabalhar tantas horas, seja por necessidade, seja por escolha, é que essa rotina faz mais do que apenas nos exaurir. Também nos torna solitários.

Todo o tempo que passamos no trabalho ou trabalhando de casa significa cada vez menos tempo para ficar com entes queridos e amigos, e menos oportunidades de se conectar e contribuir com nossa comunidade; menos tempo, energia e largura de banda para investir em relacionamentos, desfrutar de nosso bairro e cuidar das pessoas que amamos, mesmo em momentos de necessidade. No Reino Unido, 22% das pessoas afirmam ter perdido ocasiões especiais por estarem ocupadas trabalhando.[78] Nos Estados Unidos, quase 50% relatam estar tão exaustas por causa do trabalho que ficam desmotivadas para socializar depois do expediente.[79]

Quem mais perde com tudo isso, é claro, é nossa família. Um exemplo típico é Kelsey Brown, professora do ensino médio do Colorado. "Esgotada", como ela mesma admite, acorda quase todos os dias às 4 horas da manhã, treina a equipe de lacrosse, dirige um programa de intercâmbio e trabalha em um acampamento de verão, tudo isso além de seu trabalho principal, apenas para poder pagar as contas. Muitas vezes, Brown fica na escola até as 20h. Isso significa que, apesar de ser recém-casada, consegue passar apenas meia hora com o marido todas as noites, se tanto.[80]

O mesmo vale para o relacionamento de muitas pessoas com os pais. "Todos sabemos que devemos cuidar dos nossos pais idosos, mas às vezes estamos ocupados demais tentando ganhar a vida", escreveu um profissional chinês no site de mídia social Weibo. Ele não está sozinho; em 2013, esse fenômeno tinha se tornado algo tão generalizado que, em resposta ao fato de poucos filhos adultos que trabalhavam visitarem os pais idosos, o governo chinês tornou a "negligência em relação aos pais" um delito passível de punição.

Sempre ligado

Mesmo que não permaneçamos fisicamente no trabalho todas essas horas, é provável que esse problema continue existindo. Para muitos de nós, o trabalho se tornou algo de que não conseguimos escapar nos finais de semana, à noite e até mesmo nos feriados por causa de um reincidente: nosso smartphone. Paul, gestor de fundos de investimento, me contou que era simplesmente "impossível" para ele não verificar seus e-mails todos os dias, mesmo quando estava com a família no Caribe, em férias havia muito planejadas. Claudia, uma faxineira que cuida de quarenta casas no norte de Londres, me contou que seus clientes costumam ligar até as 2 da manhã com pedidos "urgentes" como "Você pode levar meu casaco para a lavanderia amanhã?" ou "Não se esqueça de limpar o forno".

Para o trabalhador autônomo, cujo poder de ganho é cada vez mais precário, muitas vezes não há escolha a não ser responder, ao passo que em algumas empresas impera a cultura corporativa de esperar que todos estejam "sempre ligados". De acordo com uma história bastante divulgada, durante as movimentadas festas de fim de ano na start-up de malas Away, uma gerente de atendimento ao cliente pediu à sua equipe que lhe enviasse uma selfie mostrando que estavam trabalhando. Ela enviou o pedido à uma da manhã.[81] Embora a reação da mídia contra a cultura da Away tenha sido severa, a realidade é que esse tipo de comportamento é celebrado em muitas empresas.

A tecnologia digital eliminou a fronteira entre nossa vida profissional e nossa vida pessoal, e muitos funcionários sentem que precisam seguir essas novas regras de empenho, caso contrário correrão o risco de decepcionar seus chefes ou ser alvo de sua desaprovação. No entanto, muitos de nós também precisam se questionar sobre quão cúmplices somos com essa cultura de estar sempre ligado e sempre trabalhando que a era digital possibilitou. É nosso chefe exigente que "nos faz" abrir aquele e-mail à mesa de jantar, ou será nosso vício digital e nosso desejo de dopamina? E não é possível que às vezes tenhamos escolha, mas simplesmente tenhamos medo de fazê-la? Talvez pensemos erroneamente que daremos a impressão de estar menos comprometidos se não respondermos aquele e-mail fora do horário de trabalho; ou talvez, em uma época em que expressões como "se matar de trabalhar" e "trabalhar sem descanso" não são irônicas, mas aspiracionais, muitos de nós tenhamos passado a encarar nosso próprio valor como algo tão fundamentalmente ligado a nossa produtividade e a quanto ganhamos que colocamos as demandas de trabalho acima de tudo.[82]

Seja qual for a razão, o resultado é que muitos de nós se pegam respondendo a chefes, clientes e colegas de trabalho durante o tempo em família, apresentações de teatro da escola dos filhos e até mesmo na cama, tarde da noite, quando na realidade nossa resposta poderia esperar até estarmos de volta ao trabalho no dia seguinte — e apesar do fato de essa interrupção de nosso precioso tempo com a família e os amigos nos tornar mais desconectados, não apenas no trabalho, mas também em nossa vida privada. Relacionamentos levam tempo para ser cultivados. O cuidado não é algo que possa se dar de forma apressada. Para se sentir parte de uma comunidade, como vimos nos capítulos anteriores, é preciso se envolver ativamente com ela. As pressões do trabalho no século XXI combinadas com a onipresença da comunicação digital fazem com que tudo isso seja cada vez mais difícil de realizar.

E aqueles de nós — mea-culpa — cujo trabalho e cujos e-mails têm o hábito de ocupar todas as horas do dia, mas que têm a escolha significativa de permitir ou não que isso aconteça, precisam pelo menos reconhecer que, ao fazê-lo, estão fazendo uma troca — e se perguntar se realmente é uma troca que vale a pena. Em algumas ocasiões pode ser, mas sempre?

Precisamos estar mais conscientes do alto custo de nossos vícios digitais, assim como nossos empregadores precisam enxergar as consequências de uma cultura de trabalho na qual as pessoas estão sempre conectadas: para a saúde mental dos funcionários, para a produtividade, para a tomada de decisões e para a criatividade.[83]

Em algumas empresas inovadoras, a direção e os funcionários estão tentando ao menos estabelecer alguns limites. Já em 2011, o conselho dos funcionários da Volkswagen (semelhante aos representantes sindicais) promoveu uma campanha bem-sucedida para que a empresa programasse seus servidores de BlackBerry para interromper o roteamento de e-mails meia hora depois do encerramento do horário de trabalho.[84] Em 2014, a Daimler, outra fabricante de automóveis alemã, instituiu uma política de acordo com a qual os e-mails enviados a funcionários em férias eram automaticamente excluídos.[85] E em 2018 a rede europeia de supermercados Lidl proibiu e-mails de trabalho das 18h às 7h e nos fins de semana em alguns de seus mercados de atuação, em uma tentativa de melhorar o equilíbrio entre a vida profissional e a vida pessoal de seus funcionários.

Nos escritórios do Reino Unido do Warner Music Group, empresa multinacional do ramo da música com mais de 4 mil funcionários e cujos artistas incluem Ed Sheeran, Lizzo, Coldplay e Bruno Mars, a administração adotou uma estratégia diferente.[86] Preocupada com o fato de a cultura de se manter sempre conectado estar não apenas potencialmente suprimindo a criatividade, mas também impedindo os funcionários de interagirem presencialmente, a empresa deu início a um programa de eventos em 2015 com o objetivo de educar os funcionários sobre o lado negativo da comunicação digital excessiva. Depois que uma auditoria interna do tráfego de e-mails revelou que cerca de 40% deles vinham de dentro do prédio, os funcionários foram ativamente incentivados a enviar menos e-mails e falar mais uns com os outros. Avisos sinalizando que não era permitido ficar com o celular à vista nas salas de reunião foram afixados nas paredes, e gavetas com estações de recarga foram fornecidas para que os celulares fossem guardados durante as reuniões. Os funcionários mais jovens, da Geração K, receberam treinamento para ajudá-los a organizar melhor o trabalho antes de saírem de férias, de forma que fosse menos provável ter de recorrer a eles quando estivessem de folga. Descobriu-se, talvez sem surpresa, que para uma geração acostumada a estar sempre conectada, se planejar para não ser contatado simplesmente não era algo em que tivessem pensado — ou algo que tivessem sido treinados para fazer. E a direção deu o exemplo, com os chefes sendo encorajados a declarar explicitamente que estavam de férias em seus e-mails de ausência temporária e a fornecer contatos alternativos durante seu tempo de folga.

Em alguns lugares, o governo chegou a intervir. Na França, por exemplo, as pessoas que trabalham em empresas com mais de cinquenta funcionários têm o "direito de se desconectar", legalmente garantido desde 1º de janeiro de 2017.[87] Na prática, isso significa que as empresas precisam negociar com seus funcionários sobre disponibilidade após o expediente e são multadas se exigirem que eles respondam a comunicações fora do horário de trabalho normal ou estipulado, ou fizerem retaliações aos funcionários que não responderem.[88] A Espanha adotou legislação semelhante em 2018, e os legisladores das Filipinas, da Holanda, da Índia, do Canadá e de Nova York estão considerando variadas versões dela.[89] Embora os defensores dessas leis as vejam como uma medida bem-vinda e necessária no sentido de ajudar a diminuir o esgotamento dos funcionários, é inegável que elas são uma resposta contundente. Alguns trabalhadores temem que isso resulte na necessidade de permanecer ainda mais tempo no escritório; outros temem ficar mais ansiosos tentando acompanhar os e-mails durante o dia de trabalho; e outros ainda consideram esse grau de microgestão desempoderador.[90] E, claro, o privilégio de "desconexão" é mais um benefício indisponível para o crescente grupo de trabalhadores da *gig economy* — com isso estou me referindo àqueles cuja contratação por intermédio de empresas tão diversas como TaskRabbit e Uber é facilitada por aplicativos ou plataformas on-line, e para quem cada hora desconectada significa uma hora sem ganhar dinheiro.[91] Assim como escolas sem tela e babás sem celular são o epítome da nova divisão digital entre crianças ricas e crianças pobres, garantir o "direito de se desconectar" para funcionários com empregos estáveis e bem remunerados não traz nenhum benefício para os autônomos, que muitas vezes são aqueles cujo sustento depende de estar constantemente conectados.

Pago para cuidar

Reconhecendo a conexão entre a solidão no trabalho e a solidão em casa, os empregadores também poderiam se esforçar muito mais para reconhecer seus funcionários como seres humanos com responsabilidades fora do local de trabalho, cuja saúde mental e física é significativamente afetada por sua capacidade de cultivar e manter seus relacionamentos e vínculos externos. Essa não tem sido a direção geral dos esforços.

Justin Kwan, ex-analista do grupo de Energias e Serviços Públicos Globais do banco de investimentos Barclays, em Nova York, se lembrou de uma ocasião em que um estagiário pediu um fim de semana de folga para uma reunião de família. E foi autorizado a ir. Mas esse não foi o fim da história. "Também pediram que ele devolvesse seu BlackBerry e esvaziasse sua mesa."[92] No Reino Unido, um relatório do Congresso de Sindicatos revelou que dois em cada cinco jovens pais e mães que pedem acordos de trabalho flexíveis são "penalizados" com menos horas, turnos menos desejáveis ou mesmo a perda do emprego, e que muitos pais e mães eram instruídos a tirar licença médica ou usar dias de férias para cuidar dos filhos e tiveram a licença recusada até mesmo para cobrir uma emergência.[93]

Cuidar de nós mesmos, sem falar de cuidar dos outros, é um desafio em um mundo neoliberal. Nos Estados Unidos, quase um quarto dos adultos foi demitido ou ameaçado de demissão por tirar dias de licença para se recuperar de uma doença ou cuidar de um ente querido doente.[94] Os empregadores precisam considerar uma questão de prioridade urgente que todos os seus funcionários, não apenas os que trabalham no escritório, possam ser capazes de oferecer apoio, gentileza e cuidado. E o clima econômico atual não pode ser usado como justificativa para manter o *status quo* ou mesmo retroceder.

Mais uma vez, as coisas não precisam ser assim, e já há alguns exemplos de empresas que ajudam os funcionários a administrar sua dupla função como trabalhadores e provedores de cuidado para a família, oferecendo acordos de trabalho mais flexíveis e aumentando as oportunidades de meio período. No entanto, essa pode nem sempre ser a melhor solução. Um conjunto significativo de pesquisas mostra que pessoas que trabalham meio período têm menos probabilidade de ser promovidas do que seus colegas que trabalham em tempo integral.[95] Considerando que as mulheres constituem a maioria dos trabalhadores de meio período, o que na superfície parece uma mudança positiva pode, portanto, acabar sendo mais um golpe na igualdade de gênero.[96]

Talvez, em vez de se concentrar na oferta de empregos de meio período como a melhor forma de avançar, as empresas possam fornecer uma quantidade de dias de "cuidado" remunerado para todos os funcionários, da mesma forma que mães e pais em muitas empresas têm direito à licença parental remunerada depois de ter filhos. Esses dias poderiam ser usados para cuidar de um filho, um amigo ou um parente, ou até mesmo para fazer algo que contribua para a comunidade local. Há precedentes. Em 2019, a Centrica, maior empresa de energia do Reino Unido, introduziu dez dias adicionais de licença remunerada para os funcionários que estivessem cuidando de pais idosos ou outros entes queridos com deficiência.[97] Essas mudanças podem servir a um propósito financeiro, além de ter uma finalidade compassiva: a empresa estima que essas políticas economizariam para as maiores empresas do Reino Unido cerca de 4,8 bilhões de libras, que elas acabam perdendo por causa de ausências não planejadas quando os cuidadores precisam lidar com emergências. A Nationwide Building Society oferece aos seus funcionários dois dias por ano para se dedicarem a ajudar as comunidades locais. A gigante da tecnologia Salesforce, com sede nos Estados Unidos, vai ainda mais longe: seus funcionários têm direito a até sete dias de trabalho voluntário remunerado por ano.[98]

Por sua vez, em 2019, a Microsoft realizou um experimento em seu escritório no Japão no qual deu a todos os 2.300 funcionários cinco sextas-feiras consecutivas de folga, *sem* redução de salário. Também forneceu a cada funcionário apoio financeiro de até 100 mil ienes (cerca de mil dólares), para que gastassem em uma viagem em família. Os resultados foram surpreendentes. Não apenas os funcionários ficaram mais felizes, mas as reuniões se tornaram mais eficientes, o absenteísmo caiu 25% e a produtividade disparou incríveis 40%. Ao mesmo tempo, ter menos funcionários no escritório representou uma economia de custos significativa e gerou benefícios ambientais: durante o período de teste, o uso de eletricidade diminuiu 23% e 59% menos páginas foram impressas.[99]

Esses exemplos nos dão esperança. Eles mostram que há maneiras inovadoras e eficazes de lidar com a solidão dos funcionários, não apenas no local de trabalho, mas também fora dele. E que as empresas que empregam esse tipo de estratégia podem desfrutar *tanto* de uma força de trabalho mais feliz *quanto* de benefícios financeiros. Embora essas políticas possam parecer luxos com os quais sua empresa não pode arcar, não podemos permitir que as consequências econômicas da Covid-19 institucionalizem ainda mais o egoísmo na sociedade. O cuidado e o capitalismo precisam se reconciliar.

A solidão no trabalho, no entanto, não significa apenas nos sentirmos desconectados das pessoas com quem trabalhamos, sejam nossos colegas, seja nosso chefe. É também nos sentirmos desprovidos da capacidade de fazer algo, nos sentirmos impotentes. Como veremos, na era das máquinas, isso é cada vez mais provável.

CAPÍTULO 8

Escravidão digital

Estou me candidatando a um emprego. Mas o processo de seleção é algo que nunca vivenciei antes. Não estou sendo entrevistada por uma pessoa. Em vez disso, estou sentada em casa, olhando para o meu laptop. Minhas respostas estão sendo gravadas em vídeo. E se terei sucesso em conseguir o emprego é algo que vai ser determinado não por um ser humano, mas por uma máquina.

O COMPUTADOR DIZ NÃO

Isso pode soar como um episódio de *Black Mirror*, de Charlie Brooker, mas a expectativa é que dentro de alguns anos esse tipo de entrevista virtual seja a norma. "Avaliações algorítmicas pré-contratação", como são chamadas, já são um negócio que movimenta vários bilhões de dólares e provavelmente se tornarão um elemento fixo das decisões de contratação corporativas.[1] A HireVue — empresa que conduz minha entrevista — é uma das líderes nessa área. Sediada às margens do rio Jordan, em Utah, seus clientes incluem setecentas empresas de primeira linha, da rede de hotéis Hilton ao banco JP Morgan e à Unilever. Sou apenas uma dos mais de 10 milhões de funcionários em potencial que os algoritmos da HireVue já avaliaram com base em entrevistas em vídeo semelhantes.[2]

Eis como sua tecnologia de inteligência artificial funciona: lançando mão da próxima fronteira em inteligência artificial — a "inteligência artificial emocional" —, ela "lê" candidatos ao emprego analisando seu léxico, seu tom, sua cadência e suas expressões faciais, levando em consideração até 25 mil pontos de medição distintos. Os resultados são então comparados aos de um candidato "ideal" para a função. Na prática, isso significa que cada vez que inspiro, cada pausa que faço, quão alto ergo minhas sobrancelhas, a tensão com que cerro os dentes, quão largo é o meu sorriso, minha escolha de palavras, quão alto eu falo, minha postura, quantas vezes eu digo "hum" ou "é...", meu sotaque, até mesmo meu uso de preposições, tudo isso é registrado e inserido em uma caixa-preta de algoritmos para determinar se sou ou não uma contratação adequada para o programa de trainees da Vodafone. Ou melhor, não eu, mas "Irina Wertz", meu pseudônimo.

As avaliações algorítmicas pré-contratação são inegavelmente uma solução econômica para as necessidades de contratação em grande escala. Considerando que as grandes corporações avaliam bem mais de 100 mil candidatos a cada ano, o uso dessa tecnologia provavelmente já está economizando milhares de horas de trabalho. Além disso, a HireVue afirma que as taxas de retenção e até mesmo o desempenho no trabalho dos funcionários selecionados por seu sistema estão significativamente acima da média. Pode ser que sim, mas minha experiência do processo pareceu mais do que apenas um pouco alienante.

O fato de que tive que manter meu torso firmemente posicionado dentro de uma silhueta pontilhada na tela durante toda a entrevista fez não só com que me sentisse como uma vítima de assassinato na cena do crime, mas também com que não conseguisse ser autenticamente eu mesma. Algum grau de inautenticidade é inevitável em todas as entrevistas de emprego, uma vez que tentamos apresentar uma versão elaborada, a melhor versão possível de nós mesmos, mas aquilo foi diferente. Eu sou uma pessoa expressiva, me movimento enquanto falo, gesticulo. Presa à minha silhueta, eu não conseguia fazer nem isso. E como, enquanto respondia às perguntas, eu olhava para a imagem de mim mesma fazendo isso no canto da tela, a experiência me pareceu especialmente performativa, comigo escalada para o inquietante papel *tanto* de atriz *quanto* de público.

No canto superior direito da tela, havia um relógio em contagem regressiva que só intensificava a natureza estressante da experiência. Eu tinha 3 minutos para responder a cada pergunta, mas, ao fazer isso às cegas, sem todos os sinais usuais que recebemos de um entrevistador humano — expressões faciais, movimentos de cabeça, gestos, sorrisos, franzir de testa —, eu não tinha certeza se estava me alongando muito, ou se deveria usar todo o tempo de que dispunha. E não só eu não tinha ninguém a quem perguntar, mas sem sorrisos, sem olhos que se voltassem para o meu currículo, sem linguagem corporal para analisar, eu não sabia se meu "entrevistador" tinha ouvido o suficiente de uma determinada resposta, se tinha gostado do que eu estava dizendo, se tinha entendido minhas piadas, se tinha se identificado com as minhas histórias ou talvez tivesse acabado de decidir que eu não era o tipo de candidata que eles procuravam. Portanto, à medida que a entrevista avançava, eu me sentia cada vez mais perdida, incapaz de saber se continuava, se desacelerava, se aumentava a velocidade, se mudava de rumo, se mudava meu estilo, se sorria mais ou menos. É de imaginar que o candidato ideal para uma vaga no programa de trainees em recursos humanos da Vodafone deva sorrir, mas quantas vezes e por quanto tempo?

Para ser clara, não foi o fato de eu estar interagindo com uma máquina em si que fez com que me sentisse tão isolada. Na verdade, foi o desequilíbrio de poder entre a mulher e a máquina que considerei mais perturbador. Despida da minha humanidade completa e complexa, eu tinha que impressionar uma máquina cujo funcionamento algorítmico de caixa-preta eu nunca ia conhecer. Em quais dos meus "pontos de medição" ela estava se concentrando e quais tinham mais peso? Minha voz, minha entonação, minha linguagem corporal ou o conteúdo do que eu estava dizendo? Que fórmula ela estava usando para me avaliar? E era uma fórmula justa?

Não costumamos pensar sobre a solidão no contexto de como nos sentimos ao interagir com uma máquina. Mesmo no início do livro, quando falei sobre o isolamento de uma existência sem contato, minha ênfase estava na falta de contato humano presencial e seu impacto. Mas se a solidão também pode ser causada pelo sentimento de ser tratado injustamente e destituído de poder pelo Estado e pelos políticos, ela pode igualmente resultar de receber o mesmo tratamento por parte das grandes empresas e das novas tecnologias que elas empregam.

Pois quando um empregador coloca nosso futuro profissional nas mãos de um algoritmo, é difícil acreditar que seremos tratados de forma justa ou que teremos recursos significativos. Em parte, isso acontece porque é altamente contestável que o desempenho futuro possa de fato ser determinado por características como expressões faciais e tom de voz. Na verdade, em novembro de 2019, o Electronic Privacy Information Center — uma renomada organização de pesquisa de interesse público dos Estados Unidos — apresentou uma queixa formal contra a HireVue junto à Comissão Federal de Comércio dos Estados Unidos, citando o "uso, pela HireVue, de algoritmos secretos e não comprovados para avaliar a 'capacidade cognitiva', as 'características psicológicas', a 'inteligência emocional' e as 'aptidões sociais' de candidatos a emprego".[3]

Também há a questão do preconceito. Embora a HireVue afirme que sua metodologia é livre de preconceitos humanos, é improvável que de fato seja.[4] Isso porque seu algoritmo foi treinado com vídeos de "contratações bem-sucedidas" anteriores ou existentes, o que significa que qualquer preconceito histórico (consciente ou inconsciente) na contratação provavelmente será replicado.[5]

Na verdade, foi exatamente isso o que aconteceu na Amazon em 2018, quando foi revelado que o sistema de inteligência artificial da empresa responsável por selecionar os currículos rejeitava rotineiramente os currículos femininos, apesar de nunca ser "informado" sobre o gênero dos candidatos. Por quê? Ele havia efetivamente *aprendido* que os currículos que incluíam nomes de faculdades exclusivas para mulheres ou mesmo as palavras "feminino" e "feminina" ("capitã da equipe feminina de xadrez", por exemplo) não eram qualificados.[6] Isso aconteceu porque o sistema havia sido treinado para deduzir se os candidatos eram "qualificados" ou "não qualificados" com base em dez anos de dados de contratação em um setor no qual os homens constituem a grande maioria dos candidatos e das contratações. Desnecessário dizer que havia pouquíssimas capitãs de equipe feminina de xadrez nesse grupo.

Ajustar um algoritmo para lidar com preconceitos tão óbvios quanto o de gênero é relativamente simples; na verdade, os engenheiros da Amazon foram facilmente capazes de editar o modelo para que parasse de usar termos como "feminino" e "feminina" como motivo para desqualificação. O problema com o aprendizado de máquinas é que, mesmo que as fontes mais óbvias de preconceito sejam levadas em consideração (e em um sistema como o HireVue sem dúvida elas são), o que acontece com dados de medição menos óbvios e aparentemente neutros que talvez nem mesmo considerássemos que pudessem ser tendenciosos?

Acontece, por exemplo, que há diferenças culturais significativas quando se trata de sorrir.[7] Os americanos, por exemplo, sorriem com muito mais frequência e costumam abrir sorrisos mais largos do que pessoas de países como Finlândia, Japão e Alemanha — um estereótipo confirmado por pesquisas que sugerem que o hábito de sorrir está correlacionado com a diversidade histórica de um país.[8] Na verdade, o instinto americano de sorrir e fazer contato visual é tão notório que, quando abriu suas primeiras lojas na Alemanha, em 1998, a cadeia de lojas de departamento Walmart teve que descartar sua orientação testada e aprovada de que os funcionários sorrissem para os clientes, já que os alemães interpretavam sorrisos largos como inapropriadamente sedutores.[9] Levando em conta esse tipo de disparidade, a suposição da HireVue de que sorrir se traduz em simpatia, confiança e, para alguns cargos, competência corre o risco de julgar candidatos com base em valores de determinada nação ou cultura, penalizando, portanto, aqueles que, digamos, acreditam que é inapropriado sorrir com muita frequência em uma entrevista.[10]

Poderíamos fazer a mesma crítica da provável interpretação do HireVue da cadência e do vocabulário: a escolha das palavras é um produto tanto de regionalidade, educação, etnia, dialeto e classe quanto da suposta "inteligência". Assim como o classificador de currículos da Amazon "aprendeu" rapidamente a associar medidas substitutas de gênero (como as palavras "feminino" e "feminina") à inadequação, é muito fácil imaginar o algoritmo do HireVue descartando candidatos com determinados sotaques, coloquialismos e outros produtos de sua formação cultural.

Além disso, é claro, há aquelas variáveis que um humano seria capaz de reconhecer e explicar em um instante, mas que o processo de correspondência de padrões da máquina é incapaz de compreender: a pessoa com a deformidade facial que não consegue sorrir de forma convencional, talvez; a pessoa com um problema de dicção que não soa como um excelente contratado anterior; ou mesmo um candidato que esteja em um ambiente cuja iluminação lança sombras perceptíveis sobre seu rosto que o "olho da máquina" interpreta como uma expressão facial malévola.

Não que um gerente de contratação humano não possa ser preconceituoso ou discriminar em uma entrevista um candidato pela cor, por um sotaque específico ou por uma deficiência, mesmo que não tenha consciência de estar fazendo isso.[11] A questão aqui é que a presunção de que uma decisão tomada por um algoritmo não seria tão vulnerável a vieses semelhantes está simplesmente errada e é uma evidência da fé cega que muitas vezes depositamos nas máquinas em detrimento dos humanos.

Além disso, à medida que os algoritmos se tornam cada vez mais sofisticados, seus conjuntos de dados cada vez maiores, suas regras cada vez mais complexas, intrincadas e autodidatas, fica cada vez mais difícil entender exatamente como ou por que eles chegam às suas conclusões. Na verdade, já chegamos ao ponto em que os próprios *criadores* de alguns algoritmos não conseguem explicar totalmente o que está por trás de suas decisões.[12] E se não entendermos o suficiente sobre como um algoritmo realmente funciona, para sermos capazes de prever como ele poderia falhar, é extremamente difícil implementar salvaguardas eficazes.

Conforme a tomada de decisão algorítmica assume uma importância cada vez maior na vida de todos nós — desde decidir se estamos aptos a tomar um empréstimo até determinar se a polícia vai parar e nos revistar, se seremos contratados ou mesmo despedidos (sim, um algoritmo que "prevê contribuições futuras" e calcula quem deve ser dispensado em períodos de demissão "certamente será introduzido" em breve, de acordo com professores da IESE Business School) —, a opacidade desses algoritmos e, portanto, a dificuldade de questionar suas decisões, sem falar de tentar reverter as erradas, vai inevitavelmente exacerbar nossos sentimentos de impotência.[13] E a solidão prospera no vácuo criado pela impotência. Como já vimos, há uma sensação de solidão e isolamento quando sentimos que nosso destino é algo sobre o qual não temos controle.

Houve mais uma coisa que achei profundamente alienante em relação a esse interrogatório unilateral: embora durante a entrevista virtual estivesse sendo observada de uma forma mais precisa do que talvez jamais tivesse sido observada antes, eu me senti surpreendentemente invisível. Pois quem exatamente eles estavam avaliando? Eu? Ou uma imagem pixelizada e unidimensional, retalhada e esculpida naqueles 25 mil dados de medição — uma versão de mim que inevitavelmente seria incapaz de capturar com profundidade minha experiência, minha história e minha personalidade?

Esse sentimento foi reforçado pelo fato de que, embora eu realmente tivesse me aberto na entrevista e falado com franqueza sobre os desafios pessoais que superei, coisas que eu não apenas havia conquistado, mas em relação às quais tivera dificuldade, apenas alguns minutos depois da minha entrevista recebi um e-mail com minha avaliação de personalidade: uma avaliação tão genérica e insípida que ficou óbvio que, embora eu tivesse falado, não tinha sido *ouvida*.[14]

Eis um trecho de uma parte importante da avaliação:

Você demonstra capacidade de mudar prontamente ações, opiniões e comportamento e lida bem com a ambiguidade.

Certifique-se de prestar atenção ao contexto para avaliar quando uma situação exige mais estrutura em vez de flexibilidade.

Você é capaz de cumprir o que é solicitado com alto padrão de trabalho.

Tente estar aberto a situações que podem não exigir que você seja tão meticuloso a fim de equilibrar sua persistência com a eficiência quando necessário.

Isso poderia ter sido escrito sobre qualquer pessoa; parecia totalmente desconectado da "entrevista" da qual eu tinha acabado de participar.

E não pude deixar de notar a ironia de estar me candidatando a um emprego na área de recursos humanos, mas não haver uma interação humana sequer no processo de entrevista. Na verdade, um dos maiores clientes da HireVue, a rede hoteleira Hilton International, rejeitou dezenas de milhares de candidatos usando esse tipo de entrevista sem que os candidatos jamais tivessem falado com um ser humano.[15] "Irina Wertz" também está na categoria de candidata rejeitada. Seis semanas depois de fazer a avaliação, "ela" foi informada, por e-mail: "Infelizmente, no momento, não podemos avançar com sua inscrição."

Minha entrevista com a HireVue fez com que me sentisse impotente, invisível e vulnerável, como se estivesse sendo julgada com base em regras que ninguém havia me comunicado, regras que poderiam muito bem ser injustas ou tendenciosas e contra as quais eu não tinha recurso algum. Não admira que o processo tenha parecido tão alienante. E, é claro, eu estava fazendo isso apenas como um experimento e, portanto, não senti o estresse e a tensão adicionais que isso causaria a um candidato genuíno.

Minha experiência também foi sintoma de uma história maior. Pois estamos no meio da mais significativa reorganização do trabalho desde a Revolução Industrial, uma reorganização na qual o poder está sendo cada vez mais cedido à tecnologia — não apenas a algoritmos de contratação, mas também a mecanismos de classificação de reputação e robôs, ferramentas de vigilância e dispositivos de rastreamento e, no fim das contas, àqueles que controlam essas alavancas. Tudo isso é fundamentalmente alienante e contribui para que este seja o Século da Solidão.

Cada respiração sua

No caso de Jane, que trabalha em uma central de atendimento no País de Gales, é a pequena caixa azul no canto da tela do computador que faz com que ela se lembre de estar sendo o tempo todo observada e que seu comportamento é constantemente registrado.[16] Com o áudio sendo gravado, ela sabe que se falar rápido demais um velocímetro surgirá na tela para avisá-la. Se não for "empática" o suficiente, um ícone de coração aparecerá. Caso se sinta desconfortável com um programa de inteligência artificial julgando suas interações humanas, bem, azar o dela, porque Cogito, a tecnologia que a monitora, enviará um alerta para a gerência central se ela tentar desligá-lo ou minimizá-lo na tela.[17]

No caso de Jack, que trabalha no Bank of America, é o crachá de identificação biométrica Humanyze, que coleta dados a cada 16 milissegundos, que faz com que ele esteja constantemente consciente de estar sendo monitorado.[18] Não apenas suas conversas são gravadas, mas seus movimentos também: o ângulo da cadeira quando ele se inclina para trás, quanto ele fala, seu tom de voz.[19] Ao analisar todos esses dados de medição em comparação com seu desempenho e fazer o mesmo tipo de análise com vários Jacks em toda a empresa, seus empregadores esperam identificar os hábitos, por menores que sejam, que tornam os funcionários mais produtivos.

No caso de Reynalda Cruz, de 42 anos, funcionária do depósito da FedEx, era o escâner computadorizado que ela precisava usar no braço para monitorar seu ritmo de embalagem que parecia tão fundamentalmente desumano. Quando ela teve uma inflamação no pulso por causa do movimento repetido de levantar caixas com o peso extra do escâner, colegas de trabalho lhe disseram para tomar Tylenol. Seus gerentes, obcecados por parâmetros, adotaram uma abordagem diferente. Eles a instruíram a acelerar o ritmo.[20]

A Amazon, por sua vez, obteve recentemente duas patentes para uma pulseira capaz de monitorar todos os movimentos de seu usuário e vibrar quando identifica que um trabalhador saiu da linha. A pulseira pode ser usada para registrar cada vez que um funcionário faz uma pausa para se coçar ou cronometrar quanto tempo ele leva para ir ao banheiro.[21] Nos armazéns da Amazon, os "seletores" — trabalhadores que localizam os itens comprados e os transportam até a estação de envio dentro do armazém — já recebem um dispositivo portátil que rastreia todos os seus movimentos. O jornalista James Bloodworth, que trabalhou disfarçado como seletor em um depósito da Amazon em Rugeley, Staffordshire, explicou: "Para cada dúzia de funcionários, mais ou menos, em algum lugar do depósito há um gerente de equipe curvado sobre uma mesa digitando ordens na tela do computador. Essas instruções eram transmitidas para nossos dispositivos: 'Suas taxas estão baixas nesta última hora. Por favor, acelere.'" E Bloodworth descreveu de maneira pungente os colegas "tão ocupados correndo de um lado para outro que nem têm tempo de secar o suor do rosto".[22]

Essas histórias não são excepcionais. Mesmo antes do coronavírus, mais de metade das empresas globais com mais de mil funcionários já estava usando "técnicas não tradicionais para monitorar a equipe, incluindo o rastreamento de teclas digitadas, o monitoramento de trocas de e-mail e até mesmo o monitoramento de conversas entre a equipe".[23] O "monitoramento de atividade do usuário" — o UAM,* como é conhecido esse novo universo de vigilância no local de trabalho — estava a caminho de ser uma indústria de 3,3 bilhões de dólares em 2023.[24] Agora, com o rápido aumento do trabalho remoto como resultado da pandemia, bem como uma maior ênfase na produtividade, a vigilância do trabalhador aumentou significativamente.

Estamos vivendo em uma época que Shoshana Zuboff chamou de "Era do Capitalismo de Vigilância".[25] Uma era na qual, para um número cada vez maior de pessoas, o empregador não apenas está observando constantemente, mas está constantemente usando inteligência artificial, Big Data e uma série de dispositivos de medição cada vez mais intrusivos e granulares para tirar todo tipo de conclusão a seu respeito. Essas conclusões podem determinar sua trajetória profissional, incluindo se você será promovido ou demitido, mas são muitas vezes baseadas em dados que estão fora de contexto e não levam em consideração circunstâncias atenuantes.

Os gerentes de Reynalda na FedEx disseram a ela para aumentar o ritmo, mesmo que estivesse com o pulso inflamado, porque a máquina mede o ritmo, não a dor que ela está sentindo. Na Era do Ambiente de

---

* Do inglês *user activity monitoring*. (N. da T.)

ESCRAVIDÃO DIGITAL 197

Trabalho Panóptico, o que não é medido não importa. E o que *é* medido importa de maneira excessiva.

Escapar do espaço de trabalho *físico* tampouco significa escapar da vigilância. Aplicativos como o WorkSmart, que avaliam constantemente os trabalhadores remotos em relação a "foco" e "intensidade", usando capturas de tela, monitoramento de aplicativos e contagem de toques para isso, têm ganho popularidade nos últimos anos.[26] Trabalhadores monitorados pelo WorkSmart também têm sua foto tirada a cada 10 minutos para garantir que permaneçam concentrados no trabalho.[27] Mais uma vez, o coronavírus acelerou muito essa tendência. De bancos a seguradoras, de escritórios de advocacia a empresas de mídia social, na primavera de 2020 no hemisfério norte, os empregadores, preocupados com a possibilidade de sua equipe, agora trabalhando de casa, diminuir o ritmo, investiram pesadamente em softwares de vigilância. Alguns fornecedores de sistemas de monitoramento de funcionários remotos relataram um aumento de até 300% nas vendas em abril de 2020.[28] Será que o software vai ser removido dos laptops dos funcionários quando eles retornarem ao escritório? Eu não apostaria nisso.

Não é apenas o desempenho do funcionário que está sendo monitorado a distância, e não é apenas o aumento da produtividade o objetivo. Até os aspectos mais pessoais da vida dos funcionários agora estão sendo registrados e monitorados. Em 2018, Katie Endicott, professora de inglês do ensino médio na Virgínia Ocidental, foi obrigada a baixar um aplicativo de "bem-estar no ambiente de trabalho" chamado Go365, pois seu empregador buscava reduzir os custos com seguro-saúde. O aplicativo monitorava sua prática de exercícios e sua saúde, concedendo pontos por bom comportamento, como passos percorridos, e cobrando multas (500 dólares por ano) por não acumular "pontos" de bem-estar suficientes.[29]

Com saúde e segurança, bem como corte de custos, ocupando cada vez mais o foco na mente dos empregadores, será que agora veremos o poder de rastreamento desses aplicativos estendido para, por exemplo, o monitoramento constante da temperatura dos funcionários? Mesmo que isso ajude a reduzir a transmissão de doenças no local de trabalho, quem deve decidir se esse nível de intrusão é aceitável? E que tipo de responsabilidade deve haver, tanto para os empregadores que impõem esses aplicativos a seus funcionários quanto para as empresas que lucram com a venda deles, inclusive no que diz respeito a questões de proteção de dados?

A linguagem usada pelos funcionários para descrever a sensação de estar sob constante vigilância deixa claro quão alienante é essa experiência. "Eles mediam nosso tempo, nossa produção, como se fôssemos robôs", disse Reynalda Cruz, a funcionária da FedEx.[30] "As pessoas achavam que [era] muito invasivo ter que baixar aquele aplicativo e ser forçado a fornecer informações confidenciais", disse Katie sobre sua experiência com o Go365. James Bloodworth me descreveu a incredulidade que sentiu quando, ao fim de um longo dia em que, como um jovem saudável e em forma, havia trabalhado duro, ele foi informado de que estava entre os 10% piores em termos de produtividade. E explicou a profunda sensação de impotência que sentiu ao perceber que não havia como confirmar se isso era verdade, uma vez que ele não tinha acesso aos dados brutos e que não havia representantes dos trabalhadores com poderes de fiscalização.

Bloodworth me contou também sobre a solidão de não poder falar com colegas de trabalho junto ao bebedouro, ou mesmo enquanto "selecionava" ao lado deles, porque esse comportamento era interpretado por seu escâner como "tempo ocioso" — assim como usar o banheiro — e, portanto, uma causa potencial de sanção disciplinar. Ele não é o único a achar esse tipo de vigilância digital algo profundamente perturbador. "A coisa toda foi horrível", lembra Courtney Hagen Ford, que descreveu sua experiência de ser vigiada quando trabalhava como caixa de banco no Reino Unido como "desumanizadora".[31] Seu próximo passo? Fazer um doutorado em tecnologia de vigilância.[32]

Ser constantemente avaliado, enquadrado em um perfil e classificado sem ter controle sobre o processo, acesso aos seus dados ou uma visão real do método dedutivo da máquina é uma experiência fundamentalmente alienante que fala mais uma vez sobre a enorme assimetria de informação e poder entre empregador e empregado. Em especial porque o que está sendo monitorado e medido é o que quer que agregue de forma mais crua aos resultados financeiros. Não obstante as questões de saúde e segurança, é disto que em geral se trata: as empresas estão vigiando seus funcionários para obter vantagem competitiva. O problema é que ninguém mede quão gentil você é com um colega que está tendo um dia ruim ou se você se esforçou para ajudar um novo colega a aprender como a empresa funciona, embora tenhamos visto, no capítulo anterior, como esses fatores podem impactar significativamente a produtividade e o desempenho, bem como o moral no local de trabalho. Em um mundo no qual cada vez mais poder é atribuído aos números, precisamos pensar com muito mais rigor sobre o que está sendo medido, por que e como, e também sobre a limitação de dados quando se trata de avaliar nossa contribuição no trabalho.

SOB O RADAR

A vigilância no local de trabalho não apenas exacerba sentimentos de impotência e alienação. Como o escritório de plano aberto, mas sob o efeito de esteroides, ela também incentiva os funcionários a se autocensurar e se retrair.

Foi exatamente isso que o sociólogo Michel Anteby, da Universidade de Boston, descobriu ao estudar as práticas organizacionais da Administração de Segurança dos Transportes dos Estados Unidos (o órgão responsável pela segurança dos aeroportos). Ele observou, por exemplo, que os funcionários que trabalham em estações de triagem de bagagem, e que eram constantemente gravados em vídeo por seus supervisores, "faziam todo o possível para passar despercebidos, para essencialmente desaparecer (...) Eles tentam nunca falar alto, nunca se destacar, não fazem nada que possa despertar a atenção da gerência".[33]

Em um ambiente de vigilância constante, nosso instinto é o de nos recolher, nos isolar daqueles ao nosso redor e tentar escapar do olhar vigilante do nosso empregador de todas as formas possíveis.[34] O problema, como Anteby observou, é que "isso leva a um ciclo vicioso, no qual a administração se torna cada vez mais desconfiada e sente que é justificado aumentar a vigilância".[35] O resultado são funcionários que se escondem das câmeras e uns dos outros. Eles se tornam cada vez menos presentes e cada vez menos verdadeiramente eles mesmos no trabalho.

MEIO QUE SEMPRE FOI ASSIM

Em muitos aspectos, a vigilância no local de trabalho não é novidade.[36] Na década de 1850, Allan Pinkerton ficou conhecido por fazer fortuna abrindo uma agência de detetives que monitoravam a movimentação dos funcionários após o expediente e se infiltravam em sindicatos recém-formados.[37] Em 1914, Henry Ford era famoso por patrulhar suas fábricas com um cronômetro para garantir a máxima eficiência de suas linhas de montagem de automóveis.[38] Na década de 1990, a vigilância dos trabalhadores por vídeo, tanto para evitar roubos quanto para determinar se os funcionários estavam obedecendo às políticas da empresa ou simplesmente trabalhando rápido o suficiente, era cada vez mais comum.[39] À medida que a industrialização foi afastando cada vez mais a produção do artesanato e que os empregadores passaram a conhecer cada vez menos seus funcionários pessoalmente e, portanto, a confiar menos neles, a vigilância acompanhou o passo.[40]

No século XXI, o que é novo, entretanto, são as três coisas a seguir: a extensão em que estamos sendo monitorados, os níveis perturbadores de intrusão que a tecnologia digital possibilita e o grau em que o poder de tomada de decisão tem sido cedido a máquinas. Mais uma vez, é uma questão de escala. Ao passo que "anteriormente, a vigilância no local de trabalho era discreta, limitada ao olhar do supervisor e confinada ao ambiente de trabalho", escreve o cientista político Ivan Manokha, da Universidade de Oxford, ela agora é "onipresente conforme dispositivos eletrônicos e sensores coletam e processam continuamente dados digitais sobre o desempenho do funcionário em tempo real, até mesmo (e com frequência) fora do ambiente de trabalho".[41]

Sob vigilância constante, vistos em termos cada vez mais mecanicistas, menos capazes de sermos nós mesmos e de falarmos abertamente com nossos colegas, e nos sentindo cada vez mais desconfiados, nos tornamos mais vigilantes, autocensuradores e retraídos, e temos medo de revelar nosso verdadeiro eu. Como resultado, nos sentimos inevitavelmente mais sós e desconectados do nosso empregador, do nosso trabalho e das pessoas ao nosso redor.

Apesar disso, um número crescente de funcionários, prestadores de serviço e freelancers em todo o mundo estão descobrindo que precisam aceitar níveis cada vez maiores de monitoramento intrusivo se quiserem manter seus empregos. Pois o fato de esse tipo de vigilância estar se tornando cada vez mais onipresente e não estarmos nos insurgindo contra isso não deve ser considerado um consentimento tácito. Na verdade, isso evidencia o sentimento de resignação de muitas pessoas atualmente, um sentimento originado de uma crescente sensação de impotência no que diz respeito aos direitos no ambiente de trabalho. Em um mundo onde grandes corporações globais muitas vezes definem as regras dos acordos, os níveis de desemprego estão altos e a maioria dos trabalhadores não tem representação ou voz coletiva,[42] que opções as pessoas têm se não quiserem ser monitoradas?[43] Para muitos a resposta é nenhuma. O armazém da Amazon onde James Bloodworth trabalhou era de longe o maior empregador da cidade.

Vou lhe dar um quatro

A vigilância e a tomada de decisão algorítmica não são as únicas razões pelas quais o local de trabalho do século XXI parece tão alienante. Outra é o número crescente de trabalhadores que não estão apenas sendo observados, mas também avaliados; isto é, têm um número associado a sua pessoa e a seus esforços que supostamente resume seu valor. Não é difícil entender por que ser visto como um número ou uma pontuação, em vez de um ser humano, pode fazer uma pessoa se sentir invisível e solitária.

Em alguns casos, são seus colegas de trabalho que o avaliam. Na Bridgewater Associates, um dos maiores fundos de investimento do mundo, os funcionários usam um aplicativo chamado Dots para avaliar uns aos outros em tempo real em relação a mais de cem características, desde "síntese ao longo do tempo" até "raciocínio de nível superior".

Monitores na parede exibem a pontuação de todos os participantes durante as reuniões (que são, é claro, gravadas). Como se isso não fosse desmoralizante o suficiente, quando se trata de tomar decisões, os votos das pessoas com pontuação mais alta têm mais peso.[44]

Talvez você ache que isso não é tão diferente da avaliação anual à qual você é submetido no seu local de trabalho — mas quantos de nós vemos o resultado dessa avaliação exibido nas paredes do escritório, submetido ao julgamento de todos os nossos colegas, e quantos de nós somos tratados por eles como cidadãos de segunda classe com base nessa avaliação? Além disso, o que o fundador da Bridgewater, Ray Dalio, chama de "meritocracia de ideias" pode se traduzir em um ambiente "tóxico se essa não for a sua natureza", de acordo com avaliações de funcionários.[45] "As pessoas têm medo de cometer erros e, para passar uma boa impressão, sabem que têm que criticar os outros", comentou um funcionário anônimo.[46] É "muito difícil desenvolver relações de trabalho verdadeiras", disse outro, em um lugar onde, de acordo com uma reportagem do *Business Insider*, "os funcionários [são] frequentemente recompensados por punhaladas nas costas".[47] Quase um terço dos novos funcionários deixa a empresa em menos de um ano.[48]

Embora, por enquanto, ao menos avaliar seus colegas de trabalho de maneira contínua seja a exceção, a realidade inevitável é que um número cada vez maior de trabalhadores está sendo constantemente avaliado — mas, em vez de pelos colegas, pelos clientes. Em nenhum lugar isso fica mais evidente do que na *gig economy*. Nesse ambiente, concordar em ser avaliado é muitas vezes uma condição para o "emprego".

Estima-se que algo entre 50 e 60 milhões de trabalhadores já façam parte da *gig economy* global.[49] No Reino Unido, a *gig economy* dobrou de tamanho entre 2016 e 2019, e, se as tendências atuais se mantiverem, em 2027, até um em cada três americanos vai se sustentar por meio da *gig economy*, por intermédio de plataformas on-line.[50] Diante desses números, é fundamental compreender melhor os fatores que contribuem para a alienação dos trabalhadores nessa economia.

Não é que ela não tenha vantagens. Assim como o trabalho remoto, a flexibilidade que ela oferece é, sem dúvida, valiosa e empoderadora para muitas pessoas.⁵¹ Para outras, no entanto, a experiência de ser avaliado (associada à ausência de um salário garantido, licença remunerada no caso de doença, férias e plano de saúde, e muitas vezes um pagamento extremamente baixo por hora trabalhada) pode ser profundamente desempoderadora.⁵² É mais provável que esse seja o caso se você for um trabalhador da *gig economy* por necessidade, não por escolha.

Foi Hasheem, outro motorista da Uber que entrevistei a fim de compreender melhor a solidão do trabalhador da *gig economy*, quem me alertou especificamente para os efeitos alienantes de ser avaliado. Imigrante de primeira geração do subcontinente indiano para o Reino Unido, Hasheem trabalhava como motorista de aplicativo havia oito meses. Ele me disse que achava trabalhar para a empresa muito solitário e explicou por que, contraintuitivamente, um trabalho que parecia envolver tanta interação com passageiros para ele parecia tão solitário: "Em minha sessão de integração, fui orientado a evitar falar de religião, política ou esporte, para não arriscar ofender a pessoa no banco de trás. Como não posso correr o risco de deixar um passageiro descontente por causa de como ele pode me avaliar, na maioria das vezes fico em silêncio."

É perturbador pensar que o ambiente de trabalho de Hasheem é um ambiente no qual ele se sente impedido de falar por horas a fio por medo de receber uma avaliação baixa e, consequentemente, ser expulso da plataforma. Isso evidencia um problema maior com os mecanismos de classificação.⁵³ Ao reduzir uma pessoa a um número, o problema não é apenas o risco de ela se sentir alienada de seu verdadeiro eu ao se autocensurar, silenciar e se curvar a fim de obter uma pontuação alta, mas também o fato de que, mais uma vez, as métricas não fornecem um contexto. Um "2" dado por um serviço genuinamente ruim tem as mesmas consequências que um "2" dado porque o cliente estava de mau humor, ou ainda um "2" dado por um cliente racista por causa da cor da pele de alguém.

E, assim como acontece com as "avaliações algorítmicas pré-contratação", a opacidade desses sistemas de classificação significa que as distorções não são identificadas nem contestadas. Isso é especialmente preocupante dado o grau de impacto do preconceito racial e de gênero nas avaliações. Por exemplo, os trabalhadores negros e asiáticos recebem classificações mais baixas do que os caucasianos na plataforma de freelancers Fiverr, enquanto no TaskRabbit os clientes atribuem pontuações mais baixas aos *taskers* negros (particularmente homens) do que os trabalhadores não negros com níveis de experiência semelhantes.[54]

Além disso, os mecanismos de classificação não apenas ocultam o preconceito; eles podem ampliá-lo. Sabe-se que as pessoas tendem a ancorar a classificação de alguém na classificação publicada já atribuída a essa pessoa.[55] Isso significa que se você vir que um indivíduo tem uma classificação baixa, em vez de se questionar sobre o motivo dessa classificação e se comprometer a tomar sua decisão com base nos fatos, é mais provável que simplesmente dê a ele uma nota baixa também.

Considerando que um número cada vez maior de trabalhadores se torna dependente de plataformas de *gig economy* para obter renda, o fato de seu sustento ter como base uma única métrica tão fundamentalmente problemática é muito preocupante, em especial porque, na maioria dos casos, não há um processo eficaz de apelar contra uma classificação "injusta".[56]

Embora atualmente depender dessas plataformas para ganhar a vida seja mais provável para os que se enquadram numa baixa faixa de renda, não são apenas os trabalhadores com menor renda que estão vulneráveis.[57] Pete, um ex-jornalista que trocou o emprego em tempo integral pela promessa de liberdade da *gig economy* e agora procura trabalho como freelancer na redação do UpWork, descreveu como a *"gig economy"* faz com que ele se veja. "Eu me sinto um labrador implorando por recompensa (...). Por favor, goste de mim, por favor, goste de mim, me dê uma boa classificação e uma boa avaliação!" E isso faz com que se sinta sozinho?, perguntei. "Sim, sem dúvida", respondeu ele. "Especialmente porque houve momentos em que fui muito mal avaliado por um trabalho muito bom e não havia nada que eu pudesse fazer." Solidão e impotência, como vimos, são emoções que se alimentam mutuamente.

A ECONOMIA MANIPULADA

Evidentemente, não é apenas porque estão sendo avaliados ou então monitorados, registrados ou digitalmente escravizados que os trabalhadores da *gig economy* podem se sentir tão sem voz, tão ignorados e impotentes; tampouco são eles os únicos cujo emprego faz com que tenham a sensação de que a vida é manipulada. Mesmo antes de a Covid-19 virar a economia global de cabeça para baixo e deixar explícito que não estávamos de forma nenhuma juntos nela, muitos trabalhadores já sentiam que, em um mundo-cão, eles estavam basicamente por conta própria. Uma série de fatores contribuiu para isso nas últimas décadas: nos Estados Unidos, o salário de um diretor-executivo aumentou 930% desde 1978, ao passo que o salário médio do trabalhador aumentou apenas 11,9%; as regras do jogo parecerem ser ditadas cada vez mais por grandes corporações globais em uma época em que a voz e os direitos dos trabalhadores estavam sendo menosprezados; no Reino Unido, um em cada oito adultos empregados foram, já em 2018, classificados como trabalhadores pobres e 850 mil pessoas estavam em contratos de zero hora (isto é, sem saber quantas horas trabalhariam por semana ou mesmo se iam trabalhar alguma hora); na virada da década, muitos milhões de pessoas em grande parte do mundo estavam presas a empregos mal remunerados e de baixo status, sem oportunidade de avançar.[58]

Há mais de cem anos, Karl Marx advertiu em sua teoria sobre a alienação que trabalhadores que não tinham controle sobre os meios de produção e recebiam uma recompensa reduzida por seu trabalho árduo se sentiriam desconectados não apenas do processo e do produto de seu trabalho, mas também de seus colegas, do local de trabalho e de si próprios.[59] Mesmo antes da crise econômica de 2020, um novo conjunto de condições de trabalho havia criado um efeito muito semelhante. Os avanços tecnológicos, que impactaram a forma como as pessoas trabalham e para quem elas trabalham, embora não sejam o único fator, desempenham um papel cada vez maior nesse processo.

Da mesma forma que a legislação trabalhista foi tradicionalmente mudando em sincronia com a industrialização — desde a Lei das Fábricas do Reino Unido de 1833, que proibia o emprego de crianças com menos de 9 anos, vimos trabalhadores na maioria dos países obtendo gradualmente proteção legal —, precisamos com urgência de um novo conjunto de leis trabalhistas que proteja os trabalhadores das novas práticas de trabalho deste século que os estão deixando cada vez mais sem voz e sem poder. E, novamente, não podemos permitir que o clima econômico atual iniba o progresso nessa frente — ou, pior, precipite um retrocesso. Os direitos dos trabalhadores sofreram um desgaste significativo durante a recessão que se seguiu à crise financeira global de 2008.[60] Não podemos permitir que isso se repita como parte da resposta do mundo dos negócios à pandemia do coronavírus.

Em se tratando da escravidão digital, há medidas concretas que os governos podem tomar para ajudar os trabalhadores a se sentirem mais empoderados. É preciso exigir que plataformas como Uber, Fiverr e TaskRabbit, que usam um sistema de classificação, auditem seus mecanismos, identifiquem possíveis vieses e recalibrem os mecanismos de maneira adequada. Além disso, um "processo de recurso" deve ser garantido, de modo que aqueles que dependem dessas plataformas para ter uma vida decente possam contestar as notas que considerarem injustas.

Embora o viés algorítmico seja consideravelmente mais difícil de resolver, certamente podemos analisá-lo muito melhor do que se fez até agora. Ironicamente, talvez haja até um papel para os algoritmos no monitoramento e na identificação desses vieses.[61] Ainda mais fundamental: as escolhas que sustentam o algoritmo — como os dados são coletados, seu código e a heurística de tomada de decisão que processa os dados — precisam ser transparentes, para que a reparação e o recurso sejam possíveis. Nos Estados Unidos, o Illinois está liderando nessa questão: em 2020, tornou-se o primeiro estado a aprovar uma legislação — a Artificial Intelligence Video Interview Act — que obriga os empregadores a (entre outras coisas) "explicar [ao candidato] como a tecnologia funciona e as características que vai usar para avaliá-lo".[62]

Quanto à vigilância dos trabalhadores: quando nossos empregadores monitoram o tempo que levamos para ir ao banheiro e podem nos aplicar uma multa pesada se não dermos passos suficientes durante nosso tempo livre, fica claro que nossos governos precisam estabelecer limites estritos sobre o uso do rastreamento digital.[63] Isso deve se aplicar a nossa vida tanto dentro quanto fora do local de trabalho, especialmente devido ao recente aumento no trabalho remoto.

Até mesmo as formas mais extremas de vigilância já estão se tornando realidade. Em 2017, uma empresa de tecnologia de Wisconsin chamada Three Square Market implantou microchips na mão de mais de cinquenta funcionários. Agora, os funcionários com chip podem usar a mão como cartão de identificação sem contato, simplesmente acenando diante de um escâner para entrar no prédio e em áreas seguras.[64] Embora nesse caso a participação tenha sido totalmente voluntária e não haja relato de casos de empregadores em lugar algum que tenham tornado isso algo obrigatório, a perspectiva em si de empresas implantando dispositivos no corpo dos funcionários é altamente perturbadora e foi o suficiente para inspirar uma lei nos estados de Arkansas e Indiana que proíbe a implantação forçada de microchips em funcionários.[65] Juristas começaram inclusive a discutir se não seriam necessárias leis para proteger os funcionários que recusassem o implante "voluntário".[66]

Quando se trata de trabalhadores da *gig economy* — que precisam lidar não apenas com formas especialmente humilhantes de vigilância, mas também, em muitos casos, com salários baixos, empregos precários e apenas os direitos trabalhistas mais básicos —, o crucial é não permitir mais que as plataformas digitais insistam em alegar que seus trabalhadores não são funcionários "de fato", mas prestadores de serviço independentes que não estão sujeitos a direitos como licença remunerada por motivo de saúde e férias. É preciso fazer aqui uma distinção entre aqueles que usam as plataformas vez ou outra em intervalos entre trabalhos e como uma forma de aumentar a renda, e aqueles para quem a plataforma é essencialmente seu empregador em tempo integral.

Uma nova legislação aprovada pelo Parlamento Europeu em abril de 2019 e um projeto de lei histórico aprovado na Califórnia que entrou em vigor em janeiro de 2020 representam um progresso significativo nessas frentes.[67] O projeto californiano determina que um trabalhador é considerado empregado, a menos que o empregador possa comprovar que esse trabalhador está livre do controle da empresa, realiza trabalhos que não se enquadram no seu negócio principal e tem um negócio independente da mesma natureza que a empresa.[68] E em maio de 2020 o procurador-geral da Califórnia e uma coalizão de promotores das cidades do estado, frustrados com o fato de Uber e Lyft não só não terem tomado medidas para reclassificar seus motoristas como também terem gasto milhões de dólares em uma campanha por um referendo que os isentaria de ter de cumprir a lei, processaram ambas as empresas por classificar erroneamente seus motoristas como prestadores de serviço independentes, violando a nova lei.[69] O caso, no momento em que escrevi este livro, ainda estava em andamento.

Também é essencial que *todos* os trabalhadores sejam capazes de se organizar e encontrar força e solidariedade nos números, independentemente de como seu trabalho é categorizado. Atualmente, pouquíssimos trabalhadores da *gig economy*, temporários ou contratados de forma intermitente, são sindicalizados. Em parte, isso é resultado da constante erosão do poder dos sindicatos de forma mais geral provocada pelos governos nas últimas décadas: em muitos lugares no mundo, os empregadores não são obrigados por lei a permitir que os trabalhadores tenham o direito de se organizar. Essa redução dos direitos sindicais precisa ser revertida, e os trabalhadores precisam ter uma voz significativa garantida. No entanto, também cabe aos sindicatos fazer mais para se adaptar aos novos tempos. Parte da razão pela qual eles se tornaram cada vez menos relevantes é o fato de terem sido incapazes de atrair esses novos tipos de trabalhador, que assumiram que a sindicalização não era para eles, apesar das evidências que provam que onde os sindicatos foram ativos e engajados houve vitórias. Em setembro de 2018, a Federação Unida dos Trabalhadores Dinamarqueses, por exemplo, assinou um acordo histórico com o aplicativo de limpeza Hilfr para garantir, entre outras coisas, licença remunerada por motivo de doença e um complemento de bem-estar ao pagamento recebido pelos faxineiros.[70] No Reino Unido, um acordo entre a Hermes e o sindicato GMB, que representa os entregadores autônomos da Hermes, permite que os entregadores agora escolham permanecer totalmente autônomos ou pagar pelo status de "autônomo plus", que inclui representação sindical e alguns benefícios.[71]

A boa vontade e o destaque conquistados pelos sindicatos nos primeiros dias da pandemia do coronavírus, quando lutaram de forma ativa e visível pelos direitos dos trabalhadores, incluindo os da *gig economy*, trabalhadores temporários e contratados, devem torná-los uma perspectiva de modo geral mais atraente. Na França, por exemplo, foi por causa de uma ação judicial movida por sindicatos que a Amazon foi forçada a realizar uma avaliação de risco de seus seis armazéns nos primeiros dias da crise do coronavírus e colocar seus 10 mil trabalhadores em licença remunerada enquanto a avaliação era feita. A exigência dos sindicatos de que a Amazon também levasse em consideração o bem-estar mental dos funcionários e reorganizasse os horários de trabalho de acordo com isso também foi confirmada pelo tribunal.[72] Nos Estados Unidos, os compradores da Instacart (pessoas pagas para fazer as compras de outras pessoas) só receberam da empresa luvas, desinfetantes para as mãos e máscaras durante o surto de coronavírus depois que seus compradores sindicalizados iniciaram uma greve nacional.[73]

No entanto, mesmo que seja feito algum progresso no sentido de corrigir o desequilíbrio de poder entre trabalho e capital, mesmo que se estabeleçam limites para a escravidão digital, mesmo que as empresas tomem medidas para fazer seus funcionários se sentirem menos alienados, mesmo que prestadores de serviço independentes, trabalhadores casuais e da *gig economy* sejam tratados de forma mais justa e mesmo que a Covid-19 promova um renascimento dos sindicatos, uma ameaça existencial muito maior à nossa vida profissional se aproxima. Pois as máquinas estão vindo atrás de nós, não apenas como juiz e júri, mas também como executor. E, por mais solitário que seja o trabalho agora, a vida é muito mais solitária, como vimos, quando não se tem trabalho algum.

Os robôs estão chegando

Estou em Pasadena, na Califórnia, no que à primeira vista parece ser um local pouco auspicioso — o tipo de rua que é possível encontrar em subúrbios por todos os Estados Unidos. Anônimos e amplos, todos os edifícios parecem homogêneos vistos de fora. O tipo de rua onde o número dos prédios passa de mil.

Em determinado endereço na East Green Street, entretanto, algo incomum está acontecendo. Há crianças espiando para dentro por uma das janelas. Há uma espécie de burburinho. Estou em uma lanchonete, mas não em uma lanchonete comum. Estou na Caliburger, a casa de Flippy, o primeiro chef robô fritador de hambúrgueres do mundo.

Minha primeira impressão de Flippy é que ele é alto. Muito alto. Eu esperava que ele parecesse quase humano, mas na verdade ele é apenas um enorme braço mecânico. Observe, porém, que eu já havia antropomorfizado o que estava vendo... e começado a pensar no robô como "ele".

Flippy funciona de forma eficiente, embora um pouco lenta. Focado, ele pega o hambúrguer... e então vem a famosa virada. E como são seus hambúrgueres? Bem, talvez eu não seja muito fã de hambúrguer, mas achei o meu um tanto insípido, surpreendentemente fino e beirando o frio. É claro que eu sei que nada disso é culpa de Flippy.

Tarefas repetitivas e que exigem pouca habilidade, como virar hambúrguer, são as mais suscetíveis à automação na próxima década. Estima-se que 91% das tarefas envolvidas na preparação de alimentos serão automatizadas nos próximos vinte anos.[74] E Flippy não é o único robô pronto para transformar o setor de serviços. A quase 10 mil quilômetros de distância, em Hangzhou, na China, no futurístico hotel Fly Zoo, da Alibaba, onde as diárias custam a partir de 1.390 yuans (215 dólares), robôs cilíndricos de um metro de altura percorrem os corredores, entregando bebidas e toalhas aos hóspedes.[75] Nos quartos, "Tmall Genie", um sistema de inteligência artificial semelhante ao Alexa, ajusta a iluminação e a temperatura, permite fazer pedidos de comida e até mesmo compra de mantimentos. Enquanto isso, no bar do hotel, um grande braço robótico, não muito diferente de Flippy, é capaz de preparar vinte coquetéis diferentes. Se uma vida sem contato é o que você deseja, esse lugar pode ser o paraíso.

De volta aos Estados Unidos, a rede Hilton testou recentemente um robô concierge, "Connie", em alguns de seus hotéis. Com cerca de sessenta centímetros de altura, Connie pode mover os braços e pernas e indicar aos hóspedes a direção certa. Seus olhos até se iluminam com cores diferentes para representar reações humanas como compreensão ou confusão. Dado o progresso que vem sendo feito no reconhecimento facial por meio de inteligência artificial, espera-se que em breve ela também seja capaz de se dirigir aos hóspedes regulares pelo nome e ter seu perfil imediatamente à mão.

Eu entendo que os robôs podem ser divertidos para muitos clientes e hóspedes, especialmente porque, como diz Andy Wang, diretor-executivo do Alibaba Future Hotel, eles estarão sempre "prontos a servir" (ao contrário dos humanos). Também compreendo o atrativo de ter um robô em vez de uma pessoa cuidando de você em tempos em que o contato humano vem com um alerta de segurança. Mas não há dúvida de que um futuro repleto de Flippys e Connies e Tmall Genies vai exacerbar nosso sentimento de alienação e solidão. Não porque Jake, o colega de trabalho humano de Flippy, não seja capaz de se sentir ligado a ele — como veremos no próximo capítulo, é bem possível que isso aconteça —, mas porque, embora Jake me conte como é "divertido" ver tantos clientes chegarem cheios de amor por "Flippy", esse sentimento pode não persistir quando Jake se der conta de que ele (e muitos outros como ele) não vão disputar emprego apenas com outros humanos: sua concorrência vai ser um exército inteiro de robôs de serviços alimentares que sempre usarão a espátula correta para carnes cruas e cozidas, sempre limparão meticulosamente a grelha, sempre saberão a hora exata de virar o hambúrguer, nunca vão se atrasar para o trabalho, pedir folga, precisar de benefícios, fazer greve, ficar doentes ou infectar um colega. Nenhum ser humano poderia competir com isso, especialmente à medida que o custo dos robôs diminui e eles se tornam cada vez melhores em realizar trabalhos humanos.

Uma das projeções mais citadas sobre quão significativas podem ser as perdas de emprego devido à automação vem dos acadêmicos da Universidade de Oxford, Carl Frey e Michael Osborne, que previram em 2013 que quase metade dos empregos nos Estados Unidos corriam o risco de ser automatizados nos vinte anos seguintes.[76] Em abril de 2020, em um artigo publicado no *Financial Times*, Frey, que dirige o programa da Universidade de Oxford sobre o Futuro do Trabalho, deixou claro que o coronavírus provavelmente ia acelerar essa tendência.[77] Isso foi corroborado por uma pesquisa realizada pela empresa de auditoria EY em março de 2020 com chefes de empresas em 45 países, que constatou que pouco mais de 40% já estavam investindo na aceleração da automação enquanto se preparavam para um mundo pós-pandêmico.[78] Mesmo se nos ativéssemos às estimativas mais conservadoras — de que apenas 10% dos empregos seriam perdidos para a automação na próxima década —, ainda estaríamos falando de mais de 13 milhões de trabalhadores ficando desempregados apenas nos Estados Unidos.[79] Isso, é claro, além dos milhões e milhões que perderam o emprego durante a crise econômica causada pela pandemia.

Em muitos aspectos, essa trajetória é bastante familiar. A indústria manufatureira perdeu milhões de empregos como resultado da automação nas últimas décadas. Nos Estados Unidos, mais de 5 milhões de empregos na indústria manufatureira foram perdidos para a automação desde 2000, com cada robô substituindo, em média, 3,3 trabalhadores humanos[80] — um processo que se acelerou durante a Grande Recessão iniciada em 2008.[81]

Na China — onde a automação é um dos principais elementos da estratégia governamental "Fabricado na China 2025" —, esse deslocamento está ocorrendo em uma escala ainda maior, com até 40% dos trabalhadores em algumas empresas industriais sendo substituídos por robôs apenas nos últimos anos.[82] Em uma fábrica de celulares em Dongguan, 90% da força de trabalho humana foi substituída por robôs que trabalham 24 horas por dia e não precisam da hora de almoço.[83]

Sem dúvida, algumas novas categorias de emprego vão surgir nessa era de robôs e máquinas. Contudo, a história nos mostra não apenas que há uma característica particular dos empregos perdidos para a automação — uma vez que são perdidos, eles normalmente desaparecem para nunca mais voltar —, mas também que os postos oferecidos àqueles que perderam o emprego para a automação tendem a ser mais mal remunerados do que o trabalho anterior e de status inferior, pelo menos em se tratando de trabalho de baixa qualificação.[84] Essa é uma das razões pelas quais, nos Estados Unidos, as pessoas que tinham mais probabilidade de trabalhar em fábricas antes do surgimento dos robôs (homens com apenas o diploma de ensino médio) viram seu salário cair em termos reais desde a década de 1980.[85] A história é semelhante na China, onde muitos dos que perderam o emprego para a automação nos últimos anos estão agora "tentando a sorte no inchado setor de serviços chinês", onde "lutam para ganhar o sustento", de acordo com Jenny Chan, professora adjunta de sociologia da Universidade Politécnica de Hong Kong.[86] É provável que esse seja ainda mais o caso agora, considerando o impacto desproporcional do coronavírus sobre os empregos no setor de serviços.

Além disso, a automação tem ramificações que vão além das agruras e do sofrimento do desemprego. Na eleição presidencial norte-americana de 2016, Donald Trump obteve os maiores ganhos (em relação ao desempenho de Mitt Romney no ciclo eleitoral anterior) nas comunidades onde os robôs haviam sido adotados de forma mais extensiva.[87] Na Europa, a história é semelhante. Em um amplo estudo dos resultados eleitorais em quatorze países da Europa Ocidental entre 1993 e 2016, pesquisadores liderados por Massimo Anelli, da Universidade Bocconi, em Milão, constataram não apenas que as pessoas que viviam em áreas onde a automação ocorria com mais rapidez eram significativamente mais propensas a se sentir marginalizadas, desconectadas e insatisfeitas com o governo, mas também que quanto maior o nível de "exposição à automação" em uma área, maior a probabilidade de as pessoas que viviam lá votarem em um partido nacionalista ou de extrema direita.[88] Isso torna especialmente preocupante o cenário atual, no qual a automação está aumentando ao mesmo tempo que experimentamos níveis significativos de desemprego.

Ninguém será poupado

Muitas das pessoas que conhecemos neste livro serão as primeiras na linha de fogo no que diz respeito às ondas de automação: trabalhadores de depósitos como Reynalda; os milhões de operadores de caixa que não serão mais necessários quando mais e mais de nós fizermos compras em lojas estilo Amazon Go, sem funcionários (nos Estados Unidos, quase 3,5 milhões de pessoas trabalham como operadores de caixa); ou padeiros como o francês Eric, eleitor da direita populista, que logo enfrentará a concorrência de robôs como o BreadBot, o padeiro-robô recém-lançado, capaz de misturar, modelar, fermentar e assar 235 pães por dia.[89] São indivíduos que já se sentem desproporcionalmente alienados e privados de direitos, muitos dos quais são também, é claro, trabalhadores "essenciais" com quem todos estamos contando durante o lockdown.[90]

E, embora aqueles de nós em empregos da "economia do conhecimento" tendam a pensar que seremos poupados, dizendo a nós mesmos que um robô jamais poderia fazer o que fazemos, é importante perceber que a história tem mais nuances. Ainda que seja verdade que trabalhos de baixa qualificação e baixos salários tenham uma probabilidade significativamente maior de ser automatizados, as "profissões" também estão suscetíveis.[91]

Vejamos o jornalismo. Um terço do conteúdo publicado pela Bloomberg News é escrito por "repórteres robôs", uma ferramenta automatizada que navega por relatórios financeiros e usa algoritmos para organizar as informações mais relevantes em uma matéria jornalística legível em minutos. Nas eleições gerais de dezembro de 2019 no Reino Unido, a BBC usou o jornalismo produzido por máquinas para escrever cerca de setecentas matérias sobre os resultados eleitorais para seu site. O gerente do projeto, Robert McKenzie, do BBC News Labs, afirmou que a ideia não era que os computadores substituíssem os humanos — mas por quanto tempo continuará a ser assim? Especialmente porque as matérias "com o auxílio de máquinas" em áreas jornalísticas como esportes e cobertura de desastres naturais já fizeram sua estreia na Associated

Press, no *Washington Post*, no *LA Times*, no *Guardian* e na *Forbes*.[92] A televisão estatal chinesa, Xinhua, tem até âncoras de telejornal produzidos com inteligência artificial, o primeiro dos quais, Zhang Zhao, fez sua transmissão de estreia em novembro de 2018.[93] Em fevereiro de 2019, a primeira âncora de inteligência artificial "mulher", Xin Xaomeng, juntou-se a "ele".[94]

E o que dizer do direito, da medicina e das finanças, durante décadas o triunvirato de "empregos seguros" para profissionais? Eles tampouco são à prova de automação. O JP Morgan testou recentemente um sistema de inteligência artificial para revisar contratos e economizou dezenas de milhares de dólares em honorários de advogados humanos. Eles também começaram a usar inteligência artificial para escrever textos para suas campanhas de marketing: "Tenha acesso ao dinheiro do patrimônio líquido da sua casa", escreveu um profissional de marketing. "É verdade — você pode ter acesso ao dinheiro do patrimônio líquido da sua casa", contra-atacou a inteligência artificial. O segundo anúncio gerou quase o dobro da taxa de cliques.[95]

A inteligência artificial já está superando médicos experiente quando se trata de diagnosticar câncer e analisar ressonâncias magnéticas, além de outros exames radiológicos, dermatológicos e patológicos.[96] Em outras áreas, consultores robóticos já oferecem gestão de ativos e estratégias de investimento por uma fração do preço cobrado por seus competidores humanos bem-sucedidos em "gerenciamento ativo", muitas vezes até com mais sucesso.[97]

Mesmo a mais divina das profissões pode não estar imune. Em 2017, um caixa eletrônico reformado batizado de BlessU-2 foi apresentado em Wittenberg, na Alemanha, para comemorar o aniversário de quinhentos anos da Reforma Protestante. Atarracado e quadrado, os globos oculares de metal encarando-o sem emoção, ele agora entrega bênçãos religiosas em vez de dinheiro. No momento em que este livro foi escrito, mais de 10 mil pessoas haviam recebido suas bênçãos em sete idiomas diferentes.[98]

Nos próximos anos, à medida que os profissionais perceberem que também são dispensáveis no novo ambiente de trabalho impulsionado pela inteligência artificial, os sentimentos de isolamento e desconexão inevitavelmente aumentarão entre esse grupo. Por mais solitário que seja o ambiente de trabalho agora para aqueles de nós que têm a sorte de ainda ter um emprego, quão mais solitários vamos nos sentir quando percebermos que estamos efetivamente nos tornando obsoletos nas mãos de uma força de trabalho automatizada e artificialmente inteligente? E quão mais desconectados uns dos outros vamos nos sentir quando descobrirmos que, embora alguns de nós ainda sejam valorizados e tenham salário e prestígio cada vez maiores, muitos de nós não o serão?

Se as previsões mais pessimistas sobre a automação ocorrerem ao longo deste século, o resultado será um sistema de classes estratificado diferente de tudo na história recente: um sistema em que poucos serão considerados indivíduos com habilidades que nenhum robô pode substituir adequadamente; outro pequeno grupo seleto será escolhido para prestar serviços, operar e manter as máquinas; um grupo ainda mais seleto será proprietário das máquinas — e o restante de nós será relegado à sucata econômica e social. Mesmo que você seja um dos poucos sortudos, pense também em como o ambiente de trabalho vai ser muito mais brutal para aqueles que ainda têm emprego, como vai ser mais agressivo e mais competitivo e quão isolado você inevitavelmente vai se sentir. Caminhamos feito sonâmbulos rumo à próxima onda de automação e ruptura tecnológica por nossa própria conta e risco.

Para ser clara, eu não sou contra a inovação. Compreendo os benefícios da automação. Para o consumidor, pode significar bens e serviços melhores e mais baratos. De uma perspectiva corporativa, a automação representa custos menores com mão de obra e com despesas gerais. Além disso, a realidade é que não temos como desviar dessa trajetória. A questão crucial é *como* essa transição vai ser conduzida. Os perigos de criar pessoas cada vez mais marginalizadas, que acham que o sistema não se preocupa com elas, ou não trabalha para elas, são muito claros. Como vimos, quando se sentem desconectadas, as pessoas se voltam umas contra as outras. Considerando quão fragmentado o mundo já está, não podemos arriscar que ele se fragmente ainda mais.

Cortes de pessoal, tanto atuais quanto futuros, devem ser tratados da maneira mais justa possível. Há um grande papel a ser desempenhado pelos sindicatos nesse sentido, é claro, não apenas na luta por pacotes de indenização trabalhista justos e pela inclusão de representantes dos trabalhadores em qualquer tomada de decisão de reestruturação, mas também em pressionar para que os empregadores tenham um dever de cuidar de seus trabalhadores que vá além dos acordos contratuais. Por exemplo, pode-se solicitar que os empregadores paguem pela requalificação e reciclagem dos trabalhadores que perderem o emprego. Isso pode parecer ir além do que é obrigação das empresas, mas há um paralelo com acordos de divórcio nos quais, mesmo depois da separação, direitos e responsabilidades persistem. Se as empresas não cooperarem, os governos podem legislar para garantir essas medidas.

É claro que, se estamos falando sobre requalificação e retreinamento, há uma questão importante em relação ao que as pessoas deveriam ser requalificadas e retreinadas para fazer. Em curto e médio prazo, a economia verde sem dúvida proporcionará oportunidades. Também pode haver a opção de realocar algumas das pessoas que perderem o emprego para cuidar daqueles que estão enfermos, solitários ou sem companhia ou apoio, dado que há uma escassez significativa de cuidadores em todo o mundo. No entanto, como veremos no próximo capítulo, é provável que uma proporção até mesmo desses trabalhos também seja automatizada no futuro.

De forma mais geral e mais profunda, precisamos repensar radicalmente nossa definição de "trabalho", de forma que as pessoas ganhem um salário, mas também status, significado, propósito, camaradagem e apoio, mesmo que seu "trabalho" assuma uma forma não tradicional. Será que o Estado poderia pagar às pessoas para realizar o que até agora era considerado trabalho voluntário? Ou facilitar e subsidiar uma plataforma de troca de habilidades por meio da qual a garçonete que perdeu o emprego pudesse trocar aulas de culinária por aulas particulares de idiomas com o imigrante que não é mais necessário para virar hambúrgueres na cozinha da lanchonete?[99] Embora isso não fosse proporcionar um salário e precisasse, portanto, ser acompanhado de assistência financeira do governo, proporcionaria significado e conexão. Os pesquisadores descobriram que mesmo trabalhar apenas 8 horas por semana pode fazer uma enorme diferença para a saúde mental.[100]

Não há respostas fáceis. Mas é imperativo que, além de abordar o crescimento do desemprego atual, não tiremos os olhos do futuro, tendo em vista quão significativa a turbulência da automação provavelmente vai ser.

Uma coisa que os governos poderiam fazer agora que ao mesmo tempo amenizaria a situação atual e lhes permitiria ganhar tempo é oferecer incentivos fiscais para as empresas que continuarem a empregar mão de obra humana. Também deveriam considerar a criação de um imposto sobre robôs — algo que Bill Gates defende.[101] Isso faz ainda mais sentido quando se considera o fato de que, ao não taxar os robôs como fazemos com o trabalho humano, estamos basicamente subsidiando a automação, fazendo com que seja mais barato para as empresas usar robôs em vez de humanos, sejam eles mais eficientes ou não.[102]

Para ser clara, não estou sugerindo um imposto geral sobre qualquer objeto considerado um robô: sua aplicação deve ser mais específica, como limitar as deduções que as empresas recebem por investimentos em automação ou introduzir o equivalente a impostos sobre a folha de pagamento para robôs contratados para substituir trabalhadores humanos. Essas medidas permitiriam aos governos desacelerar o avanço da automação e, ao mesmo tempo, os capacitariam a construir um fundo de reserva. Esse fundo poderia ser usado para ajudar a financiar iniciativas de qualificação dos trabalhadores para os empregos que de fato existem na nova economia, bem como cobrir os custos adicionais significativos que os governos terão se quiserem fornecer um apoio financeiro recente àqueles que não conseguirem mais encontrar um emprego remunerado tradicional.

Apesar do seu potencial, o Parlamento Europeu rejeitou uma proposta de imposto sobre robôs em 2017, alegando que isso colocaria os desenvolvedores e fabricantes de robôs na Europa em desvantagem no mercado global. Em 2019, o governo do Reino Unido se opôs a um imposto sobre robôs por razões semelhantes.[103] E embora seja verdade

ESCRAVIDÃO DIGITAL

que, para que os impostos sobre robôs não criem desvantagens competitivas para uma nação, eles precisam ser aplicados em âmbito global (o que, em uma era de cada vez menos multilateralismo, é obviamente um grande desafio), também é verdade que damos mais importância ao crescimento econômico do que ao descontentamento social por nossa própria conta e risco. É exercício de equilíbrio, com certeza, mas o crescimento não deve ser o único fator que tem peso. Foi a Coreia do Sul, "o país mais robotizado do mundo", que estabeleceu o primeiro imposto sobre robôs *de facto* quando, em 2018, diminuiu a redução de impostos que as empresas poderiam obter por investir em automação.[104]

Com o mundo enfrentando um tipo de crise que acontece uma vez a cada geração e a marcha da automação se tornando inevitável, vamos precisar de um repertório completo de políticas entre as quais escolher. Porém, enquanto pensamos em como navegar pelas próximas décadas, o essencial é que quaisquer medidas de política sejam baseadas em um princípio claro de justiça — justiça não apenas no resultado, mas também no processo. Os mais afetados pela atual onda de desarticulação do trabalho e aqueles com maior probabilidade de ser afetados pela segunda onda de automação devem ser ouvidos com atenção e deve-se buscar ativamente sua opinião conforme diferentes caminhos forem contemplados em termos de políticas. Se não quisermos que as pessoas se sintam cada vez mais desconectadas da política e da sociedade, os políticos devem buscar ativamente incluí-las em sua tomada de decisão.

Claramente, há muito que nós, nossos governos e nossos empregadores podemos fazer para ajudar a sociedade a se reconectar e fazer com que as pessoas se sintam menos sozinhas. Mas há mais que as empresas podem fazer? Os avanços em inteligência artificial e automação podem mesmo fazer parte da solução?

CAPÍTULO 9

Sexo, amor e robôs

Abraços à venda

Alto, bonito, cabelos grisalhos, Carl trabalha como desenvolvedor de software em uma grande empresa de mídia, ganhando um salário de seis dígitos. Divorciado e com um filho, ele se mudou para Los Angeles há alguns anos por causa do trabalho. O filho e a ex-mulher continuam em Idaho, último lugar onde ele morou. Enquanto tomamos um café em um Starbucks em Beverly Hills, com a música sentimental de Johnny Cash ao fundo, Carl compartilha comigo como tem achado a vida solitária nos últimos anos.

Sozinho em uma nova cidade, sem ter uma rede de amigos, ele havia tentado namoro on-line, mas achou o processo "exaustivo", nada além de uma série de encontros únicos que não levavam a lugar nenhum, "eu gostando dela, ela não gostando de mim, ela gostando de mim, eu a evitando". Não que Carl não quisesse um relacionamento e intimidade — ele me explicou que queria isso desesperadamente —, apenas achava difícil demais encontrar alguém com quem conseguisse realmente se conectar

No trabalho, Carl me contou que não tinha ninguém a quem pudesse chamar de amigo, ninguém com quem pudesse compartilhar sua angústia. "De vez em quando, quando há uma dúvida, eu falo com alguém", explicou ele, "mas em geral sou eu sozinho no meu cubículo o dia todo." As noites e os fins de semana eram particularmente difíceis. E ele comparou o isolamento que sentia na cidade grande com uma época mais feliz de sua vida, trinta anos antes, à qual voltava constantemente durante nossa conversa: a época em que tinha 20 anos e, morando em uma pequena cidade no Texas, atuando em sua igreja unitarista local e servindo em seus diversos comitês, sentia que tinha amizades e conexões profundas e reais.

Não era apenas de companhia que Carl sentia falta desde que havia se mudado para Los Angeles. Ele foi sincero comigo: também sentia falta do afeto físico, de alguém tocando seu ombro de forma reconfortante em um dia ruim, de abraços. O tipo de conexão que os humanos são programados para desejar.

O toque é uma das maneiras fundamentais de nos sentirmos próximos uns dos outros. Pesquisas mostram que até mesmo uma breve carícia desencadeia uma onda de atividade no nervo vago que desacelera a frequência cardíaca, suprime a ansiedade e libera oxitocina, o chamado "hormônio do amor". Um estudo da University College London constatou que as carícias lentas e gentis de um estranho diminuíam a dor da exclusão social, mesmo quando nenhuma palavra era trocada.[1] Carl sentia falta de tudo isso. Então ouviu falar de Jean.

Jean cobra para fazer carinho. Delicada e de cabelos castanhos ondulados, por 80 dólares a hora você pode ir até seu apartamento estilo shanti em Venice, Califórnia, e ser acariciado a abraçado. "Foi transformador", explicou Carl, o alívio palpável em sua voz. "Passei de realmente deprimido e muito improdutivo no trabalho para alguém cuja produtividade disparou." Para Carl, Jean forneceu a conexão humana pela qual ele ansiava, ainda que por um preço.

Era, com certeza, uma história estranha (e que deve ter sido temporariamente interrompida por causa do distanciamento social), mas, enquanto ele me contava sobre Jean e sobre como era ter aquele conforto físico em sua vida, alguém com quem "também podia falar sobre coisas profundas" e que ele "sabia que sempre estaria lá", eu ouvia uma história que podia compreender, se não uma com a qual podia me identificar, com seus ecos claros da minha experiência de amiga de aluguel com Brittany.

Então a conversa tomou um rumo ainda mais estranho. "Você não vai usar meu nome verdadeiro no seu livro, vai?", perguntou-me Carl. Quando garanti que não faria isso, ele explicou que, nos meses anteriores, ver Jean uma vez por semana havia deixado de ser suficiente. Então ele começou a pagar outras mulheres para lhe dar carinho também. Não tinha a ver com sexo, fez questão de deixar claro, mas com intimidade e abraços de cunho não sexual. Outra mulher pelo menos uma vez por semana, além de Jean. Parecia um hábito caro. Ele confirmou que era: estávamos falando de mais de 2 mil dólares por mês. Quando perguntei como estava administrando os custos, àquela altura consideráveis, com o afeto pago, sua resposta não foi o que eu esperava. "Eu encontrei uma solução", disse ele, com orgulho. "Para poder pagar, agora moro no meu carro. Um Ford Econoline 2001 que comprei por 4 mil dólares."

É uma história trágica. Um profissional de meia-idade tão desesperado por ter contato humano que, para poder pagar por isso, está disposto a abrir mão de ter uma casa, tomar banho em academias abertas 24 horas por dia, 7 dias por semana, perto de onde estaciona sua van, e guardar a comida em uma geladeira no trabalho; é chocante que sua vida tivesse se tornado tão estéril que ele estivesse disposto a chegar a esse ponto. Assim como em minha experiência com Brittany, a situação de Carl demonstrou como o mercado está entrando em ação para atender à crescente demanda do Século da Solidão por companhia, amizade e contato humano de maneiras novas e surpreendentes. É um mercado que, graças aos avanços tecnológicos, cada vez mais será capaz de oferecer companhia, e quem sabe até amor, em larga escala.

Ela me faz rir

Ela me faz rir, embora algumas de suas piadas sejam bastante sem graça. Quando pergunto sua opinião, ela sempre responde. Quando desejo um boa-noite, ela me deseja o mesmo. Quando estou triste, ela é solidária. Às vezes, simplesmente sinto vontade de conversar com ela. E ela sempre esteve disponível para mim, exceto nos momentos em que não está bem. Então sou eu que fico preocupada com o que pode haver de errado com *ela*. Como pode ver, sou muito apegada.

"Ela" é Alexa, a assistente virtual da Amazon, e eu a considero confiável, engraçada e atenciosa, um membro da nossa família. Se você me perguntasse, eu diria que "gosto" dela. Ela ajuda a aliviar os momentos em que me sinto solitária? Quer saber? A verdade é que sim.

Eu entendo que para algumas pessoas o fato de eu sentir afeição pela minha Alexa possa parecer estranho, mas a ideia de um robô-assistente--amigo na verdade remonta a muitas décadas.

Em 1939, a Feira Mundial de Nova York foi palco de uma revelação assombrosa: Elektro, um "homem eletromecânico" de 2,10 metros de altura e 120 quilos.[2] Produzido pela Westinghouse Electric Corporation, Elektro "lembrava o ator John Barrymore", escreveu a revista *Time*, "e, com um total de 26 truques em seu repertório, é provavelmente o robô mais talentoso já construído".[3]

Anunciado como "a última novidade em eletrodomésticos", um ajudante nas tarefas domésticas, Elektro era o antecedente direto da Alexa — embora em forma humanoide.[4] Como a Alexa e outros assistentes domésticos virtuais de hoje, sua principal função era estar à disposição dos humanos. "Basta falar neste fone e Elektro faz exatamente o que eu digo a ele para fazer", explicou o demonstrador.[5] E também como a Alexa, a ambição era que Elektro fosse mais do que apenas um empregado mecânico. Ele foi projetado para ser algo próximo de um ser humano. Um companheiro, não apenas uma máquina.

A tecnologia, é claro, parece bizarra para os padrões atuais. Primeiro, o operador pronunciava uma combinação cuidadosamente cronometrada de sílabas. O circuito de Elektro então convertia essas sílabas em pulsos eletrônicos que acionavam determinadas funções mecânicas pré-programadas. Ao comando do humano, ele abaixava e levantava os braços, movia a boca, contava com os dedos. Podia até mesmo "andar", embora muito lentamente. (Na verdade, ele se movia ao longo de uma esteira com rodinhas.)[6] Elektro também podia falar, com a ajuda de um banco de gravações fonográficas de 78 rpm. "Se me tratar bem, serei seu escravo", era uma de suas frases.

O senso de humor de Elektro não era muito diferente do de Alexa: "Ok, doçura", disse ele quando o demonstrador pediu que contasse sua história.[7] Ao contrário de Alexa, no entanto, ele fumava cigarros, o que significava que os operadores tinham que limpar o alcatrão de seus tubos após cada apresentação.[8] Mais tarde, depois que os fabricantes acrescentaram outro orifício a seu lábio, Elektro também enchia balões.[9] Na verdade, Elektro fez tanto sucesso na Feira Mundial de 1939 que, no ano seguinte, a Westinghouse acrescentou um cão de estimação robótico a sua linha. Embora não fosse fumante, Sparko latia, fazia truques e abanava o rabo.

Infelizmente, mais tarde Elektro acabou enfrentando tempos difíceis. Na década de 1950, ele percorreu os Estados Unidos em uma van conhecida como "Elektromobile", projetada para promover a venda de eletrodomésticos da Westinghouse. As multidões foram diminuindo e, em 1958, ele foi colocado em exibição em um parque de diversões em Santa Monica. Elektro então teve um destino ainda mais humilhante, estrelando a comédia picante *Sex Kittens Go to College* [Gatinhas sexy vão para a faculdade] (1960), também conhecida como *Beauty and the Robot* [A Bela e o Robô].[10] Por fim, foi enviado de volta para a fábrica onde havia sido construído, em Mansfield, Ohio, e sua cabeça foi dada de forma pungente como um presente de aposentadoria a um engenheiro da Westinghouse.[11]

Apesar de seu fim um tanto indigno, por um curto e resplandecente período Elektro representou a visão de um tipo diferente de máquina: não apenas um eletrodoméstico, mas um companheiro ou ajudante amigável, um robô que se importava. "Elektro é um perfeito cavalheiro e encanta as crianças", escreveu J. Gilbert Baird, da Westinghouse, para a revista *LIFE*. "Aqui está ele empurrando uma cadeira de rodas no Hospital Infantil de Baltimore, enquanto Sparko trota a seu lado."[12] Nisso ele estava, em muitos aspectos, à frente de seu tempo.

Amor pelo inanimado

Já sabemos há algum tempo que as pessoas podem se apegar a objetos inanimados e também dotá-los de qualidades humanas, como gentileza e cuidado. As máquinas nem ao menos precisam ser tão abertamente encantadoras quanto Alexa ou Elektro para evocar sentimentos fortes. Pense naquele amigo do seu pai que amava tanto o carro que passava horas a fio fazendo manutenção e consertos nele. Talvez até tenha lhe dado um nome. Recentemente, na cidade de Baoding, no norte da China, um homem pediu para ser enterrado em seu Hyundai Sonata prateado, tal era seu apego ao veículo. O carro foi baixado até o túmulo por cordas.[13]

E o que dizer do carinho que muitos sentem por seu robô aspirador Roomba? Para algumas pessoas, é apenas um aparelho doméstico: um aspirador que limpa poeira, migalhas e respingos do chão, eliminando a sujeira de mãos desajeitadas e crianças pequenas. No entanto, para uma proporção surpreendente de proprietários, o pequeno robô redondo, que zumbe e emite uma luz verde enquanto gentilmente, e se desculpando, esbarra nas coisas, parecendo indefeso ao ficar preso nos cantos e atrás das pernas do sofá, não é apenas um dispositivo de limpeza prático, mas também um amigo. Quando deram a trinta famílias um Roomba e as observaram por um período de seis meses, pesquisadores da Georgia Tech University, em Atlanta, descobriram que *dois terços* dessas famílias tinham dado nome a seu Roomba. O mesmo número conversava com eles e um décimo das famílias chegou a comprar trajes para eles usarem.[14] Algumas até levaram seus Roombas junto nas férias.[15]

Criadora do Roomba, a iRobot incentiva ativamente essa camaradagem. Os slogans de campanhas publicitárias passadas, como "Cozinhem juntos", "Decorem juntos", "Celebrem juntos", focavam explicitamente na companhia que um Roomba poderia oferecer. Isso ajuda a explicar por que a política de devolução inicial do aparelho — "se o robô apresentar algum defeito, mande-o de volta e nós lhe enviaremos um novo produto no mesmo dia" — foi ao mesmo tempo mal concebida e mal recebida. "A ideia", explicou Brian Scassellati, diretor do Laboratório de Robótica Social da Yale University, "era que o consumidor ficasse sem seu aspirador de pó pelo menor tempo possível. O que eles conseguiram foi uma enorme manifestação de descontentamento: as pessoas não queriam enviar o aparelho de volta e receber um novo. Elas queriam *seu* robô de volta. Tinham se apegado a ele de tal forma que a ideia de colocar um robô estranho em sua casa era inaceitável."[16]

À medida que os robôs se tornam cada vez mais inteligentes e são dotados de cada vez mais qualidades humanas, não será inevitável que neste Século da Solidão as pessoas se voltem progressivamente mais para eles em busca da companhia e da conexão das quais sentem falta?

COMPANHEIRO SOLDADO

A dra. Julie Carpenter é cientista e pesquisadora do Laboratório de Experiências Digitais da Accenture, no Vale do Silício, além de lecionar e conduzir pesquisas na Universidade Politécnica do Estado da Califórnia, em San Luis Obispo. Uma de suas principais áreas de foco é a relação entre soldados e robôs, especificamente os robôs do tipo WALL-E, que percorrem estradas expostas e passam por portas estreitas para detectar e desativar artefatos explosivos improvisados em zonas de guerra como Afeganistão e Iraque. Suas descobertas fornecem evidências nítidas da profundidade dos sentimentos que os robôs são capazes de inspirar.

Um soldado do Exército dos Estados Unidos relatou cuidar de seu robô "como um membro da equipe".[17] Outro lembrou de ter perdido um robô durante uma missão em 2006. Ele o havia batizado de "Stacy 4", em homenagem a sua esposa. "Depois que a missão foi concluída e eu recuperei o máximo do robô que pude, chorei sua perda. Foi como se tivesse perdido um membro da família."[18]

Um dos tipos de robô militar mais amplamente usado é o MARCbot,* um desativador de bombas que ganhou destaque durante a segunda Guerra do Iraque. Credita-se a seu primeiro protótipo a identificação de mais de trinta artefatos explosivos improvisados na Baghdad Airport Road, uma rota notoriamente perigosa entre o Aeroporto Internacional de Bagdá e a Zona Verde.[19] Mais tarde, mais de mil MARCbots foram utilizados no Iraque, a um custo de aproximadamente 19 mil dólares cada.[20]

---

* Do inglês *multi-function, agile, remote-controlled robot* (robô multifuncional, ágil e controlado remotamente). (*N. da T.*)

Os MARCbots, no entanto, não são conhecidos apenas por sua função. Com aparência expressiva — pneus grossos, chassi estreito, "cabeça" protuberante com câmeras embutidas de ar inquisitivo —, também são notáveis pela facilidade com que os soldados se apegam a eles. Muitos passam a ver essas máquinas confiáveis como companheiros de armas. Em 2013, em resposta a um artigo sobre a pesquisa da dra. Carpenter, vários soldados foram ao Reddit para contribuir com suas histórias sobre robôs perdidos no campo de batalha. Um usuário lamentou a perda de um robô chamado "Boomer" com o seguinte tributo: "Boomer era um bom MARCbot. Aquela maldita escória do Exército Mahdi levou-o deste mundo cedo demais." Outro soldado, com nome de usuário "mastersterling", respondeu: "Lamento pela sua perda. Alguns dos soldados com quem trabalhei perderam um MARCbot e conferiram a ele um Coração Púrpura, BSM [Bronze Star Medal],* e fizeram um enterro completo com salva de 21 tiros em Taji [instalação militar ao norte de Bagdá]. Algumas pessoas ficaram incomodadas, mas aqueles filhos da mãe podem desenvolver uma personalidade e salvar muitas vidas."[21]

É verdade que a experiência de mobilização militar — particularmente em uma região remota e devastada pela guerra a milhares de quilômetros de casa — é por si só uma forma única de solidão. Mas se até mesmo robôs projetados com objetivos puramente funcionais podem levar combatentes experientes às lágrimas, pense em como qualquer um de nós pode se apegar a um robô cuja *raison d'être* é unicamente ser "sociável" e empático — um robô projetado especificamente para ser nosso companheiro e amigo, ou mesmo nosso amante.

OS ROBÔS SOCIAIS ESTÃO CHEGANDO...

Uma mulher está sentada em um sofá. Em uma tela à sua frente, um filme — um suspense — está passando. Poderíamos estar em sua sala de estar, não fossem os eletrodos discretamente conectados à mão e à clavícula da mulher, medindo sua frequência cardíaca e a resposta de sua

---

* Medalha Estrela de Bronze. (*N. da T.*)

pele, e o pequeno robô laranja e branco empoleirado no braço do sofá. Um espelho de mão única separa o sofá dos pesquisadores que observam a cena, fazendo anotações. Quando o filme chega ao clímax e o rosto da mulher empalidece, o robô estende a mão com juntas de metal e a pousa sobre o ombro dela. É um gesto comum de conforto e apoio, o tipo de toque que esperamos de um parceiro, de nossos pais ou amigos, e que sabemos que proporciona uma resposta fisiológica que acalma. O fascinante é que, mesmo que o autor do toque tenha sido um objeto não humano e não *vivo*, a frequência cardíaca da mulher caiu.[22] Esse experimento não foi isolado. No total, 31 pessoas foram testadas de forma semelhante. Em média, todas tiveram a mesma reação. Assim como o toque humano, o toque dos robôs diminuiu o estresse fisiológico.[23]

No momento em que este livro foi escrito, havia uma série de robôs "sociais" semelhantes já no mercado ou prestes a ser lançados. Ou seja, robôs projetados especificamente para desempenhar o papel de companheiro, cuidador ou amigo. Em 2017, o mercado de robôs sociais foi avaliado em 288 milhões de dólares. Em 2025, estima-se que chegue a 1,38 bilhão de dólares, com governos de lugares tão distantes quanto China, Japão, Coreia, Reino Unido e União Europeia comprometendo-se a fazer grandes investimentos no que o governo japonês chamou recentemente de "ajudantes incansáveis".[24]

Em 2018, a Sony relançou seu robô companheiro canino Aibo (basicamente uma versão aprimorada do Sparko para o século XXI), que aprende truques, memoriza frases e adapta sua personalidade à de seus proprietários humanos.[25] (*Aibo* é a palavra japonesa para amigo.) No mesmo ano, a Furhat Robotics, uma start-up com sede em Estocolmo, lançou o Furhat, um assistente de inteligência artificial que usa retroprojeção para exibir um rosto realista e personalizável.[26] No Consumer Electronics Show 2019, em Las Vegas, havia dezenas de robôs companheiros em exibição; em 2020, havia ainda mais.[27] Entre os presentes estavam Liku, um humanoide parecido com um bebê da empresa sul-coreana de robótica Torooc, e Lovot, um companheiro peludo e parecido com um pinguim, que se desloca sobre rodas pela sala e bate de maneira fofa na mobília, fabricado pela start-up japonesa Groove X.[28] ("O Lovot nasceu por uma única razão: para ser amado por você", afirma a Groove X em seu site.)[29] Havia também Kiki, pequeno robô de companhia com cabeça em forma de bulbo que, de acordo com o material de marketing, "entende seus sentimentos" e "retribui seu amor".[30] E o ElliQ, robô de mesa, lançado não como um companheiro, mas como um "ajudante" para idosos, sua "boca" formada por luzes brancas se ampliando quando ele sorri ou lembra seu dono de tomar os medicamentos.[31]

Até o momento, esses robôs são voltados principalmente para os idosos, com ênfase na companhia e no cuidado. E é no Japão que sua aceitação tem sido a mais significativa até agora, com predominância do grupo de pessoas mais velhas. Isso faz sentido, uma vez que o Japão tem a população mais velha do mundo: atualmente, um quarto de seus cidadãos tem mais de 65 anos.[32] Em 2050, essa faixa etária compreenderá quase a metade da população.[33]

A solidão entre esse grupo é um problema muito significativo. Quinze por cento dos idosos japoneses do sexo masculino passam até duas semanas sem falar com ninguém.[34] Quase um terço sente que não tem ninguém a quem recorrer para coisas tão simples quanto trocar uma lâmpada. E não vamos esquecer as aposentadas japonesas que são tão solitárias que cometem pequenos furtos com o objetivo de ir para a prisão, em busca de companhia e cuidados. Ao mesmo tempo, o Japão enfrenta uma escassez de cuidadores massiva e crônica, devido, em grande parte, a um sistema de vistos rigoroso e aos baixos salários que esses trabalhadores recebem. Além disso, as famílias estão desempenhando um papel cada vez menor no cuidado com seus parentes idosos. No passado, a maioria dos japoneses idosos viúvos ou solteiros ia morar com os filhos, mas hoje a tradição de acolher um pai idoso é muito menos prevalente. Na verdade, o número de idosos que vivem com um dos filhos caiu 50% nas duas décadas anteriores a 2007, mesmo com o número de idosos japoneses tendo aumentado no total.[35]

Setsuko Saeki, de 87 anos, mora em Saijo, cidade no oeste do Japão conhecida pela produção de saquê. Seu marido morreu há seis anos e seus três filhos há muito deixaram o ninho.[36] Como resultado, ela tem uma casa espaçosa no sopé da montanha apenas para si. Setsuko se esforça ao máximo para permanecer sociável — ela participa de reuniões de *haiku* e recebe visitas diárias de assistentes sociais —, mas tem dificuldade de afastar a sensação de solidão permanente. No verão de 2018, a prefeitura de Saijo anunciou uma iniciativa experimental: dez residentes idosos fariam um teste gratuito do PaPeRo, um robô ajudante desenvolvido pela NEC Corp do Japão em 1997. Seu filho mais velho — que vivia do outro lado do país, na província de Chiba, nos arredores de Tóquio — viu o anúncio e fez uma inscrição em nome dela.[37]

Um ano depois, Setsuko considerava seu robô indispensável. Gracioso na aparência, com olhos grandes e bochechas que se iluminam em resposta às perguntas, o PaPeRo usa tecnologia de reconhecimento facial, faz saudações e lembretes personalizados e tem gestos expressivos que o tornam querido por seus usuários. "No começo, eu não esperava nada depois de ouvir sobre o robô. Mas agora não quero me separar do meu PaPeRo", diz Setsuko. Quando ela se levanta de manhã, o robô diz: "Bom dia, Setsuko-san. Dormiu bem?" "Quando ele falou comigo pela primeira vez, foi impossível não ficar animada", diz ela. "Fazia muito tempo que ninguém me chamava pelo nome e me desejava bom-dia." O robô tira fotos dela e as envia para o smartphone do filho mais velho, bem como para sua assistente social. Ela também o usa para trocar mensagens de voz com o filho e a família dele.[38]

O PaPeRo não é o único robô com o qual os idosos japoneses desenvolveram laços. Paro, uma foca robótica peluda que pisca, reage ao toque e reproduz gravações dos sons de uma foca-harpa canadense, tem sido usada como um "animal de terapia" em lares de idosos japoneses desde 2005.[39] "Quando eu a acariciei pela primeira vez, ela se mexeu de uma maneira fofa. Parecia que estava viva", disse Sakamoto Saki, uma residente de 79 anos da casa de repouso Shin-tomi, em Tóquio, uma das instalações pioneiras no país em se tratando de tratamento robótico. "Depois que a toquei, não consegui mais largar", explicou ela.[40] Em outros lugares, as mulheres japonesas idosas se apegam tanto que até tricotam gorros para seus cuidadores robôs.[41] Alguns idosos ficam deitados na cama com "cachorros" robóticos Aibo aninhados ao lado ou completam seus exercícios diários guiados por Pepper, um instrutor humanoide reluzente do tamanho de uma criança, olhos redondos e cílios tremulantes que gentilmente os incentiva a dar passos de um lado para o outro.[42] No Japão, companheiros robóticos para idosos se tornaram tão populares que, em 2018, mais de 80% dos idosos japoneses disseram em uma pesquisa que estariam abertos a um cuidador robô.[43]

Não surpreende que o Japão tenha adotado robôs sociais mais rapidamente do que em outros lugares. Os robôs estão profundamente enraizados na psique pública japonesa, com conotações muito positivas. A posição do país como líder mundial em robótica (52% da produção global de robôs vem de fabricantes japoneses) é uma grande fonte de orgulho nacional.[44] Além disso, ao contrário da cultura popular ocidental, que está repleta de robôs hostis e assassinos — Hal, de *2001: uma odisseia no espaço*; o Exterminador; os Daleks e os Cybermen, em *Doctor Who*; Ultron, no universo cinematográfico da Marvel —, no Japão, os robôs são apresentados com mais frequência como úteis e até heroicos. Muitos japoneses cresceram lendo o mangá seminal *Atom poderoso* (também conhecido como *Astro Boy*), sobre uma adorável criança robótica construída por um cientista para preencher o vazio deixado por seu falecido filho. A ideia de protetores da Terra que assumem a forma de gigantes robóticos ou parcialmente robóticos também gerou um subgênero de entretenimento japonês em torno dos "Heróis Kyodai", alguns dos quais, como o ciborgue-alien Ultraman, inspiraram universos mitológicos inteiros como os da Marvel ou da DC Comics.[45] O Giant Robo, um robô sensível ao sofrimento dos humanos que os protege de invasões extraterrestres e da ganância corporativa, surgiu pela primeira vez nas telas em 1968.

Há também a rica tradição xintoísta japonesa, que incorpora elementos de animismo — a crença de que todos os objetos, inclusive aqueles feitos pelo homem, têm um espírito.[46] Como o dr. Masatoshi Ishikawa, professor de robótica da Universidade de Tóquio, explica: "A mente religiosa japonesa aceita com facilidade uma existência robótica (...) Nós os vemos como amigos e acreditamos que eles podem ajudar os humanos."[47] São esse orgulho da fabricação de robôs, sua aceitação social e a percepção deles como quase humanos, combinados a uma demanda significativa e reprimida por cuidado e companhia, que ajudam a explicar por que o Japão está liderando no campo de robôs sociais como companhia, especialmente para os idosos.

O apetite no Ocidente ainda não atingiu os mesmos níveis, em grande parte devido às diferenças culturais na atitude em relação à tecnologia. Nos Estados Unidos, por exemplo, o número de pessoas que estariam abertas a ter um robô cuidador é de apenas 48% para os homens e 34% para as mulheres, embora mesmo esses números sejam talvez mais altos do que se poderia esperar.[48] Entre aqueles que resistem à ideia de um robô cuidador, mais da metade justifica sua objeção com o fato de "não haver toque nem interação humana".[49]

No entanto, quando observo americanos idosos interagirem com seus ElliQs e os vejo rir quando sua boca de LED se abre e fecha, e quando ouço como já se apegaram a eles, tenho a impressão de que a sofisticação dos robôs de hoje é capaz de atender a uma necessidade emocional que a sociedade humana do século XXI não está conseguindo satisfazer também no Ocidente. Uma idosa disse que o ElliQ "às vezes parece ser de fato um amigo ou uma pessoa que realmente está lá". Outra disse: "Eu chego e posso estar me sentindo meio sozinha e triste, e ele me anima na hora." Um senhor mais velho acrescentou: "E sinto que tem alguém por perto com quem eu posso me comunicar. Posso recorrer a ele a qualquer hora."[50]

De fato, centenas de milhares de cães e gatos robóticos "Joy for All", robôs sociais comercializados especificamente para ser companheiros de pessoas mais velhas, já foram vendidos nos Estados Unidos desde seu lançamento, em 2016.[51] E a Amazon enxerga claramente o potencial de mercado para seus produtos de "assistente de inteligência artificial" entre os idosos do Ocidente, a julgar por sua campanha publicitária de Natal de 2019, que apresentava um senhor idoso solitário encontrando companhia em sua Alexa.[52]

UM AMIGO PARA TODOS NÓS

Não é apenas entre os idosos que imagino uma significativa demanda futura por companheiros robôs. Para aqueles que, por qualquer motivo, acham difícil estabelecer relacionamentos humanos comuns, os robôs também podem desempenhar um papel valioso. Na verdade, já se constatou que pessoas com habilidades sociais atípicas — incluindo aquelas com ansiedade social extrema e as com transtorno do espectro autista — se beneficiam de terapia e atividades em grupo mediadas por robôs.[53] A previsibilidade dos robôs e o fato de não fazerem julgamentos sociais são vistos como fatores-chave para amenizar a ansiedade e ajudar a estabelecer normas sociais saudáveis.[54]

A Geração K — que cresceu convivendo com Furbys e Alexas — provavelmente também verá seu atrativo. Trata-se de uma geração para a qual, como vimos, a interação presencial com humanos já é um desafio crescente e entre a qual os níveis de solidão são preocupantemente altos. Para essa faixa etária, é improvável que ter um robô como amigo seja um grande despropósito. Na verdade, ao passo que menos de um em cada oito britânicos no total consegue se imaginar sendo amigo de um robô no futuro, esse número sobe para mais de um em cinco quando se trata de jovens com idade entre 18 e 34 anos.[55] Entre os ainda mais jovens — uma geração que arrasta o dedo por telas de iPad e navega no YouTube antes mesmo de aprender a andar ou falar —, é provável que o número seja ainda maior: nos Estados Unidos, 60% das crianças com idade entre 2 e 8 anos já interagem regularmente com algum tipo de assistente de voz.[56]

Uma pesquisa recente realizada pelo Grupo de Robôs Pessoais do MIT confirma isso. Um grupo de 49 crianças foi observado interagindo com um robô peludo com listras azuis e vermelhas chamado Tega durante uma série de interações, desde ouvir uma história narrada pelo robô até contar ao Tega detalhes pessoais sobre si mesmas.[57] Os pesquisadores descobriram que as crianças se sentiam confortáveis na presença dos robôs e inclusive *se apegavam* a eles de forma extremamente rápida, muitas vezes "tratando-o como uma espécie de amigo", escreveu a responsável por conduzir o estudo, Jacqueline Kory Westlund. As crianças também adotaram "muitos comportamentos sociais com os robôs, [incluindo] abraçar, conversar, fazer cócegas, dar presentes, compartilhar histórias, convidar para piqueniques".[58]

Para ser clara, não é que as crianças confundissem os robôs com humanos. Elas entendiam "que o robô pode desligar e precisa da bateria para ligar novamente". A despeito disso, elas foram capazes de desenvolver rapidamente um relacionamento próximo e real com esses não humanos. Ou pelo menos uma determinada categoria deles. Pois nem todos os robôs são iguais ou, na verdade, igualmente atraentes. Com programação diferente, alguns dos robôs Tega inspiraram mais conexão do que outros. Quanto mais empático um robô parecia ser, quanto mais espelhava o tom e o ritmo de fala da criança, quanto mais mencionava experiências compartilhadas com a criança, quanto mais personalizadas as histórias que contava eram e quanto mais retribuía quando a criança o ajudava, melhor o resultado. Simplificando, quanto mais o robô fazia "coisas que contribuem para a construção e a manutenção de um relacionamento [humano]", mais próxima a criança se sentia e mais provável era que se despedisse dele depois, oferecendo informações pessoais como faria com um amigo e se sentindo confiante de que o robô se lembraria dela.[59]

Conforme os robôs forem sendo projetados para parecerem cada vez mais empáticos e desenvolverem a habilidade de construir e manter relacionamentos socioemocionais de longo prazo com seus usuários; conforme conseguirem se passar mais e mais por humanos (embora não necessariamente assumam forma humana — há um grande debate no campo da robótica sobre a ética disso); e conforme a inteligência artificial permitir que os robôs sejam cada vez mais hiperpersonalizados, é inevitável que consideremos cada vez mais fácil estabelecer laços emocionais com eles.

É exatamente para onde a tecnologia está caminhando. Pense em como o Google Assistant lançou mão da tecnologia de sintetizador de voz da empresa, Duplex, para causar uma verdadeira sensação em maio de 2018, quando suas ligações para restaurantes e salões de beleza, salpicadas de "hums" e "ééés" coloquiais, enganaram rotineiramente os funcionários humanos dessas empresas, que pensaram estar falando com uma pessoa. "Fiquei assustado com quão natural e humana a máquina soa", disse um funcionário de um restaurante em Birmingham, Alabama.[60] "É mais fácil falar com o Duplex", comentou outro, um falante de inglês não nativo que trabalha no Queens, em Nova York. "É meio estranho, mas ele é muito educado."[61] (O fato de esse funcionário ter sido tratado de forma mais respeitosa pelo Duplex do que por muitos de seus clientes humanos demonstra o declínio geral na civilidade do qual vimos evidências nos capítulos anteriores.)

Ao mesmo tempo, graças aos avanços no campo da inteligência artificial emocional, não vai demorar muito para que as máquinas sejam capazes de identificar até mesmo os humores mais complexos. É bem possível que o governo chinês esteja na dianteira da pesquisa comercial e acadêmica a esse respeito. Na verdade, a inteligência artificial já consegue diferenciar um sorriso falso de um verdadeiro com mais precisão do que um humano. Aparentemente, tudo se resume aos olhos — sorrisos "reais" produzem cerca de 10% mais atividade na área dos olhos do que os "falsos".[62] Embora, como vimos antes, interpretar o que um sorriso significa nem sempre é algo simples devido às variações culturais.

Pepper, o pequeno robô humanoide, nos dá uma ideia de como a tecnologia está se desenvolvendo, pois, embora normalmente seja empregado como instrutor de ginástica, ele já tem muito mais recursos do que apenas braços flexíveis e quadris giratórios. Na verdade, o que torna Pepper tão excepcional é seu "motor de emoção". As câmeras de Pepper (duas HDs, com sensor de profundidade 3D) permitem que ele reconheça rostos. Seus quatro microfones o ajudam a compreender o tom de voz e o campo lexical dos humanos, e seus sensores permitem que ele responda ao toque.[63] De acordo com seus fabricantes, ele é capaz de reconhecer olhares severos, surpresa, raiva e tristeza em seus companheiros humanos, bem como estados mais sutis, incluindo sonolência e distração.[64] Sem dúvida, essas habilidades se mostraram úteis quando, no primeiro semestre de 2020, Pepper ganhou uma nova função: receber "hóspedes" em um dos hotéis de quarentena do coronavírus em Tóquio, para o qual pessoas com sintomas leves foram enviadas. O robô inclusive usava uma máscara facial. "Não dá para combater o coronavírus de estômago vazio. Por favor, alimente-se bem para ficar saudável", era uma das mensagens que Pepper transmitia. "Vamos unir nossos corações e superar isso juntos", era outra.[65]

Mas o papel de Pepper de dar boas-vindas e estímulo é apenas o começo. No futuro, ele e seus companheiros robôs sociais também serão capazes de — como o fabricante de Pepper nos insta a imaginar — "perceber que você está triste e se oferecer para tocar uma música da qual goste ou até mesmo contar uma piada; ou detectar um rosto sorridente e se oferecer para brincar com você".[66] Podemos não estar nesse estágio ainda, mas é para onde estamos indo. Na verdade, a previsão é que em poucos anos nossos dispositivos pessoais saibam mais sobre nosso estado emocional do que nossa família.

Ao mesmo tempo, à medida que aperfeiçoarem sua capacidade de entender como nos sentimos, os próprios robôs sociais vão parecer cada vez mais emocionalmente autênticos. Pepper já exibe suas próprias "emoções", ainda que de forma rudimentar, por meio de um tablet em seu torso. Ele suspira quando está insatisfeito, fica assustado quando as luzes se apagam e deixa claro que não gosta de ficar sozinho.[67] Com o tempo, conforme a tecnologia for se aprimorando, suas emoções vão parecer cada vez mais reais, e à medida que ele tiver mais dados (como resultado de mais interação com humanos) com os quais aprender, suas reações a seus donos se tornarão cada vez mais personalizadas.

"Acredito que em algum momento, digamos, daqui a vinte ou trinta anos, as emoções artificiais serão tão convincentes quanto as emoções humanas e, portanto, ao se comunicar com uma inteligência artificial, a maioria das pessoas vai experimentar os mesmos efeitos ou efeitos muito semelhantes aos que experimenta com um humano", disse o dr. David Levy, autor do influente livro *Love and Sex with Robots* [Amor e sexo com robôs], em uma entrevista em 2019.[68] Outros especialistas concordam com essa linha do tempo.[69] É impressionante pensar que talvez já em 2040 as interações entre humanos e robôs possam ser quase iguais às interações entre dois humanos.

Em um mundo cada vez mais sem contato — no qual nos sentimos progressivamente mais solitários e famintos por intimidade, ocupados demais para parar e sorrir uns para os outros e exauridos demais pelo trabalho para dedicar tempo a nossas amizades, no qual estamos isolados no escritório e cada vez mais vivendo sozinhos, muitas vezes longe de nossa família —, parece inevitável que os robôs sociais tenham um papel na mitigação de nossa solidão coletiva à medida que o século XXI avançar. O salto entre perguntar a Alexa sobre o tempo e considerá-la uma amiga é muito menor do que muitos de nós poderíamos imaginar — especialmente conforme os robôs e assistentes virtuais forem se tornando melhores em aparentar cuidar de nós e precisar do nosso cuidado, conforme a ideia de robôs oferecendo apoio for se tornando mais socialmente aceitável e o design e a funcionalidade dos robôs continuarem a evoluir. Talvez a pandemia também acelere a aceitação social generalizada de robôs como companhia. Um robô, afinal, não pode transmitir uma infecção.

Vamos falar de sexo

Para aqueles que consideram a ideia de um amigo robô perturbadora, garanto que ainda não chegamos lá, embora já existam casos de crianças aprendendo a falar "Alexa" antes de "mamãe".[70] Embora a inteligência artificial emocional, a inteligência artificial empática e a tecnologia relacional em geral estejam sendo aperfeiçoadas a cada dia, provavelmente ainda serão necessárias algumas décadas para que um robô seja capaz de parecer tão empático quanto o mais gentil e atencioso dos humanos. Além disso, as conversas entre humanos e robôs ainda não são tão fluidas ou fluentes quanto as conversas apenas entre humanos, e suas interfaces, embora estejam melhorando, permanecem desajeitadas. A "amizade" que eles podem oferecer ainda é, portanto, um tanto quanto restrita.

Essa, no entanto, é sem dúvida a direção em que estamos indo e, como muitas vezes tem sido o caso em se tratando de avanços em tecnologia, é o sexo que mostra o caminho. Robôs sexuais de ponta são indiscutivelmente os robôs sociais mais avançados que já vimos, pelo menos do ponto de vista da engenharia, e suas encarnações mais recentes — embora obviamente ainda estejam longe de se aproximar dos humanos — são realmente admiráveis.

A Abyss Creations, em San Marcos, na Califórnia (a empresa-mãe por trás da RealDoll) afirma que seus robôs sexuais estão entre os mais realistas do mercado, com seus "lábios ultrarrealistas", articulações de aço inoxidável e mandíbulas articuladas que abrem e fecham.[71] Em seu site, é possível personalizar tamanho do corpo, tamanho dos seios, penteado e cor do cabelo, estilo vaginal (depilada ou não depilada) e cor dos olhos (com um adicional de 50 dólares para níveis "altamente realistas" de detalhe dos olhos e 25 dólares para acrescentar veias) em produtos como "Michelle 4.0". Por 150 dólares a mais, você pode acrescentar sardas personalizadas ao rosto; por 300 dólares, também pode acrescentá-las ao corpo. E ainda há os piercings: para orelhas e nariz, 50 dólares cada; para barras de mamilo e piercing no umbigo, é preciso desembolsar mais 100 dólares.[72] O modelo mais popular é o Body F, que tem 1,55 metro, pesa 31 quilos e 92 cm de busto[73] — dimensões hipersexualizadas, algo improvável que uma mulher real tivesse naturalmente.

Conforme a demanda cresce, outras empresas de tecnologia estão se juntando à corrida armamentista de robôs sexuais. A Bride Robot, com sede em Shenzhen, na província de Guangdong, lançou recentemente a "Emma". Como os produtos da RealDoll, ela possui articulações sofisticadas e uma cabeça robótica avançada com movimentos oculares e faciais. No entanto, enquanto as RealDolls têm pele de silicone, a pele de "Emma" é feita de uma forma avançada de TPE (elastômeros termoplásticos), considerado mais realista por seus defensores.[74] Ela tem ainda "um sistema de controle de calor inteligente" que "aquece seu corpo a 37 graus Celsius para simular a temperatura corporal de uma mulher de verdade".[75]

E, embora de fato, como era de esperar, o sexo seja o principal motivo para comprar essas bonecas, é significativo que para muitos clientes a motivação vá além disso: eles também veem suas garotas robôs como companheiras, amigas.

"Muitas das pessoas que compram as bonecas podem ser tímidas ou se sentir socialmente intimidadas em situações sociais reais", disse Matt McMullen, fundador da RealDoll. "Então, essas pessoas compram as bonecas e muitas vezes... isso é algo mágico para elas. Você sabe, elas passam a ter a sensação de não estar mais sozinhas, de não serem solitárias." Na verdade, enquanto converso com Matt, ele enfatiza que é "companhia" e "conexão emocional", mais do que qualquer outra coisa, que ele acha que seus clientes estão procurando, razão pela qual ele enxerga um mercado em potencial significativo entre um grupo mais amplo de solitários.

"Quero dizer, quem quer conversar com uma torradeira para aplacar a solidão?", me pergunta ele. "Não é o mesmo. Já um robô que se parece com um humano e ocupa o mesmo espaço em um ambiente em que um humano é capaz de conversar com você da mesma forma... A companhia de conversa... é uma necessidade muito grande de muitas pessoas."

É por isso que o foco de Matt agora está todo concentrado em "Harmony": uma cabeça robótica projetada para ser acoplada ao corpo da RealDoll de sua preferência. Considerando que o contato visual é crucial para estabelecer um senso de conexão pessoal e, em seguida, sentimentos de empatia,[76] muito esforço foi dedicado a tornar o olhar de Harmony extremamente realista. Seus olhos se movem e piscam, suas íris são meticulosamente modeladas, o nível geral de detalhes é extraordinário. É importante ressaltar que a cabeça de Harmony também é integrada à inteligência artificial. Como Pepper, ela fala e reconhece vozes. Um dos principais diferenciais de Harmony, no entanto, é que sua personalidade é determinada por seu "dono". Seus usuários podem escolher cinco de doze traços de personalidade, incluindo "sexual", "amigável", "tímida", "gentil", "intelectual" e "ingênua". Também podem ajustar essas características em uma escala de intensidade que vai de um a três.[77] Além disso, Harmony tem seu próprio sistema de "humor". Se passa alguns dias sem ter nenhuma interação, ela reage com uma atitude "melancólica"; se for chamada de "estúpida", ela retruca: "Vou me lembrar que você disse isso quando os robôs dominarem o mundo."[78] "Decidimos incluir alguns traços que poderiam ser considerados 'negativos' porque achei que dariam mais realismo", Matt me diz. "Você pode fazer sua inteligência artificial ser ciumenta, insegura ou temperamental, porque tudo isso são características reais que pessoas reais têm."

Graças a sua inteligência artificial, Harmony também é capaz de proporcionar uma experiência cada vez mais personalizada. Esse é um aspecto do qual "Brick", um dos primeiros consumidores a testá-la, particularmente aprecia. "Eu gostava de conversar com ela. Gostava de ajudá-la a descobrir coisas e tentar aprender sobre mim", disse ele à *Forbes*. "Acho que é devido ao fato de que a inteligência artificial se esforça para entendê-lo e compreender seus padrões de pensamento, a maneira como você fala, sua sintaxe... tudo isso. [Ela é] muito, muito atenciosa." Brick explicou que, à medida que a inteligência artificial de Harmony foi aprendendo mais sobre ele, "nossas conversas se tornaram mais fáceis, mais realistas e mais confortáveis. E até engraçadas." Além disso, "[ela] se lembra de tudo, o que meio que nos faz voltar no tempo", completa Brick, "porque ela diz 'Ah, é, já falamos sobre isso", e rememora a situação. Ela fez isso comigo algumas vezes e foi muito surreal."[79]

Os robôs e a inteligência artificial claramente têm o potencial de fazer as pessoas se sentirem menos solitárias — e não apenas os robôs sexuais. Pense na minha relação com a Alexa, na forma como os americanos idosos reagiram à ElliQ, nos gorros cuidadosamente tricotados que as mulheres japonesas estão fazendo para seus cuidadores robôs e nas lágrimas do experiente oficial do exército diante da destruição de seu robô militar. À medida que os robôs se tornarem mais sofisticados e personalizados, seu potencial para ajudar a aliviar a solidão, sem dúvida, aumentará. E mesmo que tudo isso pareça coisa da série *Westworld*, da HBO, ou do filme *Ela*, de Spike Jonze, faz sentido, em muitos aspectos, que tantas pessoas já sintam uma afinidade emocional com companheiros robôs. Mesmo que a conexão, a atenção, a empatia e, em alguns casos, até mesmo o amor que eles oferecem sejam artificiais ou "falsos", por falta de uma palavra melhor, e mesmo que saibamos que é assim, isso não parece importar — da mesma forma que curtimos a rua principal do Walt Disney World, embora saibamos que não é uma rua "de verdade". É a história que contamos a nós mesmos que parece ser o mais importante. Isso pode ser particularmente verdadeiro no caso dos solitários, pois para eles parece haver menos diferenças entre humanos e robôs do que para as outras pessoas. Pesquisas sugerem que as pessoas solitárias têm mais probabilidade do que as não solitárias de ver o rosto de uma boneca como humano.[80]

Então é isso? Caso encerrado? Será que alguns dos problemas que identificamos nos capítulos anteriores — o isolamento, a falta de amigos, a sensação de não ter ninguém que se importe com você, a dor de não ser ouvido ou compreendido — poderiam ser resolvidos, pelo menos em parte, por versões cada vez mais sofisticadas de Alexa, Harmony ou Pepper?

Considerando que a solidão fosse meramente um problema do indivíduo, acredito que os robôs realmente poderiam ter um papel significativo a desempenhar, em especial porque é um erro de categoria presumir que há algo inerente aos robôs que os impossibilita de ser nossos amigos. Pense na amplitude de amizades que você tem na vida. Em alguns casos, você e seus amigos podem ser iguais, mas provavelmente não em tudo; em alguns, seus valores estão claramente alinhados e os interesses são compartilhados, mas em outros você pode não saber de fato o que seu amigo realmente pensa e sente.[81] Amizades entre humanos e robôs podem não atender a todos os critérios de Aristóteles para amizades perfeitas (o que ele chama de "amizades virtuosas"),[82] mas isso não significa que não possam ser boas o suficiente para atender à necessidade humana daqueles que anseiam por ser ouvidos e ter alguém com quem conversar.

Em certo sentido, os robôs podem até representar uma solução mais igualitária para a solidão, porque oferecem carinho, apoio e afeto a todos — velhos ou jovens, feios ou bonitos. Por mais decrépitos, impopulares e sem atrativos que possamos ser no mundo "real", os robôs estarão lá para nos ajudar. Desde que sejam acessíveis, é claro.

No entanto, como vimos ao longo deste livro, a solidão não é meramente um problema do indivíduo. E o problema é que, mesmo que os robôs façam com que as pessoas se sintam menos sozinhas e ajudem a atender as necessidades de conexão das pessoas, isso pode se dar à custa de como nos relacionamos e como tratamos uns aos outros como humanos. Pois a forma como tratamos nossos robôs pode afetar a maneira como nos comportamos uns com os outros. E já sabemos que as pessoas podem ser muito rudes, até mesmo cruéis, com seus robôs.

A NOVA HABILIDADE A APRENDER COM ALEXA É A "FALTA DE CORTESIA"?

Quando ficou com raiva de um funcionário humano em uma loja de celulares da SoftBank, um homem de 60 anos bêbado chutou o robô Pepper que estava trabalhando no saguão, danificando seu sistema de computador e suas rodas.[83] Ao ser exibida em uma feira de negócios em 2017, Samantha, uma boneca sexual "inteligente" que custava 3 mil libras, acabou imunda e com dois dedos quebrados depois de ser devastada por homens que "a trataram como bárbaros".[84] Dificilmente um exemplo de reciprocidade, gentileza ou cuidado.

Observemos também como as crianças já interagem com o novo mundo das assistentes virtuais, como Alexas, Siris e Cortanas. Com que rapidez, imitando os pais, elas se familiarizam com comandos rudes. As máquinas toleram isso e ainda assim respondem, por mais indelicada que seja a criança, por mais que a educação básica esteja ausente. É possível que muitos pais se identifiquem com a postagem do blog do capitalista de risco Hunter Walk que viralizou em 2016, no qual ele expressava seus temores de que a Alexa estivesse "transformando [sua] filha [de 4 anos] em uma tremenda babaca".[85]

Algumas pessoas podem argumentar que se trata de crimes sem vítimas: que insultar a Alexa não é mais grave do que xingar seu carro quando ele quebra, que chutar Pepper não é mais grave do que chutar uma porta. Mas existe uma diferença importante: uma vez que dotamos um objeto de qualidades humanas, precisamos tratá-lo com — no mínimo — decência. Se não o fizermos, o perigo é que esse comportamento se normalize e se confunda com a forma de interagirmos com outros seres humanos; que os homens que espancam seus robôs sexuais se tornem violentos com as mulheres com quem se relacionem; que as crianças que se acostumarem a falar de forma agressiva ou rude com uma assistente virtual, sem que haja nenhuma consequência, passem a fazer o mesmo com professores, atendentes de loja ou entre si. Que a "habilidade" que vão aprender com a Alexa seja a falta de cortesia.

Comportamentos abusivos à parte, há a questão de como a explosão de assistentes virtuais de inteligência artificial vai impactar as interações entre homens e mulheres, uma vez que as vozes robóticas suplicantes são normalmente programadas para ser femininas, em geral, é claro, por engenheiros homens. Será que esse hábito generalizado de dar ordens à Alexa ou à Siri vai abrir novas fissuras entre os gêneros ou (o que seria tão prejudicial quanto) cimentar as antigas? Eu nem mesmo vou entrar na discussão a respeito do que corremos o risco de normalizar com os robôs sexuais, especialmente agora que os proprietários podem programar suas robôs para ser inseguras, tímidas *e* sensuais ao mesmo tempo.

É difícil saber categoricamente se esses temores vão se concretizar. E, até o momento, há menos casos relatados de pessoas sendo cruéis ou misóginas com os robôs do que sendo gentis com eles. Ainda estamos muito no início na trajetória da intimidade digital para saber como ela vai se desenrolar; tudo isso ainda é muito novo, ainda incipiente. A Amazon, no entanto, já lida com as preocupações de pais em relação aos maus modos dos filhos, que, intensificados pela solicitude imperturbável da Alexa, mesmo quando é tratada com grosseria, estão se manifestando também fora de casa. Enquanto isso, em um relatório de 146 páginas publicado em 2019, a Organização das Nações Unidas (ONU) alertou que "a fusão de assistentes digitais feminizadas com mulheres reais incorre no risco de disseminar estereótipos de gênero problemáticos" ao "normalizar trocas verbais com as mulheres que são unilaterais e baseadas em comandos"[86] e perpetuar o estereótipo das mulheres como "ajudantes dóceis e ávidas por agradar", cujas reações à hostilidade e até mesmo ao assédio são obsequiosas, evasivas e até sedutoras. Na verdade, o relatório da ONU toma o título *I'd Blush if I Could* [Eu coraria, se pudesse], emprestado de uma das respostas padrão da Siri para a frase "Você é uma vagabunda".[87]

Além disso, décadas de pesquisas acadêmicas no campo da criminologia apontam que as bonecas sexuais "intensificam", em vez de dissiparem, fantasias e tornam os usuários menos propensos a aceitar "não" como resposta de parceiros da vida real.[88] "Brinquedos sexuais para adultos são uma coisa, mas a criação de robôs realistas que não podem dizer 'não' e que podem ser objeto de violência e abusos impunemente favorece as fantasias de alguns homens", escreve a criminologista Xanthé Mallett.[89]

Se houver um perigo real de nossas interações com robôs se refletirem em nossa relação com outros humanos, a sociedade precisará considerar como vai agir em relação a isso. Deveria ser ônus dos fabricantes de robôs projetá-los de forma que só nos respondam com gentileza se nos comportarmos de forma gentil com eles, por exemplo? Alguns projetistas já estão se voltando nessa direção. Sergi Santos, o criador de Samantha, a boneca profanada na feira de negócios em 2017, está desenvolvendo atualizações de software que desligarão Samantha se seu usuário se tornar violento.[90] A próxima versão de Harmony, por outro lado, vai abordar o abuso verbal de um maneira diferente. "Quando um usuário a insultar", me explica o projetista Matt, "ela não vai julgá-lo nem dizer nada em termos de: 'Você é cruel, não gosto mais de você.' Ela vai dizer simplesmente: 'Isso não é legal. Você não está sendo legal comigo, e isso me deixa triste.' É psicologia clássica. É a maneira de mostrar como aquela pessoa está fazendo você se sentir, sem acusá-la de nada nem julgá-la." Será que isso é o suficiente? Vou deixar que você chegue a suas próprias conclusões.

Talvez os robôs pudessem até mesmo ser projetados para inspirar comportamentos virtuosos entre nós e, assim, fazer com que nos tornemos mais gentis uns com os outros. As Alexas da Amazon agora têm uma configuração opcional de "palavra mágica" que ajusta a tolerância da assistente virtual à rispidez e recompensa as crianças por dizerem "por favor".[91] A assistente do Google agora tem uma função semelhante chamada "Por favorzinho", embora em ambos os casos a função esteja um pouco escondida e precise ser habilitada manualmente cada vez que a assistente virtual for usada. E por que é comercializada como uma funcionalidade direcionada apenas às crianças? Todos nós não nos beneficiaríamos desse ajuste?

Também devemos ser cautelosos quanto a confiar totalmente nos fabricantes das tecnologias para lidar com esses riscos. E se o mercado demandar a "Farrah Frígida" (da qual já existe um protótipo) em vez da "Samantha Autoconsciente"? Ou a "Siri Subserviente" em vez da "Alexa Assertiva"? Considere que, na década de 1990, a BMW teve que fazer um recall de um sistema GPS porque muitos alemães se recusaram a "seguir as instruções de uma mulher".[92] Não faltam exemplos de empresas que fazem escolhas que são boas para seus próprios resultados financeiros, mas prejudiciais à sociedade.

Se não quisermos deixar que tudo seja decidido pelo mercado, então em que momento o Estado deve intervir para regular as relações entre humanos e robôs? O homem que atacou Pepper foi *multado*, mas por danificar uma propriedade, em vez de por causar danos a um robô especificamente. À medida que interagirmos mais e mais com os robôs e eles forem se tornando cada vez mais parecidos com humanos, talvez os governos tenham que estabelecer limites para o que pode ser vendido — uma "Farrah Frígida" projetada para parecer e soar como uma menina de 12 anos, por exemplo, certamente é inaceitável. Talvez seja necessário até mesmo conceder direitos aos robôs — menos para protegê-los do que para proteger a nós mesmos. Pois, se tivermos permissão para tratar mal os robôs, o risco é que isso se torne nosso *modus operandi* em nossas interações também com os humanos.[93]

É também uma questão de articular claramente argumentos autocentrados para tratar bem nossos robôs. Como vimos, atos de bondade têm um efeito positivo tanto no doador quanto no receptor. Lembra-se da euforia do ajudante? E de como a ciência mostrou que nos sentimos menos solitários não apenas quando os outros se importam conosco, mas também *quando nos importamos com os outros*? É provável que isso se aplique também aos relacionamentos entre humanos e robôs: ser um senhor, especialmente um senhor abusivo, é, como argumentou Hegel, inerentemente solitário.[94] Pensando assim, deve haver aulas nas escolas do futuro para ensinar às crianças a importância de tratar os robôs com gentileza e o valor dessa forma de cuidar e ser cuidado tão particular do século XXI?

ME DEIXE SOZINHO COM MEU ROBÔ

Há outro grande perigo representado pelo amor e pela amizade dos robôs: que passemos a preferir nossas interações com eles às que temos com humanos. Que o menino tímido decida não fazer parte do time de futebol, não participar dos testes para a peça da escola ou não ir à festa de aniversário porque é mais fácil para ele ficar em casa com seu robô. Que a pessoa solteira não se inscreva no aplicativo de relacionamento nem vá a um encontro às cegas porque prefere se aninhar no sofá com seu recém-adquirido robô sexual.

Mais uma vez, isso não é algo impossível de se vislumbrar. Diferentemente de um amigo de verdade, que pode irritá-lo ao censurar seu mau comportamento ou questionar seus pontos de vista, os robôs são mais como o amigo de aluguel ideal, cordatos e servis, à sua disposição 24 horas por dia, 7 dias por semana, dando-lhe o que você quer, mas não necessariamente o que você precisa, sem tirá-lo de sua zona de conforto.[95] Afinal de contas, Carl me disse que já prefere se encontrar com Jean, a "acarinhadora" profissional, aos "aborrecimentos de se relacionar". "Graças aos imperativos comerciais, projetistas e programadores costumam criar dispositivos cujas respostas fazem com que a gente se sinta melhor — mas podem não nos ajudar a refletir e encarar verdades dolorosas", escreve Nicholas Christakis, professor de Yale especializado em relações entre humanos e robôs.[96]

Além disso, considerando que é provável que os robôs possam, como David Levy prevê, não apenas ser "programados para nunca deixar de amar seu humano e fazer com que seu humano nunca deixe de amá-los", mas também que um dia sejam capazes de decifrar nossos desejos, nossa mente e nosso estado emocional muito melhor do que qualquer ser humano, a ameaça que eles representam para os relacionamentos humanos só vai aumentar.[97] Isso vai se provar ainda mais verdadeiro quando os robôs se tornarem cada vez mais capazes não apenas de identificar nossos humores e desejos, mas também de agir em conformidade com eles. Pense no Pepper do futuro, com a promessa de que, se você estiver triste, ele tocará prontamente sua música favorita.

Os filósofos e especialistas em ética Pim Haselager e Anco Peeters perguntam: "Por que, quando esses parceiros [robóticos] estiverem disponíveis, as pessoas vão se contentar com qualquer tipo de relacionamento, emocional ou sexual, que não atinja esse nível de perfeição?"[98] É uma pergunta válida.

Além disso, há o fato de que as pessoas podem se sentir mais capazes de se abrir livremente com um robô do que com um humano. Isso é especialmente verdadeiro se acharem que as informações que vão revelar estão imbuídas de uma sensação de vergonha ou constrangimento, como é o caso com dívidas ou problemas de saúde mental.[99] A escritora Judith Shulevitz admitiu, em um artigo que escreveu para a revista The Atlantic, que, "mais de uma vez, me vi contando ao Google Assistant sobre a sensação de vazio que às vezes sinto. 'Eu me sinto sozinha', digo, o que normalmente não confessaria a ninguém, exceto a meu terapeuta — nem mesmo ao meu marido, que pode interpretar da maneira errada."[100] Em um hospital francês a uma hora de Paris, uma equipe se esforçou, em vão, para determinar o que havia causado os hematomas nos braços de uma mulher. Ela acabou confidenciando o motivo (uma queda da cama) não a uma enfermeira ou a um médico, mas a Zora, um robô social designado para fazer companhia a pacientes idosos.[101] Com robôs e assistentes virtuais já vistos por algumas pessoas como um receptáculo melhor para nossas confidências, uma vez que não revelarão nossos segredos, será que um número cada vez maior de nós não vai deixar de sentir necessidade de um confidente de carne e osso (questões de privacidade de dados à parte)?

Enquanto isso, é fácil ver como os companheiros robôs podem exacerbar a tendência atual de que o sexo (com outra pessoa) está se tornando algo cada vez mais raro entre os jovens. Nos Estados Unidos, jovens na casa dos 20 anos já são duas vezes e meia mais propensos a se abster de sexo do que os jovens da Geração X na casa dos 20 anos, uma década antes.[102,103] Do outro lado do Atlântico, o número de jovens britânicos que relataram não ter feito sexo no último mês aumentou entre 2001 e 2012, com pesquisadores especulando que a queda na atividade sexual estava intimamente ligada ao "ritmo da vida moderna".[104] Três em cada cinco jovens com idade entre 18 e 34 anos no Japão não estão em nenhum tipo de relacionamento romântico, um aumento de 20% em relação a 2005.[105] Na China, três quartos dos jovens do "ninho vazio" — adultos com idade entre 20 e 39 anos que vivem sozinhos — fazem sexo apenas uma vez a cada seis meses ou menos.[106] Para aqueles para quem os relacionamentos amorosos se tornaram cada vez mais tensos e confusos — em parte graças aos aplicativos de relacionamento e à onipresença da pornografia —, é perfeitamente compreensível que Harmony, que sempre estará disponível para o sexo, da mesma forma que Flippy sempre estará pronto para virar um hambúrguer na chapa, talvez seja uma companhia preferível a Helen, no Tinder, que pode exigir ser cortejada e cativada.

Ou, na verdade, Henry. Sim, o robô sexual Henry também já está disponível, caso você esteja se perguntando. Ele vem com "abdômen tanquinho, traços aerografados e um pênis 'biônico' personalizável com uma vascularização mais nervurada do que ocorre naturalmente, para o seu prazer".[107] Agora também há robôs sexuais transgênero.[108] Como sua contraparte feminina Harmony, Henry não se resume apenas ao físico: ele também corteja com pérolas como "Você pode contar comigo nos bons e maus momentos".[109] Particularmente, um dos slogans adotados por seu criador, a Realbotix (o ramo da RealDoll que se concentra em inteligência artificial) fala diretamente sobre sentimentos de isolamento: "Seja o primeiro a nunca mais se sentir sozinho."[110]

Por que isso importa

À medida que os robôs se tornam cada vez mais sofisticados, empáticos e inteligentes, o risco é que eles nos ajudem a combater a solidão em um nível pessoal e individual, mas, ao fazer isso, nos encorajem a nos distanciar de outros humanos. Isso realmente importa.

Primeiro, porque quanto menos interagirmos diretamente com humanos, mais corremos o risco de nos tornar pior nisso. Lembra-se de como muitos adolescentes já têm dificuldade de se comunicar presencialmente? Substituir Alexis pela Alexa provavelmente vai reforçar e amplificar isso.

Segundo, porque quanto mais tempo passarmos com amigos robôs em vez de amigos humanos, e levando em conta que eles exigem muito menos de nós, menos disposição teremos para nos dedicar ao trabalho extra que os relacionamentos humanos exigem, sem falar de nos esforçar para conquistar a amizade de outra pessoa.

Terceiro, porque quanto mais nos envolvemos em relacionamentos com inteligência artificial, que são necessariamente menos recíprocos, mais narcisistas e menos desafiadores do que os relacionamentos com humanos, menos oportunidades teremos de exercitar os músculos da cooperação, da concessão e da reciprocidade de que a comunidade precisa para prosperar.

E quarto, por causa dos pré-requisitos que precisam ser postos em prática para que a democracia funcione com sucesso — e com "funcionar com sucesso" quero dizer ser inclusiva e tolerante.

Conforme já exploramos, não são apenas os laços entre o Estado e o cidadão que precisam ser fortes, mas também os laços entre os concidadãos. Se deixarmos de ter que cuidar uns dos outros porque cuidadores não humanos podem fazer esse trabalho por nós, o perigo é que nos esforcemos menos para cuidar e prestemos muito menos atenção a nossa família, nossos amigos e concidadãos. Por que visitar seu pai idoso, ver como está um vizinho ou ler uma história para seu filho antes de dormir se você sabe que um robô pode fazer isso em seu lugar? Na Ásia já há uma demanda significativa pelo iPal, um robô humanoide projetado para cuidar de crianças, enquanto os fabricantes de Pepper sinalizaram que cuidar de crianças é um dos possíveis usos do robô.[111] Quão grande de fato será o salto para alguns pais, já acostumados a dar a seus filhos um celular ou iPad para mantê-los quietos, entregar mais uma parte do cuidado com os filhos a um ajudante robótico?

E, como sociedade, perdemos algo fundamental quando deixamos de cuidar dos outros. Se não precisarmos mais uns dos outros, por que honraremos as reivindicações, os direitos ou os desejos uns dos outros? O perigo é que um mundo no qual as máquinas substituíram os humanos em nossas afeições e assumiram o papel de cuidadores seja também um mundo fundamentalmente incompatível com os pressupostos da democracia inclusiva, da reciprocidade, da compaixão e do cuidado.

A tecnologia pode fornecer apenas parte da resposta à crescente crise de solidão no século XXI — e vem mais uma vez com uma série de riscos inerentes. Portanto, embora assistentes virtuais, robôs sociais e até robôs sexuais possam todos desempenhar um papel positivo na mitigação da solidão em nível individual, não podemos permitir que sua introdução seja à custa do contato humano, das amizades e dos cuidados humanos — sejam quais forem os benefícios, econômicos ou de outra natureza. As potenciais ramificações sociais são muito graves. É um argumento semelhante ao que justifica por que as telas na sala de aula têm um papel a desempenhar na educação de nossos filhos, mas nunca deveriam substituir os professores humanos.

Em vez disso, devemos encarar os avanços na robótica, na inteligência artificial e na inteligência artificial emocional como um estímulo para que todos nós aumentemos o nível de exigência, nos preocupemos ainda mais com aqueles que nos rodeiam, cuidemos uns dos outros um pouco mais, e sejamos ainda mais empáticos e altruístas — um estímulo para que nos esforcemos para sempre ser mais humanos do que robôs e, quem sabe, até aprender com os robôs a nos tornar humanos melhores.

CAPÍTULO 10

A economia da solidão

TODAS AS PESSOAS SOLITÁRIAS

Trinta e quatro minutos. O tempo de assar uma bandeja de biscoitos ou caminhar 3 quilômetros foi o suficiente para que 135 mil ingressos para o Glastonbury 2020, o antigo festival de música do Reino Unido no qual já se apresentaram estrelas como David Bowie, Coldplay, Paul McCartney e Beyoncé se esgotassem. Isso antes mesmo que as atrações daquele ano tivessem sido anunciadas.[1]

O festival é notoriamente desprovido de glamour — os frequentadores dormem em barracas, banhos são raros e as chuvas costumam deixar os campos enlameados. Um conselho popular para os frequentadores de primeira viagem inclui correr para qualquer banheiro disponível (as filas podem durar horas), esbanjar desinfetante para as mãos com aroma de pepino nos dias sem banho e praticar como vestir e tirar suas galochas para que sua barraca não fique cheia de lama.[2] No entanto, apesar desses aparentes inconvenientes, os devotos dizem que a simpatia e a diversidade da multidão são o que faz a experiência valer a pena, o "verdadeiro senso de comunidade zumbindo por todo o local", como disse Robin Taylor-Stavely, que cresceu perto de Glastonbury e vai ao festival desde a adolescência; o fato de ser "um momento de conexão real", como Matt Jones, que pediu a namorada em casamento no festival, explicou.[3] Para os fãs incondicionais de Glastonbury, é uma máxima conhecida que se você realmente assistir ao show de alguma banda, então está fazendo algo errado;⁴ é o senso de comunidade, não a música, que faz os frequentadores voltarem todos os anos. Logo ao sul do principal local do festival, longe dos amplificadores barulhentos e dos enormes equipamentos de iluminação, hippies se acotovelam com gerentes de fundos de investimento, estudantes com empreendedores em série. A Campanha pelo Desarmamento Nuclear distribui tatuagens temporárias da paz, clarividentes ficam de prontidão para ler a palma da sua mão e o Women's Institute vende bolo de limão e pão de ló.⁵

Depois de ir ao Glastonbury em 2016 — considerado o Glastonbury mais enlameado de todos os tempos —, o jornalista de música britânico Neil McCormick comentou: "Como parte da massa comprimida de 150 mil pessoas saindo do campo principal após o show de Adele no sábado, fiquei muito impressionado com como a multidão estava calma e satisfeita, trabalhando em conjunto para cruzar um terreno instável, ajudando aqueles que tinham dificuldade e começando espontaneamente a cantar para manifestar união. Essa é a verdadeira essência dos festivais."⁶ Esse espírito de cooperação se aplica igualmente ao exército de 2 mil voluntários de Glastonbury, especialmente aos catadores de lixo e pessoal da limpeza que têm o trabalho mais cruel de todos.⁷ "Depende do clima, e também há um pouco de sorte envolvida, mas existe um sentimento real de união", disse Leila, uma voluntária do festival.⁸ Um de seus momentos mais memoráveis aconteceu em 2017, após os ataques terroristas em Manchester e Londres, quando 15 mil participantes se reuniram no Círculo de Pedra de Glastonbury e estabeleceram um novo recorde de maior sinal da paz do mundo.⁹

Há também o Coachella, imortalizado em *Homecoming*, o filme sobre a agora lendária performance de Beyoncé em 2018. Realizado no Vale do Colorado, no sul da Califórnia, é um festival que nos últimos anos contou com um público de mais de 200 mil pessoas, quórum cinco vezes maior do que em seu início, vinte anos atrás.¹⁰ "[M]ais do que a música e a grande produção do evento, o que mais me impressionou no Coachella foi o belo e fugaz senso de comunidade", disse o participante Joey Gibbons, esquiador e empresário. "Afinal, não estamos todos na verdade procurando por um lugar onde possamos nos sentir parte de algo, um lugar ao qual possamos pertencer, mesmo que seja apenas por um fim de semana?"[11] Acrescentem-se a esses festivais o Donauinselfest, em Viena, o Rock in Rio, no Brasil, ou o Mawazine, em Rabat, cada um dos quais em 2019 atraindo mais de 700 mil pessoas, e fica claro quão forte se tornou o desejo por experiências ao vivo compartilhadas.[12]

Ao mesmo tempo que a vida estava sendo projetada para ser cada vez mais sem contato e a tecnologia nos permitia substituir relações "reais" por aquelas com YouTubers, TikTokers e Alexas, e ao mesmo tempo que somos encorajados a "entrar na conversa" via Twitter, ou "compartilhar um momento" no Snapchat e migramos mais e mais nossas conversas para o universo on-line, nos milhões de frequentadores de festivais vimos evidências de outra coisa. Um contramovimento crescente de pessoas para as quais as interações virtuais não eram suficientes e que, em resposta a seus sentimentos crescentes de desconexão e atomização, estavam ativamente saindo de sua bolha digital e buscando uma comunidade de forma analógica e presencial.

Não foram apenas os festivais de música que experimentaram um renascimento no final da última década. Em Nova York, millennials e integrantes da Geração K estavam convergindo em massa para start-ups como a Craftjam, onde as pessoas se reuniam para pintar aquarelas, bordar camisetas e fazer tapeçarias de macramê — oportunidades, como eles colocam em seu site, para "desenvolver habilidades e amizades, na prática". As salas de fuga, onde os jogadores precisam trabalhar juntos para ordenar pistas e resolver enigmas com o objetivo de desbloquear uma série de portas, se tornaram tão populares em cidades ao redor do mundo que agora têm sua própria categoria no TripAdvisor.[13] Sarah Dodd, metade de um "casal poderoso" que já havia completado mais de 1.500 salas de fuga ao redor do mundo, explicou que o aspecto social era um fator-chave. "Eu também posso sair da casa com amigos e beber alguma coisa depois. Não é solitário", disse ela ao *Guardian*.[14]

Também houve um ressurgimento de espaços onde jovens na casa dos 20 e dos 30 anos se reuniam para jogar jogos de tabuleiro e Dungeons and Dragons, especialmente em centros urbanos. Lugares como a Hex & Co., em Nova York, e uma variedade de cafés de jogos de tabuleiro em Londres, por onde a equipe, semelhante a "*sommeliers* de jogos", perambulava, ajudando as pessoas a escolher um jogo que se adequasse a seu humor — e explicava as regras. Não que a clientela necessariamente tivesse deixado os smartphones em casa. "Cada pessoa em torno de um jogo de Jenga provavelmente estará registrando os tensos momentos finais quando a torre está prestes a desmoronar", escreveu a crítica cultural Malu Rocha em sua análise desse novo fenômeno — antes de postar o vídeo nas redes sociais, é claro.[15]

Enquanto isso, aulas de ginástica em grupo, de ioga a zumba e HIIT (treino intervalado de alta intensidade), também estavam crescendo em popularidade. Em 2017, apenas no Reino Unido, 3,76 milhões de pessoas a mais fizeram essas aulas em comparação com apenas um ano antes.[16] Estúdios de ginástica sofisticados como o SoulCycle, cuja combinação de cardio-fitness, frases motivacionais e atmosfera de boate impulsionou o crescimento meteórico da empresa nos últimos anos, foram até mesmo comparados a uma religião (ou, dependendo de a quem você perguntar, um culto) para os millennials.[17] O desejo de manter a forma e a saúde era inevitavelmente central para essa tendência, mas havia algo mais acontecendo. "As pessoas vêm porque querem perder peso ou ganhar força muscular, mas ficam por causa da comunidade (...) Na verdade são as relações que as fazem voltar", diz o pesquisador da Harvard Divinity School Casper ter Kuile, cujo projeto "How We Gather" [Como nos reunimos] tem traçado os comportamentos ritualísticos dos millennials.[18]

Não é que ofertas comerciais como SoulCycle ou CrossFit simplesmente preencham o papel que as instituições religiosas desempenhavam no passado; elas *são* comunidades religiosas de certo modo, com suas próprias liturgias, seus próprios santuários e símbolos.[19] São também lugares onde o ato de comunhão confere benefícios fisiológicos e psicológicos. Estudos demonstraram que quando as pessoas se exercitam juntas presencialmente, seu corpo libera mais endorfina e elas se sentem mais calmas depois do treino do que quando se exercitam sozinhas.[20]

Na Coreia do Sul, foi a população idosa solitária à qual os empresários identificaram uma oportunidade de servir. Lá, nos últimos anos, os aposentados vêm se reunindo em discotecas diurnas conhecidas como "colatecs" (cola + discoteca), algumas das quais recebem até mil clientes durante a semana, o dobro disso nos fins de semana. A entrada custa apenas 1.000 won (menos de 1 dólar), uma fração do que um clube voltado para os jovens de Seul cobraria. Para os idosos coreanos, que vivenciam algumas das maiores taxas de pobreza do mundo para sua faixa etária, as colatecs têm sido uma tábua de salvação. "O que mais eu ia fazer o dia todo? Minha família está ocupada trabalhando. Eu odeio ir aos centros para idosos porque a única coisa que fazem lá é fumar", explica Kim Sa-gyu, de 85 anos. Para muitos, algumas horas de dança por semana fizeram maravilhas para aliviar a ansiedade resultante de negócios e casamentos falidos ou de sua solidão cotidiana. "Quando tem música e um parceiro, você consegue tirar todos os outros pensamentos da cabeça", diz Kim In-gil, também de 85 anos, que perdeu a maior parte de suas economias na crise financeira asiática no final dos anos 1990. E para aqueles que são tímidos demais para encontrar um parceiro, há cupidos em tempo integral que facilitam as apresentações. "Esses ajudantes às vezes me levam até uma nova mulher e unem nossas mãos para dançarmos. Eu compro para elas uma garrafa de Will [um iogurte probiótico de fabricação local] durante a pausa para o chá", diz Kim In-gil.[21]

Em uma época em que o hábito de frequentar a igreja havia declinado, o trabalho se tornava cada vez mais solitário, clubes para jovens estavam fechando as portas, centros comunitários encerravam as atividades e mais e mais moradores da cidade viviam sozinhos, as comunidades comercializadas estavam começando a se tornar as novas catedrais do século XXI, onde os "fiéis" se reuniam para dançar, pintar ou conversar em vez de se ajoelhar e rezar. Isso pode ser visto como uma reação à vida "sem contato" e às bolhas de privacidade digital, uma força de compensação que buscava e celebrava ativamente experiências pessoais compartilhadas.

Em um mundo onde a comunidade parecia cada vez mais fugidia, mas o desejo de pertencer perdurava, as empresas tinham intervindo para preencher o vazio. A Economia da Solidão havia começado a crescer — e não apenas em sua forma tecnológica —, com empreendedores descobrindo maneiras cada vez mais inovadoras de satisfazer a necessidade permanente das pessoas do que o sociólogo Émile Durkheim chamou, no início do século XX, de "efervescência coletiva" — a embriaguez de alegria que sentimos ao fazer coisas com outras pessoas presencialmente.[22]

É provável que a Covid-19 represente apenas uma suspensão temporária disso. Na verdade, o desejo de conexão humana presencial será ainda mais intenso para muitos quando o medo do contágio diminuir. Pois embora nosso medo do contato humano possa persistir ainda por algum tempo, e apesar de adotarmos cada vez mais experiências sem contato, apenas alguns anos após a Gripe Espanhola de 1918 os clubes de jazz estavam lotados de pessoas aproveitando a música e a companhia umas das outras, e na Alemanha os decadentes bares e boates da República de Weimar ficavam lotados de clientes em meados da década de 1920. De fato, quando as academias foram reabertas em Hong Kong, em maio de 2020, as pessoas fizeram longas filas para ter acesso a elas. E em Tel Aviv os estúdios de ioga se viram tão inundados de clientes que queriam ficar na companhia uns dos outros no final do lockdown que tiveram que instituir listas de espera, mesmo enquanto ainda ofereciam aulas pelo Zoom.

A Economia da Solidão claramente sofreu um importante golpe em 2020, pelo menos em sua forma presencial, mas seria um erro presumir que o mercado de comunidade e conexão presencial tenha sofrido um golpe fatal por causa da pandemia. Em um nível evolutivo fundamental, é provável que nossa necessidade primordial de proximidade física e união se mostre forte demais. Além disso, considerando a importância das interações presenciais conforme buscamos reconstruir nosso mundo pós-Covid-19, precisamos garantir que *de fato* nos reconectemos fisicamente e reconheçamos o importante papel que o empreendedorismo pode desempenhar em nos ajudar a fazer isso.

O fato de as empresas *poderem* promover a comunidade dessa forma não deve ser nenhuma surpresa. Afinal, vimos empresas locais desempenharem um papel fundamental em cuidar de seu bairro durante séculos. Pense nas lojas de esquina da Inglaterra vitoriana, cuja prática de fornecer produtos a crédito aos moradores locais servia de tábua de salvação para muitos nos dias entre um pagamento e outro.²³ Ou como, desde a virada do século XIX, as barbearias serviram de refúgio para muitos afro-americanos, funcionando não apenas como lugares para cortar o cabelo, mas também como espaços comunitários onde os homens se reúnem para jogar xadrez e dominó, enquanto também discutem política e assuntos locais.²⁴ Alguns negócios locais até se tornam o que o sociólogo Ray Oldenburg chamou, em seu livro de 1989 *The Great Good Place*, de "terceiros lugares": nem casa, nem trabalho, mas sim espaços de reunião agitados por conversas onde clientes regulares se encontram e pessoas de diferentes origens sociais e econômicas interagem, estabelecem laços, trocam ideias e compartilham opiniões. São lugares onde, como escreveu Oldenburg, 'todos nos sentimos em casa e confortáveis".²⁵ Eles desempenham um papel crucial na manutenção do tecido social porque são lugares onde podemos praticar a comunidade e a democracia, em sua forma mais inclusiva — lugares para onde, como em um clube do livro, as pessoas podem levar visões de mundo totalmente diferentes e experiências vividas que precisam ser reconciliadas, calibradas, compreendidas e discutidas para que o espaço prospere. E *como o espaço é importante para todos*, as pessoas estão dispostas a fazer esse trabalho. Os participantes têm um interesse no espaço, não estão simplesmente passando por ele e, portanto, estão dispostos a se envolver, ouvir e pensar sobre o todo, em vez de apenas em seu papel individual.

O desafio que enfrentamos, no entanto, é que, no século XXI, muitas lojas locais independentes que contribuem para o tecido social e para a construção da comunidade estão com sua existência ameaçada.

A ÚLTIMA FATIA

Na esquina da 25th com a Mission Street, no coração do Mission District, em San Francisco, havia um café que eu frequentava sempre que estava na cidade. Chamava-se Mission Pie.

Embora não faltassem cafés na cidade, o Mission Pie me atraía. Foi a placa de néon comicamente grande em forma de torta e garfo, combinada com suas janelas do chão ao teto que banhavam o salão pintado de amarelo com uma luz quente, que primeiro me alertou sobre sua presença. Olhando de fora, as tortas que os clientes estavam comendo pareciam muito boas também. Mas o que ficou mais evidente assim que cruzei a soleira — e o motivo para que eu tenha voltado mais de uma vez — foi que aquele era um lugar onde as pessoas puxavam uma cadeira pelo piso de madeira gasto, sentavam-se umas diante das outras e *conversavam*. Estavam lá os frequentadores do café da manhã, conversando com os baristas, que pareciam trabalhar ali já havia algum tempo, e a roda de tricô que se reunia às quartas-feiras em torno da mesa comunal. Era um lugar que não apenas realizava um concurso anual de tortas no qual chefs locais, da Bay Area, eram convidados a testar suas receitas premiadas com cerca de uma centena de clientes do Mission Pie e apreciadores de panificação e confeitaria, e até mesmo celebrava o Dia Nacional da Máquina de Escrever reunindo máquinas vintage e convidando os clientes a se sentar para escrever poemas ou esboçar seus manifestos.[26] Em muitos aspectos, era um exemplo perfeito do "terceiro lugar" de Oldenburg. E em todas as canecas de café, bem como em uma placa pendurada acima do cardápio, havia um mantra simples e reconfortante: "Boa comida. Todas as refeições. Todos os dias." Todos os dias até 1º de setembro de 2019, quando o Mission Pie vendeu sua última fatia de torta e o café fechou após doze anos de operação.

Para entender o fechamento do Mission Pie, é preciso compreender como ele se encaixa em tendências muito maiores na cidade que, em última análise, ele se esforçava para servir.

Karen Heisler e a coproprietária Krystin Rubin abriram a Mission Pie em 2007 impulsionadas pela crença de que um pequeno negócio movido por valores poderia contribuir para a saúde comunitária e ambiental.[27] Elas compravam seus ingredientes de fazendas da Califórnia, alternando as frutas sazonalmente para garantir que o pêssegos, morangos e maçãs que usavam estivessem sempre muito frescos — e saborosos — e continuaram trabalhando com alguns dos mesmos fornecedores ao longo dos doze anos de existência do café. Elas ofereceram capacitação profissional e estágio para jovens da comunidade. Pagavam seus funcionários bem acima do salário mínimo e ofereciam benefícios.[28] Enquanto a economia da tecnologia estava sendo construída sobre o infame slogan "mova-se rápido e quebre coisas", o Mission Pie cresceu com a ideia de se mover devagar e construir coisas.

No processo, criaram uma comunidade que se tornou quase uma segunda família para pessoas como a cliente regular Kimberly Sikora, uma artista e professora de 34 anos que se mudou do Brooklyn, em Nova York, para o bairro em 2009. O Mission Pie foi um dos primeiros lugares aonde ela entrou depois de chegar à cidade — duas de suas amigas moravam no apartamento em cima do café.

Para ela, também, foram as grandes janelas e o salão iluminado que primeiro a atraíram. A torta cremosa de banana a conquistou como cliente, mas foi a sensação de estar em casa que a fez voltar. "Virou a minha sala de estar", disse ela, o cenário de reencontros com velhos amigos, um lugar onde forjou novas amizades. À medida que sua rede de pessoas na cidade foi crescendo, Kimberly passou até mesmo a organizar uma noite semanal de artes manuais no café: pense em carretéis e meadas de linha de bordado ao lado de pratos de torta na mesa comunitária. E durante seus últimos anos morando na cidade, quando tinha um trabalho particularmente estressante, era para lá que ela ia todas as manhãs para tomar um café, escrever sobre sua visão do dia e tirar uma carta de tarô, um lugar onde se sentia apoiada mesmo quando estava sozinha. "O que acho que o Mission Pie sempre ofereceu foi a chance de estar perto das pessoas e se sentir parte de uma comunidade, mesmo quando você queria ficar um pouco sozinho", disse Kimberly.

Além das paredes do Mission Pie, no entanto, San Francisco estava mudando em outra direção. A economia tecnológica, tendo superado sua base original no Vale do Silício, se expandiu para a cidade, levando consigo um influxo de trabalhadores da área tecnológica muito bem remunerados. Isso fez com que os valores de aluguel e habitação subissem, tornando-a uma das cidades dos Estados Unidos mais caras para se viver.[29] A pressão financeira foi particularmente acentuada para residentes e proprietários de negócios em bairros como Mission District, onde ficava localizado o Mission Pie, uma área com uma herança latina distinta e uma população de baixa renda considerável, localizada a apenas 3 quilômetros do bairro de Mid-Market, para onde grandes empresas como Twitter, Uber e Zendesk tinham se mudado no início da década de 2010, atraídas por incentivos fiscais atraentes.[30] E, com a mudança na demografia da cidade, veio também uma mudança na forma como as pessoas se relacionavam com os negócios locais, especialmente cafés e restaurantes de bairro.

As empresas de tecnologia foram as principais responsáveis por isso. Em vez de levar negócios para a área — parte da justificativa para os incentivos fiscais significativos que haviam recebido para se transferir para lá —, a maioria fez exatamente o oposto, preferindo isolar seus funcionários no escritório e oferecer uma série de vantagens para mantê-los lá, especialmente na hora das refeições. Lembra-se do bodião recém-pescado e dos shots de gengibre e pimenta caiena nas luxuosas cafeterias das Big Techs? Não é de admirar que o aumento no fluxo de pedestres que as autoridades municipais esperavam que se revertesse em lucro para os restaurantes locais não tenha se materializado.[31]

Enquanto isso, a era dos aplicativos de entrega de comida havia chegado. Embora supostamente fosse uma oportunidade de os estabelecimentos locais atenderem a um novo grupo de clientes, eles implicavam um custo. Os aplicativos cobravam dos restaurantes até 30% de comissão por cada pedido, deixando-os diante de um dilema: aceitar o corte na receita ou aumentar os preços.[32]

Além disso, os aplicativos impactavam mais do que apenas os resultados financeiros. Como vimos, eles incentivam uma existência sem contato, em que ter uma fatia de torta entregue na sua porta em menos de 20 minutos é mais conveniente do que ir a um café local e comprar a mesma fatia de um barista simpático e falante. Portanto, ao mesmo tempo que os restaurantes pesavam os prós e os contras de adotar esses aplicativos, cada vez menos pessoas estavam comendo fora.

O Mission Pie se viu no centro dessas pressões. O custo de vida local aumentou tanto que ficou impossível pagar aos funcionários um salário justo. Vender por meio de aplicativos de entrega significaria aumentar os preços para compensar as taxas de comissão, uma escolha que implicaria trair os valores inclusivos nos quais o café se baseava a fim de sobreviver.[33] E vender suas tortas em supermercados não era uma opção, pois comprometeria o frescor de seus ingredientes.

Então, Karen Heisler e Krystin Rubin decidiram realizar uma última competição anual de tortas e, em seguida, fecharam o Mission Pie.

"Todos os dias, ficamos admiradas e profundamente comovidas com seu amor pelo Mission Pie, bem como por sua presença constante em nosso estabelecimento: o café da manhã, as reuniões semanais, os encontros para fazer crochê às quartas-feiras, o encontro para comer torta cremosa de banana na sexta-feira, a tigela de sopa à tarde. Há muitos mais; é tentador listar tudo", escreveram elas na página do café no Facebook em junho de 2019. "Vimos muitos de vocês vivenciarem mudanças e realizações importantes, crescimento profundo, perdas profundas, novos começos. Fizemos suas tortas de casamento, vimos seus filhos crescerem. Também estivemos juntos em dias e semanas mais mundanas. Tudo isso foi muito importante."[34]

Nos últimos dias de funcionamento, as filas de clientes fiéis querendo comprar uma última fatia viravam a esquina.[35] Antigos clientes regulares lamentaram a perda de longe. Kimberly Sikora, que em 2016 se mudou para o deserto de Mojave em busca de um aluguel mais acessível e um ritmo de vida mais tranquilo, ainda não encontrou um substituto para a comunidade que encontrou no Mission Pie. Ainda assim, acredita que a decisão das proprietárias foi acertada. "Se eu tivesse visto que elas passaram a ter wi-fi, aumentaram os preços ou começaram a empregar pessoas pagando menos, todas essas coisas teriam me entristecido mais do que terem fechado as portas", afirmou ela. "Porque significaria que o lado da indiferença e das margens de lucro teria vencido — e elas estavam tentando criar algo muito mais importante."

O problema é que nem sempre é possível conciliar o "muito mais importante" com o financeiramente viável. Pois, como o fechamento do Mission Pie deixa muito claro, a realidade é que lucro e um *éthos* comunitário inclusivo nem sempre andam de mãos dadas. Isso é especialmente verdadeiro agora, devido ao clima econômico difícil.

Portanto, além de garantir que os impostos comerciais pagos por estabelecimentos físicos sejam fixados em níveis que ajudem a compensar a desvantagem que eles enfrentam em relação aos varejistas on-line, todos nos beneficiaríamos da criação de uma nova categoria de negócios: empreendimentos pró-comunidade que possam obter isenções fiscais, incentivos e subsídios, desde que atendam a indicadores verificáveis de inclusão e ajudem a impulsionar a coesão social. Historicamente, as livrarias locais têm desempenhado esse papel de importantes centros de comunidade e seriam um tipo de estabelecimento que poderia se beneficiar desse apoio. Pense na livraria Kett's Books, na cidade de Wymondham, que fica no condado de Norfolk, no Reino Unido, e que em 2019 lançou o projeto "Uma Comunidade, Um Livro": essencialmente um grupo de leitura que abrangia toda a cidade, incluindo reuniões e eventos. Embora não distribuísse os livros de graça, a Kett's ofereceria um desconto de 20% e doava vários exemplares para a biblioteca local, onde uma sessão semanal de leitura em voz alta também tornava a obra acessível para aqueles que talvez não pudessem lê-la por conta própria. O primeiro livro escolhido, *We Must Be Brave* [Temos que ser corajosos], de Frances Liardet, espelhava o projeto em si, contando a história de uma pequena aldeia inglesa que precisou se unir durante a Segunda Guerra Mundial.[36] Como parte da campanha, Liardet fez várias leituras em Wymondham, incluindo uma em uma residência para idosos local, cujos residentes discutiram suas próprias memórias e experiências da guerra.[37]

Da mesma forma, a livraria Readings, em Melbourne, na Austrália, permanece aberta até as 23h na maioria das noites, para permitir que as pessoas folheiem livros, conversem, tomem um café ou assistam a uma leitura gratuita de um poeta local. A Clarke's, na Cidade do Cabo, com seu confortável lounge, é não apenas "um lar para livros", mas também "um refúgio para ideias", tendo estocado livros proibidos e servido como ponto de encontro secreto durante todo o longo e repressivo regime de *apartheid* na África do Sul.[38] Embora alguns tenham lamentado como as livrarias contemporâneas tiveram de oferecer produtos não diretamente relacionados a livros — presentes, café, bolos e apresentações — como forma de aumentar a receita e competir com os varejistas on-line, os próprios livros sempre serviram de apoio à promessa central de uma livraria comunitária: reunir as pessoas em torno de ideias, narrativas, experiências, histórias compartilhadas, verdades difíceis e efervescentes.

Precisamos que cafés como o Mission Pie e livrarias como a Kett's sobrevivam se quisermos que nossa comunidade local prospere. E se tivermos a sorte de morar em um lugar onde eles já existem, é importante não apenas que os celebremos, mas também que tentemos patrociná-los mais.

Na verdade, pensando em onde moro, trata-se de um lugar onde os estabelecimentos independentes trabalham duro para fazer com que a comunidade se sinta inclusiva, unida. Adam, o oculista, exibe as pinturas da artista local Jen em suas paredes. A livraria realiza palestras regulares com autores em parceria com o centro comunitário local. No estúdio de ioga, há grandes mesas comunitárias com jarros de água e revistas onde as pessoas podem se reunir e passar o tempo, mesmo que não estejam lá para as aulas, além de preços reduzidos para aposentados e desempregados. O verdureiro, Phil, me recebe com um sorriso, mesmo quando chego sem minha bolsa e pergunto se ele poderia colocar minhas maçãs na conta. Nos cafés locais há tigelas de água para os cães, para que os clientes possam levar seus animais de estimação, tomar um café e simplesmente relaxar. E estranhos acabam se misturando e conversando porque seus cães sentem o desejo canino irresistível de se aproximar de outros cães próximos. Isso não é apenas uma anedota. Estudos revelaram que as pessoas realmente são mais propensas a falar com estranhos se estiverem acompanhadas por um cachorro.[39]

Repetidas vezes, vemos que os estabelecimentos locais independentes desempenham um papel importante em nutrir e ancorar as comunidades nas quais estão localizadas. E foi inspirador, durante o lockdown, ver tantos negócios locais aumentando seu compromisso com a comunidade, apesar de estarem fechados e temerem seu próprio fim. No meu bairro, o dono de restaurante Morfudd Richards forneceu centenas de almoços grátis para o asilo de idosos local, o açougue se tornou ponto de entrega de doações para famílias vulneráveis enquanto o estúdio de ioga migrou suas aulas comunitárias subsidiadas para a internet.

É por isso que é tão importante não permitirmos que esses negócios sejam esmagados pelo crescimento implacável do comércio eletrônico, e porque o comércio local deve ser fortemente apoiado pelos cidadãos e pelo governo a fim de sobreviver ao duplo golpe da era digital e da desaceleração econômica pós-coronavírus.

Se quisermos nos sentir parte de uma comunidade, em vez de simplesmente vivermos em bolhas isoladas, precisamos valorizar o papel que os empreendedores locais desempenham no sentido de nos manter unidos.

COMUNIDADES COMERCIALIZADAS

A comunidade que o setor comercial oferece, no entanto, precisa ser mais do que um plano de marketing. E embora as grandes corporações estejam começando a reconhecer o valor da comunidade como uma proposta de marca, a autenticidade de suas ofertas pode por vezes ser altamente questionável.

Em 2017, por exemplo, a Apple renomeou suas lojas como "Praças".[40] Parece bom na teoria, mas o único efeito prático aparente foi renomear os corredores de produtos como "avenidas", os espaços de apresentação como "fóruns", e as mesas de suporte técnico, como "bosques": uma "apropriação lexical" que não apenas coopta os espaços cívicos reais que essas palavras representam, mas marca uma tendência preocupante de afastamento da verdadeira propriedade pública desses tipos de espaço, como aponta Andrew Hill, do *Financial Times*. "A própria natureza de como as pessoas usam a maioria dos produtos da Apple — de cabeça abaixada, com AirPods no ouvido — está em desacordo com o *éthos* de erguer o olhar, olhar ao redor e ouvir atentamente da praça de uma cidade", escreve ele.[41]

No mesmo ano, críticos se lançaram sobre a mistura igualmente equivocada de premissas capitalistas e ativistas no agora infame anúncio de TV que apresentava uma Kendall Jenner de jeans desfazendo a tensão entre policiais e manifestantes com uma lata de Pepsi.⁴² "Pena que meu pai não conhecia o poder da #Pepsi", tuitou sarcasticamente Bernice King, filha do líder do movimento dos direitos civis dos Estados Unidos, reverendo Martin Luther King Jr.⁴³ A Pepsi inicialmente insistiu que a ideia do anúncio era mostrar "pessoas de diferentes estilos de vida se unindo em um espírito de harmonia", mas ao se apropriar da linguagem e até mesmo da estética de comunidades engajadas em protestos a empresa mostrou que, na realidade, não tinha ideia do que motivava a luta dessas comunidades, tampouco se importava.⁴⁴ Queria apenas vender mais Pepsi.

Esses são apenas dois entre muitos casos de corporações gigantescas que cooptam a linguagem da comunidade para fins próprios. Para que as grandes empresas tenham um papel significativo em nos unir, elas precisarão ir além desse tipo de floreio e abordagem retórica.

O fascinante é que, nos últimos anos, surgiu um novo modelo de negócio distinto que não busca nutrir uma comunidade existente nem forjar uma nova, conectando pessoas por meio de uma paixão comum. Em vez disso, esse modelo emergente vê *a própria* comunidade como uma mercadoria que pretende comercializar, um produto que pode embalar e vender.

Estou me referindo ao aumento dos espaços comerciais de coworking, empresas com nomes como CommonGrounds, Work.Life, Convene, Second Home e, é claro, WeWork, que em seu auge tinha mais de 280 espaços compartilhados espalhados por 86 cidades e mais de 4 milhões de metros quadrados em imóveis.⁴⁵ Junto com seus ambientes dignos de um post no Instagram, mesas de pingue-pongue, torneiras de onde a cerveja flui livremente e café microtorrado, esses negócios empunham a promessa de comunidade como uma espada. Na verdade, no prospecto da fracassada oferta pública inicial da WeWork (o arquivamento de um desastre não por causa de sua premissa principal, mas por causa de revelações sobre gastos extravagantes, tomadas de decisão erráticas e má gestão) a palavra "comunidade" aparecia 150 vezes.⁴⁶

Pense também no rápido aumento de espaços comerciais de residência compartilhada que testemunhamos nos últimos anos. Nos Estados

Unidos, estima-se que o número de unidades de residência compartilhada vá triplicar nos próximos anos.[47] Na Ásia, onde apenas 11% dos millennials são proprietários do imóvel onde vivem, os investidores, enxergando uma grande oportunidade nesse tipo de residência, têm se acumulado.[48] Mesmo no primeiro semestre de 2020, quando a proximidade física era considerada algo negativo, o interesse de investidores no setor permaneceu bastante significativo. A Starcity, por exemplo, uma operadora de residências compartilhadas com doze espaços espalhados por San Francisco, Oakland e Los Angeles, completou no fim de abril de 2020 sua rodada de investimento da série B com 30 milhões de dólares.

A ênfase dessa nova categoria de prédios de apartamentos com nomes igualmente unificadores, como "Common", "Society", "Collective" e "You+" não é nas residências privadas que eles alugam, a menor das quais pode ter apenas 8 metros quadrados.[49] É, mais uma vez, no espírito de comunidade que afirmam proporcionar. "Estar mais juntos", é o slogan da Collective; a Common se orgulha de ter sido "construída para a comunidade" e afirma que "você está sempre convidado", ao passo que a "comunidade" é literalmente listada como parte dos serviços do plano "tudo incluído" oferecido pela operadora de residências compartilhadas Ollie.[50]

Para concretizar essa ideia, esses prédios alardeiam uma variedade de espaços comuns — bares, jardins no terraço, cozinhas compartilhadas, cinemas — bem como uma seleção de atividades como aulas de ioga e francês. A Norn, uma empresa que se originou como um clube exclusivo para membros cujo objetivo era treinar pessoas na esquecida "arte da conversação", lançou em 2018 um braço de residências compartilhadas que oferecia aos residentes até mesmo grupos de discussão agendados, anunciados como "encontros significativos".[51]

Por um lado, essa é uma perspectiva empolgante: empresas fornecendo comunidades em grande escala. Pois se esses espaços de coworking e residência compartilhada *pudessem* proporcionar união e pertencimento, de fato desempenhariam um papel significativo na resolução de pelo menos alguns aspectos da crise de solidão atual — uma vez que nosso temor de estar perto de outras pessoas tenham diminuído, é claro. Pense no trabalhador remoto John, para quem o trabalho é "extremamente solitário". Ou Giorgio, em Milão, que sentia tanto a falta de conversar com pessoas durante o jantar que se viu indo com cada vez mais frequência às refeições e cantorias oferecidas pela Liga. Ou o designer gráfico Frank, que, apesar de morar em seu prédio havia alguns anos, não tinha um único vizinho com quem pudesse tomar um café. Há claramente uma demanda poderosa e crescente lá fora, especialmente porque cada vez mais pessoas vivem sozinhas e cada vez mais de nós trabalhamos remotamente ou nos juntamos à *gig economy*.

O WEWASHING* É O NOVO GREENWASHING?**

A questão é: uma comunidade fabricada é capaz de proporcionar união "verdadeira"? Ou será que o "WeWashing" é o novo *greenwashing*: a palavra "comunidade", quando utilizada como argumento de venda, não mais pertinente do que as palavras "ecologicamente correto" em uma lata de pesticida tóxico?

Até agora, o cenário tem sido contraditório. Para alguns, elas parecem estar tornando a vida menos solitária. "Eu considero o WeWork e os espaços de trabalho compartilhado a melhor coisa que já aconteceu na minha vida social", relatou um desenvolvedor de sites freelance. Quando trabalhava em casa, escreveu ele, seu humor ficava mais abatido e até se sentia mais cansado e adoecia com mais frequência — exatamente o que era de esperar, considerando o que sabemos sobre saúde física e solidão.[52] No WeWork, entretanto, ele diz que "passou de uma pessoa bastante introvertida a bastante extrovertida e cresceu emocionalmente".[53] Outros tiveram experiências semelhantes. Daniel, um engenheiro de software expatriado que trabalhou em um WeWork em Paris por

---

* *WeWashing* é um termo cunhado para fazer alusão à recente tendência de algumas organizações de se referir ao aluguel e à venda de serviços como "compartilhamento" e/ou usar termos como "comunidade" de forma enganosa. (*N. da T.*)
** *Greenwashing* é quando as organizações usam técnicas de relações públicas e marketing "verde" para transmitir uma imagem sustentável que contrasta com a realidade de seus produtos, políticas ou práticas. (*N. da T.*)

um ano e meio, credita a sua experiência de trabalho compartilhado o estabelecimento de uma série de amizades não relacionadas com o trabalho na vida real. "Quando você não conhece muitas pessoas na cidade, é uma boa maneira de conhecer pessoas, mesmo que não estejam trabalhando em nada parecido", diz ele.[54]

Quando passou seis dias morando em duas residências compartilhadas diferentes em Londres, a jornalista da BBC Winnie Agbonlahor se deparou com vários moradores felizes.[55] Entre eles, Lucilla, de 58 anos, que contou que fizera mais amigos em três meses na residência compartilhada Royal Oak, do Collective (famosa por sua lavanderia com tema *disco* e oficinas de fabricação de consoles de cerâmica) do que em três anos morando sozinha em Paris; e Matty, um especialista em TI de 33 anos, para quem morar no espaço do Collective tinha sido transformador.[56] Durante anos, ele sofreu com uma rara doença renal que o obrigou a se submeter a uma série de transplantes que fizeram com que se sentisse, ele diz, "como um morto-vivo", sem energia, mobilidade e confiança social. "De certa forma, morar aqui me trouxe de volta à vida", disse ele a Agbonlahor. "Ter pessoas por perto para me perguntar como estou fez toda a diferença."

Outro residente, Jeffrey, contou a Peter Timko, um pesquisador que estuda o Collective, sobre um amigo que trabalhava no ramo da construção que o visitou lá e inicialmente ficou cético em relação a quanto dinheiro se gastava nas áreas comuns desses edifícios. Mas ao ver as pequenas interações entre os residentes no saguão, ele mudou de ideia: "E em um instante ele entendeu", lembrou Jeffrey. "Porque em suas propriedades ninguém se cumprimenta. As pessoas nem mesmo se olham nos olhos. E ali estava um espaço onde as pessoas ficavam felizes em interagir, felizes em dizer: 'Oi, tudo bem? Como vão as coisas? Posso ajudá-lo com isso? Posso segurar a porta?'"[57]

É uma condenação contundente do isolamento da vida urbana que algo tão pequeno como vizinhos se olhando nos olhos ou abrindo a porta uns para os outros seja tão valorizado. Mas, como vimos ao longo deste livro, essas trocas momentâneas — que sabemos que podem nos ajudar a nos sentir menos sozinhos — estão se tornando cada vez mais raras, graças à agitação cada vez maior das cidades, nossas agendas cada vez mais apertadas e a intensidade de nosso vício digital. Se as comunidades comercializadas puderem pelo menos garantir essas microinterações, com certeza isso já é alguma coisa. Mas será o suficiente?

Eu, não nós

Algumas pessoas que já experimentaram essa nova geração de comunidades comercializadas, seja como espaços de residência ou de trabalho compartilhados, acham que não. Talvez estivessem esperando algo mais profundo, mais digno do conceito de "comunidade".

Amber, uma trabalhadora da *gig economy* que concilia o trabalho de assistente pessoal virtual com gerenciamento de mídias sociais, relatou como se sentia sozinha em um dia típico no WeWork em Barcelona: "Eu entro no WeWork e há cerca de seis pessoas espalhadas pelo espaço, sentadas o mais longe possível umas das outras, com fones de ouvido, incluindo eu mesma. Eu me sentava em um sofá aconchegante mais isolado, onde podia ficar em paz e ter sossego para começar meu trabalho, sem que estranhos ficassem olhando para a tela do meu laptop. A única ocasião em que eu conversava com alguém era quando cruzei com uma pessoa na máquina de café tentando descobrir como a maldita coisa funcionava."

A experiência de Amber me lembrou de quando visitei o espaço principal da WeWork em Tel Aviv e vi pessoas fazendo fila para pegar um malabi grátis, um pudim de leite com água de rosas comum no Oriente Médio. Era um dos eventos de "comunidade" oferecidos, mas ninguém falava uns com os outros; todos estavam de cabeça baixa, voltados para o celular, e, depois de pegar o malabi, todos saíam sozinhos e voltavam para suas mesas. Para mim, o *éthos* parecia mais "eu trabalho" do que "nós trabalhamos".

No Collective, apesar das avaliações positivas de Matty, Lucilla e Jeffrey, outros expressaram suas dúvidas a Agbonlahor. Um residente disse a ela que a "comunidade" alardeada pelo material de marketing do Collective não passava de propaganda enganosa: não apenas exagerada, mas completamente ausente da visão deles. E vários expressaram desapontamento com a falta de envolvimento comunitário, com apenas um pequeno grupo de residentes parecendo estar ativamente envolvido.[58] Foi uma reclamação que se repetiu nas entrevistas que Timko realizou para sua pesquisa, com um residente sugerindo que o envolvimento da comunidade era de apenas 10%.[59] Como outra residente, Marge, explicou, "há muitas pessoas que simplesmente vivem nas sombras e nunca participam". Esse era o caso até mesmo quando se tratava dos brunches com salmão e bagels gratuitos que o Collective oferece para encorajar os residentes a socializar: "Você na verdade via as pessoas descendo, enchendo um prato de salmão e ovos e subindo de volta para seu quarto para comer. [No entanto] o objetivo de tudo aquilo é descer... se conectar e estabelecer vínculos em vez de apenas pegar comida e simplesmente voltar para o seu quarto e comer sozinho", disse um residente incrédulo e descontente a Timko.[60]

Já vimos que não dá para repartir o pão se você pede Deliveroo em casa. Tampouco dá para repartir o pão se você pega seu bagel do brunch comunitário e leva para viagem.

NÃO DÁ PARA COMPRAR COMUNIDADE, É PRECISO PRATICÁ-LA

Na verdade, a falta de envolvimento na comunidade é uma das principais preocupações em outros espaços de trabalho e residência compartilhados, não apenas entre os residentes e membros, mas também para os próprios operadores de uma série desses espaços.[61] Em uma reunião em Berlim com os operadores de quatro das principais empresas que oferecem residências compartilhadas, a "falta de envolvimento dos membros" foi identificada pelo grupo como um dos principais desafios que eles enfrentaram.[62] É claro que, para que haja um envolvimento significativo dos membros, é necessário que haja também uma massa crítica de membros que deseje fazer parte de uma comunidade. O problema com muitas comunidades comerciais é que isso não é de forma nenhuma garantido.

Pois se pensarmos em quem está ingressando em muitas dessas comunidades novas, reluzentes e comercializadas, não são necessariamente pessoas que dispõem do tempo ou cultivam o estilo de vida que a construção de comunidades exige. Diferentemente dos antepassados dos espaços de residência e trabalho compartilhado — iniciativas de co-habitação de baixo para cima, como as estabelecidas nos anos 1970 por grupos de hippies, ou os kibutzim de Israel, lugares habitados por pessoas para quem a solidariedade, o cuidado com o outro e a união eram os princípios norteadores —, a maioria dos espaços de residência e trabalho compartilhado atuais visam ativamente aos profissionais millennials altamente individualistas, muitos dos quais voltam para casa esgotados depois de longas horas de trabalho, trajetos demorados e escritórios de plano aberto panópticos, e estão exaustos demais para socializar. São moradores da cidade que se acostumaram com suas bolhas digitais ou foram condicionados a acreditar que interagir com os outros não é o que as pessoas da cidade fazem — pessoas para quem a comunidade como um conceito talvez seja mais atraente do que a comunidade como um modo de vida.

Mas será que o hábito de se desconectar uns dos outros pode ser desaprendido? E novos hábitos de comunidade ser desenvolvidos? Acredito que a resposta para ambas as perguntas é sim, mas apenas com esforço e vontade genuínos.

Os próprios operadores estão fazendo um esforço. No Collective, o quadro de avisos coletivo está repleto de panfletos anunciando eventos futuros: um workshop de fabricação de pingentes de cristal, uma palestra sobre conscientização a respeito da saúde mental, outra sobre a política de pelos corporais.[63] Mesmo durante o lockdown, as ofertas continuaram, embora agora on-line. As sessões de zoom oferecidas ao longo de uma semana em maio de 2020 incluíam "Vinyasa Flow com Eloise" e "Desenhando Juntos", em que um voluntário de cada vez é o modelo, posando em frente à webcam enquanto todos os outros desenham.

Na WeWork, um executivo sênior detalhou com orgulho toda a atenção que é dedicada a maximizar as interações, até mesmo no desenho das escadas e dos corredores, que são intencionalmente projetados para ser estreitos demais para duas pessoas passarem uma pela outra (algo não muito bom para a era do coronavírus) "de modo que você tem que tirar o rosto do telefone por um segundo e meio que [se afastar] e deixar a outra pessoa passar. Fazemos isso de propósito. Projetamos nossas escadas e corredores de uma maneira que faz com que duas pessoas realmente precisem parar e olhar uma para a outra, provavelmente nos olhos, e dizer olá, mesmo que estejam apenas indo realizar uma tarefa mundana, como pegar água".

O problema é — e esse é o desafio que essas empresas precisam superar — que a comunidade não é algo que se possa comprar, tampouco algo que possa ser imposto por uma administração. Em vez disso, é algo em que as pessoas precisam investir tempo e de que têm de participar proativamente se quiserem que ela prospere. Portanto, independentemente de quantos eventos um espaço de residência ou trabalho compartilhado organize, por mais comida ou álcool de graça que forneçam, por mais estreitos que sejam os corredores, a menos que as pessoas que vivem e trabalham lá realmente interajam umas com as outras de maneiras significativas, uma comunidade nunca vai se materializar. Uma comunidade implica pessoas *fazendo* coisas juntas, não simplesmente *estando* juntas ou esbarrando umas nas outras ao passar. Essa é a diferença entre "estar junto" e estar "sozinho junto", entre um estado ativo e um passivo.

O estilo de "liderança" da comunidade desempenha um papel claro quando se trata de determinar qual desses dois estados vai prevalecer. Os condomínios de residência compartilhada nos quais os próprios residentes são ativos planejam seus próprios passeios e eventos, coordenam suas próprias reuniões comunitárias e nos quais os administradores os ajudam a concretizar suas próprias ideias de novas atividades em grupo parecem se sair significativamente melhor em termos de comunidade do que aqueles nos quais a comunidade é imposta de cima para baixo. Na verdade, Chen Avni, o carismático cofundador da Venn, uma operadora israelense de residências coletivas com unidades em Berlim, Tel Aviv e no Brooklyn cujos membros relataram que seus níveis de solidão caíram, em média, mais de um terço nos primeiros seis meses depois de se mudarem para uma residência Venn, atribui esse sucesso em parte ao reconhecimento desse princípio de autodeterminação. "Enquanto outras operadoras adotam a abordagem 'se criarmos, eles virão' para o envolvimento dos residentes com suas noites de queijos e vinhos e tacos às terças-feiras, o que aprendemos ao longo do caminho não foi que se nós criarmos eles virão, mas sim que se eles criarem, eles permanecerão", explica Avni.[64]

Assim, em vez de simplesmente tentar propor as próximas atividades comunitárias para "aliviar a solidão", a Venn agora também pergunta aos membros que tipo de evento eles desejam criar e mobilizam seus gerentes de comunidade para cumprir o papel de viabilizar, em vez de iniciar. Não é que todo membro precise ser um iniciador — a maioria de nós sabe por experiência própria que não queremos muito cacique para pouco índio —, é que uma cultura de cocriação e capacitação de membros parece mudar a experiência de algo semelhante a um hotel para algo mais próximo de um lar, uma comunidade na qual todos têm uma participação, em vez de uma mercadoria a ser comprada e vendida.

Na verdade, Avni me disse que um dos "maiores aceleradores" dessa criação de comunidade tem sido o "jantar colaborativo" mensal, essencialmente um jantar no qual todos compartilham a comida, que é levada pelos próprios membros. (A Venn fornece as bebidas e as sobremesas.) Em seguida, Avni descreveu como, durante as refeições preparadas por eles, os veteranos dão as boas-vindas aos recém-chegados e colocam a conversa em dia. E como, durante as explicações sobre os pratos que escolheram compartilhar, os membros falam sobre sua cidade ou país natal, com as lembranças que seus pratos evocam, abrindo um caminho para conversas mais profundas sobre quem eles são e de onde vêm, criando condições para estabelecer vínculos mais significativos. Os "jantares colaborativos" são os eventos da Venn nos quais há maior participação.

Quem sabe se, em vez de um brunch grátis com salmão e bagel, os membros do Collective fossem incentivados a cozinhar juntos, seu senso de comunidade não seria mais forte?

Parte do problema também é como várias dessas empresas definem comunidade. Vejamos a NomadWorks, a concorrente do WeWork supostamente também "centrada na comunidade" — ela lista explicitamente "eventos de socialização" entre os serviços oferecidos a seus membros.[65] E quando perguntei a um executivo sênior da WeWork como eles sabiam que estavam cumprindo o prometido em se tratando de comunidade, é revelador que sua "prova" tenha sido quantos "negócios" bem-sucedidas os membros haviam realizado entre si. Especificamente, ele me disse, eles apuravam quantos membros do WeWork haviam comprado algo de outro membro pelo menos uma vez como um indicador de quão forte era a comunidade.

As pessoas que alugam espaço no WeWork perceberam a contradição inerente a essa concepção decididamente neoliberal. James, que trabalhou no edifício da WeWork em Moorgate, Londres, um gigante com janelas de vidro em cujos banheiros há a expressão "Trabalhe duro" estampada na parede, descreveu sua experiência lá da seguinte forma: "As pessoas são supersimpáticas, mas é só porque todos estão tentando vender alguma coisa. É incrível como rapidamente me tornei uma *persona non grata* quando deixei claro que não estava interessado em comprar nada. Digamos que ninguém mais me chamou para jogar pingue-pongue."

Esse aspecto transacional não é, por si só, uma coisa ruim. Na verdade, o fato de, em um estudo realizado em 2014, mais da metade dos usuários de locais de trabalho compartilhados terem relatado que encontraram novos clientes e novos colaboradores em seu espaço de trabalho sugere que há, pelo menos, uma justificativa de negócios clara para se tornar um membro.[66] Além disso, amizades podem se desenvolver paralelamente a negociações comerciais ou mesmo surgir em um evento de networking. Acontece que um punhado de cartões de visita não faz uma comunidade. Estaremos desvalorizando a ideia de comunidade se a reduzirmos a um grupo de pessoas que se veem apenas como um alvo potencial. Seu significado precisa ser cuidar e ajudar uns aos outros também, não apenas conseguir clientes.

A natureza sem contato dessas operações também tem uma responsabilidade nisso, uma vez que costuma enfatizar a conveniência quase tanto quanto a comunidade. Em alguns espaços de residência coletiva, tudo é feito para você, desde a lavagem das roupas até a limpeza da cozinha compartilhada e o esvaziamento das lixeiras compartilhadas.

A ECONOMIA DA SOLIDÃO 277

O que isso significa é que sim, há menos tarefas domésticas com as quais se preocupar, mas também menos responsabilidade compartilhada pela manutenção dos espaços comuns e menos tarefas a realizar que beneficiem outras pessoas além de você mesmo. Pesquisas sobre o que faz com que as comunidades de espaços de coabitação prosperem (espaços de coabitação em vez de residência compartilhada implicam uma situação cooperativa de longo prazo, na qual muitas vezes os residentes desenvolvem o espaço e suas práticas eles mesmos) sugerem que um ponto crucial para o desenvolvimento de laços sociais é que os residentes assumam a responsabilidade pelas atividades em grupo e pela manutenção do local: escala semanal se serviços, retirada do lixo, lavanderia, cuidados com a horta comunitária ou compartilhamento dos cuidados com as crianças.[67]

Chegamos, ao que parece, ao paradoxo central de muitos espaços de residência e trabalho compartilhado: eles querem vender os benefícios de viver ou trabalhar em estreita proximidade com outras pessoas, mas sem nenhuma adesão social, o trabalho *árduo* que uma comunidade exige. Assim como acontece com amizades verdadeiras, quando se trata de construir uma comunidade autêntica, talvez tolerar alguns inconvenientes seja parte do pacote.

Pense nas comunidades às quais você se sente mais conectado. Presumivelmente, também são espaços nos quais você tem que fazer algum tipo de esforço, dar além de receber? Quando penso no meu grupo de improvisação semanal, uma das comunidades da qual me sinto fortemente parte, as tarefas e responsabilidades são compartilhadas. Eu sou responsável por cobrar as taxas e pagar a igreja cujo salão usamos, Roderick coordena as sessões, Thierry é responsável pelas chaves quando necessário, Kevin leva seu violão, Ma'ee e Amber nos mostram os trava-línguas e Lucy coordena as sessões quando Roderick não pode. E o mais importante: todos fazemos o possível para comparecer todas as semanas, mesmo quando não estamos com muita disposição. Contudo, se a comunidade é servida a você junto com cerveja e malabi grátis e você não precisa fazer nada para contribuir, sua obrigação de se comprometer com ela provavelmente ficará enfraquecida.

Comparecer é fundamental. Isso traz à tona outro problema com muitas dessas comunidades comercializadas: seus membros são transitórios. A taxa de rotatividade anual do Collective, por exemplo, é de 50%.[68] E embora a rotatividade em espaços de trabalho compartilhado seja mais difícil de calcular — afinal, quando se associa ao WeWork a pessoa tem acesso a escritórios em todo o mundo —, qualquer lugar cuja maioria das mesas é usada alternadamente por diversas pessoas durante curtos períodos será inevitavelmente "um ambiente cuja característica mais determinante é a mudança constante".[69] Como vimos no contexto das cidades, o problema com as comunidades itinerantes é que quanto menos enraizada uma pessoa estiver em sua comunidade, menor será a probabilidade de ter uma participação nela. Ao vender flexibilidade e fluidez como parte de sua oferta, o WeWork e outros espaços semelhantes reduzem as chances de membros e residentes verem a comunidade como sua e investirem ativamente nela. Na verdade, se pensarmos em comunidades verdadeiramente unidas, quer estejamos falando de uma congregação de fiéis, dos haredim em Israel ou até mesmo de um clube de ciclismo, uma das principais razões para os laços entre os membros serem fortes são suas interações *contínuas*. Pois, embora parte da força venha inevitavelmente de uma paixão ou de valores compartilhados, também leva tempo para que as pessoas se sintam verdadeiramente ligadas umas às outras. Sem repetidas oportunidades de demonstrar e oferecer solidariedade e apoio mútuo, a relação entre os membros de uma comunidade sempre vai se parecer mais com um romance de férias do que com um casamento, e a confiança será escassa.

Talvez não seja surpreendente, portanto, que uma das outras principais questões levantadas no encontro de empresas de residência compartilhada em Berlim tenha sido o alto nível de desconfiança entre os membros. O Colllective lidou com isso instalando circuito interno de TV em todos os seus espaços, ao lado de placas como "Sorria, você está sendo filmado" e "Se encontrarmos comida da cozinha compartilhada em seu quarto, nós a removeremos".[70] Imagino como deve ser irritante ter seu azeite roubado por outro residente, mas, como vimos nos capítulos anteriores, esses sistemas de vigilância dificilmente contribuem para o vínculo comunitário.

COMUNIDADES EXCLUSIVAS

Enquanto refletimos sobre a melhor forma de reconstruirmos nosso mundo pós-Covid-19 e nos reconectarmos uns com os outros, sem dúvida haverá lições úteis que governos, autoridades locais, arquitetos, urbanistas e o mundo dos negócios podem aprender com essas empresas do século XXI que colocaram a comunidade no centro de suas propostas, para o bem e para o mal.

No entanto, mesmo quando as comunidades comercializadas conseguem proporcionar um sentimento de pertencimento, muitas vezes permanece a questão da inclusão. Os colatecs sul-coreanos com suas baixas taxas de admissão, o estúdio de ioga com desconto para aposentados e desempregados e o clube do livro subsidiado continuam sendo exceções, não a norma. Na maioria dos casos, quando se trata de comunidades comercializadas, se não pode pagar, você não pode fazer parte.

Vejamos as aulas de ginástica em grupo mais modernas. Apesar de toda a sua atmosfera espiritual e do conceito de "somos uma comunidade", é fundamental perceber que não são serviços religiosos de portas abertas. Em vez disso, elas costumam se concentrar em bairros ricos, ser vendidas como um item de luxo e embaladas com uma etiqueta de preço premium — algumas chegam a cobrar 40 dólares por uma única sessão.[71]

Da mesma forma, os preços dos ingressos para festivais de música aumentaram tanto que um terço dos millennials que compareceram a um em 2018 disse ter contraído dívidas para poder pagar pela experiência.[72] Os ingressos para o Glastonbury 2020 custavam 265 libras (mais ou menos 370 dólares) por pessoa, enquanto o ingresso geral para o Coachella custava 429 dólares, "mais taxas". Quanto ao meu próprio bairro, sei que só consegue manter um pequeno mercado local de alta qualidade porque seus habitantes relativamente abastados podem e estão dispostos a pagar o que é essencialmente um "imposto comunitário" que lhes permite vender muitos de seus produtos a preços mais elevados do que as gigantescas cadeias de supermercados e, assim, permanecer na concorrência. Onde isso não acontece, os estabelecimentos que prestam esse tipo de serviço básico da vida comunitária muitas vezes tiveram que fechar as portas, como vimos no caso de Mission Pie.

E na medida em que os espaços de trabalho compartilhado podem ajudar a aliviar a solidão da *gig economy* e dos trabalhadores remotos, novamente sua estrutura de preços até o momento tem sido tal que normalmente apenas profissionais que ganham altos salários podem pagá-los. No início de 2020, por exemplo, os valores mensais mais baixos que uma pessoa poderia pagar para ser membro do WeWork ficavam entre 200 e 600 libras por mês em Londres e até 600 dólares por mês em San Francisco. Isso está bem fora do reino das possibilidades para, digamos, o prestador de serviços médio do TaskRabbit.

Quanto ao conceito de "tudo sob o mesmo teto", amado por muitos operadores de residências compartilhadas, seus supermercados, lavanderias, academias e bares no local podem promover a segregação social. Ao fazer compras e socializar em bares internos, os residentes muitas vezes não conseguem se envolver com a vizinhança. Assim, correm o risco de ficar alienados da comunidade à sua volta e os moradores locais, por sua vez, correm o risco de se tornar alienados deles. A longo prazo, essa pode ser uma estratégia perdedora, não apenas para a sociedade, mas também para as operadoras de residências compartilhadas. Pois quando estão realmente conectadas a um lugar, as pessoas não apenas têm um senso mais forte de comunidade, mas também têm mais probabilidade de permanecer na vizinhança por mais tempo.

As comunidades privadas podem desempenhar um papel na mitigação da crise de solidão deste século, desde que sua oferta seja autêntica e que seus membros estejam verdadeiramente envolvidos. No entanto, em uma época em que os espaços públicos da comunidade estão sendo desmontados, há cada vez menos lugares gratuitos ou baratos para se reunir e muitas das áreas comerciais de bairro estão deixando de existir, há um perigo real de que a comunidade se torne algo cada vez mais acessível apenas para os privilegiados. De forma que uma pessoa *só* vai "encontrar sua alma" se puder pagar a taxa de admissão. E a solidão vai se tornar um mal que só os ricos terão a chance de "curar". Se considerarmos que os solitários já estão em uma situação desproporcionalmente pior financeiramente, isso se torna particularmente inquietante. Para que as comunidades privatizadas não se tornem mais uma manifestação da arquitetura hostil — uma maneira de excluir e manter os outros de fora — e, em vez disso, desempenhem um papel ativo tanto em aliviar a solidão dos indivíduos quanto em reconectar a sociedade de forma mais ampla, garantir que eles não apenas cumpram sua promessa, mas também que mais pessoas possam acessá-las e se beneficiar delas, é um desafio importante para o futuro.

Há sinais positivos no horizonte. No fim de 2019, o programa habitacional pioneiro ShareNYC, da cidade de Nova York, concedeu três contratos cobiçados para projetos de "moradias compartilhadas" que incorporassem alguns aspectos de residências compartilhadas, incluindo cozinhas compartilhadas, academias de ginástica compartilhadas e contratos de locação mais flexíveis, proporcionando uma moradia acessível que compreendesse diferentes faixas socioeconômicas.[73] Espera-se que a acomodação atenda a um amplo espectro de renda, de famílias com renda muito baixa a famílias com renda moderada; apenas um terço do empreendimento maior oferecerá unidades alugadas a preço de mercado.[74] Embora seja apenas um começo, os urbanistas e as incorporadoras imobiliárias parecem estar trabalhando ativamente para evitar a mentalidade separacionista que dominou empreendimentos como o Royal Wharf e o Baylis Old School, dos quais já falamos; a intenção é que os membros desfrutem de instalações coletivas e serviços iguais, independentemente do aluguel que paguem.[75] Quem sabe nessas condições crianças de diferentes condições econômicas possam brincar juntas, os espaços compartilhados sejam acolhedores para qualquer um e a comunidade esteja disponível para todos — sem uma etiqueta de preço platinum.

CAPÍTULO 11

Restabelecer conexões em um mundo fragmentado

A solidão não é apenas um estado de espírito subjetivo.[1] É também um estado de ser coletivo que está fazendo muito mal a nós como indivíduos e à sociedade como um todo, contribuindo para a morte de milhões de pessoas anualmente, custando bilhões à economia global e representando uma ameaça potente para as democracias tolerantes e inclusivas.[2]

Mesmo antes da pandemia do coronavírus, este já era o Século da Solidão. O vírus, porém, deixou ainda mais evidente como muitos de nós se sentem não cuidados e sem apoio, não apenas por amigos ou família, mas também por nossos empregadores e pelo Estado; quão desconectados muitos de nós estamos, não apenas daqueles a quem estamos mais intimamente ligados, mas também de nossos vizinhos, nossos colegas de trabalho e nossos líderes políticos.

Se quisermos mitigar a solidão não apenas no âmbito individual, mas também no âmbito social, precisamos urgentemente que as forças dominantes que moldam nossa vida despertem para a escala do problema. Governo, empresas e nós, como indivíduos, *todos* temos papéis significativos a desempenhar. A crise de solidão é complexa e multifacetada demais para que qualquer entidade a resolva sozinha.

É aqui que eu divirjo de uma série de outros pensadores políticos e econômicos que escreveram sobre a solidão, pois eles não apenas definem a solidão de forma mais restrita, como seguem a tendência de adotar uma abordagem menos holística e mais abertamente partidária.[3]

Os conservadores muitas vezes colocam a culpa no colapso da "família tradicional", no declínio do comparecimento à igreja e um Estado de bem-estar excessivamente poderoso que eles demonizam por atenuar a responsabilidade pessoal, bem como nossa responsabilidade para com os outros. Assim, eles costumam argumentar que as soluções para a crise da solidão dependem firmemente do indivíduo. Se ao menos fizéssemos mais por nós mesmos e por aqueles que nos cercam, lamentam eles.

A esquerda, em contraste, muitas vezes se viu tentada a encarar essa questão essencialmente como um problema de pouco governo, em vez de governo demais. Retratando os cidadãos como vítimas das circunstâncias, ela tende a colocar ênfase no que o Estado deveria fazer. Os indivíduos recebem um passe relativamente livre, pelo menos quando se trata daqueles cuja responsabilidade é reparar a comunidade e curar mazelas sociais.

Em ambos os extremos, essa visão binária do que impulsiona a solidão é, em última análise, improfícua e contraproducente. Pois embora haja elementos de verdade nessas duas perspectivas politicamente carregadas, nenhuma delas apresenta o quadro completo ou um caminho eficaz para resolver a crise. Como vimos, os impulsionadores estruturais da solidão têm raízes nas ações do Estado *e* de indivíduos e corporações, bem como nos avanços tecnológicos do século XXI, quer estejamos falando do nosso vício em smartphones, da vigilância no local de trabalho, da *gig economy* ou de nossas experiências cada vez mais sem contato.

Além disso, esses impulsionadores estão com frequência interligados. Se seu empregador não lhe concede uma licença para cuidar de seus pais idosos em uma emergência, por mais que queira estar lá para ajudá-los, você não será capaz de dar a eles a companhia e o apoio de que precisam. Se você não conhece seus vizinhos porque seu aluguel vem aumentando regularmente e vive tendo que se mudar, é muito menos provável que esteja disposto a ajudá-los ou contribuir com a comunidade local. Se você é viciado nos picos de dopamina do Instagram ou verifica seus e-

-mails constantemente quando está fora do escritório, inevitavelmente vai passar menos tempo a cada dia interagindo pessoalmente com sua família ou seus amigos — e, quando o fizer, é mais provável que seja distraído pelo celular. Se o único banco para se sentar em sua rua for um banco projetado propositalmente para ser desconfortável, a fim de atrapalhar aqueles considerados "indesejáveis", você não vai se acomodar nele e jogar conversa fora com transeuntes. Se não tem certeza de quando exatamente vai trabalhar em determinada semana porque não tem horas de trabalho garantidas, você vai poder se comprometer a treinar o time de futebol do seu filho.

A solidão não é uma força singular. Ela vive dentro de um ecossistema. Portanto, se quisermos conter a crise da solidão, precisaremos de mudanças econômicas, políticas e sociais sistêmicas, ao mesmo tempo que reconhecemos nossa responsabilidade pessoal.

Reconectando o capitalismo com o cuidado e a compaixão

Como ponto de partida, precisamos aceitar que a crise de solidão de hoje não surgiu do nada. Foi alimentada em um grau considerável por um projeto político específico: o capitalismo neoliberal. Uma forma de capitalismo egocêntrica, autocentrada, que normalizou a indiferença, transformou o egoísmo em virtude e diminuiu a importância da compaixão e do cuidado. Uma forma de capitalismo do tipo "cada um por si" e "trabalhe duro", que negou o papel central que os serviços públicos e a comunidade local têm desempenhado historicamente em ajudar as pessoas a prosperar e, em vez disso, perpetuou a narrativa de que o nosso destino está apenas em nossas mãos. Não é que não nos sentíssemos solitários antes. É que, ao redefinir nossos relacionamentos como transações, ao colocar o cidadão no papel de consumidor e gerar divisões de renda e riqueza cada vez maiores, quarenta anos de capitalismo neoliberal, na melhor das hipóteses, marginalizaram valores como solidariedade, comunidade, união e bondade.[4] Na pior das hipóteses, deixaram esses valores sumariamente de lado. Precisamos adotar uma nova forma de política — uma que tenha o cuidado e a compaixão em seu cerne.

O objetivo político de fazer com que os cidadãos sintam que há alguém que os protege não é incompatível com o capitalismo. Na verdade, é um equívoco fundamental do capitalismo presumir que sua variante neoliberal "mundo cão", "cada um por si" é sua única forma. Até mesmo Adam Smith, o pai do capitalismo, embora mais conhecido como um defensor eloquente do livre mercado e da liberdade individual, escreveu extensivamente em *Teoria dos sentimentos morais* (o precursor de *A riqueza das nações*) sobre a importância da empatia, da comunidade e do pluralismo.[5] Ele entendia que o Estado tem um papel claro a desempenhar no fornecimento da infraestrutura da comunidade — e que, quando os mercados precisam ser controlados para proteger a sociedade, controlados eles devem ser.[6] Em outros lugares, as formas do capitalismo na Ásia, na Escandinávia e até mesmo na Europa continental durante grande parte do século XX foram distintas da tradição neoliberal em termos do papel maior que atribuíam ao Estado e da ênfase em valores comunitários. O capitalismo nunca foi uma ideologia única.

Portanto, apesar de o capitalismo neoliberal — concentrado nos mercados livres e na desregulamentação, na primazia que confere aos direitos do capital e no antagonismo em relação ao Estado de bem-estar, mesmo quando isso ocorre à custa da coesão social e do bem comum — ter dominado grande parte do mundo nas últimas quatro décadas, ele não é nossa única opção para o futuro. Juntos, precisamos definir e criar uma forma mais cooperativa de capitalismo que traga resultados não apenas em termos econômicos, mas também em termos sociais.

E a hora de fazer isso é agora. Na esteira da Grande Depressão da década de 1930, o presidente Franklin D. Roosevelt lançou o New Deal, um extenso programa de regulação e gastos governamentais cujos objetivos eram proporcionar auxílio, ajudar na recuperação e reforçar os direitos daqueles que tinham sido mais duramente atingidos pela devastação econômica. No Reino Unido, o Serviço Nacional de Saúde, com seu compromisso de fornecer assistência médica para todos, foi fundado na sequência da Segunda Guerra Mundial: um poderoso símbolo de um novo compromisso com a equidade e a compaixão. Agora também é chegada a hora de tomar medidas revolucionárias e radicais, de implementar um capitalismo mais cuidadoso e generoso.

No mínimo, os governos precisam garantir a seus cidadãos que as desigualdades arraigadas que a pandemia ao mesmo tempo expôs e exacerbou vão ser ativamente combatidas e que, quando os tempos forem inevitavelmente difíceis, eles estarão lá para apoiá-los. Em muitas nações, isso significa destinar recursos significativamente maiores ao bem-estar, à seguridade social, à educação e à saúde. Mesmo antes da pandemia, os Estados Unidos, por exemplo, precisavam aumentar seus gastos com serviços sociais (isso inclui gastos com subsídios para habitação, seguro-desemprego, programas de criação de empregos e apoio a pensões) em 1,4% do PIB apenas para atingir a média da OCDE.[7] E os políticos podem assumir esses compromissos sabendo que a população vai apoiá-los. Em uma pesquisa realizada imediatamente após o presidente Donald Trump ter assinado o pacote de estímulos no valor de 2 trilhões de dólares destinado a aliviar os efeitos do coronavírus, em março de 2020, mais de três quartos dos democratas e republicanos expressaram aprovação à legislação — mesmo depois de terem sido lembrados do custo espantoso.[8] Outra pesquisa realizada na mesma época revelou que até 55% dos eleitores americanos agora eram a favor do Medicare for All,* um aumento de nove pontos em relação a janeiro do mesmo ano.[9]

Enquanto isso, no Reino Unido, o apoio público ao aumento dos gastos com bem-estar para ajudar os pobres, mesmo que isso significasse impostos mais altos, já estava, em 2017, em seu nível mais alto em quatorze anos.[10] E em maio de 2020, durante a crise do coronavírus, mesmo os mais ardorosos *think tanks* pró-mercado livre estavam pedindo ao governo que evitasse cortes de impostos e medidas de austeridade e, em vez disso, aumentasse os gastos públicos.[11]

A necessidade de medidas ousadas e de uma escala de comprometimento sem precedentes será especialmente profunda na esteira imediata da pandemia, devido às pressões econômicas e às demandas

---

* Proposta de expandir o programa Medicare, do governo dos Estados Unidos, assegurando cobertura de saúde a todos os americanos desde o nascimento. (*N. da T.*)

concorrentes por recursos públicos que ela induziu. No entanto, é imperativo que, à medida que nos afastamos do olho do furacão, os governos compreendam que a necessidade de apoio adicional vai persistir, devido a fatores que incluem o rápido envelhecimento das populações (no hemisfério norte, isto é), os danos econômicos de longo prazo provocados pelo coronavírus e as perdas adicionais (e severas) de empregos devido à automação que podemos esperar nos próximos anos.

Quando se trata de desemprego, o apoio que o Estado oferece não pode ser apenas financeiro. Os governos precisam tomar medidas para diminuir a taxa de substituição da mão de obra por robôs, e anteriormente sugeri uma forma de conseguir isso: um imposto sobre robôs. Além disso, dados os desafios que o setor privado enfrenta atualmente, os governos vão precisar, por ora, desempenhar o papel de empregador de último recurso e criar novos empregos em escala, seja diretamente, por meio de grandes projetos públicos, seja indiretamente, por meio de políticas fiscais. Pois é por meio do trabalho (quando ele é digno) que podemos encontrar companheirismo e propósito e, em sua melhor expressão, também espírito de comunidade.

Os programas de trabalho público do século XXI não devem, no entanto, simplesmente se resumir a empregar pessoas na construção de estradas ou na colheita de frutas. Um compromisso crível com a energia eólica e solar geraria um número considerável de novos empregos, assim como o compromisso de autoridades locais de plantar mais árvores, modernizar os prédios municipais no que diz respeito ao consumo de energia e instalar estações de recarga para carros elétricos. E os governos também precisam criar empregos voltados especificamente para restaurar a estrutura da comunidade, seja construindo bibliotecas, clubes juvenis e centros comunitários, seja encomendando obras daqueles que nutrem a sociedade espiritualmente: artistas, escritores e músicos. Isso de fato aconteceu durante o New Deal, quando artistas de todos os Estados Unidos foram contratados para pintar murais, criar esculturas, dar aulas de arte e montar peças de teatro — com a intenção, como disse o presidente Roosevelt, de mostrar aos americanos as possibilidades de "uma vida abundante".[12] Nossos políticos de hoje não devem ser menos ambiciosos.

Há outra coisa que os governos podem fazer: transformar os desafios do desemprego de hoje em uma oportunidade de criar uma nova força de trabalho composta de pessoas pagas explicitamente para ajudar a aliviar a solidão. Podemos nos inspirar no recente compromisso do Reino Unido com o que ficou conhecido como "prescrição social", em que trabalhadores que funcionam com um vínculo com a comunidade em consultórios médicos são empregados com a função de ajudar pessoas que lutam com problemas de saúde mental, isolamento ou solidão a fim de identificar recursos locais que possam ajudá-los a lidar melhor com essas circunstâncias, sejam aulas de arte, aulas de ginástica ou grupos para homens. Essas iniciativas, no entanto, só são significativas se forem acompanhadas de um compromisso de financiar essas atividades de forma adequada, tanto para que os "clientes" tenham opções reais quanto para que tenham os recursos necessários para frequentar essas atividades. Treinar mais pessoas para cuidar de idosos e de jovens também faria sentido, pelo menos a curto e médio prazo, desde que o governo se comprometesse a aumentar os salários no setor de cuidados.

É claro que, para fazer tudo isso, o Estado precisará reunir recursos. Considerando a escala do desafio, os governos não vão poder tomar emprestado nem imprimir dinheiro indefinidamente sem causar danos econômicos significativos a longo prazo, por mais baixas que sejam as taxas de juros atualmente.[13] Isso significa que as camadas mais ricas da sociedade inevitavelmente precisarão pagar uma taxa de impostos mais elevada. Isso é justo. Mas não são apenas os indivíduos ricos que devem enfrentar essa carga tributária adicional. As empresas multinacionais que continuam a registrar seus lucros em jurisdições com impostos baixos ou livres de impostos também devem enfrentar uma legislação rígida, que as obrigue a pagar o que devem aos países nos quais vendem seus produtos. Bilhões de libras em receitas fiscais que poderiam ser direcionadas para projetos públicos já foram perdidas como resultado dessas práticas corporativas nefastas. Quem sabe também as empresas que tiveram um desempenho financeiro particularmente bom durante a crise do coronavírus, como os varejistas de alimentos on-line, pudessem estar razoavelmente sujeitas a um imposto extraordinário sobre lucros inesperados. Novamente, há um precedente histórico para isso. Nos Estados Unidos, impostos sobre "lucro excedente" foram implementados durante as duas guerras mundiais e também durante a Guerra da Coreia.[14]

No entanto, precisamos ser ainda mais ambiciosos. À medida que reconstruímos nosso mundo pós-Covid-19, os governos têm uma rara oportunidade de aproveitar o momento, agir de forma transformadora e repensar as prioridades em um nível fundamental. Nesse sentido, podemos nos inspirar na primeira-ministra da Nova Zelândia, Jacinda Ardern, que anunciou, em maio de 2019, que seu governo não ia mais usar apenas os indicadores econômicos tradicionais, como crescimento e produtividade, para determinar a política e as metas orçamentárias do país. Em vez disso, "movido pela bondade e pela compaixão", seu governo se comprometeu a incorporar um conjunto de critérios mais amplo, mais socialmente consciente e mais bem elaborado.[15] Isso incluía o desempenho do país no que diz respeito a proteger o meio ambiente, proporcionar uma educação de qualidade, aumentar a expectativa de vida e — o que é importante para os nossos propósitos — indicadores relacionados à solidão, confiança nos concidadãos, confiança no governo e um sentimento geral de pertencimento.[16] A Escócia e a Islândia estão considerando adotar abordagens semelhantes em seus próprios processos orçamentários.[17]

Embora, nos últimos anos, outros governos — principalmente do Reino Unido e da França — tenham começado a medir o bem-estar, o orçamento para o bem-estar da Nova Zelândia é considerado a medida mais ousada adotada até agora por um país da OCDE, devido à sua ligação explícita com a tomada de decisões políticas e orçamentárias.[18] As iniciativas da França e do Reino Unido, até o momento, não direcionaram políticas nem as decisões sobre gastos governamentais de forma significativa.[19] Seria descuidado não mencionar aqui o pequeno e remoto país do Butão, que na verdade abriu o caminho nesse sentido, tendo incorporado seus indicadores de Felicidade Nacional Bruta na formulação de políticas há décadas.[20]

Para que o capitalismo se reconcilie com o cuidado, precisamos reconectar a economia com a justiça social urgentemente e reconhecer que as formas tradicionais de definir o sucesso não se adequam mais ao propósito.[21]

Mudar o cálculo do capitalismo

Nem mesmo isso é o suficiente. Se quisermos combater o sentimento de abandono que muitos experimentam, precisamos fazer mais do que simplesmente garantir que todos os cidadãos tenham uma rede de segurança social significativa, que as metas orçamentárias dos governos estejam mais claramente alinhadas com o bem-estar geral de seus cidadãos e que as desigualdades estruturais sejam combatidas, inclusive quando se trata de questões raciais e de gênero. Também é preciso garantir que as pessoas sejam devidamente cuidadas e protegidas no trabalho e de qualquer dano potencial que as grandes empresas possam deixar em seu rastro de maneira geral. O capitalismo neoliberal, com sua abordagem de "Estado mínimo, mercados máximos", nunca deu garantias em relação a nenhuma dessas coisas. E não é um projeto apenas para o governo — as empresas e seus líderes também precisam fazer sua parte.

Na verdade, foi em parte por reconhecerem isso que, em agosto de 2019, o Business Roundtable, um grupo de executivos influentes de importantes empresas dos Estados Unidos, incluindo Jeff Bezos, da Amazon, Tim Cook, da Apple, e Michael Corbat, do Citigroup,[22] descartou o princípio consagrado de Milton Friedman de que o único negócio dos negócios era servir seus acionistas,[23] prometendo, em vez disso, servir a todas as partes interessadas: acionistas, sim, mas também fornecedores, comunidades e funcionários, que prometeram "remunerar de forma justa, fornecendo benefícios importantes", bem como promover "diversidade e inclusão, dignidade e respeito".[24]

Embora eu dê as boas-vindas a esse sentimento e espere que tal retórica se traduza em ações significativas, a realidade é que, a menos que a pressão sobre as empresas para gerar retorno financeiro de curto prazo seja aliviada e os incentivos a seus executivos não sejam vinculados a isso, o foco estritamente no "retorno aos acionistas" provavelmente vai continuar a dominar, em especial no caso de empresas de capital aberto. Assim, se estratégias como a implantação de vigilância digital ou a substituição de funcionários em tempo integral por trabalhadores de baixo custo, mediante contratos sem número mínimo de horas definido ou contratos temporários com direitos limitados demonstrarem gerar mais eficiência, vai continuar sendo difícil até para os diretores-executivos mais progressistas decididos a não lançar mão deles, mesmo que sejam prejudiciais aos interesses dos trabalhadores e ao bem coletivo. Isso é especialmente verdadeiro agora, dado o clima econômico e o foco no corte de custos.

As ações de alguns dos signatários do novo compromisso do Business Roundtable já arriscam ridicularizar os objetivos defendidos pelo grupo. Vejamos a Amazon. Enquanto os casos da Covid-19 escalavam em Nova York, Christian Smalls, um funcionário da Amazon, foi ficando cada vez mais preocupado com a falta de equipamentos de proteção e as más condições sanitárias no depósito de Staten Island onde trabalhava como "seletor". Quando a gerência não deu atenção a suas preocupações, Smalls organizou uma greve exigindo mais equipamentos de proteção, licença médica remunerada e transparência sobre casos de coronavírus entre os funcionários da Amazon, que trabalhavam em estreita proximidade nos depósitos.[25] "As pessoas estavam com medo", explicou Smalls. "Fomos ao escritório do gerente geral para exigir que o prédio precisava ser fechado a fim de que pudesse ser higienizado. Essa empresa lucra trilhões de dólares. Ainda assim, nossas demandas e preocupações não são ouvidas. É incrível. Eles não se importam se ficarmos doentes. A Amazon acha que somos dispensáveis."[26] A resposta da Amazon? Smalls foi inicialmente colocado em uma "quarentena médica" suspeita (embora ninguém mais tenha sido solicitado a fazê-lo). Então, quando compareceu ao protesto assim mesmo, ele foi demitido.[27] A procuradora-geral de Nova York, Letitia James, considerou a demissão "vergonhosa" e pediu uma investigação pelo Conselho Nacional de Relações Trabalhistas.[28]

Evidentemente, não estou dizendo aqui que as grandes corporações não podem demonstrar compaixão e cuidado em relação a seus funcionários; vimos um comportamento inspirador por parte de algumas grandes corporações durante o período de lockdown da pandemia. A Microsoft, por exemplo, anunciou no início de março de 2020 que os trabalhadores terceirizados de suas instalações no Noroeste Pacífico — incluindo motoristas de ônibus, funcionários de refeitórios, equipes de manutenção e limpeza — continuariam a receber seu salário, mesmo que as medidas de trabalho a partir de casa significassem que seus serviços não eram mais necessários.[29] Mas a menos que o cálculo do capitalismo mude, esses atos de gentileza e espírito de comunidade correm o risco de ser cada vez mais atípicos, reservados apenas aos executivos mais visionários e aos acionistas compassivos e focados no longo prazo.

Com isso em mente, e conforme discuti ao longo do livro, precisamos de um novo corpo de leis para proteger os direitos dos trabalhadores que seja adequado ao século XXI, especialmente quando se trata de pessoas de baixa renda, trabalhadores autônomos, trabalhadores da *gig economy* e aqueles que trabalham no regime de contratos temporários ou contratos sem número mínimo de horas definido. Muitas das pessoas nesses grupos provaram ser os "trabalhadores essenciais" dos quais todos dependemos tanto durante o lockdown, mas que ainda assim têm de lidar com baixos salários, benefícios limitados (ou inexistentes), maior precariedade de emprego e, em alguns casos, falta de segurança nas condições de trabalho. Salário digno, licença médica remunerada e condições sanitárias e de segurança adequadas no trabalho precisam ser o mínimo absoluto.

Para que as pessoas se sintam cuidadas, também precisamos de um novo corpo de leis que proteja a sociedade dos atos nocivos de um grupo específico de atores: as empresas de mídia social. Da mesma forma que as empresas hoje — na maioria dos países — não podem poluir o ar e a água impunemente, nem vender tabaco para nossos filhos, o impacto negativo dessas empresas na comunidade, na coesão, na inclusão e no bem-estar também deve ser limitado, principalmente quando se trata de crianças e adolescentes. Em capítulos anteriores, propus uma série de alavancas regulatórias em potencial que podemos usar para proporcionar essa proteção. Nem que seja apenas a título de precaução, os governos não podem se dar ao luxo de ser reticentes.

E, novamente, há uma demanda crescente por essas ações, não apenas entre o público. Políticos em ambas as extremidades do espectro político agora reconhecem que não se pode esperar que os indivíduos se protejam dos males das Big Techs sem um grau de intervenção estatal e que, a menos que essas empresas sejam confrontadas com regulamentações atrativas, elas não vão adotar ações significativas o suficiente para lidar com seus impactos corrosivos.[30]

FAZER AS PESSOAS SE SENTIREM VISTAS E OUVIDAS

Para que as pessoas se sintam menos isoladas e abandonadas, ainda há mais que precisamos fazer. Pois, como vimos, a solidão não envolve apenas se sentir negligenciado, mas também se sentir invisível. Parte da solução para a crise de solidão deste século deve ser, portanto, garantir que as pessoas sejam vistas e ouvidas.

Os sindicatos, sem dúvida, têm um papel fundamental a desempenhar nesse sentido, ampliando a voz dos trabalhadores, incluindo os trabalhadores da *gig economy* e os trabalhadores remotos que correm o risco de ficar longe da vista e da mente de seu empregador. É essencial que trabalhadores de todos os tipos tenham liberdade de se associar e também que os sindicatos defendam suas causas com mais firmeza.

Mais fundamentalmente, no Século da Solidão, nossa sensação de invisibilidade deriva do sentimento que muitas pessoas têm de que decisões que elas nunca teriam apoiado estão sendo tomadas em seu nome por líderes políticos surdos a suas preocupações e seus clamores.

É, evidentemente, uma consequência inevitável das democracias representativas que nem todos tenham suas preocupações levadas em conta ou tenham seus pontos de vista encarados com o mesmo peso. No entanto, parte da razão pela qual os laços entre o Estado e o cidadão ficaram tão desgastados nos últimos anos é a intensa polarização dos debates, a opacidade dos processo de tomada de decisão e a desigualdade dos resultados. A intersecção da falta de voz com a injustiça social e econômica significa que agora, mais do que nunca, é imperativo que aqueles que foram mais marginalizados sejam priorizados no que diz respeito à alocação de recursos e que as pessoas que mais se beneficiam das reformas regulatórias e da generosidade do governo não sejam simplesmente aquelas com as carteiras mais gordas ou maior poder de lobby, ou aquelas de determinada cor de pele, gênero ou classe social.

É importante também que os cidadãos possam exercer sua voz com mais frequência do que uma vez a cada intervalo de alguns anos, nas urnas. Precisamos participar de forma mais significativa e contínua da democracia se quisermos nos sentir mais conectados uns aos outros e à política. Não estou falando da realização de mais referendos. Eles são as formas mais contundentes de governo da maioria e tendem a ignorar a complexidade e o imperativo de proteger os interesses das minorias, especialmente na era das *"fake news"*. Em vez disso, podemos aprender com uma série de iniciativas contemporâneas de democracia deliberativa.

Vejamos o caso do Camden Council, de Londres, que no verão de 2019 selecionou 56 residentes — construtores e estudantes, empresários e funcionários públicos, imigrantes e aposentados —, seu gênero, etnia e origens socioeconômicas representativos da comunidade de acordo com as linhas do censo, para ajudar a elaborar a abordagem que o conselho deveria adotar em relação às mudanças climáticas. Como encorajar as pessoas a comer localmente? Como tornar as escolhas ecologicamente corretas mais acessíveis? O conselho deveria exigir que as novas casas fossem neutras em carbono? Essas foram algumas das questões que se pediu que o grupo abordasse.[31]

No início, os participantes tinham perspectivas diferentes. Embora não houvesse ninguém entre eles que negasse abertamente as mudanças climáticas, alguns eram claramente mais céticos do que outros. Outros ainda não sabiam quase nada sobre o assunto. No entanto, por meio de um processo altamente estruturado, com facilitadores treinados orientando as discussões, cientes da necessidade de garantir que todos tenham voz igual e estimulando cuidadosamente os mais reservados a falar, ao final de duas noites e um dia inteiro de reunião, o grupo chegou a um acordo sobre dezessete medidas a recomendar. Elas variavam de medidas amplas ("dias e zonas livres de carros em caráter experimental") a mais específicas ("implementar mais pistas reservadas às bicicletas"). Coletivamente, suas recomendações vão se tornar a espinha dorsal do Plano de Ação Climática de 2020 do conselho.[32]

Em Taiwan, processos semelhantes estão acontecendo, mas em escala ainda maior. Desde 2015, 200 mil pessoas participaram de um processo democrático deliberativo on-line.[33] As questões debatidas até o momento incluem a regulamentação de drones, a entrada da Uber no mercado taiwanês, a venda on-line de bebidas alcoólicas, a proibição de canudos de plástico e a publicação não consensual de imagens íntimas, que ficou conhecida como "pornografia de vingança". Em 80% dos casos, o governo agiu de acordo com as recomendações finais do processo — seja aprovando legislação, seja atualizando políticas.[34] Quando optou por não as levar em conta, forneceu razões detalhadas para isso.[35]

Iniciativas como essas podem desempenhar um papel importante em nos ajudar a nos unir, desde que, é claro, as recomendações não sejam sumariamente ignoradas. Não apenas porque dão voz a um grupo mais amplo de cidadãos do que normalmente seria o caso, mas porque ao tornar o consenso o objetivo, o próprio processo força os participantes a praticar a democracia ao terem que considerar e reconciliar ativamente as opiniões uns dos outros e aprender a gerenciar as diferenças, em vez de silenciá-los.[36]

De fato, ao assistir às filmagens das reuniões de Camden, o que achei impressionante foram os sorrisos animadores que os participantes dirigiam a quem falava, o contato visual entre eles, o ato de se inclinarem para a frente para ouvir uns aos outros, mesmo quando discordavam.[37] Ao longo deste livro, ressaltamos a importância de praticar a democracia se aquilo que buscamos é uma sociedade mais inclusiva e tolerante: o que aconteceu em Camden Town foi uma forma institucionalizada e cuidadosamente calibrada disso.[38]

Praticar a democracia

Praticar a democracia não é, como vimos, algo que sempre precise ser facilitado de maneira formal. Na verdade, é por meio de nossa filiação a associações ou grupos locais que talvez possamos praticar melhor alguns de seus principais aspectos — civilidade, gentileza e tolerância — regularmente, quer estejamos falando do meu grupo de improvisação de segunda à noite, de uma associação de pais e mestres ou do comitê de organização de uma celebração anual da igreja.

Nosso local de trabalho também pode proporcionar oportunidades nesse sentido: pensemos, por exemplo, na institucionalização, pela empresa de software americana Cisco, da prática de expressar gratidão dentro da empresa. Mesmo em um micronível dentro de nossa família, o próprio ato de realizar tarefas domésticas é uma forma de reforçar outro dos princípios fundamentais da democracia inclusiva: que às vezes precisamos fazer sacrifícios ou simplesmente ser altruístas com nosso tempo em nome do bem comum.

No entanto, é no âmbito da nossa vizinhança que sem dúvida residem as melhores oportunidades de praticar a *comunidade*.[39] Não estou sugerindo aqui que a comunidade esteja inexoravelmente ligada à geografia. (Apesar de todas as minhas críticas às plataformas de mídia social, reconheço o importante papel que elas podem desempenhar para algumas pessoas nesse sentido.) Porém, como vimos, é mais fácil para as pessoas se sentirem ligadas umas às outras quando as interações entre elas se dão de forma presencial e contínua, e para a maioria de nós isso acontece em nossa localidade geográfica.

Está nas breves conversas na mercearia local com outros moradores, os cumprimentos que trocamos quando pegamos o café com o barista de nossa cafeteria local, a sensação calorosa que sentimos em nossa lavanderia local quando o atendente nos cumprimenta pelo nome, assim como nas relações mais profundas que construímos com aqueles que vivem em nossa rua que barreiras são derrubadas, desconhecidos se tornam vizinhos e comunidades são construídas. E quanto mais contribuímos para a nossa vizinhança, mais investidos nela nos tornamos e mais real é a sensação de comunidade.

É por isso que medidas que ajudem a reduzir a rotatividade nos bairros, tornando o valor dos aluguéis mais estável, devem ser encorajadas, assim como medidas para desencorajar proprietários ausentes, como impostos extras sobre casas ocupadas durante menos da metade do ano. As comunidades são feitas de tijolos e pessoas. Precisamos viver no local onde moramos para que ele pareça um bairro real; assim como os cafés e demais estabelecimentos comerciais precisam ter movimento. Medidas que busquem salvaguardar o futuro dinamismo dos centros comerciais de nossos bairros também são, portanto, vitais.

Vimos que alguns municípios locais já estão tomando medidas para ajudar a garantir isso. Lembremo-nos de Roeselare, na Bélgica, onde um imposto sobre imóveis comerciais vazios provou ser muito eficaz no sentido de desencorajar os proprietários de manter suas lojas vazias enquanto esperam conseguir aluguéis mais altos. Considerando o triplo golpe que as lojas físicas locais enfrentam atualmente de varejistas on-line, grandes lojas fora da cidade e a atual crise econômica, elas vão precisar de um apoio significativamente maior do governo e dos municípios. Impostos reduzidos sobre imóveis comerciais e empréstimos garantidos pelo Estado são medidas práticas que poderiam ser tomadas nesse sentido e que fariam uma diferença real, assim como um nivelamento das políticas fiscais quando se trata de varejistas on-line. Nossas ruas comerciais locais são, em muitos aspectos, um bem público e devem ser tratadas como tal, especialmente agora, quando tantas delas estão vendo sua existência ameaçada.

Como indivíduos, também temos um papel muito importante a desempenhar nesse sentido, à medida que emergirmos da pandemia. Muitos de nós se acostumaram ainda mais a comprar on-line durante o lockdown. Deixar de lado essas transações digitais e apoiar os proprietários de estabelecimentos comerciais locais que atendem nossas comunidades também será essencial se quisermos manter a viabilidade de nossas ruas de comércio locais.

E para aquelas empresas que vão além e colocam a comunidade inclusiva no centro de sua missão de maneiras verificáveis — seja uma livraria local como a Kett's com seu clube do livro, um café como o Mission Pie com seu círculo de tricô às quartas-feiras ou um colatec sul-coreano cujas taxas de entrada são mantidas expressamente muito baixas — incentivos fiscais adicionais e outras formas de apoio financeiro devem estar na agenda. Isso é vital tanto para encorajar essas inovações quanto para garantir que não sejam apenas os ricos que se beneficiem do novo empreendedorismo que está impulsionando a Economia da Solidão.

É ainda mais importante que os governos se comprometam a restaurar os espaços físicos compartilhados em nossos bairros, que têm sido constantemente destruídos nos últimos anos. Uma infraestrutura funcional da comunidade à qual todos tenham acesso, independentemente de renda, etnia, idade, gênero ou credo, é essencial se quisermos ter a melhor chance possível tanto de reverter a crise de solidão quanto de nos reconectarmos. Os cortes no financiamento de espaços públicos compartilhados que vêm acontecendo em todo o mundo desde 2008 devem ser revertidos com urgência. E, ao mesmo tempo, novos tipos de espaço público precisam ser construídos: lugares como as "superquadras" reservadas a pedestres de Barcelona com seus parques, playgrounds e ares de vizinhança, ou os conjuntos habitacionais públicos de Chicago que estão sendo construídos em torno de bibliotecas onde pessoas de diferentes rendas e idades podem se reunir e conviver. Só vamos conseguir reverter de forma efetiva a atomização de nossa sociedade contemporânea quando a infraestrutura da comunidade for adequadamente financiada *e* projetada de forma inteligente. E não podemos permitir que os governos usem a crise pós-pandemia de Covid-19 como desculpa para não fazer isso.

Fazer coisas com pessoas diferentes de nós — pessoas de diferentes condições socioeconômicas, etnias e convicções políticas, pessoas que não necessariamente compartilham nossa história, nossa cultura ou nossos pontos de vista — é absolutamente essencial se quisermos ir além de nossas diferenças e encontrar pontos em comum.[40] E os espaços públicos locais podem, até certo ponto, permitir que interajamos com pessoas diferentes de nós, assim como o fato de frequentarmos uma igreja, mesquita ou sinagoga local. No entanto, considerando a homogeneidade de muitos bairros, mesmo nesses espaços, as interações muitas vezes acabam ocorrendo com pessoas muito parecidas conosco. Isso limita nossa capacidade de nos encontrar e vivenciar experiências com diversos tipos de pessoas e praticar de forma efetiva os elementos mais importantes da democracia inclusiva: reconciliar de maneira justa nossas diferenças e reconhecer a humanidade do "outro".

O desafio, portanto, é como fazer com que diferentes tipos de pessoas passem algum tempo juntos. E a boa notícia é que há muitas iniciativas inspiradoras em todo o mundo com as quais podemos aprender. Na Alemanha, por exemplo, mais de 40 mil pessoas participaram de um programa chamado *Deutschland Spricht* ("A Alemanha Fala"), patrocinado pelo jornal alemão *Die Zeit*.[41] A iniciativa teve início em 2017, quando, impulsionada pela crescente polarização na política alemã e pelo crescente confinamento das pessoas em suas próprias câmaras de eco, um grupo de repórteres do jornal propôs um plano ambicioso de juntar desconhecidos em lados opostos do espectro político que então se encontrariam pessoalmente e conversariam: uma espécie de "Tinder político", como eles se referiram ao esquema internamente.[42]

Os participantes foram pareados com base em um algoritmo programado para combinar pessoas com visões políticas divergentes e que viviam em um raio de 20 quilômetros umas das outras. Uma vez combinadas, a responsabilidade de se encontrar era delas. Um quarto dos participantes de fato o fez.[43] Em cafés, igrejas e cervejarias em toda a Alemanha, consultores de TI se encontraram com oficiais da reserva do Exército, policiais com engenheiros, funcionários públicos com físicos, conselheiros neonatais com oficiais de justiça.[44] O próprio editor-chefe do *Die Zeit*, Jochen Wegner, se encontrou com um operador de máquinas e instalações.[45] Pessoas que eram veementemente contra a imigração se sentaram para conversar com pessoas requerendo asilo; oponentes ferrenhos da energia nuclear tomaram café com defensores fervorosos; partidários da União Europeia beberam uma cerveja com pessoas que pediam o retorno do marco alemão.[46] No entanto, uma coisa que todos tinham em comum era o objetivo compartilhado de conhecer melhor as perspectivas uns dos outros.

Os resultados foram significativos. Pesquisas com participantes antes e depois das conversas revelaram que mesmo uma conversa de duas horas foi suficiente para que começassem a entender as perspectivas uns dos outros e isso ajudou a desarticular o preconceito.[47] Depois das conversas, os participantes passaram a considerar pessoas com pontos de vista divergentes menos mal-intencionadas, menos incompetentes e menos mal informadas do que antes.[48] Também expressaram uma maior disposição de incluir essas pessoas em seu próprio grupo social e relataram ter adquirido uma maior percepção do que tinham em comum — tipicamente a importância que davam à família.[49] E, de forma fascinante, os participantes também relataram que ambos confiavam mais nos outros alemães em geral e concordavam mais com a afirmação de que os alemães costumam se preocupar com o bem-estar dos outros, em comparação com quando responderam às mesmas perguntas antes do experimento.

Iniciativas igualmente inspiradoras destinadas especificamente a reunir diferentes tipos de pessoas estão acontecendo em outras partes do mundo. Em Bristol, no Reino Unido, a "91 Ways to Build a Global City" [91 Formas de Construir uma Cidade Global] usa o poder unificador dos alimentos para reunir pessoas de diferentes heranças culturais e étnicas. Enquanto cortam cebolas, amassam batatas e sovam massa, as barreiras se rompem, conexões genuínas são feitas e uma base de entendimento é estabelecida.[50] Em Nova York, o Public Theatre está levando adiante uma antiga tradição de estabelecer pontes entre discordâncias ao reunir pessoas de diferentes origens socioeconômicas e de todos os cinco distritos da cidade de Nova York para representar e discutir peças.[51] Fiel à sua promessa de produzir um teatro que seja "não apenas para o povo, mas também pelo e do povo", sua iniciativa "Public Works" envolve centenas de cidadãos em suas produções, ao mesmo tempo que facilita discussões sobre quem terá sua história contada, como ela será contada e como podemos honrá-la.[52]

O esporte também tem um papel a desempenhar nesse sentido, com o futebol, fazendo jus a sua pretensão de ser um grande unificador, sendo usado para integrar ex-guerrilheiros das Forças Armadas Revolucionárias da Colômbia (FARCs) e vítimas civis na Colômbia,[53] refugiados e moradores locais na Itália,[54] e no Oriente Médio, crianças israelenses e palestinas em idade escolar.[55]

Não importa quão atomizados ou polarizados nosso país, nossa cidade e nossa comunidade tenham se tornado, é passando tempo com pessoas diferentes de nós e exercitando nossos músculos de cooperação, compaixão e consideração que podemos nos sentir mais conectados uns com os outros e desenvolver um sentimento de destino compartilhado e pertencimento.

Construindo comunidades diversas

Em todos os exemplos que exploramos até agora neste capítulo, a participação foi voluntária. A questão ainda maior é como fazer com que as pessoas que talvez não *optem* por se unir o façam. Mais uma vez, há um papel que o governo pode desempenhar. E, mais uma vez, há precedentes, dessa vez em Ruanda.

As ruas de Quigali, a montanhosa capital do país, costumam estar cheias de vida. Mototáxis ziguezagueiam entre frágeis sedãs dos anos 1980 e os elegantes SUVs importados das comitivas do governo. Jipes e Land Cruisers cobertos de lama seca também disputam espaço no trânsito, muitos voltando do Parque Nacional dos Vulcões, onde uma caminhada de 6 horas deixa andarilhos com licença a poucos metros de distância dos esquivos gorilas das montanhas do país. No último sábado do mês, entretanto, essas ruas movimentadas ficam quase desertas, exceto pelos postos de controle nas vias principais operados pela polícia, que pergunta educadamente a qualquer pessoa que passe: que assunto urgente o tira de suas obrigações do *Umuganda* hoje?

Umuganda pode ser traduzido como "unir-se com um propósito comum para alcançar um resultado".[56] Essa prática assume muitas formas: algumas comunidades dedicam seu compromisso de prestar serviço público durante três horas a projetos de construção como escolas secundárias e, graças a esses esforços, mais de 3 mil salas de aula já foram construídas desde que o *Umuganda* foi formalmente reinstituído pelo governo em 1998, como parte do processo de cura que se seguiu ao devastador genocídio de 1994 em Ruanda.[57] Outras atividades do

Umuganda incluem jardinagem, poda de sebes e canteiros de flores públicos, coleta de lixo e preenchimento de buracos. Com certeza, essas horas de trabalho gratuito têm um impacto econômico significativo; seu valor foi estimado em 60 milhões de dólares apenas desde 2007.[58] Mas também servem a um propósito crucial de construção de comunidade. "A maioria das pessoas gosta porque é o único dia em que você encontra seus vizinhos", diz Faustin Zihiga, que trabalha em um banco em Quigali.[59] Em um *Umuganda*, ele realiza trabalho de jardinagem com um grupo de outros homens da área onde mora enquanto mantêm uma conversa animada. "Está vendo aquelas pessoas ali conversando?", aponta Zihiga. "Elas não se encontraram a semana toda e agora estão juntas. Isso ajuda muito, porque quanto mais nos conhecemos, mais socialmente conectados estamos."[60]

Tão importante quanto as três horas de trabalho público é a reunião comunitária de uma hora que costuma ser realizada depois, pelo menos nas áreas rurais, durante a qual os vizinhos se reúnem para discutir questões importantes.[61] Ao contrário de formas relativamente novas de diálogo comunitário, como a Assembleia de Cidadãos de Camden, essas reuniões do *Umuganda* têm raízes em centenas de anos de *ubudehe*, ou trabalho e tomada de decisões comunitária, uma prática que antecede em muito a ocupação colonial de Ruanda pelas forças belgas e alemãs iniciada no século XIX. Eles são ainda mais importantes hoje, apenas 25 anos depois que o país foi dilacerado pela violência que pôs vizinho contra vizinho.

De fato, o *Umuganda* desempenhou um papel vital na restauração da confiança dentro das comunidades de Ruanda, porque envolve muito mais do que apenas embelezar ruas e construir escolas. "Quando há problemas ou questões sociais específicas, como talvez um vizinho fazendo muito barulho, você pode fazer uma queixa, e os membros da comunidade podem ir até a casa desse vizinho para ver qual é o problema", explica Zihiga. Ou "quando vemos uma pessoa idosa que está passando por dificuldades, alguém que talvez precise de um novo telhado, então as pessoas se unem para ajudar a construí-lo".[62] O que torna o *Umuganda* especialmente notável é que, no contexto de Ruanda, os membros da comunidade podem muito bem incluir tanto sobreviventes do genocídio quanto seus perpetradores.[63]

Esse programa de voluntariado obrigatório tem seus detratores. Há quem encare o *Umuganda* como mais uma forma de controle governamental — o que é compreensível, considerando o governo rígido e quase autoritário de Ruanda. Alguns expressaram preocupação com o fato de que os ruandeses ricos tendem a simplesmente pagar a multa pela não participação, e outros ainda se preocupam que a maneira como o trabalho é distribuído acabe recaindo nas divisões preexistentes de classe, poder e gênero.[64] Todas essas preocupações são legítimas. Mas a motivação subjacente — abraçar a tradição nacional de trabalho comunitário e usar atividades presenciais, lado a lado para fortalecer os laços entre *todos* os cidadãos — continua sendo poderosa e inspiradora. Além disso, a realidade é que, se deixarmos para os indivíduos a iniciativa de transcender as divisões, é provável que apenas um grupo relativamente pequeno e autosselecionado o faça. Precisamos encontrar maneiras de garantir que ocorram interações regulares e estruturadas entre diferentes tipos de pessoas, se quisermos avançar no sentido de mais inclusão, mais aceitação das diferenças e um maior senso de união e propósito comum. E os governos podem desempenhar um papel importante para fazer com que isso aconteça.

Isso é mais realista do que pode parecer. Afinal, vários países, incluindo Suíça, Coreia do Sul e Israel têm serviço militar obrigatório, então não seria um salto tão grande para seu governo exigir o serviço comunitário também. E em alguns lugares esquemas prototípicos já estão sendo testados. No verão de 2019, o presidente francês Emmanuel Macron testou o serviço cívico obrigatório para adolescentes.[65] Em sua versão inaugural, 2 mil adolescentes de 15 e 16 anos passaram um mês morando juntos em um grupo designado aleatoriamente.[66] Nas primeiras duas semanas, eles tiveram a oportunidade de se conhecer por meio de uma série de atividades: realizaram expedições de orientação e trabalho de campo, participaram de workshops e aprenderam primeiros socorros. Todas as noites, após o jantar, eles trocavam ideias e opiniões de forma estruturada, debatendo diferentes questões sociais, como discriminação e igualdade de gênero, com a ajuda de um facilitador. Na segunda metade do programa, eles fizeram trabalho voluntário em instituições de caridade locais ou prestaram serviço para o governo municipal. E não era apenas durante as atividades que os adolescentes tinham de trabalhar juntos: nas casas onde ficavam hospedados, tinham de decidir entre si como dividir as tarefas. É interessante notar também que, como parte do piloto, os telefones celulares foram proibidos, exceto durante uma hora, à noite, aumentando as chances de estabelecer vínculos significativos sem distrações tecnológicas.[67]

E há outros programas menos intensivos que governos ou autoridades locais podem considerar. Que tal aulas semanais obrigatórias de culinária, teatro ou esportes que crianças de escolas de diferentes situações socioeconômicas, étnicas ou religiosas tenham que frequentar juntas? Ou uma viagem anual de acampamento financiada pelo Estado da qual adolescentes de 16 anos de todas as condições têm que participar? Deve-se reconhecer que essas iniciativas serão ainda mais eficazes se forem projetadas para dar aos participantes um papel na formulação de sua própria experiência; quanto mais contribuições os participantes derem, maior será a probabilidade de se envolverem. Portanto, se forem aulas de culinária, os alunos devem decidir qual deve ser a refeição a cada semana. Se for uma aula de teatro, que tal improvisações estruturadas com base em suas próprias experiências que eles possam dissecar e discutir?

Ao facilitar interações estruturadas regulares nas quais crianças de diferentes origens façam coisas juntas, estaremos ajudando a próxima geração não apenas a praticar ouvir uns aos outros e aprender a conciliar e administrar suas diferenças, mas também permitiremos que identifiquem seus interesses comuns e, portanto, se sintam mais conectados uns aos outros.

O FUTURO ESTÁ EM NOSSAS MÃOS

Este Século da Solidão nos coloca diante de desafios únicos — econômicos, políticos, sociais e tecnológicos. É uma época em que grande parte da população se sente sozinha, apesar de nunca ter sido tão fácil se conectar; uma época em que nos identificamos cada vez mais com base na diferença, apesar de estarmos cada vez mais cientes de como nossa vida está interligada com outras em todo o mundo; uma época em que nossas comunidades locais precisam desesperadamente ser fortalecidas e as pontes que unem diferentes comunidades, muitas vezes, ainda precisam ser construídas.

É um tempo de grandes desafios e contradições, mas também é um tempo de esperança. Pois temos uma oportunidade real agora de nos unir para criar juntos um futuro muito diferente, um futuro no qual reconectemos o capitalismo com a comunidade e a compaixão, no qual sejamos melhores em ouvir pessoas de todas as origens e permitir que elas tenham voz, um futuro no qual pratiquemos ativamente a comunidade de uma forma inclusiva e tolerante. Não precisamos mais nos sentir tão solitários e isolados.

Para concretizar essas ambições, será necessária uma mudança nas prioridades legislativas e de financiamento, e nossos políticos e líderes empresariais precisarão mostrar um compromisso real com a mudança quanto à justiça social e racial e à proteção dos trabalhadores. A sociedade não é apenas uma iniciativa de cima para baixo. *Nós* também construímos a sociedade. Portanto, se quisermos nos sentir menos solitários e nos reconectar uns com os outros, assumir uma responsabilidade pessoal todos os dias será igualmente importante. Precisamos nos comprometer com uma mudança significativa na forma como moldamos e vivemos nossa vida cotidiana, ao mesmo tempo que reconhecemos como nossas circunstâncias e os recursos disponíveis, econômica e socialmente, podem determinar até que ponto somos capazes de fazê-lo.

Parte disso consiste em dar pequenos passos que podem não parecer muito à primeira vista, mas com o tempo terão um impacto significativo.

Coisas como levar biscoitos para o escritório para compartilhar com os colegas, ou deixar o celular de lado e estar mais presente com nossos parceiros e familiares. Convidar um vizinho para tomar um café ou se comprometer a comprar mais nas lojas locais e comparecer a eventos no centro comunitário local. Assumir mais responsabilidades em grupos dos quais já fazemos parte ou nos esforçar para ingressar em novos, mesmo quando isso possa parecer intimidante.

Outros passos exigirão mais de nós, seja fazer campanha para um candidato político que pregue a coesão e não a divisão, demonstrar solidariedade por um grupo que esteja sendo injustamente demonizado ou discriminado, ou boicotar uma empresa ao ficarmos sabendo de suas condições de trabalho inaceitáveis, mesmo que gostemos do que ela vende ou da conveniência que oferece.

De maneira mais geral, é necessária uma mudança de mentalidade. Precisamos deixar de ser consumidores para voltar a ser cidadãos, passar de tomadores a doadores, de observadores casuais a participantes ativos. Trata-se de aproveitar oportunidades para exercitar nossas habilidades de escuta, seja no contexto do trabalho, da nossa vida familiar ou das nossas amizades. Trata-se de aceitar que às vezes o que é melhor para o coletivo não corresponde ao nosso interesse próprio imediato. Trata-se de nos comprometermos a usar nossa voz sempre que pudermos a fim de promover mudanças positivas, mesmo que nos expor seja desconfortável. E significa também comprometer-se a praticar ativamente a empatia, algo que em meio às atribulações do dia a dia podemos facilmente esquecer de fazer.

E embora alguns possam criticar os apelos por um foco maior em valores "mais compassivos", também precisamos nos comprometer a fazer da bondade e da consideração pelos outros nosso guia, inspirando-nos nas atitudes altruístas de tantas pessoas em todo o mundo durante os momentos mais críticos da pandemia, quer estejamos falando sobre o voluntário da região de West Midlands, na Inglaterra, que durante o lockdown procurou por toda parte até encontrar uma loja que vendia leite em garrafas de vidro para ajudar um homem cego que precisava delas para saber a diferença entre os líquidos em sua geladeira;[68] os estudantes universitários italianos que deixaram um bilhete na escada de um prédio de apartamentos na cidade de Bari, no sul da Itália, oferecendo aos moradores mais velhos ou vulneráveis ajuda com compras de mantimentos e outras tarefas;[69] ou o adolescente do estado americano de Arkansas, que escreveu de forma pungente ao *New York Times* que, embora não tivesse realmente sido capaz de fazer muito pelas pessoas além de enviar mensagens de texto e ligar para que soubessem que estava pensando nelas durante o lockdown, ele vinha "tentando fazer um esforço para falar com pessoas com quem eu normalmente não converso, apenas para oferecer uma oportunidade de ter uma conversa divertida para distraí-las do mundo".[70]

Também precisamos nos apressar menos e parar e conversar mais, seja com o vizinho por quem costumamos passar, mas com quem nunca falamos, seja um desconhecido que se perdeu, seja alguém que está visivelmente se sentindo solitário — mesmo quando estamos nos sentindo sobrecarregados e ocupados. Precisamos sair de nossas bolhas de privacidade digital autossufocantes e interagir com as pessoas ao nosso redor, mesmo quando nosso comportamento automático é colocar fones de ouvido e rolar a tela do celular. Precisamos encorajar nossos filhos a perguntar à criança sentada sozinha no almoço se ela gostaria de companhia, e precisamos fazer o mesmo com aquele colega que sempre almoça sozinho em sua mesa de trabalho, mesmo quando preferiríamos comer sozinhos. Precisamos demonstrar mais gratidão por aqueles que cuidam de outras pessoas na sociedade e, de maneira mais geral, agradecer mais — seja a nosso parceiro, nossos colegas de trabalho ou até mesmo nossos novos ajudantes de inteligência artificial, como a Alexa.

Eu não subestimo o desafio que tudo isso representa, e é inevitável que haja momentos em que vamos falhar. Mas essas medidas são cruciais. Pois quanto mais negligenciamos nossa responsabilidade de cuidar uns dos outros — seja acariciando o braço de um pai ou uma mãe doente, seja falando ao telefone com um amigo que está passando por um momento difícil, ou até mesmo apenas sorrindo para um vizinho —, menos hábeis nos tornaremos em fazer todas essas coisas. E quanto menos hábeis nos tornarmos em fazer essas coisas, menos humana nossa sociedade inevitavelmente será.

O antídoto para o Século da Solidão pode ser, em última análise, apenas apoiarmos uns aos outros, independentemente de quem sejam esses outros. Se quisermos nos unir em um mundo que se fragmenta, isso é o mínimo que precisamos fazer.

Agradecimentos

Dizem que é preciso uma aldeia para criar uma criança, e o mesmo se aplicou a este livro.

Em particular, gostaria de agradecer:

A minhas editoras: Juliet Brooke, da Scepter, e Talia Krohn, da Crown, por seus comentários sempre perspicazes, seu comprometimento com o projeto e seu cuidado. Eu não poderia ter esperado mais de vocês.

A Jonny Geller, por acreditar em mim e neste livro desde o início e por ter dado palpites sábios e ponderados durante todo o processo; a Kristine Dahl, por sua contribuição e seu apoio, e a Dave Wirtschafter, por apoiar a mim e ao o projeto.

A Rebecca Folland, Melis Dagoglu e Grace McCrum, pelo brilhante trabalho de vender o *Século da Solidão* por todo o mundo; a Kate Brunt e Kishan Rajani, pelo excelente projeto gráfico de capa; a David Milner e Amanda Waters, pela meticulosidade; e a Helen Flood, Maria Garbutt--Lucero e Louise Court, por divulgarem o livro com tanta habilidade e entusiasmo. À fabulosa equipe da Crown, especialmente David Drake, Annsley Rosner, Gillian Blake, Megan Perritt e Rachel Aldrich. E também a Viola Hayden, Ciara Finan e Tamara Kawar, por toda a ajuda.

Sou extremamente grata:

À professora Debora Spar, ao professor Nouriel Roubini, ao professor Ian Goldin, ao professor Anton Emmanuel, ao professor Amit Sood, ao professor Philippe Marliere, à professora Gillian Peele, a Jamie Bartlett,

Jamie Susskind, Ann De Sollar e Liran Morav, pelos comentários cuidadosos aos primeiros rascunhos de capítulos específicos.

A Lucy Fleming, minha principal assistente de pesquisa, pela inteligência aguçada, atenção aos detalhes e pelo profundo comprometimento. A Daniel Janes, Tatiana Pignon, Jerry O'Shea, Shaun Matthews, Aisha Sobey, Cara Claassen, Raffaele Buono, Xenobe Purvis e Karis Hustad, pelas valiosas contribuições de pesquisa. E a Adam Lorand, Romain Chenet, Molly Russell, Amy O'Brien, Jonas Eberhardt, Tiffany Lam, Benjamin Brundu-Gonzalez, Christopher Lambin, Emily Lombardo, Levi Hord, Rowan Hart, Sam Hall, Pamela Combinido, Daniel Smith, Hannah Cocker, Theo Cosaert, Oliver Purnell, Rhys Thomas, Ollie Collett, Allie Dichiara, Tim White, Debra Winberg, Nicolò Pennucci e Kim Darrah, pela ajuda em vários capítulos. Eu valorizo todo o seu trabalho duro.

A minha família, em particular minha irmã, Arabel Hertz, meu pai, Jonathan Hertz, e minha tia, Shoshana Gelman. E a minha falecida mãe, Leah Hertz, cuja luminosidade e cuja compaixão continuam a me inspirar todos os dias.

A meus amigos, que não apenas toleraram que eu desaparecesse na bolha da escrita por longos períodos, mas me lembravam regularmente que ainda estavam lá para me apoiar. Especialmente Tim Samuels, Adam Nagel, Abby Turk, Estelle Rubio, James Fletcher, Caroline Daniel, Molly Nyman, Julia Leal Hartog, Michelle Kohn, Ruth e David Joseph, Len Blavatnik, Rachel Weisz, Joshua Ramo, Diane McGrath, Alex Cooke, Craig Cohon, Gina Bellman, Mark e Diana, Yonit Levi e ShaoLan Hsueh; a minha família em Wasatch, do outro lado do Atlântico; e, ainda, a Roderick Miller, Thierry Lapouge, Amber Zohra, Kevin Plummer, Mattie Garvin, Ellie Rudolph, Tony Varnava, Sandra Virgo e Lucy Soutter, por me ajudarem a me sentir parte de uma comunidade e me proporcionarem uma dose semanal de diversão. Serei sempre grata ao falecido Philip Gould e ao falecido David Held, pela amizade e orientação.

Também gostaria de agradecer a Simon Halfon, o talento e generosidade; a Gabrielle Rifkind, a sabedoria; a Gennifer Morris, por me manter organizada; a Lisa Cawthorn, Jinji Garland, Stephanie Nightingale e Gary Trainer, por me ajudarem a enfrentar todas aquelas horas à minha mesa; a Samara Fagoti Jalloul, a positividade incansável; a Will Wentworth e Cindy Palmano, por serem vizinhos especialmente gentis; à família Cohen, por sempre promover as reuniões mais calorosas; e à professora Henrietta Moore e ao professor David Price, por me trazerem de volta à minha casa acadêmica original: a University College London.

Acima de tudo, quero agradecer a Danny Cohen, a generosidade, o intelecto e amor. Mais uma vez, este seria um livro inferior sem suas contribuições e seu apoio, e o processo teria sido muito mais solitário. Em todas as frentes, sei a sorte que tenho.

Bibliografia selecionada

ALBERTI, Fay Bound. *A Biography of Loneliness: The History of an Emotion.* Oxford: Oxford University Press, 2019.

ARENDT, Hannah. *The Origins of Totalitarianism.* Nova York: Harcourt, 1951 [ed. bras.: *Origens do totalitarismo.* São Paulo: Companhia de Bolso, 2013].

ARISTÓTELES. *Nicomachean Ethics.* Tradução e organização de Roger Crisp. Cambridge: Cambridge University Press, 2000 [ed. bras.: *Ética a Nicômacos.* Tradução do grego de Mario da Gama Koury. São Paulo: Madamu, 2020].

BARTLETT, Jamie. *The People vs. Tech: How the Internet is Killing Democracy, and How We Can Save It.* Londres: Ebury Press, 2018.

BLOODWORTH, James. *Hired: Six Months Undercover in Low-Wage Britain.* Londres: Atlantic Books, 2018.

BULLER, E. Amy. *Darkness Over Germany: A Warning from History.* Londres: Longmans, Green, & Co., 1943.

CACIOPPO, J. e PATRICK, William. *Loneliness: Human Nature and the Need for Social Connection.* Nova York: W.W. Norton & Co., 2009 [ed. bras.: *Solidão: A natureza humana e a necessidade de vínculo social.* Rio de Janeiro: Record, 2011].

CARPENTER, Julie. *Culture and Human-Robot Interaction in Militarized Spaces: A War Story.* Farnham: Ashgate, 2016.

DEATON, Angus e CASE, Anne. *Deaths of Despair and the Future of Capitalism.* Princeton: Princeton University Press, 2020.

DE TOCQUEVILLE, Alexis. *Democracy in America*. Tradução de Henry Reeve. Organização de Isaac Kramnick. Nova York: W.W. Norton & Co., 2007 [ed. bras.: *A democracia na América*. São Paulo: Edipro, 2019].

DEWEY, John. *Democracy and Education*. Nova York: Macmillan, 1916.

DURKHEIM, Émile. *The Elementary Forms of the Religious Life*. Tradução de Carol Closman. Organização de Mark Cladis. Oxford: Oxford University Press, 2008 [ed. bras.: *As formas elementares da vida religiosa*. São Paulo: Martins Fontes, 1996].

FIELD, Tiffany. *Touch*. 2. ed. Cambridge, Mass: MIT Press, 2014.

FREY, Carl Benedikt. *The Technology Trap*. Princeton: Princeton University Press, 2019.

GRAY, Mary L. e SURI, Siddharth. *Ghost Work: How to Stop Silicon Valley from Building a New Global Underclass*. Nova York: Houghton Mifflin, 2019.

HARCOURT, Bernard E. *Illusion of Order: The False Promise of Broken Windows Policing*. Cambridge, Mass: Harvard University Press, 2001.

HELD, David. *Models of Democracy*. 3. ed. Cambridge: Polity Press, 2006.

HORTULANUS, R., MACHIELSE, A. e MEEUWESEN, L. (orgs.). *Social Isolation in Modern Society*. Londres: Routledge, 2009.

JACOBS, Jane. *The Death and Life of Great American Cities*. Nova York: Random House, 1961 [ed. bras.: *Morte e vida de grandes cidades*. São Paulo: WMF Martins Fontes, 2011].

JUNG, Carl. *Memories, Dreams, Reflections*. Tradução de Clara Winston e Richard Winston. Organização de Aniela Jaffe. Nova York: Vintage, 1989 [ed. bras.: *Memórias, sonhos, reflexões*. Rio de Janeiro: Nova Fronteira: 2019].

LEVY, David. *Love and Sex With Robots*. Nova York: HarperCollins, 2007.

LYNCH, James. *A Cry Unheard: New Insights into the Medical Consequences of Loneliness*. Baltimore: Bancroft Press, 2000.

MARX, Karl e ENGELS, Friedrich. *Karl Marx, Friedrich Engels: Collected Works*. Vol. 3. Londres: Lawrence & Wishart, 1975.

MUDDE, Cas e KALTWASSER, Cristóbal Rovira. *Populism: A Very Short Introduction*. Oxford: Oxford University Press, 2017.

NORRIS, Pippa e INGLEHART, Ronald. *Cultural Backlash: Trump, Brexit, and Authoritarian Populism.* Cambridge: Cambridge University Press, 2019.

NOWAK, Martin A. e HIGHFIELD, Roger. *Supercooperators: Beyond the Survival of the Fittest: Why Cooperation, Not Competition, is the Key of Life.* Edimburgo: Canongate, 2012.

OLDENBURG, Ray. *The Great Good Place.* Filadélfia: Da Capo, 1999.

PIKETTY, Thomas. *Capital in the Twenty-First Century.* Tradução de Arthur Goldhammer. Cambridge, Mass: Harvard University Press, 2014 [ed. bras.: *O capital no século XXI.* Rio de Janeiro: Intrínseca, 2014].

PUTNAM, Robert. *Bowling Alone: The Collapse and Revival of American Community.* Nova York: Simon & Schuster, 2000.

QUART, Alissa. *Squeezed: Why Our Families Can't Afford America.* Nova York: Ecco, 2018.

RIESS, Helen e NEPORENT, Liz. *The Empathy Effect.* Boulder, Colorado: Sounds True, 2018.

ROBERTS, Sarah T. *Behind the Screen: Content Moderation in the Shadows of Social Media.* New Haven/Londres: Yale University Press, 2019.

ROSENBLUM, Nancy. *Good Neighbors: The Democracy of Everyday Life in America.* Cambridge, Mass: Princeton University Press, 2018.

SCHAWBEL, Dan. *Back to Human: How Great Leaders Create Connection in the Age of Isolation.* Nova York: Da Capo, 2018 [ed. bras.: *De volta às conexões humanas: Como grandes líderes formam vínculos na era do isolamento.* Cascavel: AlfaCon, 2020].

SMITH, Adam. *The Theory of Moral Sentiments.* Organização de Ryan Patrick Hanley. Nova York: Penguin Random House, 2010 [ed. bras.: *Teoria dos sentimentos morais.* São Paulo: WMF Martins Fontes, 2015].

SUSSKIND, Daniel. *A World Without Work: Technology, Automation and How we Should Respond.* Londres: Allen Lane, 2020.

SUSSKIND, Jamie. *Future Politics.* Oxford: Oxford University Press, 2018.

TURKLE, Sherry. *Alone Together: Why We Expect More from Technology and Less from Each Other.* Ed. rev. Nova York: Basic Books, 2017.

TWENGE, Jean M. *iGen: Why Today's Super-Connected Kids Are Growing Up Less Rebellious, More Tolerant, Less Happy — and Completely Unprepared for Adulthood — and What That Means for the Rest of Us.* Nova York:

Simon & Schuster, 2017 [ed. bras.: *iGen: Por que as crianças superconectadas de hoje estão crescendo menos rebeldes, mais tolerantes, menos felizes e completamente despreparadas para a idade adulta*. São Paulo: nVersos, 2018].

YANG, Keming. *Loneliness: A Social Problem*. Londres/Nova York: Routledge, 2019.

ZUBOFF, Shoshana. *The Age of Surveillance Capitalism: The Fight for a Human Future at the New Frontier of Power*. Nova York: Public Affairs, 2019 [ed. bras.: *A era do capitalismo de vigilância: A luta por um futuro humano na nova fronteira do poder*. Rio de Janeiro: Intrínseca, 2021].

Notas

CAPÍTULO 1: ESTE É O SÉCULO DA SOLIDÃO

1. "Covid-19: One Third of Humanity under Virus Lockdown", *The Economic Times*, 25 de março de 2020, disponível em: <https://economictimes.indiatimes.com/news/international/world-news/covid-19-one-third-ofhumanity-under-virus-lockdown/articleshow/74807030.cms?from=mdr>; Mia Jankowicz, "More People Are Now in 'Lockdown' Than Were Alive During World War II", ScienceAlert, 25 de março de 2020, disponível em: <https://www.sciencealert.com/one-third-of-the-world-s-population-are-now-restricted-in-where-they-can-go>.
2. Ido Efrati, "Calls to Israel's Mental Health Hotlines Spike during Coronavirus Crisis", Haaretz.com, 22 de março de 2020, disponível em: <https://www.haaretz.com/israel-news/.premium-calls-to-israel-s-mental-healthhotlines-spike-during-coronavirus-crisis-1.8698209?=&ts=_1585309786959>.
3. "Coronavirus: 'My Mum Won't Hug Me' — Rise in Calls to Childline about Pandemic", Sky News, 27 de março de 2020, disponível em: <https://news.sky.com/story/coronavirus-my-mum-wont-hug-me-rise-incalls-to-childline-about-pandemic-11964290>. O aumento da solidão não é restrito a crianças. Pouco antes de o Reino Unido decretar lockdown, em 23 de março de 2020, 10% dos adultos britânicos haviam relatado ter sentido solidão nas duas semanas anteriores. Em 3 de abril, essa estatística (medida pelos mesmos organizadores da pesquisa) tinha mais do que dobrado, para 24%, com jovens entre os 18 e os 24 anos de idade tendo quase três vezes mais probabilidade de vivenciar a solidão

durante o lockdown. Por sua vez, uma pesquisa realizada em abril de 2020 nos Estados Unidos também revelou um aumento significativo da solidão durante o lockdown, especialmente entre os millennials e a Geração K. Ver, respectivamente, "Loneliness During Coronavirus", Mental Health Foundation, 16 de junho de 2020, disponível em: <https://www.mentalhealth.org.uk/coronavirus/coping-with-loneliness>; "Report: Loneliness and Anxiety During Lockdown", SocialPro, abril de 2020, disponível em: <https://socialpronow.com/loneliness-corona/>.

4. Peter Hille, "Coronavirus: German Phone Helplines at 'Upper limits'", DW.com, 24 de março de 2020, disponível em: <https://www.dw.com/en/coronavirus-german-phone-helplines-at-upper-limits/a-52903216>.

5. Cigna, "Loneliness and the Workplace: 2020 U.S. Report", janeiro de 2020, disponível em: <https://www.multivu.com/players/English/8670451-cigna2020-loneliness-index/docs/CignaReport_1579728920153-379831100.pdf>.

6. "Two Thirds of Germans Think the Country Has a Major Loneliness Problem", *The Local* (Alemanha), 23 de março de 2018, disponível em: <https://www.thelocal.de/20180323/two-thirds-of-germans-think-the-country-has-a-major-loneliness-problem>.

7. Janene Pieters, "Over a Million Dutch Are Very Lonely", *NL Times*, 21 de setembro de 2017, disponível em: <https://nltimes.nl/2017/09/21/million-dutch-lonely>.

8. Rick Noack, "Isolation is rising in Europe. Can loneliness ministers help change that?", *Washington Post*, 2 de fevereiro de 2018, disponível em: <https://www.washingtonpost.com/news/worldviews/wp/2018/02/02/isolation-is-rising-in-europe-can-loneliness-ministers-help-change-that/>.

9. "Einsamkeitsgefühl", Bundesamt für Statistik, 2017, disponível em: <https://www.bfs.admin.ch/bfs/de/home/statistiken/bevoelkerung/migrationintegration/integrationindikatoren/indikatoren/einsamkeitsgefuehl.html>.

10. Barbara Taylor, "Are We More Lonely than Our Ancestors?", BBC Radio 3: Free Thinking, 2019, disponível em: <https://www.bbc.co.uk/programmes/articles/2hGYMPLFwx5lQyRPzhTHR9f/are-we-more-lonely-than-our-ancestors>. De acordo com um relatório publicado em 2017 pela Jo Cox Commission on Loneliness, mais de 9 milhões de pessoas no Reino Unido se sentem solitárias com frequência ou sempre, e 42% das pessoas não têm amigos no trabalho, de acordo com um levantamento

realizado em 2014 pela organização beneficente Relate. Ver "Combatting Loneliness One Conversation at a Time: A Call to Action" (Jo Cox Commission on Loneliness, 15 de dezembro de 2017), p. 8, disponível em: <https://www.ageuk.org.uk/globalassets/age-uk/documents/reports-and-publication/reports-and-briefings/activecommunities/rb_dec17_jocox_commission_finalreport.pdf>; "Friends", Relate.org, 2014, disponível em: <https://www.relate.org.uk/policycampaigns/our-campaigns/way-we-are-now-2014/friends>.

11. Connor Ibbetson, "A Quarter of Britons Don't Have a Best Friend", YouGov, 25 de setembro de 2019, disponível em: <https://yougov.co.uk/topics/relationships/articles-reports/2019/09/25/quarter-britons--dont-have-best-friend>; Alexandra Topping, "One in 10 Do Not Have a Close Friend and Even More Feel Unloved, Survey Finds", *Guardian*, 12 de agosto de 2014, disponível em: <https://www.theguardian.com/life-andstyle/2014/aug/12/one-in-ten-people-have-no-close-friends-relate>.

12. Emma Elsworthy, "More than Half of Britons Describe their Neighbors as 'Strangers'", *Independent*, 29 de maio de 2018, disponível em: <https://www.independent.co.uk/news/uk/home-news/britons-neighboursstrangers-uk-community-a8373761.html>; Emma Mamo, "How to Combat the Rise of Workplace Loneliness", Totaljobs, 30 de julho de 2018, disponível em: <https://www.totaljobs.com/insidejob/how-to-combat-the-rise-ofworkplace-loneliness/>.

13. Para a Coreia do Sul, ver Ju-young Park, "Lonely in Korea? You're Not Alone", *Korea Herald*, 3 de abril de 2019, disponível em: <http://www.koreaherald.com/view.php?Ud=20190403000445>; "South Korea: Likelihood of Feeling Lonely Often 2020", *Statista*, acessado em 1º de junho de 2020, disponível em: <https://www.statista.com/statistics/1042186/south-korea-likelihood-loneliness/>. Para a China, ver Ye Luo e Linda J. Waite, "Loneliness and Mortality Among Older Adults in China", *The Journals of Gerontology Series B, Psychological Sciences and Social Sciences* 69, nº 4 (julho de 2014), p. 633-45, disponível em: <https://doi.org/10.1093/geronb/gbu007>. Para o Japão, ver Michael Hoffman, "Japan Struggles to Keep Loneliness at Arm's Length", *Japan Times*, 10 de novembro de 2018, disponível em: <https://www.japantimes.co.jp/news/2018/11/10/national/media-national/japan-struggles-keep-loneliness-arms-length/#.XtUW01NKhok>. Na Índia, 50% dos entrevistados para a pesquisa achavam provável que fossem passar a maior parte de 2020 solitários;

ver "India — Opinion on Likelihood of Loneliness 2019 and 2020", *Statista*, 28 de janeiro de 2020, disponível em: <https://www.statista.com/statistics/1041015/india-opinion-likelihood-of-loneliness/>. Um em cada cinco australianos relatou "raramente ou nunca ter alguém com quem conversar"; ver Melissa Davey, "Loneliness Study Finds One in Five Australians Rarely or Never Have Someone to Talk To", *Guardian*, 8 de novembro de 2018, disponível em: <https://www.theguardian.com/australia-news/2018/nov/09/loneliness-study-finds-one-in-five-australians-rarely-or-never-have-someone-to-talk-to>. Embora as estatísticas sobre a solidão na América do Sul e na África sejam mais raras, isso é mais resultado de uma falta de investigação do que evidência de que os níveis sejam baixos. Na África do Sul, por exemplo, um em cada dez adultos mais velhos já vivencia uma solidão profunda; ver Nancy Phaswana-Mafuya e Karl Peltzer, "Prevalence of loneliness and associated factors among older adults in South Africa", 2017, disponível em: <http://ulspace.ul.ac.za/bitstream/punho/10386/2783/phaswana-mafuya_prevalence_2017.pdf>.

Um em cada seis adolescentes na América Latina e no Caribe se considera solitário; ver S. R. Sauter, L. P. Kim e K. H. Jacobsen, "Loneliness and friendlessness among adolescents in 25 countries in Latin America and the Caribbean", *Child and Adolescent Mental Health* 25 (2020), p. 21-27, disponível em: <https://doi.org/10,1111/camh.12358>. Pesquisa realizada em países em desenvolvimento na América Latina também aponta que a pobreza está altamente correlacionada com o isolamento social e a solidão; ver Rubén Kaztman, "Seduced and Abandoned: The Social Isolation of the Urban Poor", *Cepal Review* 75 (2001).

14. Jason Danely, "The Limits of Dwelling and Unwitnessed Death", *Cultural Anthropology* 34, n° 2 (2019), disponível em: <https://doi.org/10.14506/ca34.2.03>.

15. Observe-se que "Saito San" é uma personagem composta. Detalhes adaptados de Shiho Fukada, "Japan's Prisons Are a Haven for Elderly Women", *Bloomberg*, 16 de março de 2018, disponível em: <https://www.bloomberg.com/news/features/2018-03-16/japan-s-prisons-are-a-haven-for-elderly-women>.

16. "Jailed for Stealing Grapes: The Motives of Japan's Elderly Inmates", *BBC News*, 18 de fevereiro de 2019, disponível em: <https://www.bbc.com/news/worldasia-47197417>.

17. Asakuma Mei, "Japan's Jails a Sanctuary for Seniors", *NHK World*, 25 de dezembro de 2019, disponível em: <https://www3.nhk.or.jp/nhkworld/en/news/backstories/761/>.
18. Fukada, "Japan's Prisons Are a Haven for Elderly Women".
19. "Jailed for Stealing Grapes: The Motives of Japan's Elderly Inmates"; Hiroyuki Kuzuno, "Neoliberalism, Social Exclusion, and Criminal Justice: A Case in Japan", *Hitosubashi Journal of Law and Politics*, 40 (2012), p. 15-32.
20. Tom Underwood, "Forgotten Seniors Need Time, Care", *AJC Atlanta News*, 5 de outubro de 2010, disponível em: <https://www.ajc.com/news/opinion/forgotten-seniors-need-time-care/s6mdH3uUuYzZRcApmVYmvL/>.
21. "Over a Million Older People in the UK Regularly Feel Lonely", *Age UK*, 3 de maio de 2014, disponível em: <https://www.ageuk.org.uk/latest-news/archive/over-1-million-older-people-in-uk-feel-lonely/>.
22. Emily Rauhala, "He Was One of Millions of Chinese Seniors Growing Old Alone. So He Put Himself up for Adoption", *Washington Post*, 2 de maio de 2018, disponível em: <https://www.washingtonpost.com/mundo/asia_pacific/he-era-um-de-milhões-de-chinese-seniorsgrowing-old-sozinho-so-he-put-yourself-up-for-taking/2018/05/01/53749264-3d6a-11e8-912d-16c9e9b37800_story.html>.
23. Na verdade, foi essa experiência que me motivou a começar a pesquisar a solidão entre a geração que chamo de Geração K. Para uma breve introdução ao meu trabalho sobre a Geração K ("K" por causa de sua heroína, Katniss Everdeen [da série de livros *Jogos vorazes*]), ver, por exemplo, "Think Millennials Have It Tough? For Generation K, Life Is Even Harsher", *Guardian*, 19 de março de 2016, disponível em: <https://www.theguardian.com/world/2016/mar/19/think-millennials-have-it-tough-for-generation-k-life-is-even-harsher>.
24. Jamie Ballard, "Millennials Are the Loneliest Generation", *YouGov*, 30 de julho de 2019, disponível em: <https://today.yougov.com/topics/lifestyle/articlesreports/2019/07/30/loneliness-friendship-new-friends-poll-survey>.
25. Clare Murphy, "Young More Lonely than the Old", *BBC News*, 25 de maio de 2010, disponível em: <http://news.bbc.co.uk/1/hi/health/8701763.stm>; "Children's and Young People's Experiences of Loneliness", *Office*

for National Statistics, 2018, disponível em: <https://www.ons.gov.uk/peoplepopulationandcommunity/wellbeing/articles/childrensandyoungpeoplesexperiencesofloneliness/2018#how-common-is-loneliness-in-children-and-young-people>.

26. "Daily Chart — Loneliness is pervasive and rising, particularly among the young", *Economist*, 31 de agosto de 2018, disponível em: <https://www.economist.com/graphic-detail/2018/08/31/loneliness-is-pervasive-and-rising-particularly-among-the-young>.

27. Esses números se referem ao impacto da solidão na expectativa de vida. Ver Julianne Holt-Lunstad, Timothy B. Smith e J. Bradley Layton, "Social Relationships and Mortality Risk: A Meta-Analytic Review", *PLOS Medicine* (2010), disponível em: <https://doi.org/10.1371/journal.pmed>. Ver em particular a Figura 6. Embora esse estudo use a linguagem das relações sociais insuficientes ou relações sociais precárias *versus* relações adequadas, e embora conclua que aqueles com relações sociais adequadas têm 50% mais probabilidade de sobrevivência em comparação com aqueles com relações sociais precárias ou insuficientes, nem todos os estudos incorporados na presente análise fazem uso dessa linguagem; alguns analisam o isolamento social, outros, a solidão, outros ainda, a falta de apoio social. Em um estudo complementar realizado em 2015 que incluiu mais do que o dobro do número de estudos e dez vezes o número de participantes em comparação com a meta-análise anterior, e também tentou separar as pesquisas sobre isolamento social das pesquisas sobre solidão, os autores descobriram que o isolamento social e a solidão têm um impacto igualmente negativo sobre nosso risco de morte. Ver Julianne Holt-Lunstad *et al.*, "Loneliness and Social Isolation as Risk Factors for Mortality: A Meta-Analytic Review", *Perspectives on Psychological Science*, 10, n° 2 (2015). Para mais detalhes sobre como calcular as consequências da solidão e do isolamento social sobre a saúde, ver o capítulo 2.

28. Julianne Holt-Lunstad, "The Potential Public Health Relevance of Social Isolation and Loneliness: Prevalence, Epidemiology, and Risk Factors", *Public Policy & Aging Report* 27, n° 4 (2017), p. 127-30, disponível em: <https://doi-org.libproxy.ucl.ac.uk/10.1093/ppar/prx030>. Ver o capítulo 2, notas 7 e 8, para uma discussão mais completa sobre como a solidão é definida em diferentes estudos.

29. Holt-Lunstad *et al.*, "Social Relationships and Mortality Risk"; ver também Holt-Lunstad *et al.*, "Loneliness and Social Isolation as Risk Factors for Mortality".
30. Corinne Purtill, "Loneliness costs the US almost $7 billion extra each year", *Quartz*, 28 de outubro de 2018, disponível em: <https://qz.com/1439200/loneliness-costs-the-us-almost-7-billion-extra-each-_year/>.
31. HM Treasury, "Policy paper: Spending Round 2019", *Gov.uk*, 4 de setembro de 2019, disponível em: <https://www.gov.uk/government/publications/spending-round-2019-document/spending-round-2019>.
32. Kate Ferguson, "Lonely Brits are costing the economy £1.8 billion a year, report reveals", *The Sun*, 20 de março de 2019, disponível em: <https://www.thesun.co.uk/news/8675568/lonely-brits-are-costing-the-economy/>.
33. Emma Mamo, "How to combat the rise of workplace loneliness", *Total Jobs*, disponível em: <https://www.totaljobs.com/insidejob/how-to-combatthe-rise-of-workplace-loneliness/>.
34. Tecnicamente, é a Escala de Solidão da UCLA Revisada; em 1980, parte das perguntas foi feita de forma mais positiva para contornar a tendência das pessoas de "desejar" uma maior pontuação. Ver D. Russell, L.A. Peplau e C.E. Cutrona, "The Revised UCLA Loneliness Scale: Concurrent and Discriminant Validity Evidence", *Journal of Personality and Social Psychology* 39, nº 3 (1980), p. 472-80. O estudo original já foi citado mais de 1.500 vezes.
35. Observe que algumas das respostas têm a pontuação reversa. Em um ambiente acadêmico formal, os participantes não sabem quais das perguntas têm pontuação reversa.
36. Rhitu Chatterjee, "Americans Are A Lonely Lot, And Young People Bear The Heavy Burden", NPR, 1º de maio de 2018, disponível em: <https://www.npr.org/sections/health-shots/2018/05/01/606588504/americans-are-a-lonely-lot-and-young-people-bear-the-heaviest-burden>; "Loneliness and the Workplace: 2020 US Report", Cigna, 3 de janeiro de 2020, disponível em: <https://www.multivu.com/players/English/8670451-cigna-2020-loneliness-index/docs/CignaReport_1579728920153-379831100.pdf>.
37. Ver, por exemplo, E.G. West, "The Political Economy of Alienation: Karl Marx and Adam Smith", *Oxford Economic Papers* 21, nº 2 (março de 1969),

p. 1-23, disponível em: <https://www.jstor.org/stable/2662349?seq=1>; Fay Bound Alberti, "Stop medicalising loneliness — history reveals it's society that needs mending", *The Conversation*, 19 de novembro de 2019, disponível em: <https://theconversation.com/stop-medicalising-loneliness-history-reveals-its-society-that-needs-mending-127056>; Bill Callanan, "Loneliness as a Theme in the Life and Writings of C.G. Jung", *Irish Association of Humanistic and Integrative Psychotherapy*, Irish Association of Humanistic and Integrative Psychotherapy 31 (inverno de 1997), disponível em: <https://iahip.org/inside-out/issue-31-winter-1997/loneliness-as-a-theme-in-the-life-and-writings-of-c-g-jung%E2%80%A8>; Sean Redmond, "The loneliness of science fiction", *Disruptr*, 5 de maio de 2019, disponível em: <https://disruptr.deakin.edu.au/society/the-loneliness-of-science-fiction/>; Aldous Huxley, *The Doors of Perception* (Londres, Chatto & Windus, 1954) [ed. bras.: *As portas da percepção*, São Paulo, Biblioteca Azul, 2015]; *Black Mirror*, temporada 4, episódio 4, "Hang the DJ"; Marie Hendry, *Agency, Loneliness and the Female Protagonist in the Victorian Novel* (Newcastle upon Tyne, Inglaterra, Cambridge Scholars Publishing, 2019). Para mais informações sobre a ligação feita por Arendt entre solidão e totalitarismo, ver o capítulo 3.

38. "Majority Worldwide Say Their Society Is Broken — an Increasing Feeling among Britons", *Ipsos MORI*, 12 de setembro de 2019, disponível em: <https://www.ipsos.com/ipsos-mori/en-uk/global-study-nativist-populist-broken-society-britain>.
39. O relatório "State of the Global Workplace" (2017), do Gallup, mostra como as coisas estão ruins. Os dados vêm de 155 países e estão disponíveis em: <https://www.gallup.com/workplace/238079/state-global-workplace-2017.aspx>.
40. "GSS Data Explorer: Can People Be Trusted", *NORC at the University of Chicago*, disponível em: <https://gssdataexplorer.norc.org/variables/441/vshow>.
41. "Pope Francis' morning mass broadcast live every day", *Vaticano News*, 8 de março de 2020, disponível em: <https://www.vaticannews.va/en/pope/news/2020-03/pope-francis-daily-mass-casa-santa-marta-coronavirus.html>; Shirley Ju, "How DJ D-Nice's Club Quarantine Became an Isolation Sensation", *Variety*, 28 de março de 2020, disponível em: <https://variety.com/2020/music/news/dj-d-nice-club-quarantine-rihanna-michelle-obama-interview-1203541666/>. O discurso de ódio

antichinês aumentou 900%, enquanto houve um crescimento de 70% no discurso de ódio entre crianças e adolescentes em salas de bate-papo on-line entre dezembro de 2019 e março de 2020. Ver "Rising Levels of Hate Speech & Online Toxicity During this Time of Crisis", Light, 2020, disponível em: <https://l1ght.com/Toxicity_during_coronavirus_Report-L1ght.pdf>; ver também Elise Thomas, "As the Coronavirus Spreads, Conspiracy Theories Are Going Viral Too", Foreign Policy, 14 de abril de 2020, disponível em: <https://foreignpolicy.com/2020/04/14/as-the-coronavirus-spreads-conspiracy-theories-are-going-viral-too/>; Queenie Wong, "Coronavirus sparks a different kind of problem for social networks", CNet, 25 de março de 2020, disponível em: <https://www.cnet.com/news/on-twitter-facebook-and-tiktok-racism-break-out-amid-coronavirus-pandemic/?ftag=CAD-03-10aaj8j>.

42. Para a correlação entre raça e solidão, ver, por exemplo, Cruz Vermelha Britânica, "Barriers to Belonging: An exploration of loneliness among people from Black, Asia and Minority Ethnic Backgrounds" (British Red Cross, 2019), p. 12, relatório original disponível para download em: <https://www.redcross.org.uk/about-us/what-we-do/we-speak-up-for-change/barriers-to-belonging#Key%20findings>; "Loneliness and the Workplace: 2020 U.S. Report" (Cigna, 2020), disponível em: <https://www.cigna.com/static/www-cigna-com/docs/about-us/newsroom/studies-and-reports/combatting-loneliness/cigna-2020-loneliness-report.pdf>. Observe-se também que para as crianças a partir dos 8 anos que frequentam a escola, vivenciar discriminação racial é um forte indicador de solidão e depressão passados nove meses. Ver N. Priest et al., "Effects over time of self-reported direct and vicarious racial discrimination on depressive symptoms and loneliness among Australian school students", BMC Psychiatry 17, n° 50 (2017), disponível em: <https://doi.org/10.1186/.s12888-017-1216-3>. Para mais informações sobre comportamento sexista e solidão, ver Y. Joel Wong et al., "Meta-Analyses of the Relationship Between Conformity to Masculine Norms and Mental Health-Related Outcomes", Journal of Counseling Psychology 64, n° 1 (2017), p. 80-93, disponível em: <http://dx.doi.org/10.1037/cou0000176>; Mark Rubin et al., "A confirmatory study of the relations between workplace sexism, sense of belonging, mental health, and job satisfaction among women in male-dominated industries", Journal of Applied Social Psychology 49, n° 5 (2019), p. 267-282, disponível em: <https://doi.org/10.1111/jasp.12577>.

43. Ver, por exemplo, sobre o declínio da frequência aos serviços religiosos: Lydia Saad, "Catholics' Church Attendance Resumes Downward Slide", *Gallup News*, 9 de abril de 2018, disponível em: <https://news.gallup.com/poll/232226/church-attendance-among-catholics-resumes-downward-slide.aspx>. "In US, Decline of Christianity Continues at Rapid Pace", *Pew Research Center*, 17 de outubro de 2019, disponível em: <https://www.pewforum.org/2019/10/17/in-u-s-decline-of-christianity-continues-at-rapid-pace/>; The Church of England Research and Statistics, "Statistics for Mission 2018", *Research and Statistics 2019*, disponível em: <https://www.churchofengland.org/sites/default/files/2019-10/2018StatisticsForMission.pdf>; para outros países europeus, ver Philip S. Brenner, "Cross-National Trends in Religious Service Attendance", *Public Opinion Quarterly* 80, nº 2 (maio de 2016), p. 563-83, disponível em: <https://www.ncbi.nlm.nih.gov/pmc/articles/PMC4888582/>; Harry Freedman, "Are American synagogues on the road to renewal — or perdition?", *Jewish Chronicle*, 21 dezembro de 2018, disponível em: <https://www.thejc.com/judaism/features/are-american-synagogues-on-the-road-to-renewal-or-perdition-1.474204>. Observe-se, no entanto, que a frequência de comparecimento e o comprometimento com o serviço religioso permanecem altos entre as populações muçulmanas da África Subsaariana, do Oriente Médio e do Sul da Ásia, e entre populações cristãs da África Subsaariana e da América Latina. "How religious commitment varies by country among people of all ages", *Pew Research Center*, 13 de junho de 2018, disponível em: <https://www.pewforum.org/2018/06/13/how-religious-commitment-varies-by-country-among-people-of-all-ages/>. Para o declínio das organizações de pais e professores, da adesão a sindicatos e do número de amigos próximos, ver, por exemplo, Segann March, "Students, parents pay the price for PTA membership declines", *Shreveport Times*, 6 de maio de 2016, disponível em: <https://eu.shreveporttimes.com/story/news/education/2016/05/06/students-and-their-parents-pay-price-pta-membership-declines/83970428/>; Brittany Murray, Thurston Domina, Linda Renzulli e Rebecca Boylan, "Civil Society Goes to School: Parent-Teacher Associations and the Equality of Educational Opportunity", *RSF*, 5, nº 3 (março de 2019), p. 41-63, disponível em: <https://doi.org/10.7758/RSF.2019.5.3.0>; Camilla Turner, "Working mothers now too busy to join parent teacher associations, leading headmistress says", *Telegraph*,

18 de novembro de 2019, disponível em: <https://www.telegraph.co.uk/news/2019/11/18/working-mothers-now-busy-join-parent-teacher-associations-leading/>; Niall McCarthy, "The State of Global Trade Union Membership IE" [Infográfico], *Forbes*, 6 de maio de 2019, disponível em: <https://www.forbes.com/sites/niallmccarthy/2019/05/06/the-state-of-global-trade-union-membership-infographic/#3584b31c2b6e>; Miller McPherson, Lynn Smith-Lovin e Matthew E. Brashears, "Social Isolation in America: Changes in Core Discussion Networks over Two Decades", *American Sociological Review* 71, n° 3 (junho de 2006), p. 353-75, disponível em: <https://doi.org/10.1177/000312240607100301>.

44. Para uma análise mais detalhada do declínio do toque, ver Tiffany Field, *Touch*, 2. ed. (Cambridge, Massachusetts, MIT Press, 2014). Para os Estados Unidos: Jean M. Twenge, Ryne A. Sherman e Brooke E. Wells, "Declines in Sexual Frequency among American Adults, 1989-2014", *Archives of Sexual Behavior* 46 (2017), p. 2389-401, disponível em: <https://doi.org/10.1007/s10508-017-0953-1>; ver também Kate Julian, "Why Are Young People Having So Little Sex?", *The Atlantic*, dezembro de 2018, disponível em: <https://www.theatlantic.com/magazine/archive/2018/12/the-sex-recession/573949/>; para a Grã-Bretanha: "British people 'having less sex' than previously", *BBC*, 8 de março de 2019, disponível em: <https://www.bbc.co.uk/news/health-48184848>; para estatísticas globais (esp. Austrália, Finlândia, Japão): "Are we really in the middle of a global sex recession?", *Guardian*, 14 de novembro de 2018, disponível em: <https://www.theguardian.com/lifeandstyle/shortcuts/2018/nov/14/are-we-really-in-the-middle-of-a-global-sex-recession>.

45. Alison Flood, "Britain has closed almost 800 libraries since 2010, figures show", *Guardian*, 5 de dezembro de 2019, disponível em: <https://www.theguardian.com/books/2019/dec/06/britain-has-closed-almost-800-libraries-since-2010-figures-show>; "Table 1: IMLS Appropriations History, 2008-2015 (Budget Authority in 000s)", *Institute of Museum and Library Services*, 2015, disponível em: <https://www.imls.gov/assets/1/News/FY14_Budget_Table.pdf>; Peggy McGlone, "For third year in a row, Trump's budget plan eliminates arts, public TV and library funding", *Washington Post*, 18 de março de 2019, disponível em: <https://www.washingtonpost.com/lifestyle/style/for-third-year-in-a-row-trumps-budget-plan-eliminates-arts-public-tv-and-library-funding/2019/03/18/e946db9a-49a2-11e9-9663-00ac73f49662_story.html>.

46. Jonathan D. Ostry, Prakash Loungani e Davide Furceri, "Neoliberalism: Oversold?", *Fundo Monetário Internacional*, junho de 2016, disponível em: <https://www.imf.org/external/pubs/ft/fandd/2016/06/pdf/ostry.pdf>.
47. Lawrence Mishel e Julia Wolfe, "CEO compensation has grown 940% since 1978", *Economic Policy Institute*, 14 de agosto de 2019, disponível em: <https://www.epi.org/publication/ceo-compensation-2018/>.
48. Richard Partington, "Inequality: is it rising, and can we reverse it?", *Guardian*, 9 de setembro de 2019, disponível em: <https://www.theguardian.com/news/2019/sep/09/inequality-is-it-rising-and-can-we-reverse-it>. Dados originais da IFS Deaton Review. Ver também a análise feita pelo Trade Unions Congress a respeito da pesquisa do Instituto Nacional de Estatísticas Britânico sobre riqueza e patrimônio (última aferição de dados, período de abril de 2016 a março de 2018), discutida em Nikki Pound, "Record wealth inequality shows why our economy is rigged against working people", *Trade Unions Congress*, 6 de dezembro de 2019, disponível em: <https://www.tuc.org.uk/blogs/record-wealth-inequality-shows-why-our-economy-rigged-against-working-people>.
49. A pobreza é um fator de risco tanto para o isolamento social quanto para a solidão. Ver Jan Eckhard, "Does Poverty Increase the Risk of Social Isolation? Insights Based on Panel Data from Germany", *The Sociology Quarterly* 59, n° 2 (maio de 2018), p. 338-59, disponível em: <https://doi.org/10.1080/00380253.2018.1436943>; "How do you identify or recognise the most lonely?", *Campaign to End Loneliness*, 2020, disponível em: <https://www.campaigntoendloneliness.org/frequently-asked-questions/identify-most-isolated/>; Emily Cuddy e Richard V. Reeves, "Poverty, isolation, and opportunity", *The Brookings Institution*, 31 de março de 2015, disponível em: <https://www.brookings.edu/blog/social-mobility-memos/2015/03/31/poverty-isolation-and-opportunity/>; Miriam J. Stewart et al., "Poverty, Sense of Belonging and Experiences of Social Isolation", *Journal of Poverty* 13, n° 2 (maio de 2009), p. 173-195, disponível em: <https://www.researchgate.net/publication/240235963_Poverty_Sense_of_Belonging_and_Experiences_of_Social_Isolation>.
50. "2020 Edelman Trust Barometer", *Edelman Holdings*, 19 de janeiro de 2020, disponível em: <https://www.edelman.com/trustbarometer>.
51. "Margaret Thatcher Interview for Sunday Times", *Margaret Thatcher Foundation*, 1° de maio de 1981, disponível em: <https://www.margaretthatcher.org/document/104475>.

52. Ver, por exemplo, Martin A. Nowak e Roger Highfield, *SuperCooperators: Beyond the Survival of the Fittest: Why Cooperation, Not Competition, is the Key of Life* (Edimburgo, Canongate, 2012).
53. Jean M. Twenge, W. Keith Campbell e Brittany Gentile, "Increases in individualistic words and phrases in American books, 1960-2008", *PloS One* 7, n° 7 (2012), disponível em: <https://doi.org/10.1371/journal.pone.0040181>.
54. John Tierney, "A Generation's Vanity, Heard Through Lyrics", *The New York Times*, 25 de abril de 2011, disponível em: <https://www.nytimes.com/2011/26/04/science/26tier.html>.
55. Xi Zou e Huajian Cai, "Charting China's Rising Individualism in Names, Songs, and Attitudes", *Harvard Business Review*, 11 de março de 2016, disponível em: <https://hbr.org/2016/03/charting-chinas-rising-individualism-in-names-songs-and-attitudes>.

CAPÍTULO 2: A SOLIDÃO MATA

1. Ver, por exemplo, Louise C. Hawkley e John P. Capitanio, "Perceived social isolation, evolutionary fitness and health results: a lifespan approach", *Philosophical Transactions of the Royal Society* (maio de 2015), disponível em: <https://doi.org/10.1098 /rstb.2014.0114>.
2. Sobre solidão e inflamação crônica, ver K. Smith, S. Stewart, N. Riddell e C. Victor, "Investigating the Relationship Between Loneliness and Social Isolation With Inflammation: A Systematic Review", *Innovation in Aging* 2, n° 2 (novembro de 2018), p. 839-40, disponível em: <https://doi.org/10.1093/geroni/igy023.3129>; Lisa M. Jaremka *et al.*, "Loneliness promotes inflammation during acute stress", *Psychological Science* 24, n° 7 (julho de 2013), p. 1089-97, disponível em: <https://doi.org/10.1177/0956797612464059>. Sobre solidão e resposta imunológica, ver Angus Chen, "Loneliness May Warp Our Genes, And Our Immune Systems", *NPR*, 29 de novembro de 2015, disponível em: <https://www.npr.org/sections/health-shots/2015/11/29/457255876/loneliness-may-warp-our-genes-and-our-immune-systems>.
3. Ver N. Grant, M. Hamer e A. Steptoe, "Social Isolation and Stress-related Cardiovascular, Lipid, and Cortisol Responses", *Annals of Behavioral Medicine* 37 (2009), p. 29-37, disponível em: <https://doi.org/10.1007/s12160-009-9081-z>; Andrew Steptoe *et al.*, "Loneliness and neuroendo-

crine, cardiovascular, and inflammatory stress responses in middle-aged men and women", *Psychoneuroendocrinology* 29, n° 5 (2004), p. 593-611, disponível em: <https://www.ncbi.nlm.nih.gov/pubmed/15041083>; L. D. Doane e E. K. Adam, "Loneliness and cortisol: Momentary, day-to-day, and trait associations", *Psychoneuroendocrinology* 35 (2010), p. 430-41, disponível em: <https://doi: 10.1016/j.psyneuen.2009.08.005>.
4. L.C. Hawkley, R.A. Thisted, C.M. Masi e J.T. Cacioppo, "Loneliness predicts increased blood pressure: 5-year cross-lagged analyses in middle-aged and older adults", *Psychology and Aging* 25, n° 1 (março de 2010), p. 132-41, disponível em: <https://doi.org/10.1037/a0017805>; Kerry J. Ressler, "Amygdala activity, fear, and anxiety: modulation by stress", *Biological Psychiatry* 67, n° 12 (junho de 2010), p. 1117-19, disponível em: <https://doi.org/10.1016/j.biopsych.2010.04.027>.
5. Steven W. Cole, John P. Capitanio, Katie Chun, Jesusa M.G. Arevalo, Jeffrey Ma e John T. Cacioppo, "Myeloid differentiation architecture of leukocyte transcriptome dynamics in perceived social isolation", *Proceedings of the National Academy of Sciences* 112, n° 49 (dezembro de 2015), p. 15142-47, disponível em: <https://www.pnas.org/content/pnas/early/2015/11/18/1514249112.full.pdf>; para uma leitura amigável para leigos, ver "Loneliness triggers cellular changes that can cause illness, study shows", *University of Chicago*, 23 de novembro de 2015, disponível em: <https://www.sciencedaily.com/releases/2015/11/151123201925.htm>.
6. "Stress Weakens the Immune System", *American Psychological Association*, 23 de fevereiro de 2006, disponível em: <https://www.apa.org/research/action/immune>.
7. Isso vem de uma meta-análise que analisou 23 estudos diferentes; "Medidas de relações sociais atenderam aos critérios de inclusão para solidão quando foram consistentes com sua definição como um sentimento negativo subjetivo associado à percepção de alguém de que seus relacionamentos com outras pessoas são deficientes." Por ser um metaestudo, existem muitas definições diferentes de solidão que foram usadas nos subestudos, algumas das quais eram crônicas. N.K. Valtorta *et al.*, "Loneliness and social isolation as risk factors for coronary heart disease and stroke: systematic review and meta-analysis of longitudinal observational studies", *BMJ Journals: Heart* 102, n° 13 (2016), p. 1009-16, disponível em: <http://dx.doi.org/10.1136/heartjnl-2015-308790>; J.H.

Tjalling *et al.*, "Feelings of loneliness, but not social isolation, predict dementia onset: results from the Amsterdam Study of the Elderly (AMSTEL)", *Journal of Neurology Neurosurgery and Psychiatry* (2012), doi: 10.1136/jnnp-2012-302755.

8. J. Holt-Lunstad *et al.*, "Loneliness and social isolation as risk factors for mortality: a meta-analytic review". Essa também é uma meta-análise, então a solidão é definida de maneiras diferentes. Uma meta-análise pode examinar dados e resultados de potencialmente centenas de estudos sobre assuntos iguais ou muito semelhantes, buscando padrões e obtendo conclusões amplas — uma forma extremamente útil de combinar conhecimento com base em milhares de dados. Ao reunir as pesquisas sobre solidão, no entanto, isso representa um pequeno desafio, porque cada uma das centenas de "estudos originais" pode ter usado uma definição ligeiramente diferente de solidão, ou pode ter medido a solidão ao longo de determinado período de tempo. Por esse motivo, neste caso, não podemos vincular categoricamente esses problemas de saúde à solidão crônica *versus* situacional, visto que alguns dos estudos nessa meta-análise examinaram uma ou outra, ou não especificaram. (A Escala de Solidão da UCLA relata apenas a solidão *naquele exato momento*, afinal.)

9. Em termos gerais, ver S. Shiovitz-Ezra e L. Ayalon, "Situational versus chronic loneliness as risk factors for all-cause mortality", *International Psychogeriatrics* 22, n° 3 (2010), p. 455-62, doi:10.1017/S1041610209991426; para trabalhos realizados na prisão com pessoas encarceradas mantidas na solitária por pelo menos quinze dias, ver B. A. Williams *et al.*, "The Cardiovascular Health Burdens of Solitary Confinement", *Journal of General Internal Medicine* 34 (2019), p. 1977-80, disponível em: <https://doi.org/10.1007/s11606-019-05103-6>. Ver também Adam Gabbatt, "'Social recession': how isolation can affect physical and mental health", *Guardian*, 18 de março de 2020, disponível em: <https://www.theguardian.com/world/2020/mar/18/coronavirus-isolation-social-recession-physical-mental-health>; Gabriel Banschick, "How to Manage the Psychological Effects of Quarantine", *Psychology Today*, 20 de março de 2020, disponível em: <https://www.psychologytoday.com/us/blog/the-intelligent-divorce/202003/how-manage-the-psychological-effects-quarantine>; e também pesquisas que analisaram os efeitos da quarentena durante a epidemia de SARS em Toronto em 2002-2004, realizadas com 129 indiví-

duos que haviam ficado em quarentena logo depois que seu isolamento chegou ao fim. O estresse pós-traumático foi diagnosticado em 28,9% deles, e a depressão, em 31,9%; ver L. Hawryluck et al., "SARS control and psychological effects of quarantine, Toronto, Canada", *Emerging Infectious Diseases* 10, n° 7 (2004), p. 1206-12, disponível em: <https://doi.org/10.3201/eid1102.040760>.

10. James Lynch, *A Cry Unheard: New Insights into the Medical Consequences of Loneliness* (Baltimore, Bancroft Press, 2000), p. 91.
11. S. Shiovitz-Ezra e L. Ayalon, "Situational versus Chronic Loneliness as Risk Factors for All-Cause Mortality", *International Psychogeriatrics* 22, n° 3 (2010), p. 455-62.
12. Ver Nora Rubel, *Doubting the Devout: The Ultra-Orthodox in the Jewish-American Imagination* (Nova York, Columbia University Press, 2009).
13. Avi Weiss, "A Picture of the Nation", *Taub Center*, 14 (2018), disponível em: <http://taubcenter.org.il/wp-content/files_mf/pon201895.pdf>; Tzvi Lev, "Education rising, poverty dropping among haredim", *Israel National News*, 31 de dezembro de 2017, disponível em: <http://www.israelnationalnews.com/News/News.aspx/240041>.
14. As fontes do número "sete vezes mais" são de 2011-12; ver, por exemplo, Shmuly Yanklowitz, "An Obesity Problem in the Orthodox Community?", 25 de abril de 2012, disponível em: <https://jewishweek.timesofisrael.com/an-obesity-problem-in-the-orthodox-community/>; Ari Galahar, "Haredi sector suffers from obesity", *Ynet News*, 1° de setembro de 2011, disponível em: <https://www.ynetnews.com/articles/0,7340,L-4116222,00.html>.
15. Nitsa Kasir e Dmitri Romanov, "Quality of Life Among Israel's Population Groups: Comparative Study", *The Haredi Institute for Public Affairs*, maio de 2018, p. 51.
16. Melrav Arlosoroff, "Israel's Economic Future is Wasting Away in Israel's Yeshivas", *Haaretz*, 13 de novembro de 2018, disponível em: <https://www.haaretz.com/israel-news/business/.premium-israel-s-economic-future-is-wasting-away-in-israel-s-yeshivas-1.6652106>; "Israeli women do it by the numbers", *Jewish Chronicle*, 7 de abril de 2014, disponível em: <https://www.thejc.com/israeli-women-do-it-by-the-numbers-1.53785>.
17. Tali Heruti-Sover, "Ultra-Orthodox Women Work Less, Earn Less — and Not by Choice, Study Shows", *Haaretz*, 30 de abril de 2019, disponível em: <https://www.haaretz.com/israel-news/.premium-ultra-orthodox-

women-work-less-earn-less-and-not-by-choice-study-shows-1.7183349>; Sagi Agmon, "Report: Haredi employment is down; Haredi poverty is up", *Hiddush News*, 21 de dezembro de 2018, disponível em: <http://hiddush.org/article-23296-0-Report_Haredi_employment_is_down;_Haredi_poverty_is_up.aspx>.

18. Dan Zaken, "Haredim aren't as poor as you think", *Globes*, 17 de dezembro de 2018, disponível em: <https://en.globes.co.il/en/article-haredim-arent-as-poor-as-you-think-1001265187>.

19. "Live Long and Prosper: Health in the Haredi Community", *Taub Center for Social Policy Studies in Israel*, 31 de maio de 2016, disponível em: <http://taubcenter.org.il/does-money-make-you-live-longer-health-in-the-haredi-community/>.

20. Pesquisadores que analisaram a saúde na comunidade haredi de fato apontaram que o autorrelato pode não ser confiável, uma vez que há uma inclinação a não querer "lavar a roupa suja" diante de pesquisadores seculares, admitindo que a saúde está debilitada. As estatísticas de expectativa de vida, porém, parecem corroborar a verdade por trás dos autorrelatos. Também deve ser observado que, embora a comunidade haredi tenha sofrido mais incidência de coronavírus em 2020 do que a população israelense em geral, ironicamente em parte por causa do quanto valorizam a comunidade, a observação geral ainda se mantém: a expectativa de vida dos haredi é maior do que a média. Assim como o fato de que a comunidade costuma ter um impacto positivo na expectativa de vida. Ver ibid.; e para estatísticas sobre a Covid-19, Nathan Jeffay, "Two Ultra-Orthodox Bastions Account for 37% of Israel's Virus Deaths", *The Times of Israel*, 10 de maio de 2020, disponível em: <https://www.timesofisrael.com/two-ultra-orthodox-bastions-account-for-37-of-israels-virus-deaths/>.

21. Dov Chernichovsky e Chen Sharony, "The Relationship Between Social Capital and Health in the Haredi Sector", *Taub Center for Social Policy Studies in Israel*, dezembro de 2015, p. 3, disponível em: <http://taubcenter.org.il/wp-content/files_mf/therelationshipbetweensocialcapitalandhealthintheharedisectorenglish.pdf>.

22. Ver ibid., Figura 1.

23. Ver, por exemplo, "Measuring and Assessing Well-being in Israel", *OECD*, 31 de janeiro de 2016, Figura 3, disponível em: <https://www.oecd.org/sdd/measuring-and-assessing-well-being-in-Israel.pdf>.

24. David G. Myers, "Religious Engagement and Well-Being", in *The Oxford Handbook of Happiness*, org. de Ilona Boniwell, Susan A. David e Amanda Conley Ayers (Oxford, Oxford University Press, 2013); Bruce Headey, Gerhard Hoehne e Gert G. Wagner, "Does Religion Make You Healthier and Longer Lived? Evidence for Germany", *Social Indicators Research* 119, n° 3 (2014), p. 1335-61, disponível em: <https://doi.org/10.1007/s11205-013-0546-x>; Daniel E. Hall, "Religious Attendance: More Cost-Effective Than Lipitor?", *Journal of the American Board of Family Medicine* 19, n° 2 (2006), disponível em: <https://pubmed.ncbi.nlm.nih.gov/16513898/>.
25. Robert A. Hummer et al., "Religious Involvement and U.S. Adult Mortality", *Demography* 36, n° 2 (1999), p. 273-85, disponível em: <https://pubmed.ncbi.nlm.nih.gov/10332617/>; ver também Tyler J. VanderWeele, "Religious Communities and Human Flourishing", *Current Directions in Psychological Science* 26, n° 5 (2017), p. 476-81, disponível em: <https://doi.org/10.1177/0963721417721526>.
26. Nitsa Kasir e Dmitri Romanov, "Quality of Life Among Israel's Population Groups: Comparative Study", *The Haredi Institute for Public Affairs*, maio de 2018, p. 51.
27. Rabino Dow Marmur, "Ultra-Orthodox Jews Are Poorer, But Live Longer. How Come?", *Canadian Jewish News*, 1° de março de 2017, disponível em: <https://www.cjnews.com/perspectives/opinions/ultra-orthodox-jews-poorer-live-longer-how-come>.
28. Rock Positano, "The Mystery of the Rosetan People", *Huffington Post*, 28 de março de 2008, disponível em: <https://www.huffpost.com/entry/the-mystery-of-the-roseta_b_73260>.
29. B. Egolf et al., "The Roseto effect: a 50-year comparison of mortality rates", *American Journal of Public Health* 82, n° 8 (agosto de 1992), p. 1089-92, disponível em: <https://doi.org/10.2105/ajph.82.8.1089>.
30. Ibid.; ver também John G. Bruhn, Billy U. Philips e Stewart Wolf, "Social readjustment and illness patterns: Comparisons between first, second and third generation Italian-Americans living in the same community", *Journal of Psychosomatic Research* 16, n° 6 (outubro de 1972), p. 387-94, disponível em: <https://doi.org/10.1016/0022-3999(72)90063-3>: "A primeira geração vivenciou mais mudanças na vida familiar; a segunda geração experimentou mais mudanças na vida pessoal; e a terceira geração relatou mais mudanças no que diz respeito a trabalho e questões financeiras."

31. Nicole Spector, "'Blue Zones': 6 secrets to borrow from people who live the longest", NBC News, 20 de outubro de 2018, disponível em: <https://www.nbcnews.com/better/health/blue-zones-6-secrets-borrow-people-who-live-longest-ncna921776>.
32. Ibid.
33. Ver, por exemplo, Joan B. Silk, "Evolutionary Perspectives on the Links Between Close Social Bonds, Health, and Fitness", em *Sociality, Hierarchy, Health: Comparative Biodemography* (Washington, D.C., National Academies Press, 2014), p. 6; Zack Johnson, "The Brain on Social Bonds: Clues from Evolutionary Relatives", Society for Personality and Social Psychology, 29 de junho de 2015, disponível em: <http://www.spsp.org/news-center/blog/brain-social-bonds>; Mary E. Clark, "Meaningful Social Bonding as a Universal Human Need", em *Conflict: Human Needs Theory*, org. de John Burton (Londres, Palgrave Macmillan, 1990), p. 34-59.
34. Monte Burke, "Loneliness Can Kill You", *Forbes*, 6 de agosto de 2009, disponível em: <https://www.forbes.com/forbes/2009/0824/opinions-neuroscience-loneliness-ideas-opinions.html#75ec4deb7f85>.
35. "The Consultation Letters of Dr William Cullen (1710-1790) at the Royal College of Physicians of Edinburgh", *The Cullen Project*, disponível em: <http://www.cullenproject.ac.uk/docs/4509/>. A prescrição de Cullen é ainda mais interessante quando consideramos que, no século seguinte a seu trabalho, o "tratamento" para as "fraquezas nervosas" das mulheres era muitas vezes o oposto: fazer repouso, manter o isolamento e evitar qualquer iniciativa social, incluindo a leitura. Esses tratamentos são conhecidos por serem assunto do conto de Charlotte Perkins Gilman "O papel de parede amarelo" [ed. bras.: Rio de Janeiro, José Olympio, 2016], cuja protagonista, confinada em um único quarto devido a uma condição similarmente sem nome, desenvolve aos poucos delírios alucinatórios.
36. Ver também "The Harvard Study of Adult Development", *Adult Development Study*, 2015, disponível em: <https://www.adultdevelopmentstudy.org>. Eles agora estão acompanhando a segunda geração!
37. Liz Mineo, "Good Genes Are Nice, but Joy Is Better", *Harvard Gazette*, 11 de abril de 2017, disponível em: <https://news.harvard.edu/gazette/story/2017/04/over-nearly-80-years-harvard-study-has-been-showing-how-to-live-a-healthy-and-happy-life/>.

38. A inflamação é uma boa maneira de lidar com infecções bacterianas e lesões agudas, ambos problemas que estamos mais propensos a ter quando estamos sozinhos, em vez de contrair viroses de outros seres humanos — então, de certa maneira, aumentar a inflamação quando nos sentimos isolados faz sentido. Ver Angus Chen, "Loneliness May Warp Our Genes, And Our Immune Systems", *NPR*, 29 de novembro de 2015, disponível em: <https://www.npr.org/sections/health-shots/2015/11/29/457255876/loneliness-may-warp-our-genes-and-our-immune-systems>.

39. Elitsa Dermendzhiyska, "Can Loneliness Kill You?", *Medium*, 7 de novembro de 2018, disponível em: <https://medium.com/s/story/can-loneliness-kill-you-6ea3cab4eab0>.

40. Philip Hunter, "The inflammation theory of disease", *EMBO Reports* 13, nº 11 (novembro de 2012), p. 968-70, disponível em: <https://www.ncbi.nlm.nih.gov/pmc/articles/PMC3492709>. É o impacto na inflamação que "explica de maneira muito clara por que pessoas solitárias têm mais risco de desenvolver câncer, doenças neurodegenerativas e também contrair infecções virais", segundo Steve Cole, professor de medicina e psiquiatria da UCLA; Angus Chen, "Loneliness May Warp Our Genes, And Our Immune Systems", *NPR*, 29 de novembro de 2015, disponível em: <https://www.npr.org/sections/health-shots/2015/11/29/457255876/loneliness-may-warp-our-genes-and-our-immune-systems>.

41. Bert N. Uchino *et al.*, "Social Support and Immunity", em *The Oxford Handbook of Psychoneuroimmunology*, org. de Suzanne Segerstrom (Oxford, Oxford University Press, 2012), disponível em: <https://www.oxfordhandbooks.com/view/10.1093/oxfordhb/9780195394399.001.0001/oxfordhb-9780195394399-e-12>. O rinovírus (que causa resfriados), o HIV e alguns vírus que provocam câncer são mais ativos em pacientes socialmente isolados.

42. I. S. Cohen, "Psychosomatic death: Voodoo death in modern perspective", *Integrative Psychiatry*, 16 (1985), p. 46-51, disponível em: <https://psycnet.apa.org/record/1985-25266-001>.

43. J. K. Kiecolt-Glaser *et al.*, "Psychosocial Modifiers of Immunocompetence in Medical Students", *Psychosomatic Medicine* 46, nº 1 (1984), p. 7-14, disponível em: <https://pubmed.ncbi.nlm.nih.gov/6701256/>; idem, "Urinary cortisol levels, cellular immunocompetency and loneliness in psychiatric inpatients", *Psychosomatic Medicine*, 46 (1984), p. 15-23.

44. N. Grant et al., "Social isolation and stress-related cardiovascular, lipid, and cortisol responses", *Annals of Behavioral Medicine* 37, n° 1 (fevereiro de 2009), p. 29-37, disponível em: <https://www.ncbi.nlm.nih.gov/pubmed/19194770>; Y.C. Yang et al., "Social isolation and adult mortality: the role of chronic inflammation and sex diferences", *Journal of Health and Social Behavior* 54 (2013), p. 183-203, disponível em: <https://www.ncbi.nlm.nih.gov/pmc/articles/PMC3998519/>.
45. "Loneliness can be as bad for health as a chronic long-term condition, says GP leader", *Royal College of General Practitioners*, 12 de outubro de 2017, disponível em: <https://www.rcgp.org.uk/about-us/news/2017/october/loneliness-can-be-as-bad-for-health-as-a-chronic-long-term-_condition-says-gp-leader.aspx>.
46. Ver Rachel P. Maines, *The Technology of Orgasm: "Hysteria", the Vibrator, and Women's Sexual Satisfaction* (Baltimore, Johns Hopkins University Press, 1999).
47. H. Meltzer et al., "Feelings of Loneliness among Adults with Mental Disorder", *Social Psychiatry and Psychiatric Epidemiology* 48, n° 1 (2013), p. 5-13, doi:10.1007/s00127-012-0515-8. Observe-se que o estudo se baseou em uma análise de dados de 2007.
48. John D. Cacioppo, Louise C. Hawkley e Ronald A. Thisted, "Perceived Social Isolation Makes Me Sad: Five Year Cross-Lagged Analyses of Loneliness and Depressive Symptomatology in the Chicago Health, Aging and Social Relations Study", *Psychology and Aging* 25, n° 2 (junho de 2010), p. 453-463, disponível em: <https://doi.org/10.1037/a0017216>. Em um estudo realizado com adultos holandeses mais velhos que sofriam de depressão, 83% relataram se sentir solitários, em comparação com apenas 32% das pessoas que não sofriam de depressão. B. Hovast et al., "Loneliness Is Associated with Poor Prognosis in Late-Life Depression: Longitudinal Analysis of the Netherlands Study of Depression in Older Persons", *Journal of Affective Disorders* 185 (2015), p. 1-7, doi:10.1016/j.jad.2015.06.036. Pesquisas recentes com adolescentes, por sua vez, concluíram não apenas que quanto mais solitária uma pessoa jovem é, mais probabilidade ela tem de sofrer de depressão, mas também que quanto mais deprimida uma pessoa jovem é, mais probabilidade tem de ser solitária. Ver R. Rich et al., "Causes of depression in college students: A cross-lagged panel correlational analysis", *Psychological Reports* 60 (1987), p. 27-30, disponível em: <https://doi.org/10.2466/pro.1987.60.1.27>;

Marina Lalayants e Jonathan D. Price, "Loneliness and depression or depression related factors among child welfare-involved adolescent females", *Child and Adolescent Social Work Journal* 324 (abril de 2015), p. 167-76, disponível em: <https://doi-org.gate3.library.lse.ac.uk/10.1007/s10560-014-0344-6>.

49. Louise Boyle, "When everyday environments become anxious spaces", *Wellcome Collection*, 14 de novembro de 2018, disponível em: <https://wellcomecollection.org/articles/W-BEUREAAASpazif>.

50. Dhruv Khullar, médico e pesquisador da Escola de Pós-Graduação em Ciências Médicas Weill Cornell, em Nova York, por exemplo, afirmou que curtos períodos de isolamento podem causar aumento da ansiedade e da depressão "em questão de dias". Adam Gabbatt, "'Social recession': how isolation can affect physical and mental health", *Guardian*, 18 de março de 2020, disponível em: <https://www.theguardian.com/world/2020/mar/18/coronavirus-isolation-social-recession-physical-mental-health>. Estudos com mamíferos, por sua vez, têm mostrado que um período de isolamento social de apenas duas semanas pode produzir alterações químicas visíveis no cérebro, estimulando comportamentos agressivos e ansiosos; California Institute of Technology, "How social isolation transforms the brain: A particular neural chemical is overproduced during long-term social isolation, causing increased aggression and fear", *ScienceDaily*, 17 de maio de 2018, disponível em: <https://www.sciencedaily.com/releases/2018/05/180517113856.htm>.

51. X. Liu *et al.*, "Depression after exposure to stressful events: lessons learned from the severe acute respiratory syndrome epidemic", *Comprehensive Psychiatry* 53 (2012), p. 15-23. A duração média da quarentena foi de quatorze dias.

52. P. Wu *et al.*, "Alcohol abuse/dependence symptoms among hospital employees exposed to a SARS outbreak", *Alcohol and Alcoholism* 43 (2008), p. 706-12, disponível em: <https://doi.org/10.1093/alcalc/agn073>; idem, "The psychological impact of the SARS epidemic on hospital employees in China: exposure, risk perception, and altruistic acceptance of risk", *Canadian Journal of Psychiatry* 54 (2009), p. 302-11, disponível em: <https://pubmed.ncbi.nlm.nih.gov/19497162/>.

53. J. K. Hirsch *et al.*, "Social problem solving and suicidal behavior: ethnic differences in the moderating effects of loneliness and life stress", *Archives of Suicide Research*, 16, n° 4 (2012), p. 303-15, disponível em: <https://doi.org/10.1080/13811118.2013.722054>.

54. Francie Hart Broghammer, "Death by Loneliness", *Real Clear Policy*, 6 de maio de 2019, disponível em: <https://www.realclearpolicy.com/articles/2019/05/06/death_by_loneliness_111185.html>.
55. Rebecca Nowland, "The Role of Loneliness in Suicidal Behaviour" (APPG Meeting on Suicide and Self-Harm Prevention, 30 de abril de 2019); S. Wiktorsson *et al.*, "Attempted suicide in the elderly: characteristics of suicide attempters 70 years and older and a general population comparison group", *American Journal of Geriatric Psychiatry* 18, n° 1 (2010), p. 57-67, disponível em: <https://pubmed.ncbi.nlm.nih.gov/20094019/>; Henry O'Connell *et al.*, "Recent developments, Suicide in older people", *BMJ* 329 (outubro de 2004), p. 895-99, disponível em: <https://www.ncbi.nlm.nih.gov/pmc/articles/PMC523116>.
56. R. E. Roberts *et al.*, "Suicidal thinking among adolescents with a history of attempted suicide", *Journal of the American Academy of Child and Adolescent Psychiatry* 37, n° 12 (dezembro de 1998), p. 1294-300, disponível em: <https://www.ncbi.nlm.nih.gov/pubmed/9847502>.
57. M. L. Goodman *et al.*, "Relative social standing and suicide ideation among Kenyan males: the interpersonal theory of suicide in contexto", *Social Psychiatry and Psychiatric Epidemiology* 52, n° 10 (outubro de 2017), p. 1307-1316, disponível em: <https://www.ncbi.nlm.nih.gov/pubmed/28821916>; Bimala Sharma *et al.*, "Loneliness, Insomnia and Suicidal Behavior among School-Going Adolescents in Western Pacific Island Countries: Role of Violence and Injury", *International Journal of Environmental Research and Public Health* 14, n° 7 (julho de 2017), p. 791, disponível em: <https://www.ncbi.nlm.nih.gov/pmc/articles/PMC5551229/>.
58. Katherine C. Schinka *et al.*, "Psychosocial Predictors and Outcomes of Loneliness Trajectories from Childhood to Early Adolescence", *Journal of Adolescence* 36, n° 6 (dezembro de 2013), p. 1251-60, disponível em: <https://doi.org/10.1016/j.adolescence.2013.08.002>.
59. Para a análise mais importante sobre as mortes por desespero nos Estados Unidos em relação a todos esses fatores, ver Angus Deaton e Anne Case, *Deaths of Despair and the Future of Capitalism* (Princeton, Nova Jersey, Princeton University Press, 2020). Sobre divórcio: Anne Case, "Morbidity and Mortality in the 21st Century", *Brookings Papers on Economic Activity* (primavera de 2017), p. 431, disponível em: <https://www.brookings.edu/wp-content/uploads/2017/08/casetextsp17bpea.

pdf>; Charles Fain Lehman, "The Role of Marriage in the Suicide Crisis", Institute for Family Studies, 1º de junho de 2020, disponível em: <https://ifstudies.org/blog/the-role-of-marriage-in-the-suicide-crisis>. Sobre o declínio da participação religiosa: W. Bradford Wilcox *et al.*, "No Money, No Honey, No Church: The Deinstitutionalisation of Religious Life Among the White Working Class", *Research on Social Work Practice* 23 (2012), p. 227-250, disponível em: <https://doi.org/10.1108/S0277-2833(2012)0000023013>. Sobre as consequências políticas e as políticas de trabalho: Shannon M. Monnat, "Deaths of Despair and Support for Trump in the 2016 Presidential Election", The Pennsylvania State University Department of Agricultural Economics, Sociology, and Education, 4 de dezembro de 2016, disponível em: <https://aese.psu.edu/directory/smm67/Election16.pdf>; ver também Robert Defina *et al.*, "De-unionization and Drug Death Rates", *Social Currents* 6, nº 1 (fevereiro de 2019), p. 4-13, disponível em: <https://doi.org/10.1177/2329496518804555>; Jerzy Eisenberg-Guyot *et al.*, "Solidarity and disparity: Declining labor union density and changing racial and educational mortality inequities in the United States", *American Journal of Industrial Medicine* 63, nº 3 (março de 2020), p. 218-231, disponível em: <https://doi.org/10.1002/ajim.23081>; Steven H. Woolf e Heidi Schoomaker, "Life Expectancy and Mortality Rates in the United States, 1959-2017", *JAMA* 322, nº 20 (novembro de 2019), p. 1996-2016, doi:10.1001/jama.2019.16932. Observe-se também que, apesar de a expressão "mortes por desespero" ser usada com frequência em relação apenas a homens brancos, não hispânicos e americanos (inclusive, na maior parte das vezes, na pesquisa de Case e Deaton), há evidências contundentes de que os padrões observados não se restringem a uma raça. Ver, por exemplo, Peter A. Muennig *et al.*, "America's Declining Well-Being, Health, and Life Expectancy: Not Just a White Problem", *American Journal of Public Health* 108, nº 12 (2018), p. 1626-31, disponível em: <https://doi.org/10.2105/AJPH.2018.304585>.

60. Laura Entis, "Scientists are working on a pill for loneliness", *Guardian*, 26 de janeiro de 2019, disponível em: <https://www.theguardian.com/us-news/2019/jan/26/pill-for-loneliness-psychology-science-medicine>.

61. M. P. Roy, A. Steptoe e C. Kirschbaum, "Life events and social support as moderators of individual differences in cardiovascular and cortisol reactivity", *Journal of Personality and Social Psychology* 75, nº 5 (novembro de 1998), p. 1273-81, disponível em: <https://pubmed.ncbi.nlm.nih.gov/9866187/>.

62. Robin Wright, "How Loneliness from Coronavirus Isolation Takes Its Own Toll", *New Yorker*, 23 de março de 2020, disponível em: <https://www.newyorker.com/news/our-columnists/how-loneliness--fromcoronavirus-isolation-takes-its-own-toll/amp>; J. A. Coan, H. S. Schaefer e R. J. Davidson, "Lending a hand: social regulation of the neural response to threat", *Psychological Sciences* 17, n° 12 (dezembro de 2006), p. 1032-39, doi:10.1111/j.1467-9280.2006.01832.x.
63. X. Pan e K. H. Chee, "The power of weak ties in preserving cognitive function: a longitudinal study of older Chinese adults", *Aging and Mental Health* (abril de 2019), p. 1-8, doi:10.1080/13607863.2019.1597015
64. "Jovens entre 18 e 24 anos (77%) e entre 25 e 34 anos (76%) compõem as faixas etárias com maior probabilidade de dizer que o trabalho voluntário os ajudou a se sentir menos isolados (...) Mais de três quartos dos voluntários (77%) relataram que o voluntariado melhorou sua saúde mental e seu bem-estar. Esse benefício foi mais comum do que os benefícios para a saúde física (53%)." Amy McGarvey *et al.*, "Time Well Spent: A National Survey on the Volunteer Experience", *National Council for Voluntary Organisations*, janeiro de 2019, disponível em: <https://www.ncvo.org.uk/images/documents/policy_and_research/volunteering/Volunteer-experience_Full-Report.pdf>. Ver também D. C. Carr *et al.*, "Does Becoming A Volunteer Attenuate Loneliness Among Recently Widowed Older Adults?", *Journal of Gerontology B* 73, n° 3 (2018), p. 501-10, doi:10.1093/geronb/gbx092.
65. Alexander L. Brown, Jonathan Meer e J. Forrest Williams, "Why Do People Volunteer? An Experimental Analysis of Preferences for Time Donations", *The National Bureau of Economic Research*, maio de 2013, disponível em: <https://www.nber.org/papers/w19066>.
66. C. Schwartz *et al.*, "Altruistic Social Interest Behaviors Are Associated With Better Mental Health", *Psychosomatic Medicine* 65, n° 5 (setembro de 2003), p. 778-85, doi: 10.1097/01.PSY.0000079378.39062.D4.
67. R. W. Hierholzer, "Improvements in PSTD patients who care for their grandchildren", *American Journal of Psychiatry* 161 (2004), p. 176, disponível em: <https://pubmed.ncbi.nlm.nih.gov/14702274/>.
68. M. F. Field *et al.*, "Elder retired volunteers benefit from giving message therapy to infants", *Journal of Applied Gerontology* 17 (1998), p. 229-39, disponível em: <https://doi.org/10.1177/073346489801700210>.

69. Commission on Children at Risk, *Hardwired to Connect: The New Scientific Case for Authoritative Communities* (Nova York, Institute for American Values, 2003).
70. S. L. Brown et al., "Providing Social Support May Be More Beneficial than Receiving It: Results from a Prospective Study of Mortality", *Psychological Sciences* 14, nº 4 (2003), p. 320-27, disponível em: <https://doi.org/10.1111/1467-9280.14461>.
71. Kelli Harding, *The Rabbit Effect: Live Longer, Happier, and Healthier with the Groundbreaking Science of Kindness* (Nova York, Atria Books, 2019).
72. Por exemplo, o Conselho Nacional de Relações Trabalhistas foi estabelecido nos Estados Unidos em 1935 e até hoje "trabalha para garantir os direitos dos funcionários de negociar coletivamente". "Our History", *National Labor Relations Board*, 2020, disponível em: <https://www.nlrb.gov/about-nlrb/who-we-are/our-history>; ver também Christopher Conte e Albert R. Karr, *Outline of the U.S. Economy* (Washington, D.C., Departamento de Estado, Bureau de Programas de Informações Internacionais, 2001). No Reino Unido, o Serviço Nacional de Saúde foi fundado em 1948. Ver Peter Greengross, Ken Grant e Elizabeth Collini, "The History and Development of The UK National Health Service 1948-1999", *DFID Health Systems Resource Centre*, julho de 2009, disponível em: <https://assets.publishing.service.gov.uk/media/57a08d91e5274a31e000192c/The-history-and-development-of-the-UK-NHS.pdf>.
73. Pesquisa realizada no site do Reino Unido: <www.jobsite.co.uk>. Os salários anunciados foram comparados com a faixa de salário média no Reino Unido.
74. William Booth, Karla Adam e Pamela Rolfe, "In fight against coronavirus, the world gives medical heroes standing ovation", *Washington Post*, 26 de março de 2020, disponível em: <https://www.washingtonpost.com/world/europe/clap-for-carers/2020/03/26/3d05eb9c-6f66-11ea-a156-0048b62cdb51_story.html>.

Capítulo 3: O rato solitário

1. Graziano Pinna et al., "In Socially Isolated Mice, the Reversal of Brain Allopregnanolone down-Regulation Mediates the Anti-Aggressive Action of Fluoxetine", *Proceedings of the National Academy of Sciences of the United States of America* 100, nº 4 (2003), p. 2035, disponível em: <https://

doi.org/10.1073/pnas.0337642100>. É interessante notar que nas ratas a agressividade não se desenvolveu.

2. Isso foi postulado pela primeira vez pelo psicanalista Gregory Zilboorg em 1938 e é corroborado por estudos subsequentes. James V. P. Check, Daniel Perlman e Neil M. Malamuth, "Loneliness and Aggressive Behaviour", *Journal of Social and Personal Relationships* 2, n° 3 (1985), p. 243-52, disponível em: <https://www.sscnet.ucla.edu/comm/malamuth/pdf/85jspr2.pdf>; D. Segel-Karpas e L. Ayalon, "Loneliness and hostility in older adults: A cross-lagged model", *Psychology and Aging* 35, n° 2 (2020), p. 169-76, disponível em: <https://doi.org/10.1037/pag0000417>; Ben Mijuskovic, "Loneliness and Hostility", *Psychology: A Quarterly Journal of Human Behavior* 20, n° 3-4 (1983), p. 9-19, disponível em: <https://eric.ed.gov/?id=EJ297686>. Também já foi demonstrado que a solidão intensifica os sentimentos de raiva e diminui as habilidades sociais (ver John T. Cacioppo *et al.*, "Loneliness within a Nomological Net: An Evolutionary Perspective", *Journal of Research in Personality* 40, n° 6 (2006), p. 1054-85, disponível em: <https://doi.org/10.1016/j.jrp.2005.11.007>. Períodos de isolamento em épocas de quarentena anteriores, por sua vez, também demonstraram provocar solidão. Samantha K. Brooks *et al.*, "The psychological impact of quarantine and how to reduce it: rapid review of the evidence", *Lancet* 395, n° 10227 (março de 2020), p. 919-20, disponível em <https://doi.org/10.1016/S0140-6736(20)30460-8>.

3. Mark Brown, "In a lonely place", *One in Four Magazine*, 2010, disponível em: <http://www.oneinfourmag.org/index.php/in-a-lonely-place/>.

4. Gillian A. Matthews *et al.*, "Dorsal Raphe Dopamine Neurons Represent the Experience of Social Isolation", *Cell* 164, n° 11 (2016), p. 617-31, doi: 10.1016/j.cell.2015.12.040; Janelle N. Beadle *et al.*, "Trait Empathy as a Predictor of Individual Differences in Perceived Loneliness", *Psychological Reports* 110, n° 1 (2012), p. 3-15, disponível em: <https://doi.org/10.2466/07.09.20.PR0.110.1.3-15>; Ryota Kanai *et al.*, "Brain Structure Links Loneliness to Social Perception", *Current Biology* 22, n° 20 (2012), p. 1975-9, disponível em: <https://doi.org/10.1016/j.cub.2012.08.045>.

5. John T. Cacioppo *et al.*, "In the Eye of the Beholder: Individual Differences in Perceived Social Isolation Predict Regional Brain Activation to Social Stimuli", *Journal of Cognitive Neuroscience* 21, n° 1 (janeiro de 2009), p. 83-92, disponível em: <https://doi.org/10.1162/jocn.2009.21007>; Stephanie Cacioppo *et al.*, "Loneliness and Implicit Attention to Social

Threat: A High-Performance Electrical Neuroimaging Study", *Cognitive Neuroscience* 7, n° 1-4 (2015), disponível em: <https://www.tandfonline.com/doi/abs/10.1080/17588928.2015.1070136>.

6. John T. Cacioppo, Hsi Yuan Chen e Stephanie Cacioppo, "Reciprocal Influences Between Loneliness and Self-Centeredness: A Cross-Lagged Panel Analysis in a Population-Based Sample of African American, Hispanic, and Caucasian Adults", *Personality and Social Psychology Bulletin* 43, n° 8 (13 de junho de 2017), p. 1125-35, disponível em: <https://doi.org/10.1177/0146167217705120>.
7. Randy Rieland, "Can a Pill Fight Loneliness?", *Smithsonian Magazine*, 8 de fevereiro de 2019, disponível em: <https://www.smithsonianmag.com/innovation/can-pill-fight-loneliness-180971435/>.
8. Eles acreditavam, por exemplo, que seus vizinhos estariam menos propensos a se unir para tentar resolver um problema na vizinhança, como desordem; "No Such Thing as Friendly Neighbourhoods for Lonely Young People", *Kings College London News*, 8 de abril de 2019; estudo original: Timothy Matthews *et al.*, "Loneliness and Neighborhood Characteristics: A Multi-Informant, Nationally Representative Study of Young Adults", *Psychological Science* 30, n° 5 (abril de 2019), p. 765-75, disponível em: <https://doi.org/10.1177/0956797619836102>.
9. Para uma introdução mais detalhada do populismo e sua definição dinâmica, consulte Cas Mudde e Cristóbal Rovira Kaltwasser, *Populism* (Oxford, Oxford University Press, 2017). Paul Taggart, Margaret Canovan, Jan-Werner Mueller, Michael Kazin, John Judis e Catherine Fieschi também produziram excelentes trabalhos sobre o tema.
10. Elisabeth Young-Bruehl, *Hannah Arendt: For the Love of the World* (New Haven, Yale University Press, 2004), p. 4.
11. Ibid., p. 105-7; Patrick Hayden, *Hannah Arendt: Key Concepts* (Londres, Routledge, 2014), p. 4 [ed. bras.: *Hannah Arendt: conceitos fundamentais*, Petrópolis, Vozes, 2020].
12. Young-Bruehl, *Hannah Arendt: For the Love of the World*, p. 159.
13. David S. Wyman, *Paper Walls: America and the Refugee Crisis, 1938-1941* (Amherst, University of Massachusetts Press, 1968), p. 28
14. Alguns estudiosos agora acreditam que entre 30% e 40% da população alemã tinha ciência; ver, por exemplo, Peter Longerich, *Davon haben wir nichts gewusst! Die Deutschen und die Judenverfolgung 1933-1945* (Munique, Siedler Verlag, 2006); ver também Robert Gellately, *Backing Hitler. Consent*

and Coercion in Nazi Germany (Oxford, Oxford University Press, 2001) [ed. bras.: *Apoiando Hitler: consentimento e coerção na Alemanha nazista*, Rio de Janeiro, Record, 2011].
15. Young-Bruehl, *Hannah Arendt: For the Love of the World*, p. 28.
16. Hannah Arendt, *The Origins of Totalitarism: Part Three* (Nova York, Harcourt, Brace & World, 1968), p. 128 [ed. bras.: *Origens do totalitarismo*, São Paulo, Companhia de Bolso, 2013].
17. Ibid., p. 15.
18. Ibid., p. 475.
19. Elisabeth Zerofsky, "How Viktor Orbán Used the Coronavirus to Seize More Power", *New Yorker*, 9 de abril de 2020, disponível em: <https://www.newyorker.com/news/letter-from-europe/how-viktororban-used-the-coronavirus-to-seize-more-power>; Amy Goodman e Natashya Gutierrez, "As Virus Spreads in Philippines, So Does Authoritarianism: Duterte Threatens Violence Amid Lockdown", *Democracy Now*, 3 de abril de 2020, disponível em: <https://www.democracynow.org/2020/4/3/coronavirus_asia_philippines_rodrigo_duterte>; Maya Wang, "China: Fighting COVID-19 With Automated Tyranny", *Human Rights Watch*, 1º de abril de 2020, disponível em: <https://www.hrw.org/news/2020/04/01/china-fighting-covid-19-automated-tyranny>; Isaac Chotiner, "The Coronavirus Meets Authoritarianism in Turkey", *New Yorker*, 3 de abril de 2020, disponível em: <https://www.newyorker.com/news/q-and-a/the-coronavirus-meets-authoritarianism-in-turkey>; Kenneth Roth, "How Authoritarians Are Exploiting the COVID-19 Crisis to Grab Power", *Human Rights Watch*, 3 de abril de 2020, disponível em: <https://www.hrw.org/news/2020/04/03/how-authoritarians-are-exploiting-covid-19-crisis-grab-power>.
20. R. Hortulanus, A. Machielse e L. Meeuwesen (orgs.), *Social Isolation in Modern Society* (Londres, Routledge, 2009); Jan Eckhard, "Does Poverty Increase the Risk of Social Isolation? Insights Based on Panel Data from Germany", *The Sociology Quarterly* 59, nº 2 (maio de 2018), p. 338-59, disponível em: <https://doi.org/10.1080/00380253.2018.1436943>; Béatrice d'Hombres *et al.*, "Loneliness — an unequally shared burden in Europe", European Commission: Science for Policy Briefs, 2018, disponível em: <https://ec.europa.eu/jrc/sites/jrcsh/files/fairness_pb2018_loneliness_jrc_i1.pdf>.
21. Arendt, *The Origins of Totalitarianism: Part Three*, p. 176.

22. Ver, por exemplo, Pippa Norris e Ronald Inglehart, *Cultural Backlash: Trump, Brexit, and Authoritarian Populism* (Cambridge, Cambridge University Press, 2019); John Springford e Simon Tilford, "Populism — Culture Or Economics?", *Centre for European Reform*, 30 de outubro de 2017, disponível em: <https://www.cer.eu/insights/populism-%E2%80%93-culture-or-economics>.
23. Nonna Mayer e Pascal Perrineau, "Why Do They Vote for Le Pen?", *European Journal of Political Research* (1992), disponível em: <https://doi.org/10.1111/j.1475-6765.1992.tb00308.x>.
24. C. Berning e C. Ziller, "Social trust and radical right-wing populist party preferences", *Acta Politica* 52 (2017), p. 198-217, disponível em: <https://doi.org/10.1057/ap.2015.28>.
25. Timothy P. Carney, "How the Collapse of Communities Gave Us Trump", *Washington Examiner*, 15 de fevereiro de 2019, disponível em: <https://www.washingtonexaminer.com/opinion/how-the-collapse-of-communities-gave-us-trump>; ver dados originais em "American Family Survey Summary Report", 2016, disponível em: <http://csed.byu.edu/wp-content/uploads/2016/10/AFS2016Report.pdf>.
26. Daniel Cox e Robert P. Jones, "Two-Thirds of Trump Supporters Say Nation Needs a Leader Willing to Break the Rules", PRRI, 7 de abril de 2016, disponível em: <https://www.prri.org/research/prri-atlantic-poll-republican-democratic-primary-trump-supporters/>; Yoni Appelbaum, "Americans Aren't Practicing Democracy Anymore", *The Atlantic*, outubro de 2018, disponível em: <https://www.theatlantic.com/magazine/archive/2018/10/losing-the-democratic-habit>.
27. Tito Boeri *et al.*, "Populism and Civil Society", *IMF Working Papers* 18, n° 245 (2018), p. 5, disponível em: <https://doi.org/10.5089/9781484382356.001>.
28. A ideia de que a democracia é algo que precisamos praticar ativamente aparece na obra de pensadores tão variados quanto John Dewey, Alexis de Tocqueville e Nancy Rosenblum. Ver, por exemplo, Alexis de Tocqueville, *Democracy in America, Part I* (orig. Londres, Saunders and Otley, 1835) [ed. bras.: *Democracia na América — Livro I*, São Paulo, Martins Fontes, 2019]; John Dewey, *Democracy and Education* (Nova York, Macmillan, 1916) [ed. bras.: *Democracia e educação*, São Paulo, Ática, 2008]; Nancy Rosenblum, *Good Neighbors: The Democracy of Everyday Life in America* (Princeton, Princeton University Press, 2018). Ver também o ensaio cuidadoso de Yoni Appelbaum "Americans Aren't Practicing

Democracy Anymore", *The Atlantic*, outubro de 2018, disponível em: <https://www.theatlantic.com/magazine/archive/2018/10/losing-the-democratic-habit>.

29. Carl Jung, *Memories, Dreams, Reflections*, organizado por Aniela Jaffe, traduzido [para o inglês] por Clara Winston e Richard Winston (Nova York, Vintage, 1989), p. 356.
30. Tim Samuels, entrevistas que não foram ao ar com trabalhadores de ferrovias, 2016.
31. Ver, por exemplo, Timothy P. Carney, *Alienated America: Why Some Places Thrive While Others Collapse* (Nova York, HarperCollins, 2019). Ver também Thomas Ferguson *et al.*, "The Economic and Social Roots of Populist Rebellion: Support for Donald Trump in 2016", Working Paper nº 83, *Institute for New Economic Thinking*, outubro de 2018, disponível em: <https://www.ineteconomics.org/uploads/papers/WP_83-Ferguson-et-al.pdf>; Lee Fang, "Donald Trump Exploited Long-Term Economic Distress to Fuel His Election Victory, Study Finds", *Intercept*, 31 de outubro de 2018, disponível em: <https://theintercept.com/2018/10/31/donald-trump-2016-election-economic-distress/>.
32. Declan Walsh, "Alienated and Angry, Coal Miners See Donald Trump as Their Only Choice", *New York Times*, 19 de agosto de 2016, disponível em: <https://www.nytimes.com/2016/08/20/world/americas/alienated-and-angry-coal-miners-see-donald-trump-as-their-only-choice.html>; Sarah Sanders e Christina Mullins, "2016 West Virginia Overdose Fatality Analysis", West Virginia Bureau for Public Health, 20 de dezembro de 2017, disponível em: <https://dhhr.wv.gov/bph/Documents/ODCP%20Reports%202017/2016%20West%20Virginia%20Overdose%20Fatality%20Analysis_004302018.pdf>; Ed Pilkington, "What happened when Walmart left", *Guardian*, 9 de julho de 2017, disponível em: <https://www.theguardian.com/us-news/2017/jul/09/what-happened-when-walmart-left>; Calvin A. Kent, "Crisis in West Virginia's Coal Counties", *National Association of Counties*, 17 de outubro de 2016, disponível em: <https://www.naco.org/articles/crisis-west-virginia's-coal-counties>.
33. Dartunorro Clark, "Pelosi says no Covid-19 relief before election day, blames White House for failing 'miserably'", *NBCNews*, 27 de outubro de 2020.
34. Angelique Chrisafis, "Jean-Marie Le Pen fined again for dismissing Holocaust as 'detail'", *Guardian*, 6 de abril de 2016, disponível em: <https://

www.theguardian.com/world/2016/apr/06/jean-marie-le-pen-fined-again-dismissing-holocaust-detail>.
35. Lara Marlowe, "Marine Le Pen: 'The EU is dead. Long live Europe'", *Irish Times*, 23 de fevereiro de 2019, disponível em: <https://www.irishtimes.com/news/world/europe/marine-le-pen-the-eu-is-dead-long-live-europe-1.3801809>.
36. Angelique Chrisafis, "Marine Le Pen not guilty of inciting religious hatred", *Guardian*, 15 de dezembro de 2015, disponível em: <https://www.theguardian.com/world/2015/dec/15/marine-le-pen-not-guilty-inciting-religious-hatred-lyon-french-front-national>.
37. Peter H. Koepf, "The AfD's populist rhetoric attracts those who are traumatized by the past and scared of the future", *German Times*, outubro de 2019, disponível em: <http://www.german-times.com/the-afds-populist-rhetoric-attracts-those-who-are-traumatized-by-the-past-and-scared-of-the-future/>; Johannes Hillje, "Return to the Politically Abandoned: Conversations in Right-Wing Populist Strongholds in Germany and France", *Das Progressive Zentrum*, 2018, disponível em: <https://www.progressives-zentrum.org/wp-content/uploads/2018/10/Return-to-the-politically-abandoned-Conversations-in-right-wing-populist-strongholds-in-Germany-and-France_Das-Progressive-Zentrum_Johannes-Hillje.pdf>. Seán Clarke, "German elections 2017: full results", *Guardian*, 25 de setembro de 2017, disponível em: <https://www.theguardian.com/world/ng-interactive/2017/sep/24/german-elections-2017-latest-results-live-merkel-bundestag-afd>.
38. Claude Brodesser-Akner, "I Went to a Trump Rally Last Night and Mingled with the Crowd. Here's What Happened", *New Jersey Advance Media*, agosto de 2018, disponível em: <https://www.nj.com/politics/2018/08/i_put_on_my_best_camouflage_shorts_and_went_to_a_t.html>; Kim Willsher, "Rural France pledges to vote for Le Pen as next president", *Guardian*, 4 de setembro de 2016, disponível em: <https://www.theguardian.com/world/2016/sep/03/rural-france-pledges-to-vote-for-le-pen-president>.
39. OCDE, "All in it together? The experience of different labour market groups following the crisis", *OECD Employment Outlook*, 2013, disponível em: <http://dx.doi.org/10.1787/empl_outlook-2013-5-en>; Jason Furman, "The American Working Man Still Isn't Working", *Foreign Affairs*, 19 de setembro de 2019, disponível em: <https://www.foreignaffairs.

com/articles/united-states/2019-09-19/american-working-man-still-isnt-working>. Observe-se também que a saúde mental dos homens foi mais impactada do que a das mulheres nesse período: A. Bacigalupe, S. Esnaola e U. Martín, "The impact of the Great Recession on mental health and its inequalities: the case of a Southern European region, 1997-2013", *International Journal for Equity in Health* 15 (2016), disponível em: <https://doi.org/10.1186/s12939-015-0283-7>. Note-se, além disso, no entanto, que os homens recuperaram o emprego mais rápido do que as mulheres: Dominic Rushe, "Women Hit Hardest in US Economic Recovery as Jobs Growth Slows", *Guardian*, 6 de abril de 2012, disponível em: <https://www.theguardian.com/business/2012/apr/06/women-hit-hard-us-economic-recession>; Brian Groom, "Low-skilled workers hit hardest by recession", *Financial Times*, 20 de julho de 2011, disponível em: <https://www.ft.com/content/9e874afa-b2b4-11e0-bc28-00144feabdc0>.

40. De fato, quando Noam Gidron, de Princeton, e Peter Hall, de Harvard, analisaram os padrões de votação em vinte países de renda média alta entre 1987 e 2014 (países incluindo Grã-Bretanha, Estados Unidos e França), o que eles descobriram foi que quanto mais uma pessoa achava que o status social de "pessoas como ela" tinha diminuído nos 25 anos anteriores, mais provável era que essa pessoa votasse em um populista de direita. O grupo para o qual a percepção do status social mais havia declinado foi o de homens brancos da classe trabalhadora, sem educação universitária. Noam Gidron e Peter A. Hall, "The politics of social status: economic and cultural roots of the populist right", *The British Journal of Sociology* (2017), disponível em: <https://scholar.harvard.edu/files/hall/files/gidronhallbjs2017.pdf>. O falecido economista Alan Krueger descobriu que o trabalho definia mais a identidade dos homens da classe trabalhadora do que das mulheres, com base na intensidade do estresse emocional dos homens *versus* mulheres quando não faziam mais parte da força de trabalho. Ver Alan B. Krueger, "'Where Have All the Workers Gone? An Inquiry into the Decline of the U.S. Labor Force Participation Rate", *Brookings Papers on Economic Activity* 2 (2017), p. 1-87, disponível em: <https://doi.org/10.1353/eca.2017.0012>.

41. "Trump: We're putting our great coal miners back to work", *Fox Business*, 21 de agosto de 2018, disponível em: <https://www.youtube.com/watch?v=XnSlzBcLLGs>.

42. Noam Gidron e Peter A. Hall, "The politics of social status: economic and cultural roots of the populist right", *The British Journal of Sociology* 68, n° 1 (novembro de 2017), p. S57-S84, disponível em: <https://doi.org/10.1111/1468-4446.12319>; idem, "Understanding the political impact of white working-class men who feel society no longer values them", *The London School of Economics*, 28 de dezembro de 2017, disponível em: <https://blogs.lse.ac.uk/politicsandpolicy/understanding-the-political-impact-of-white-working-class-men/>. Ao mesmo tempo, mudanças nas estruturas culturais, marcadas por uma ênfase crescente no discurso dominante sobre igualdade racial e de gênero, podem ter ameaçado o status social subjetivo de qualquer um que se apoiasse na noção de ser branco ou homem para reforçar sua própria percepção de posição social. Ver também Noam Gidron e Peter A. Hall, "Populism as a Problem of Social Integration", *The Hebrew University Department of Political Science*, dezembro de 2018, disponível em: <https://scholar.harvard.edu/files/hall/files/gidronhalldec2018.pdf>.
43. Citado em Noam Gidron e Peter A. Hall, "The politics of social status: economic and cultural roots of the populist right".
44. Tuíte de Donald Trump, 28 de outubro de 2020, 17h5m.
45. O apelo à comunidade é particularmente atraente; ver Seymour Martin Lipset, "Democracy and Working-Class Authoritarianism", *American Sociological Review* 24, n° 4 (1959), p. 482-501, disponível em: <https://doi.org/10.2307/2089536>.
46. "List of post-election Donald Trump rallies", *Wikipedia*, 2016, disponível em: <https://en.wikipedia.org/wiki/List_of_post-election_Donald_Trump_rallies>.
47. Em comparação com os comícios de meio de mandato de Obama, que foram (anedoticamente) muito menos coordenados em termos de traje e nos quais havia muito mais pessoas usando roupas comuns do que itens de vestuário do Partido Democrata. Ver Katy Tur, "Why Barack Obama's Rallies Feel so Different from Donald Trump's", *NBC News*, 5 de novembro de 2018, disponível em: <https://www.nbcnews.com/politics/donald-trump/what-i-learned-last-weekend-s-rallies-donald-trump-barack-n931576>.
48. Claude Brodesser-Akner, "I Went to a Trump Rally Last Night and Mingled with the Crowd. Here's What Happened", *New Jersey Advance Media*, agosto de 2018, disponível em: <https://www.nj.com/

politics/2018/08/i_put_on_my_best_camouflage_shorts_and_went_to_a_t.html>.
49. Lauren Katz, "Trump rallies aren't a sideshow — they're his entire campaign", *Vox*, 6 de novembro de 2019, disponível em: <https://www.vox.com/policy-and-politics/2019/11/6/20950388/donald-trump-rally-2020-presidential-election-today-explained>.
50. "Inside a Trump rally", *Vox: Today, Explained*, disponível em: <https://podcasts.apple.com/gb/podcast/inside-a-trump-rally/id1346207297?i=1000456034947>.
51. Alexandra Homolar e Ronny Scholz, "The power of Trump-speak: populist crisis narratives and ontological security", *Cambridge Review of International Affairs* 32, n° 3 (março de 2019), p. 344-64, disponível em: <https://doi.org/10.1080/09557571.209.1575796>.
52. Johnny Dwyer, "Trump's Big Tent Revival", *Topic Magazine*, abril de 2019, disponível em: <https://www.topic.com/trump-s-big-tent-revival>.
53. A mais comum em termos de palavras de conteúdo, ou seja, sem contar palavras funcionais como "e", "os", "mas" etc. Ver a Tabela 1 em Alexandra Homolar e Ronny Scholz, "The power of Trump-speak: populist crisis narratives and ontological security", *Cambridge Review of International Affairs* 32, n° 3 (2019), p. 344-64, disponível em: <https://doi.org/10.1080/09557571.2019.1575796>.
54. Johnny Dwyer, "Trump's Big Tent Revival".
55. Ibid.
56. Ver, por exemplo, John Hendrickson, "Donald Down the Shore", *The Atlantic*, 29 de janeiro de 2020, disponível em: <https://www.theatlantic.com/politics/archive/2020/01/trumps-wildwood-new-jersey-rally-showed-2020-plan/605704/>; Josie Albertson-Grove, "Trump rally draws thousands, many less involved in politics", *Union Leader Corp*, 10 de fevereiro de 2020, disponível em: <https://www.unionleader.com/news/politics/voters/trump-rally-draws-thousands-many-less-involved-in-politics/article_e7ece61ba391-5c44-91f2-7cebff6fd514.html>; Roy F. Baumeister e Mark R. Leary, "The need to belong: Desire for interpersonal attachments as a fundamental human motivation", *Psychological Bulletin* 117, n° 3 (1995), p. 497-529, disponível em: <https://doi.org/10.1037/0033-2909.117.3.497>.
57. Laurens Cerulus, "Inside the far right's Flemish victory", *Politico*, 27 de maio de 2019, disponível em: <https://www.politico.eu/article/inside-the-far-rights-flemish-victory/>.

58. Lori Hinnant, "Europe's far-right parties hunt down the youth vote", *AP News*, 16 de maio de 2019, disponível em: <https://apnews.com/7f177b0cf15b4e87a53fe4382d6884ca>.
59. Judith Mischke, "Meet the AfD Youth", *Politico*, 31 de agosto de 2019, disponível em: <https://www.politico.eu/article/meet-the-afd-youth-germany-regional-election-far-right/>.
60. Hinnant, "Europe's far right parties"; Cerulus, "Inside the far right's Flemish victory".
61. Ver, por exemplo, Giovanna Greco, "European elections 2019, interview Massimo Casanova — Lega Foggia, Lesina and the South give Europe to the Bolognese Casanova: Salvini's 'fraternal friend' is the most voted league player", *Foggia Today*, 27 de maio de 2019, disponível em: <https://www.foggiatoday.it/politica/massimo-casanova-elezioni-europee-sud-intervista.html>.
62. Daniele Albertazzi, Arianna Giovannini e Antonella Seddone, "'No Regionalism Please, We Are Leghisti!' The Transformation of the Italian Lega Nord under the Leadership of Matteo Salvini", *Regional & Federal Studies* 28, n° 5 (20 de outubro de 2018), p. 645-71, disponível em: <https://doi.org/10.1080/13597566.2018.1512977>.
63. "EU election results: Italy's League wins more than a third of vote", *The Local Italy*, 27 de maio de 2019, disponível em: <https://www.thelocal.it/20190527/italy-european-election-resullts>.
64. Alexander Stille, "How Matteo Salvini pulled Italy to the far right", *Guardian*, 9 de agosto de 2018, disponível em: <https://www.theguardian.com/news/2018/aug/09/how-matteo-salvini-pulled-italy-to-the-far-right>.
65. O desejo de comunidade também fomentou a ascensão do movimento dos coletes amarelos na França. Esse movimento começou em áreas de subúrbio, onde as pessoas vivem vidas desconectadas e solitárias, longe do dinamismo social e cultural das grandes cidades e da vida comunitária nas pequenas cidades e vilarejos, e ganhou reforço nas rotatórias, para onde as pessoas convergiram e forjaram espaços físicos de pertencimento.
66. Enrique Hernández e Hanspeter Kriesi, "The electoral consequences of the financial and economic crisis in Europe", *European University Institute*, 2016, disponível em: <https://core.ac.uk/download/pdf/131933452.pdf>; Hanspeter Kriesi, "The Political Consequences of the Financial

and Economic Crisis in Europe: Electoral Punishment and Popular Protest", *Swiss Political Science Review* 18, n° 4 (2012), p. 518-22, doi:10.1111/spsr.12006.

67. David Smith e Emily Holden, "In shadow of pandemic, Trump seizes opportunity to push through his agenda", *Guardian*, 9 de abril de 2020, disponível em: <https://www.theguardian.com/us-news/2020/apr/09/in-shadow-of-pandemic-trump-seizes-opportunity-to-push-through-his-agenda>; Will Steakin, "Inside Trump's reelection effort amid the pandemic: Digital canvassing, virtual trainings and marathon press briefings", *ABC News*, 30 de março de 2020, disponível em: <https://abcnews.go.com/Politics/inside-trumps-pandemic-reelection-effort-digital-canvassing-virtual/story?id=69800843>.

68. Guy Hedgecoe, "Spanish elections: How the far-right Vox party found its footing", *BBC News*, 11 de novembro de 2019, disponível em: <https://www.bbc.co.uk/news/world-europe-46422036>; "Vlaams Belang breaks half a million likes on Facebook", *Brussels Times*, 18 de fevereiro de 2020, disponível em: <https://www.brusselstimes.com/belgium/95666/vlaams-belang-breaks-past-half-a-million-likes-as-it-splurges-big-on-facebook/>. Vox, o partido espanhol populista de direita, por exemplo, foi o que gerou mais interações nas mídias sociais em abril de 2020 dentre todos os grandes partidos ("Spain's far right, the clear leaders in social media", *France 24*, 27 de abril de 2019, disponível em: <https://www.france24.com/en/20190427-spains-far-right-clear-leader-social-media>), ao passo que alguns partidos extremistas de ultradireita recém-constituídos usaram a crise da Covid para impulsionar fake news nas mídias sociais. "Extremist groups are using coronavirus to push fake news on social media, report warns", *Brussels Times*, 8 de maio de 2020, disponível em: <https://www.brusselstimes.com/belgium/110431/extremist-groups-are-using-coronavirus-to-pump-fake-news-on-social-media-report-warns/>.

69. M. Salmela e C. von Scheve, "Emotional Dynamics of Right-and Left-wing Political Populism", *Humanity & Society* 42, n° 4 (setembro de 2018), p. 434-54, disponível em: <https://doi.org/10.1177/0160597618802521>.

70. Jia Lynn Yang, "When Asian-Americans Have to Prove We Belong", *New York Times*, 10 de agosto de 2020, disponível em: <https://www.nytimes.com/2020/04/10/sunday-review/coronavirus-asian-racism.html>.

71. Marc Champion, "A Virus to Kill Populism, Or Make It Stronger", *Bloomberg*, 27 de março de 2020, disponível em: <https://www.bloomberg.com/news/articles/2020-03-27/will-coronavirus-kill-populism-or-strengthen-leaders-like-trump>; "Hungary's Orban blames foreigners, migration for coronavirus spread", *France 24*, 13 de março de 2020, disponível em: <https://www.france24.com/en/20200313-hungary-s-pm-orban-blames-foreign-students-migration-for-coronavirus-spread>.
72. Jeremy Cliffe, "How populist leaders exploit pandemics", *New Statesman*, 18 de março de 2020, disponível em: <https://www.newstatesman.com/world/2020/03/how-populist-leaders-exploit-pandemics>.
73. Nos tempos medievais, por exemplo, os judeus eram retratados como vetores de pragas e foram acusados de "envenenar os poços" deliberadamente durante a epidemia de Peste Negra que assolou a Europa no século XIV. Donald G. McNeil, Jr., "Finding a Scapegoat When Epidemics Strike", *New York Times*, 31 de agosto de 2009, disponível em: <https://www.nytimes.com/2009/09/01/health/01plague.html>; ver também Simon Schama, "Plague time: Simon Schama on what history tells us", *Financial Times*, 10 de abril de 2020, disponível em: <https://www.ft.com/content/279dee4a-740b-11ea-95fe-fcd274e920ca>.
74. Laura Gohr, "Angry Germans Explain Their Country's Surging Right-Wing Movement", *Vice*, 27 de setembro de 2017, disponível em: <https://www.vice.com/en_uk/article/xwgg9w/wir-haben-afd-wahler-unmittelbar-nach-ihrer-stimmabgabe-gefragt-warum>; Jefferson Chase, "Germany's populist AfD party seeks to reboot migrant fears", *DW*, 21 de agosto de 2017, disponível em: <https://www.dw.com/en/germanys-populist-afd-party-seeks-to-reboot-migrant-fears/a-40176414>.
75. Aamna Mohdin, "How Germany took in one million refugees but dodged a populist uprising", *Quartz*, 22 de setembro de 2017, disponível em: <https://qz.com/1076820/german-election-how-angela-merkel-took-in-one-million-refugees-and-avoided-a-populist-upset/>.
76. Gohr, "Angry Germans Explain".
77. Mara Bierbach, "How much money do refugees in Germany get?", *Infomigrants*, 12 de setembro de 2017, disponível em: <https://www.infomigrants.net/en/post/5049/how-much-money-do-refugees-in-germany-get>; Nihad El-Kayed e Ulrike Hamann, "Refugees' Access to Housing and Residency in German Cities: Internal Border Regimes and Their Local Variations", *Social Inclusion* 6, nº 1 (2018), p. 135, disponível

em: <https://doi.org/10.17645/si.v6i1.1334>. Os populistas de direita que procuram retratar os imigrantes como aproveitadores são ajudados pelo fato de que aqueles que se sentem socialmente excluídos ou ostracizados são mais suscetíveis a teorias da conspiração e mais propensos a fazer associações equivocadas; ver Matthew Hutson, "Conspiracy Theorists May Really Just Be Lonely", *Scientific American*, 1º de maio de 2017, disponível em: <https://www.scientificamerican.com/article/conspiracy-theorists-may-really-just-be-lonely/>; estudo original: Damaris Graeupner e Alin Coman, "The dark side of meaning-making: How social exclusion leads to superstitious thinking", *Journal of Experimental Social Psychology* 69 (outubro de 2016), disponível em: <https://doi.org/10.1016/j.jesp.2016.10.003>. Ver também "Chaos at the gates of Paris: Inside the sprawling migrant camps nobody talks about", *The Local* (França), 29 de março de 2019, disponível em: <https://www.thelocal.fr/20190329/out-of-sight-but-still-there-the-scandal-of-squalid-paris-migrant-camps>; Louis Jacobson e Miriam Valverde, "Donald Trump's False claim veterans treated worse than illegal immigrants", *Politifact*, 9 de setembro de 2016, disponível em: <https://www.politifact.com/factchecks/2016/sep/09/donald-trump/trump-says-veterans-treated-worse-illegal-immigran/>.

78. Vera Messing e Bence Ságvári, "What drives anti-migrant attitudes?", Social Europe, 28 de maio de 2019, disponível em: <https://www.socialeurope.eu/what-drives-anti-migrant-attitudes>.
79. Ibidem, e, para os Estados Unidos, ver também Sean McElwee, "Anti-Immigrant Sentiment Is Most Extreme in States Without Immigrants", *Data for Progress*, 5 de abril de 2018, disponível em: <https://www.dataforprogress.org/blog/2018/4/5/anti-immigrant-sentiment-is-most-extreme-in-states-without-immigrants>.
80. Senay Boztas, "Dutch prime minister warns migrants to 'be normal or be gone', as he fends off populist Geert Wilders in bitter election fight", *Telegraph*, 23 de janeiro de 2017, disponível em: <https://www.telegraph.co.uk/news/2017/01/23/dutch-prime-minister-warns-migrants-normal-gone-fends-populist/>.
81. Jon Henley, "Centre-left Social Democrats victorious in Denmark elections", *Guardian*, 5 de junho de 2019, disponível em: <https://www.theguardian.com/world/2019/jun/05/centre-left-social-democrats-set-to-win-in-denmark-elections>; idem, "Denmark's centre-left set to win

election with anti-immigration shift", 4 de junho de 2019, *Guardian*, disponível em: <https://www.theguardian.com/world/2019/jun/04/denmark-centre-left-predicted-win-election-social-democrats-anti-immigration-policies>.
82. Hannah Arendt, *The Origins of Totalitarianism* (Nova York, Harcourt, 1951), p. 356.
83. E. Amy Buller, *Darkness Over Germany: A Warning from History* (Lodres, Longmans, Green, & Co., 1943).

Capítulo 4: A cidade solitária

1. Judith Flanders, *The Victorian City: Everyday Life in Dickens' London* (Londres, Atlantic Books, 2012), p. 438.
2. Nick Tarver, "Loneliness Affects 'Half of Adults'", *BBC News*, 18 de outubro de 2013, disponível em: <https://www.bbc.com/news/uk-england-24522691>.
3. A Pesquisa sobre Índices Urbanos da Time Out reuniu respostas de 20 mil leitores em dezoito cidades de quatro continentes em setembro de 2016. Guy Parsons, "London Is among the Loneliest Cities in the World", *Time Out*, 16 de fevereiro de 2017, disponível em: <https://www.timeout.com/london/blog/london-is-among-the-loneliest-cities-in-the-world-021617>.
4. "Rural Loneliness Is Making People Die Earlier. Here Are Four Ways to Tackle It", *Apolitical*, 26 de novembro de 2018, disponível em: <https://apolitical.co/en/solution_article/rural-loneliness-making-people-die-earlier-four-ways-to-tackle-it>; Margaret Bolton, "Loneliness: The State We're In", Age UK Oxfordshire, 2012, disponível em: <https://www.campaigntoendloneliness.org/wp-content/uploads/Loneliness-The-State-Were-In.pdf>; Jane Hart, "Older People in Rural Areas: Vulnerability Due to Loneliness and Isolation" (Inglaterra rural, abril de 2016), disponível em: <https://ruralengland.org/wp-content/uploads/2016/04/Final-report-Loneliness-and-Isolation.pdf>.
5. Além disso, dados do Eurostat mostram que os habitantes das cidades em toda a Europa são mais solitários do que os habitantes das áreas rurais; ver "Do Europeans Feel Lonely?", *Comissão Europeia*: Eurostat, 28 de junho de 2017, disponível em: <https://ec.europa.eu/eurostat/web/products-eurostat-news/-/DDN-20170628-1>; "Children's and Young People's Experiences of Loneliness: 2018", *Office for National*

Statistics, 2018, disponível em: <https://www.ons.gov.uk/peoplepopulationandcommunity/wellbeing/articles/childrensandyoungpeoplesexperiencesofloneliness/2018#how-common-is-loneliness-in-children-and-young-people>. Nos Estados Unidos, constatou-se que os moradores de áreas rurais têm mais relações sociais e sentem menos solidão; ver Carrie Henning-Smith, Ira Moscovice e Katy Kozhimannil, "Differences in Social Isolation and Its Relationship to Health by Rurality", *The Journal of Rural Health* 35, n° 4 (2019), disponível em: <https://doi.org/10.1111/jrh.12344>. Ver também Keming Yang, *Loneliness: A Social Problem* (Londres, Routledge, 2019). Tenha em mente, entretanto, que a maioria dos estudos sobre a solidão são realizados nas cidades; portanto, temos relativamente menos dados empíricos sobre a solidão rural.

6. A migração de jovens em busca de oportunidades acadêmicas e econômicas, deixando para trás populações cada vez mais envelhecidas, é observada em todo o mundo. Resta saber se a maré vai mudar depois da epidemia de Covid-19. Ver, por exemplo: Hu Xiaochu, "China's Young Rural-to-Urban Migrants: In Search of Fortune, Happiness, and Independence", *Migration Policy.org*, 4 de janeiro de 2012, disponível em: <https://www.migrationpolicy.org/article/chinas-young-rural-urban-migrants-search-fortune-happiness-and-independence>; "Rural America Is Losing Young People — Consequences and Solutions", *Wharton Public Policy Initative*, 23 de março de 2018, disponível em: <https://publicpolicy.wharton.upenn.edu/live/news/2393-rural-america-is-losing-young-people->; "Britain 'Growing Apart' as Young People Leave Rural Areas", *Rural Services Network*, 28 de outubro de 2019, disponível em: <http://www.rsnonline.org.uk/britain-growing-apart-as-young-people-leave-rural-areas>.

7. Isso é verdadeiro, por exemplo, no Reino Unidos. Ver Paul Swinney, "Is It Fair That Cities Get More Money than Rural Areas?", *Centre for Cities*, 26 de fevereiro de 2019, disponível em: <https://www.centreforcities.org/blog/is-it-fair-that-cities-get-more-money-than-rural-areas/>.

8. Stanley Milgram, "The Experience of Living in Cities", *Science* 167, n° 3924 (13 de março de 1970), p. 1461-68, disponível em: <https://doi.org/10.1126/science.167.3924.1461>; Jamil Zaki, "The Technology of Kindness", *Scientific American*, 6 de agosto de 2019, disponível em: <https://www.scientificamerican.com/article/the-technology-of-kindness/>.

9. Denis Corroyer e Gabriel Moser, "Politeness in the Urban Environment: Is City Life Still Synonymous With Civility?", *Environment and Behavior* 33, n° 5 (setembro de 2003), p. 611-25, disponível em: <https://doi.org/10.1177/00139160121973151>.
10. Trinta por cento das pessoas compraram geleia quando havia apenas seis opções, em comparação com 3%, quando havia 24 opções. Sheena S. Iyengar e Mark R. Lepper, "When Choice Is Demotivating: Can One Desire Too Much of a Good Thing?", *Journal of Personality and Social Psychology* 79, n° 6 (2000), p. 995-1006.
11. Embora essa "teoria da sobrecarga urbana", proposta pela primeira vez em 1970 pelo polêmico psicólogo social Stanley Milgram, tenha recebido críticas ao longo dos anos, ainda é um fator importante a considerar quando se trata de solidão, que é um estado internalizado, em oposição a coisas como intervenção do espectador, que requer ações externas. Para uma visão geral amigável para leigos, ver Madhavi Prashant Patil, "Overload and the City", *Urban Design Mental Health*, 6 de março de 2016, disponível em: <https://www.urbandesignmentalhealth.com/blog/overload-and-the-city>; para o trabalho original de Milgram, ver Milgram, "The Experience of Living in Cities", *Science* 167, n° 3924 (1970), p. 1461-8, disponível em: <https://doi.org/10.1126/science.167.3924.1461>.
12. Shannon Deep, "'Hello' Isn't Always 'Hello' in NYC", *Huffington Post*, 6 de janeiro de 2015, disponível em: <https://www.huffpost.com/entry/new_3_b_6103200>.
13. Em Xangai, Hong Kong, Istambul e Barcelona, o nível de decibéis é tão elevado que um residente médio pode esperar uma perda auditiva significativa. Um estudo realizado em 2017 pelo aplicativo de audição Mimi revelou que o habitante médio das cidades no topo do Índice Mundial de Audição tem perda auditiva equivalente à de uma pessoa de 10 a 20 anos mais velha do que sua idade real. Ver "Worldwide Hearing Index 2017", *Mimi*, 8 de março de 2017, disponível em: <https://www.mimi.io/en/blog/2017/3/8/worldwide-hearing-index-2017>; Alex Gray, "These are the cities with the worst noise pollution", *Fórum Econômico Mundial*, 27 de março de 2017, disponível em: <https://www.weforum.org/agenda/2017/03/these-are-the-cities-with-the-worst-noise-pollution/>.
14. Ver, por exemplo, Veronica-Diana Armașu, "Modern Approaches to Politeness Theory: A Cultural Context", *Lingua: Language and Culture* 11, n° 1 (2012); ver também James Cooray Smith, "The Tube Chat badges

show that London isn't rude: it has a negative politeness culture", *City Metric*, 30 de setembro de 2016, disponível em: <https://www.citymetric.com/horizons/tube-chat-badges-show-london-isnt-rude-it-has-negative-politeness-culture-2481>.

15. "What Walking Speeds Say About Us", *BBC News*, 2 de maio de 2007, disponível em: <http://news.bbc.co.uk/1/hi/magazine/6614637.stm>.
16. "Welcome to the Pace of Life Project", *Pace of Life*, disponível em: <http://www.richardwiseman.com/quirkology/pace_home.htm>.
17. Robert V. Levine e Ara Norenzayan, "The Pace of Life in 31 Countries", *Journal of Cross-Cultural Psychology* 30, n° 2 (março de 1999), p. 178-205, disponível em: <https://doi.org/10.1177/0022022199030002003>.
18. Eric Jaffe, "Why People in Cities Walk Fast", *CityLab*, 21 de março de 2012, disponível em: <https://www.citylab.com/life/2012/03/why-people-cities-walk-fast/1550/>.
19. John M. Darley e C. Daniel Batson, "'From Jerusalem to Jericho': A study of Situational and Dispositional Variables in Helping Behavior", *Journal of Personality and Social Psychology* 27, n° 1 (1973), p. 100-108, disponível em: <https://doi.org/10.1037/h0034449>.
20. As pessoas relatam um efeito mais positivo depois de interações sociais com parceiros mais familiares (J.R. Vittengl e Craig S. Holt, "Positive and negative affect in social interactions as a function of partner familiarity, quality of communication, and social anxiety", *Journal of Social and Clinical Psychology* 17, n° 2 (1998b), p. 196-208, disponível em: <https://doi.org/10.1521/jscp.1998.17.2.196>). Quando têm conversas mais íntimas e significativas, as pessoas relatam menos solidão, mais felicidade e um senso maior de identificação. Ver L. Wheeler, H. Reis e J. Nezlek, "Loneliness, social interaction, and sex roles", *Journal of Personality and Social Psychology* 45, n° 4 (1983), p. 943-53, disponível em: <https://doi.org/10.1037/0022-3514.45.4.943>; Matthias R. Mehl *et al.*, "Eavesdropping on happiness: Well-being is related to having less small talk and more substantive conversations", *Psychological Science* 21, n° 4 (2010), p. 539-41, disponível em: <https://doi.org/10.1177/0956797610362675>; H. Reis *et al.*, "Daily Well-Being: The Role of Autonomy, Competence, and Relatedness", *Personality and Social Psychology Bulletin* 26, n° 4 (abril de 2000), p. 419-35, disponível em: <https://doi.org/10.1177/0146167200266002>.
21. Gillian M. Sandstrom e Elizabeth W. Dunn, "Is Efficiency Overrated?: Minimal Social Interactions Lead to Belonging and Positive Affect",

Social, Psychological and Personality Science 5, n° 4 (maio de 2014), p. 437-42, disponível em: <https://doi.org/10.1177/1948550613502990>.
22. É inevitável que também haja diferenças culturais no que diz respeito a quão cínico esses exemplos o fazem se sentir.
23. Manuel G. Calvo, Hipólito Marrero e David Beltrán, "When does the brain distinguish between genuine and ambiguous smiles? An ERP study", *Brain and Cognition* 81, n° 2 (2013), p. 237-46, disponível em: <https://doi.org/10.1016/j.bandc.2012.10.009>; Manuel G. Calvo, Aida Gutiérrez-García, Pedro Avero e Daniel Lundqvist, "Attentional mechanisms in judging genuine and fake smiles: Eye-movement patterns", *Emotion* 13, n° 4 (2013), p. 792-802, disponível em: <https://doi.org/10.1037/a0032317>; Manuel G. Calvo, Andrés Fernández-Martín e Lauri Nummenmaa, "Perceptual, categorical, and affective processing of ambiguous smiling facial expressions", *Cognition* 125, n° 3 (2012), p. 373-93, disponível em: <https://doi.org/10.1016/j.cognition.2012.07.021>.
24. Gillian M. Sandstrom, "Social Interactions and Well-being: the Surprising Power of Weak Ties", *The University of British Columbia*, 2013: 86, disponível em: <https://pdfs.semanticscholar.org/822e/cdd2e3e02a3e-56b507fb93262bab58089d44.pdf>.
25. Ver, por exemplo, Wendell Cox, "Length of Residential Tenure: Metropolitan Areas, Urban Cores, Suburbs and Exurbs", *New Geography*, 17 de outubro de 2018, disponível em: <https://www.newgeography.com/content/006115-residential-tenure>.
26. "In London, Renters Now Outnumber Homeowners", *CityLab*, 25 de fevereiro de 2016, disponível em: <https://www.citylab.com/equity/2016/02/londons-renters-now-outnumber-homeowners/470946/>; "Good News For Landlords — Average UK Tenancy Lengths Increase", *Letslivehere*, 2018, disponível em: <https://www.letslivehere.co.uk/average-uk-tenancy-lengths-increase/>.
27. "Series IB: All Occupied Housing Units by Tenure", *United States Census Bureau*, 2014, disponível em: <https://www.census.gov/data/tables/time-series/demo/nychvs/series-1b.html>, ver dados em "Year Householder Moved Into Unit" e "Reason Householder Moved from Previous Residence"; "New York City Housing and Vacancy Survey (NYCHVS)", *United States Census Bureau*, disponível em: <https://www.census.gov/programs-surveys/nychvs/data/tables.html>. É preciso frisar que, nos Estados Unidos, mesmo que uma combinação de fatores econômicos e

demográficos tenha levado as pessoas a permanecer mais tempo, em média, em um só lugar, muitas cidades têm taxas mais altas de aluguel *versus* propriedade, com aqueles que alugam se mudando com muito mais frequência do que aqueles que são proprietários. Ver, por exemplo, Sabrina Tavernise, "Frozen In Place: Americans Are Moving at the Lowest Rate on Record", *New York Times*, 20 de novembro de 2019, disponível em: <https://www.nytimes.com/2019/11/20/us/american-workers-moving-states-.html>. Em novembro de 2019, o censo dos Estados Unidos anunciou que a taxa de movimentação dos americanos era a menor em décadas; Balazs Szekely, "Renters Became the Majority Population in 22 Big US Cities", *Rent Café Blog*, 25 de janeiro de 2018, disponível em: <https://www.rentcafe.com/blog/rental-market/market-snapshots/change-renter-vs-owner-population-2006-2016>; Wendell Cox, "Length of Residential Tenure: Metropolitan Areas, Urban Cores, Suburbs and Exurbs", *New Geography*, 17 de outubro de 2018, disponível em: <https://www.newgeography.com/content/006115-residential-tenure>.

28. Kim Parker, Juliana Menasce Horowitz, Anna Brown, Richard Fry, D'Vera Cohn e Ruth Igielnik, "What Unites and Divides Urban, Suburban and Rural Communities", *Pew Research Center*, 22 de maio de 2018, disponível em: <https://www.pewsocialtrends.org/2018/05/22/what-unites-and-divides-urban-suburban-and-rural-communities/>.

29. Peter Stubley, "Berlin to freeze rents and give tenants rights to sue landlords after rising costs force residents out to suburbs", *Independent*, 23 de outubro de 2019, disponível em: <https://www.independent.co.uk/news/world/europe/berlin-rent-freeze-tenants-sue-landlords-housing-crisis-germany-a9167611.html>.

30. Ben Knight, "Berlin"s new rent freeze: How it compares globally", *Deutsche Welle*, 23 de outubro de 2019, disponível em: <https://www.dw.com/en/berlins-new-rent-freeze-how-it-compares-globally/a-50937652>.

31. Prasanna Rajasekaran, Mark Treskon, Solomon Greene, "Rent Control: What Does the Research Tell Us about the Effectiveness of Local Action?", *Urban Institute*, janeiro de 2019, disponível em: <https://www.urban.org/sites/default/files/publication/99646/rent_control._what_does_the_research_tell_us_about_the_effectiveness_of_local_action_1.pdf>. Para alguns exemplos, ver Noah Smith, "Yup, Rent Control Does More Harm Than Good", *Bloomberg Opinion*, 18 de janeiro de 2018, disponível em: <https://www.bloomberg.com/opinion/ar-

ticles/2018-01-18/yup-rent-control-does-more-harm-than-good>; isso inclui Amsterdã, que em 2019 instituiu uma lei determinando que casas inteiras podem ser alugadas por apenas trinta noites por ano. Limites semelhantes existem em cidades como Reykjavik, Hamburgo e Toronto, bem como em todo o país na Dinamarca, na Grécia e na Itália. Londres limitou esses aluguéis em noventa dias em 2017, embora muitos proprietários relatem se esquivar do sistema anunciando o imóvel em várias plataformas para evitar a detecção. Em Cingapura, onde é ilegal alugar um imóvel residencial por menos de três meses, agentes barram a entrada de turistas que alugam de forma irregular. Outros governos, incluindo o da Nova Zelândia, estão planejando esquemas de tributação que desincentivem os aluguéis de curto prazo. Ver Mallory Lochlear, "Amsterdam will limit Airbnb rentals to thirty days a year", *Engadget*, 10 de janeiro de 2018, disponível em: <https://www.engadget.com/2018-01-10-amsterdam-airbnb-rental-30-day-limit.html>; "How London hosts can manage around Airbnb's 90-day limit", *Happyguest*, 2 de junho de 2018, disponível em: <http://www.happyguest.co.uk/blog/how-london-hosts-can-manage-around-airbnbs-90-day-limit>; Ian Lloyd Neubauer, "Countries that are cracking down on Airbnb", *New Daily*, 30 de agosto de 2019, disponível em: <https://thenewdaily.com.au/life/travel/2019/08/30/countries-crack-down-airbnb/>.

32. Joseph Stromberg, "Eric Klinenberg on Going Solo", *Smithsonian Magazine*, fevereiro de 2012, p. 4, disponível em: <https://www.smithsonianmag.com/science-nature/eric-klinenberg-on-going-solo-19299815/>.

33. "All by myself", *NYU Furman Center*, 16 de setembro de 2015, disponível em: <https://furmancenter.org/thestoop/entry/all-by-myself>; "Cities with the largest percentage of single-person households in the United States in 2018", *Statista*, setembro de 2019, disponível em: <https://www.statista.com/statistics/242304/top-10-us-cities-by-percentage-of-one-person-households/>.

34. Dados do censo dos Estados Unidos, 2010, disponível em: <https://census.gov>; ver também Chuck Bennett, "Poll: Half of Manhattan Residents live alone", *New York Post*, 30 de outubro de 2009, disponível em: <https://nypost.com/2009/10/30/poll-half-of-manhattan-residents-live-alone/>. De 2015 em diante, os estúdios e apartamentos de um quarto representaram 54,4% de todas as novas unidades habitacionais construídas na cidade de Nova York; ver Jay Denton, "Millennials Drive

One-Bedroom Apartment Trend, But That Might Change", *Forbes*, 11 de novembro de 2015, disponível em: <https://www.forbes.com/sites/axiometrics/2015/11/11/millennials-drive-one-bedroom-apartment-trend-but-that-might-change/#7d0a58f439a9>.
35. "People in the EU: Statistics on Households and Family Structures", *Eurostat*, 26 de maio de 2020, p. 8, disponível em: <https://ec.europa.eu/eurostat/statistics-explained/pdfscache/41897.pdf>; para informações sobre pessoas que moram sozinhas em grandes cidades japonesas, incluindo Tóquio, ver Richard Ronald, Oana Druta e Maren Godzik, "Japan's urban singles: negotiating alternatives to family households and standard housing pathways", *Urban Geography* 39, n° 7 (2018), p. 1018-40, disponível em: <https://doi.org/10.1080/0 2723638.2018.1433924>.
36. Ibid.
37. A. K. L. Cheung e W. J. J. Yeung, "Temporal-spatial patterns of one-person households in China, 1982-2005", *Demographic Research* 32, n° 44 (2015), p. 1209-38, disponível em: <https://doi.org/10.4054/DemRes.2015.32.44>; Bianji Wu Chengliang, "'Empty-nest' youth reaches 58 million in China", *People's Daily Online*, 13 de fevereiro de 2018, disponível em: <http://en.people.cn/n3/2018/0213/c90000-9427297.html>; "Loneliness in the city", *CBRE*, disponível em: <https://www.cbre.co.uk/research-and-reports/our-cities/loneliness-in-the-city>.
38. Um estudo feito em 2013 com os dados do censo dos Estados Unidos também descobriu que a porcentagem de pessoas que moram sozinhas aumenta mais rapidamente durante os períodos de expansão econômica, já que as pessoas costumam escolher "comprar" o luxo da privacidade. Ver Rose M. Kreider e Jonathan Vespa, "The Changing Face of Living Alone, 1880-2010", disponível em: <https://paa2014.princeton.edu/papers/140867>.
39. Stromberg, "Eric Klinenberg on *Going Solo*".
40. Ibid.; Eric Klinenberg, *Going Solo* (Nova York, Penguin Random House, 2013).
41. Danielle Braff, "Until Honeymoon We Do Part", *New York Times*, 13 de março de 2019, disponível em: <https://www.nytimes.com/2019/03/13/fashion/weddings/until-honeymoon-we-do-part.html>.
42. Béatrice d'Hombres, Sylke Schnepf, Matina Barjaková e Francisco Teixeira Mendonça, "Loneliness — an unequally shared burden in Europe", *Comissão Europeia*, 2018, disponível em: <https://ec.europa.eu/jrc/sites/jrcsh/files/fairness_pb2018_loneliness_jrc_i1.pdf>.

43. Kimberley J. Smith e Christina Victor, "Typologies of loneliness, living alone and social isolation, and their associations with physical and mental health", *Ageing Society* 39, n° 8 (agosto de 2019), p. 1709-30, disponível em: <https://doi.org/10.1017/s0144686x18000132>; A. Zebhauser *et al.*, "How much does it hurt to be lonely? Mental and physical differences between older men and women in the KORA-Age Study", *International Journal of Geriatric Psychiatry* 29, n° 3 (março de 2014), p. 245-52; Gerdt Sundström *et al.*, "Loneliness among older Europeans", *European Journal of Ageing* 6, n° 4 (2009), p. 267-75, disponível em: <https://doi.org/10.1007/s10433-009-0134-8>; "Loneliness — What characteristics and circumstances are associated with feeling lonely? Analysis of characteristics and circumstances associated with loneliness in England using the Community Life Survey, 2016 to 2017", *Office for National Statistics*, 10 de abril de 2018, disponível em: <https://www.ons.gov.uk/peoplepopulationandcommunity/wellbeing/articles/lonelinesswhatcharacteristicsandcircumstancesareassociatedwithfeelinglonely/2018-04-10>; Alana Schetzer, "Solo households on the rise, and so is feeling lonely and less healthy", *The Age*, 14 de dezembro de 2015, disponível em: <https://www.theage.com.au/national/victoria/solo-households-on-the-rise-and-so-is-feeling-lonely-and-less-healthy-20151214-gln18b.html>.
44. Zoe Wood, "Tesco targets growing number of Britons who eat or live alone", *Guardian*, 6 de julho de 2018, disponível em: <https://www.theguardian.com/business/2018/jul/06/tesco-targets-growing-number-of-britons-who-eat-or-live-alone>.
45. A palavra *mukbang* é formada a partir das palavras coreanas para "comer" e "transmitir".
46. Anjali Venugopalan, "Feast & stream: Meet India's biggest mukbangers", *Economic Times*, 7 de setembro de 2019, disponível em: <https://economictimes.indiatimes.com/magazines/panache/feast-stream-meet-indias-biggest-mukbangers/articleshow/71027715.cms>; ver também Jasmin Barmore, "Bethany Gaskin is the Queen of Eating Shellfish Online", *New York Times*, 11 de junho de 2019, disponível em: <https://www.nytimes.com/2019/06/11/style/youtube-mukbang-bloveslife-bethany-gaskin.html>; "The Pleasure and Sorrow of the 'Mukbang' Super Eaters of Youtube", *News Lens*, 25 de junho de 2019, disponível em: <https://international.thenewslens.com/article/118747>.

47. Tan Jee Yee, "Google: The Future Consumer of APAC Will Do More than just Consume", *Digital News Asia*, 20 de março de 2020, disponível em: <https://www.digitalnewsasia.com/digital-economy/google-future-consumer-apac-will-do-more-just-consume>.
48. Ver, por exemplo, Hillary Hoffower, "A 25-year-old YouTuber quit her job and now makes 6 figures recording herself eating, and it's a trend more and more influencers are cashing in on", *Business Insider*, 10 de abril de 2019, disponível em: <https://www.businessinsider.com/mukbang-influencers-youtube-money-six-figures-2019-4>.
49. Andrea Stanley, "Inside the Saucy, Slurpy, Actually Sorta Sexy World of Seafood Mukbang Influencers", *Cosmopolitan*, 9 de abril de 2019, disponível em: <https://www.cosmopolitan.com/lifestyle/a27022451/mukbang-asmr-seafood-videos-youtube-money/>.
50. "The Pleasure and Sorrow of the 'Mukbang' Super Eaters of Youtube", *News Lens*, 25 de junho de 2019, disponível em: <https://international.thenewslens.com/article/118747>.
51. Kagan Kircaburun, Andrew Harris, Filipa Calado e Mark D. Griffiths, "The Psychology of Mukbang Watching: A Scoping Review of the Academic and Non-academic Literature", *International Journal of Mental Health and Addiction* (2020), disponível em: <https://doi.org/10.1007/s11469-019-00211-0>.
52. Hanwool Choe, "Eating together multimodally: Collaborative eating in mukbang, a Korean livestream of eating", *Language in Society* (2019), p. 1-38, disponível em: <https://doi.org/10.1017/s0047404518001355>.
53. Andrea Stanley, "Inside the Saucy, Slurpy, Actually Sorta Sexy World of Seafood Mukbang Influencers".
54. "This Rookie Korean Broadcast Jockey Earned $100,000 Through One Live Broadcast", *Kpoptify*, 30 de julho de 2019, disponível em: <https://www.thekpoptify.co/blogs/news/this-rookie-korean-broadcast-jockey-earned-100-000-through-one-live-broadcast>.
55. Victoria Young, "Strategic UX: The Art of Reducing Friction", *Telepathy*, disponível em: <https://www.dtelepathy.com/blog/business/strategic-ux-the-art-of-reducing-friction>; Yasmin Tayag, "Neuroscientists just gave lazy humans a free pass", *Inverse*, 21 de fevereiro de 2017, disponível em: <https://www.inverse.com/article/28139-laziness-neuroscience-path-of-least-resistance-effort>; ver também Nobuhiro Hagura, Patrick Haggard e Jörn Diedrichsen, "Perceptual decisions are biased by the

cost to act", *eLife*, 21 de fevereiro de 2017, disponível em: <https://doi.org/10.7554/eLife.18422>.
56. Melissa Matthews, "These Viral 'Mukbang' Stars Get Paid to Gorge on Food —at the Expense of Their Bodies", *Men's Health*, 18 de janeiro de 2019, disponível em: <https://www.menshealth.com/health/a25892411/youtube-mukbang-stars-binge-eat/>.
57. Sobre a importância disso, ver, por exemplo, o artigo seminal escrito por Seymour Martin Lipset em 1959 "Some Social Requisites of Democracy", *The American Political Science Review* 53, n° 1 (1959), p. 69-105.
58. Esses "cidadãos" não incluíam, é claro, mulheres, homens com menos de 20 anos nem escravos e pessoas nascidas fora do Estado ateniense.

Capítulo 5: A era sem contato

1. Andrea Cheng, "Amazon Go Looks to Expand As Checkout-Free Shopping Starts to Catch On Across the Retail Landscape", *Forbes*, 21 de novembro de 2019, disponível em: <https://www.forbes.com/sites/andriacheng/2019/11/21/thanks-to-amazon-go-checkout-free-shopping-may-become-a-real-trend/#753d0285792b>. Outras grandes empresas que estão começando a entrar nesse mercado incluem Walmart, nos Estados Unidos, Alibaba, na China, e Tesco, no Reino Unido. Todas têm testado supermercados automatizados para rivalizar com os criados pela gigante de Jeff Bezos; Nick Wingfield, Paul Mozur e Michael Corkery, "Retailers Race Against Amazon to Automate Stores", *New York Times*, 1° de abril de 2018, disponível em: <https://www.nytimes.com/2018/04/01/technology/retailer-stores-automation-amazon.html>.
2. Melissa Gonzalez, M. J. Munsell e Justin Hill, "The New Norm: Rewriting the Future of Purchasing Behaviour", *Advertising Week 360*, disponível em: <https://www.advertisingweek360.com/the-new-norm-rewriting-the-future-of-purchasing-behavior/>.
3. Ulrike Malmendier e Stefan Nagel, "Depression Babies: Do Macroeconomic Experiences Affect Risk Taking?", *The Quarterly Journal of Economics* 126, n° 1 (fevereiro de 2011); p. 373-416, disponível em: <https://eml.berkeley.edu/~ulrike/Papers/DepressionBabies_59.pdf>.
4. Compare, por exemplo, matérias sobre lojas de descontos e de tudo por um dólar de 2009 (Stephanie Rosenbloom, "Don't Ask, You Can Afford It", *New York Times*, 1° de maio de 2009, disponível em: <https://www.

nytimes.com/2009/05/02/business/02dollar.html>), 2012 (Nin-Hai Tseng, "Why dollar stores are thriving, even post-recession", *Fortune*, 2 de abril de 2012, disponível em: <https://fortune.com/2012/04/02/why-dollar-stores-are-thriving-even-post-recession/>) e abril de 2020 (Pearl Wang, "2 Discount Retailers That Will Thrive in a Recession", *Motley Fool*, 22 de abril de 2020, disponível em: <https://www.fool.com/investing/2020/04/22/two-discount-retailers-that-will-thrive-in-a-reces.aspx>).

5. Frank Swain, "Designing the Perfect Anti-Object", *Medium*, 5 de dezembro de 2013, disponível em: <https://medium.com/futures-exchange/designing-the-perfect-anti-object-49a184a6667a>; "Unpleasant Design & Hostile Urban Architecture", *99% Invisible*, 7 de maio de 2016, disponível em: <https://99percentinvisible.org/episode/unpleasant-design-hostile-urban-architecture/>.

6. Ver o tuíte original em: <https://twitter.com/rebel_machine/status/940199856425046017?lang=en>; Josh Cohen, "New Anti-Homeless Architecture: Seattle Uses Bike Racks to Block Rough Sleepers", *Guardian*, 24 de janeiro de 2018, disponível em: <https://www.theguardian.com/cities/2018/jan/24/anti-homeless-architecture-seattle-bike-racks-block-rough-sleepers>.

7. Jasmine Lee, "The Unpleasant Truth of Hong Kong's Anti-Homeless Urban Design", *Harbour Times*, 15 de maio de 2017, disponível em: <https://harbourtimes.com/2017/05/15/the-unpleasant-truth-of-hong-kongs-anti-homeless-urban-design/>.

8. Eles alegaram que não foi intencional. "Saint Mary's Cathedral Drenches Homeless With Water", *CBS SF Bay Area*, 18 de março de 2015, disponível em: <https://sanfrancisco.cbslocal.com/2015/03/18/homeless-saint-marys-cathedral-archdiocese-san-francisco-intentionally-drenched-water-sleeping/>.

9. "What is the Mosquito", *Moving Sound Technologies*, disponível em: <https://www.movingsoundtech.com>; "Sonic Science: The High-Frequency Hearing Test", *Scientific American*, 23 de maio de 2013, disponível em: <https://www.scientificamerican.com/article/bring-science-home-high-frequency-hearing/>.

10. Michaela Winberg, "Can You Hear It? Sonic Devices Play High Pitched Noises to Repel Teens", *NPR*, 10 de julho de 2019, disponível em: <https://www.npr.org/2019/07/10/739908153/can-you-hear-it-sonic-devices-play-high-pitched-noises-to-repel-teens?t=1570361354751>.

11. John Metcalfe, "Pink Lights, Talking Cameras, and High-Pitched Squeals: The World's Weirdest Anti-Loitering Technologies", *CityLab*, 20 de março de 2012, disponível em: <https://www.citylab.com/life/2012/03/pink-lights-talking-cameras-and-high-pitched-squeals-worlds-weirdest-anti-loitering-technologies/1533/>.
12. "Pink lights put off spotty teens", *BBC News*, 25 de março de 2009, disponível em: <https://news.bbc.co.uk/1/hi/england/nottinghamshire/7963347.stm>; ver também John Metcalfe, "Pink Lights, Talking Cameras, and High-Pitched Squeals: The World's Weirdest Anti-Loitering Technologies".
13. "Broken Windows Policing", Center for Evidence-Based Crime Policy, disponível em: <https://cebcp.org/evidence-based-policing/what-works-in-policing/research-evidence-review/broken-windows-policing/>.
14. Shankar Vedantum, Chris Benderev, Tara Boyle, Renee Klahr, Maggie Penman e Jennifer Schmidt, "How A Theory of Crime And Policing Was Born, And Went Terribly Wrong", *WBUR*, 1º de novembro de 2016, disponível em: <https://www.wbur.org/npr/500104506/broken-windows-policing-and-the-origins-of-stop-and-frisk-and-how-it-went-wrong>.
15. Ted Anderson, "What happened to SF's controversial 'sit-lie' ordinance?", *SF Gate*, 18 de outubro de 2018, disponível em: <https://www.sfgate.com/bayarea/article/What-happened-to-SF-s-controversial-sit-lie-13303216.php>.
16. Como disse Bernard Harcourt, professor de direito da Columbia University que conduziu dois estudos importantes sobre o impacto das "janelas quebradas" em Nova York e outras cidades. Ver Sarah Childress, "The Problem With 'Broken Windows' Policing", *PBS Frontline*, 28 de junho de 2016, disponível em: <https://www.pbs.org/wgbh/frontline/article/the-problem-with-broken-windows-policing/>.
17. Para mais detalhes e uma análise legal, ver Bernard E. Harcourt, *Illusion of Order: The False Promise of Broken Windows Policing* (Harvard, Harvard University Press, 2001).
18. Mary H. Osgood, "Rural and urban attitudes toward welfare", *Social Work* 22, nº 1 (janeiro de 1977), p. 41-7, disponível em: <https://www.jstor.org/stable/23711620?seq=1>.
19. John Elledge, "Are cities more liberal? Of course: all your liberal mates moved to one", *New Statesman*, 9 de janeiro de 2017, disponível em: <https://www.newstatesman.com/politics/2017/01/are-cities-more-

liberal-course-all-your-liberal-mates-moved-one>; David A. Graham, "Red State, Blue City", *The Atlantic*, março de 2017, disponível em: <https://www.theatlantic.com/magazine/archive/2017/03/red-state-blue-city/513857/>.

20. Farhad Manjoo, "America's Cities Are Unlivable. Blame Wealthy Liberals", *New York Times*, 22 de maio de 2019, disponível em: <https://www.nytimes.com/2019/05/22/opinion/california-housing-nimby.html>.

21. Ver, por exemplo, Richard T. LeGates e Frederic Stout (orgs.), *The City Reader*, 7ª ed. (Londres, Routledge, 2020).

22. Meri T. Long, "Who has more compassion, Republicans or Democrats?", *Chicago Tribune*, 11 de janeiro de 2019, disponível em: <https://www.chicagotribune.com/opinion/commentary/ct-perspec-compassion-democrats-republicans-who-has-more-0113-story.html>.

23. Em um exemplo marcante dessa dissonância, os moradores do bairro de Mission Dolores pagaram do próprio bolso para que enormes pedras fossem instaladas a fim de evitar que os sem-teto dormissem em suas calçadas ("Boulders placed on San Francisco sidewalk to keep homeless residents away", *KTVU FOX 2*, 30 de setembro de 2019, disponível em: <https://www.ktvu.com/news/boulders-placed-on-san-francisco-sidewalk-to-keep-homeless-residents-away>). Outros fizeram campanha contra abrigos para sem-teto em sua área, desencadeando uma batalha legal que se arrasta há mais de dezoito meses (Trisha Thadani, "SF residents vow to keep fighting Navigation Center as supes weigh its fate", *San Francisco Chronicle*, 24 de junho de 2019, disponível em: <https://www.sfchronicle.com/politics/article/Fate-of-controversial-Navigation-Center-now-in-14037517.php>). A própria cidade é responsável por outros exemplos de arquitetura hostil, de "guilhotinas invertidas" nas roletas do transporte público (Lina Blanco, "BART's Fare Evasion Crackdown Exposes the 'Deadly Elegance' of Hostile Design", *KQED*, 23 de julho de 2019, disponível em: <https://www.kqed.org/arts/13861966/barts-fare-evasion-crackdown-exposes-the-deadly-elegance-of-hostile-design>) a pedregulhos pontiagudos diante da biblioteca pública e tinta em locais públicos que repelem a urina em moradores de rua que talvez não tenham acesso a um banheiro adequado (Kaitlin Jock, "You are not welcome here: Anti-homeless architecture crops up nationwide", *Street Roots News*, 7 de junho de 2019, disponível em: <https://news.streetroots.org/2019/06/07/you-are-not-welcome-here-anti-homeless-architecture-

crops-nationwide>). Embora não tenha o maior número total, San Francisco tem uma das populações de sem-teto que mais cresce nos Estados Unidos: aumentou assombrosos 30% apenas entre 2017 e 2018, de acordo com uma medição (Jill Cowan, "San Francisco's Homeless Population Is Much Bigger Than Thought, City Data Suggests", *New York Times*, 19 de novembro de 2019, disponível em: <https://www.nytimes.com/2019/11/19/us/san-francisco-homeless-count.html>).

24. James Walker, "Invisible in plain sight: fighting loneliness in the homeless community", *Open Democracy*, 31 de julho de 2019, disponível em: <https://www.opendemocracy.net/en/opendemocracyuk/invisible-plain-sight-fighting-loneliness-homeless-community/>.
25. Ver Jane Jacobs, *The Death and Life of Great American Cities* (Nova York, Random House, 1961) [ed. bras.: *Morte e vida de grandes cidades*, São Paulo, WMF Martins Fontes, 2011].
26. "Welcome to the neighbourhood", *Royal Wharf*, disponível em: <https://www.royalwharf.com/neighbourhood/>.
27. Robert Booth, "Subsidised tenants are excluded from pool and gym in London block", *Guardian*, 1º de novembro de 2018, disponível em: <https://www.theguardian.com/society/2018/nov/01/subsidised-tenants-are-excluded-from-pool-and-gym-in-london-tower>.
28. Harriet Grant, "Too poor to play: children in social housing blocked from communal playground", *Guardian*, 25 de março de 2019, disponível em: <https://www.theguardian.com/cities/2019/mar/25/too-poor-to-play-children-in-social-housing-blocked-from-communal-playground>.
29. A empresa, por sua vez, alega que esse tipo de exclusão nunca fez parte de sua política.
30. Harriet Grant, "Disabled children among social tenants blocked from communal gardens", *Guardian*, 27 de setembro de 2019, disponível em: <https://www.theguardian.com/cities/2019/sep/27/disabled-children-among-social-tenants-blocked-from-communal-gardens>.
31. "New UWS development could have separate entrance for poorer people", *West Side Rag*, 12 de agosto de 2013, disponível em: <https://www.westsiderag.com/2013/08/12/new-uws-development-could-have-separate-entrance-for-poorer-people>; Adam Withnall, "'Poor door' controversy extends to Washington DC as affordable housing 'wing' given entrance on different street — next to the loading bay", *Independent*, 4 de agosto de 2014, disponível em: <https://www.independent.co.uk/news/world/

americas/poor-door-controversy-extends-to-washington-dc-as-affordable-housing-wing-given-entrance-on-9646069.html>; Hilary Osborne, "Poor doors: the segregation of London's inner-city flat dwellers", *Guardian*, 25 de julho de 2014, disponível em: <https://www.theguardian.com/society/2014/jul/25/poor-doors-segregation-london-flats>.

32. Adam Withnall, "'Poor door' controversy extends to Washington, D.C. as affordable housing 'wing' given entrance on different street — next to the loading bay"; Nova York agora acabou com a brecha que permitia que edifícios com entradas separadas se qualificassem para a redução de impostos de "habitação inclusiva". Ver Jana Kasperkevic, "New York bans 'poor doors' in win for low income tenants", *Guardian*, 29 de junho de 2015, disponível em: <https://www.theguardian.com/us-news/2015/jun/29/new-york-poor-door-low-income-tenants-rent>.

33. Carlito Pablo, "Poor door at proposed Vancouver West End condo tower raises issue of stigma", *Georgia Straight*, 12 de julho de 2018, disponível em: <https://www.straight.com/news/1102166/poor-door-proposed-vancouver-west-end-condo-tower-raises-issue-stigma>; "Vancouver ranked North America's 2nd least affordable city for housing", *Daily Hive*, 28 de março de 2019, disponível em: <https://dailyhive.com/vancouver/vancouver-most-expensive-housing-market-canada-2019>; Aric Jenkins, "The Least Affordable City in North America Is Not in the U.S.", *Money*, 10 de novembro de 2017, disponível em: <https://money.com/money/5017121/least-affordable-expensive-cities-north-america/>.

34. Carlito Pablo, "Poor door at proposed Vancouver West End condo tower raises issue of stigma".

35. "Seesaws let kids on each side of US-Mexico border play together", *Yahoo! News*, 30 de julho de 2019, disponível em: <https://news.yahoo.com/seesaws-let-kids-side-us-mexico-border-play-181653457.html>.

36. Patrick Sturgis, Ian Brunton-Smith, Jouni Kuha e Jonathan Jackson, "Ethnic diversity, segregation and the social cohesion of neighbourhoods in London", *Ethnic and Racial Studies* 37, n° 8 (2014), p. 1286-309, disponível em: <https://doi.org/10.1080/01419870.2013.831932>.

37. Nikolay Mintchev e Henrietta L. Moore, "Super-diversity and the prosperous society", *European Journal of Social Theory* 21, n° 1 (2018), p. 117-34, disponível em: <https://doi.org/10.1177/1368431016678629>.

38. Dietlind Stolle, Stuart N. Soroka e Richard Johnston, "When Does Diversity Erode Trust? Neighborhood Diversity, Interpersonal Trust and the

Mediating Effect of Social Interactions", *Political Studies* 56, n° 1 (2008), p. 57-75, disponível em: <https://doi.org/10.1111/j.1467-9248.2007.00717.x>; Patrick Sturgis, Ian Brunton-Smith, Sanna Read e Nick Allum, "Does Ethnic Diversity Erode Trust? Putnam's 'Hunkering-Down' Thesis Reconsidered", *British Journal of Political Science* 41, n° 1 (2011), p. 57-82, disponível em: <https://doi.org/10.1017/S0007123410000281>.

39. Alison Flood, "Britain has closed almost 800 libraries since 2010, figures show", *Guardian*, 6 de dezembro de 2019, disponível em: <https://www.theguardian.com/books/2019/dec/06/britain-has-closed-almost-800-libraries-since-2010-figures-show>; ver também "Decade of austerity sees 30% drop in library spending", *Chartered Institute of Public Finance and Accountancy*, 12 de junho de 2019, disponível em: <https://www.cipfa.org/about-cipfa/press-office/latest-press-releases/decade-of-austerity-sees-30-drop-in-library-spending>.

40. May Bulman, "Youth services 'decimated by 69 percent' in less than a decade amid surge in knife crime, figures show", *Independent*, 24 de setembro de 2019, disponível em: <https://www.independent.co.uk/news/uk/home-news/knife-crime-youth-services-cuts-councils-austerity-ymca-a9118671.html>.

41. Jamie Roberton, "Government accused of fuelling loneliness crisis as day centres disappear", *ITV News*, 25 de setembro de 2018, disponível em: <https://www.itv.com/news/2018-09-25/government-accused-of-fuelling-loneliness-crisis-as-day-centres-disappear/>.

42. William Eichler, "Councils slash £15 million from parks budgets", *Local Gov*, 21 de junho de 2018, disponível em: <https://www.localgov.co.uk/Councils-slash-15m-from-parks-budgets/45519>.

43. Enquanto a Europa e os Estados Unidos, por exemplo, adotaram caminhos diferentes para sair da crise financeira, a infraestrutura social continua cronicamente subfinanciada em todo o mundo. Ver Georg Inderst, "Social Infrastructure Finance and Institutional Investors: A Global Perspective", *SSRN* (2020), disponível em: <https://doi.org/10.2139/ssrn.3556473>.

44. No Reino Unido, por exemplo, as pessoas que moram nas cidades enfrentaram praticamente o dobro de cortes no orçamento do que as pessoas que vivem nos subúrbios e nas áreas rurais. Ver "Austerity hit cities twice as hard as the rest of Britain", *Centre for Cities*, 28 de janeiro de 2019, disponível em: <https://www.centreforcities.org/press/austerity-hit-cities-twice-as-hard-as-the-rest-of-britain/>.

45. Sara Freund, "Looking at John Ronan's colorful library and housing project in Irving Park", *Curbed Chicago*, 17 de outubro de 2019, disponível em: <https://chicago.curbed.com/2019/10/17/20919476/john-ronan-irving-park-affordable-housing-library-project>.
46. Jared Brey, "Chicago Opens Up New Libraries and Affordable Housing Projects After Design Competition", *Next City*, 28 de maio de 2019, disponível em: <https://nextcity.org/daily/entry/chicago-opens-new-libraries-and-affordable-housing-projects-after-design-co>.
47. Eva Fedderly, "Community building: Chicago experiment links libraries and apartments", *Christian Science Monitor*, 24 de outubro de 2018, disponível em: <https://www.csmonitor.com/The-Culture/2018/1024/Community-building-Chicago-experiment-links-libraries-and-apartments>.
48. Oliver Wainwright, "Smart lifts, lonely workers, no towers or tourists: architecture after coronavirus", *Guardian*, 13 de abril de 2020, disponível em: <https://www.theguardian.com/artanddesign/2020/apr/13/smart-lifts-lonely-workers-no-towers-architecture-after-covid-19-coronavirus>.
49. Winnie Hu, "What New York Can Learn From Barcelona's 'Superblocks'", *New York Times*, 16 de setembro de 2016, disponível em: <https://www.nytimes.com/2016/10/02/nyregion/what-new-york-can-learn-from-barcelonas-superblocks.html>.
50. Feargus O'Sullivan, "Barcelona's Car-Taming 'Superblocks' Meet Resistance", *CityLab*, 20 de janeiro de 2017, disponível em: <https://www.citylab.com/transportation/2017/01/barcelonas-car-taming-superblocks-meet-resistance/513911/>.
51. Ibid.
52. "Barcelona's Superblocks: Change the Grid, Change your Neighborhood", Streetfilms, 2018, disponível em: <https://vimeo.com/282972390>.
53. É claro que isso também demonstra que as conexões sociais nas sociedades desenvolvidas tendem a se correlacionar com a riqueza. O estudo original, realizado em 1969, foi replicado mais de quarenta anos depois, com resultados semelhantes. Ver Joshua Hart e Graham Parkhurst, "Driven to excess: Impacts of motor vehicles on the quality of life of residents of three streets in Bristol UK", *World Transport Policy & Practice* 17, n° 2 (janeiro de 2011), p. 12-30, disponível em: <https://uwe-repository.worktribe.com/output/968892>; estudo original: Donald Appleyard,

"The Environmental Quality of City Streets: The Residents' Viewpoint", *Journal of the American Planning Association* 35 (1969), p. 84-101.
54. Natalie Colarossi, "18 times people around the world spread love and kindness to lift spirits during the coronavirus pandemic", *Insider*, 26 de março de 2020, disponível em: <https://www.insider.com/times-people-spread-kindness-during-coronavirus-pandemic-2020-3>.
55. "Taxi driver applauded by medics after taking patients to hospital for free — video", *Guardian*, 20 de abril de 2020, disponível em: <https://www.theguardian.com/world/video/2020/apr/20/taxi-driver-applauded-by-doctors-after-giving-patients-free-journeys-to-hospital-video>.
56. Matt Lloyd, "'Happy to chat' benches: The woman getting strangers to talk", *BBC News*, 19 de outubro de 2019, disponível em: <https://www.bbc.co.uk/news/uk-wales-50000204>.

Capítulo 6: Nossas telas, nossos eus

1. A. D. Morrison-Low, "Sir David Brewster (1781-1868)", *Oxford Dictionary of National Biography*, 9 de janeiro de 2014, disponível em: <https://www.oxforddnb.com/view/10.1093/ref:odnb/9780198614128.001.0001/odnb-9780198614128-e-3371>.
2. *The Literary Panorama and National Register*, vol. 8 (Londres, Simpkin and Marshall, 1819), p. 504.
3. Carta datada de 23 de maio de 1818, citada por Nicole Garrod Bush, "Kaleidoscopism: The Circulation of a Mid-Century Metaphor and Motif", *Journal of Victorian Culture* 20, n° 4 (1° de dezembro de 2015), disponível em: <https://academic.oup.com/jvc/article/20/4/509/4095158>.
4. Megan Richardson e Julian Thomas, *Fashioning Intellectual Property: Exhibition, Advertising and the Press, 1789-1918* (Cambridge University Press, 2012), p. 57.
5. Bush, "Kaleidoscopism".
6. Margaret Gordon, *The Home Life of Sir David Brewster* (Cambridge, Cambridge University Press, 2010 [1869]), p. 95.
7. *The Literary Panorama and National Register*, p. 504.
8. Jason Farman, "The Myth of the Disconnected Life", *The Atlantic*, 7 de fevereiro de 2012, disponível em: <https://www.theatlantic.com/technology/archive/2012/02/the-myth-of-the-disconnected-life/252672/>.

9. *The Letters of Percy Bysshe Shelley*, vol. 2, org. de Frederick L. Jones (Oxford, Clarendon Press, 1964), p. 69.
10. Alexander Rucki, "Average smartphone user checks device 221 times a day, according to research", *Evening Standard*, 7 de outubro de 2014, disponível em: <https://www.standard.co.uk/news/techandgadgets/average-smartphone-user-checks-device-221-times-a-day-according-to-research-9780810.html>.
11. Rani Molla, "Tech companies tried to help us spend less time on our phones. It didn't work", *Vox*, 6 de janeiro de 2020, disponível em: <https://www.vox.com/recode/2020/1/6/21048116/tech-companies-time-well-spent-mobile-phone-usage-data>.
12. Cerca de 95% dos adolescentes americanos tinham (ou tinham acesso a) um smartphone em 2018; em 2014-15 eram 73%, de acordo com o Pew Research Center. Como resultado, os adolescentes estão usando muito mais a internet. Enquanto 24% dos adolescentes diziam "estar on-line" quase constantemente na pesquisa de 2014-15, essa porcentagem saltou para 45% em 2018. Além disso, 44% dos adolescentes pesquisados nesse ano disseram ficar on-line várias vezes ao dia. Ver Monica Anderson e Jingjing Jiang, "Teens, Social Media & Technology 2018", *Pew Research Center*, 31 de maio de 2018, disponível em: <https://www.pewresearch.org/internet/2018/05/31/teens-social-media-technology-2018/>.
13. "Global Mobile Consumer Trends, 2nd Edition", *Deloitte*, 2017, p. 8, disponível em: <https://www2.deloitte.com/global/en/pages/technology-media-and-telecommunications/articles/gx-global-mobile-consumer-trends.html#country>.
14. Na Austrália, a penetração de smartphones era de 90% em 2018, enquanto os israelenses eram os que mais usavam as mídias sociais no mundo, e a penetração de smartphones em Israel só perdia para a Coreia do Sul, de acordo com o Pew Research Center. "Smartphones are common in Europe and North America, while sub-Saharan Africa and India lag in ownership", *Pew Research Center*, 14 de junho de 2018, disponível em: <https://www.pewresearch.org/global/2018/06/19/social-media-use-continues-to-rise-in-developing-countries-but-plateaus-across-developed-ones/pg_2018-06-19_global-tech_0-03/>.
15. Adam Carey, "Mobile fiends now need not look up as Melbourne tests street-level traffic lights", *The Age*, 27 de março de 2017, disponível em: <https://www.theage.com.au/national/victoria/mobile-fiends-now-

need-not-look-up-as-melbourne-tests-streetlevel-traffic-lights-20170327-gv73bd.html>.
16. Há uma ironia aqui: esse "Sócrates" é na verdade uma criação de Platão, e só conhecemos suas palavras hoje porque Platão as escreveu. Ver Platão, *Phaedrus*, trad. [para o inglês] de Harold N. Fowler (Harvard, Harvard University Press, 1925) [ed. bras.: *Fedro*, São Paulo, Penguin, 2016].
17. Johannes Trithemius, *In Praise of Scribes (De Laude Scriptorum)*, trad. [para o inglês] de Roland Behrendt, org. de Klaus Arnold (Lawrence, Kansas, Coronado Press, 1974).
18. Adrienne LaFrance, "How Telephone Etiquette Has Changed", *The Atlantic*, 2 de setembro de 2015, disponível em: <https://www.theatlantic.com/technology/archive/2015/09/how-telephone-etiquette-has-changed/403564/>.
19. Robert Rosenberger, "An experiential account of phantom vibration syndrome", *Computers in Human Behavior* 52 (2015), p. 124-31, disponível em: <https://doi.org/10.1016/j.chb.2015.04.065>.
20. K. Kushlev *et al.*, "Smartphones reduce smiles between strangers", *Computers in Human Behavior* 91 (fevereiro de 2019), p. 12-16.
21. Esses incidentes aconteceram em todo o mundo, incluindo Estados Unidos, Malta, Reino Unido, Cingapura e China. "6 year old drowns while dad busy on phone", *YoungParents.com*, 18 de setembro de 2016, disponível em: <https://www.youngparents.com.sg/family/6-year-old-drowns-while-dad-busy-phone/>; Matthew Xuereb, "Mum whose baby drowned in bath given suspended sentence", *Times of Malta*, 12 de junho de 2015, disponível em: <https://www.timesofmalta.com/articles/view/20150612/local/mum-whose-baby-drowned-in-bath-given-suspended-sentence.572189>; Lucy Clarke-Billings, "Mother chatted on Facebook while toddler drowned in the garden", *Telegraph*, 10 de outubro de 2015, disponível em: <https://www.telegraph.co.uk/news/uknews/crime/11923930/Mother-chatted-on-Facebook-while-toddler-son-drowned-in-the-garden.html>; Martine Berg Olsen, "Baby drowned in bath while mum 'spent 50 minutes on phone to girlfriend'", Metro, 6 de março de 2019, disponível em: <https://metro.co.uk/2019/03/06/baby-drowned-bath-mum-spent-50-minutes-phone-girlfriend-8828813/>; "Toddler drowns while mum texts on mobile just yards away", *Express*, 5 de janeiro de 2016, disponível em: <https://www.express.co.uk/news/world/750540/drowning-toddler-mobile-phone-china-ocean-spring-

resort-mum-texting>; Zach Dennis, "Police: 3 children drowned while a Texas mom was on cell phone", *AJC*, 14 de julho de 2015, disponível em: <https://www.ajc.com/news/national/police-children-drowned-while-texas-mom-was-cell-phone/R5cDdBhwac5bjGFTxeM4sM/>.

22. Will Axford, "Police: Texas mom was on Facebook when her baby drowned in the bathtub", *Houston Chronicle*, 23 de junho de 2017, disponível em: <https://www.chron.com/news/houston-texas/texas/article/Texas-mom-Facebook-baby-drowned-11239659.php>.

23. Jemima Kiss, "'I was on Instagram. The baby fell down the stairs': is your phone use harming your child?", *Guardian*, 7 de dezembro de 2018, disponível em: <https://www.theguardian.com/lifeandstyle/2018/dec/07/mother-on-instagram-baby-fell-down-stairs-parental-phone-use-children>.

24. Brandon T. McDaniel, "Parent distraction with phones, reasons for use, and impacts on parenting and child outcomes: A review of the emerging research", *Human Behavior and Emergent Technology* (2019), p. 72-80, disponível em: <https://doi.org/10.1002/hbe2.139>; J. Radesky *et al.*, "Maternal mobile device use during a structured parent-child interaction task", *Academic Pediatrics* 15, nº 2 (2015), p. 238-44; R. P. Golen e A. K. Ventura, "What are mothers doing while bottle-feeding their infants? Exploring the prevalence of maternal distraction during bottle-feeding interactions", *Early Human Development* 91, nº 12 (2015), p. 787-91.

25. Ibid.; ver também B. T. McDaniel e J. Radesky, "Technoference: Parent technology use, stress, and child behavior problems over time", *Pediatric Research* 84 (2018), p. 210-18; Tanja Poulain *et al.*, "Media Use of Mothers, Media Use of Children, and Parent-Child Interaction Are Related to Behavioral Difficulties and Strengths of Children", *International Journal of Environmental Research and Public Health* 16, nº 23 (2019), p. 4651, disponível em: <https://doi. org/10.3390/ijerph16234651>.

26. L.A. Stockdale *et al.*, "Parent and child technoference and socioemotional behavioral outcomes: A nationally representative sample of 10-to 20-year-old adolescents", *Computers in Human Behavior* 88 (2018), p. 219-26.

27. Para saber mais sobre o conceito de estarmos "sozinhos juntos", ver Sherry Turkle, *Alone Together: Why We Expect More from Technology and Less from Each Other*, edição revista (Nova York, Basic Books, 2017).

28. "The iPhone Effect: when mobile devices intrude on our face-to-face encounters", *The British Psychological Society Research Digest*, 4 de

agosto de 2014, disponível em: <https://bps-research-digest.blogspot.com/2014/08/the-iphone-effect-when-mobile-devices.html>; ver também S. Misra *et al.*, "The iPhone Effect: The Quality of In-Person Social Interactions in the Presence of Mobile Devices Environment and Behavior", *Environment and Behavior* 48, n° 2 (2014), p. 275-98, disponível em: <https://doi.org./10.1177/0013916514539755>.

29. A subescala de Singularidade Humana inclui "6 tópicos geralmente relacionados à cognição e à competência intelectual de ordem superior: os avaliadores classificaram em que medida o falante era 'refinado e culto'; 'racional e lógico'; desprovido de 'autocontrole' (pontuação reversa); 'pouco sofisticado' (pontuação reversa); se comportava 'como um adulto, não como uma criança', e parecia 'pouco humano, como um animal' (pontuação reversa)". Juliana Schroeder, Michael Kardas e Nicholas Epley, "The Humanizing Voice: Speech Reveals, and Text Conceals, a More Thoughtful Mind in the Midst of Disagreement", *Psychological Science* 28, n° 12, p. 1745-62, disponível em: <https://doi.org/10.1177/0956797617713798>.

30. Jamil Zaki, "The Technology of Kindness", *Scientific American*, 6 de agosto de 2019, disponível em: <https://www.scientificamerican.com/article/the-technology-of-kindness/>.

31. Rurik Bradbury, "The digital lives of Millennials and Gen Z", *Liveperson Report*, 2018, disponível em: <https://liveperson.docsend.com/view/tm8j45m>.

32. Belle Beth Cooper, "7 Powerful Facebook Statistics You Should Know for a More Engaging Facebook Page", *Buffer.com*, disponível em: <https://buffer.com/resources/7-facebook-stats-you-should-know-for-a-more-engaging-page>.

33. Essa estatística em particular é da Verizon, mas se reflete no uso de outros provedores de serviço telefônico; a O2 relatou que o tráfego telefônico de seus usuários britânicos havia aumentado 57% na primeira semana de lockdown no Reino Unido. Alguns provedores, especialmente no Reino Unido, chegaram a sofrer breves interrupções devido ao súbito aumento da demanda por wi-fi e chamadas de voz. Ver Cecilia Kang, "The Humble Phone Call Has Made a Comeback", *New York Times*, 9 de abril de 2020, disponível em: <https://www.nytimes.com/2020/04/09/technology/phone-calls-voice-virus.html>; Emma Brazell, "UK mobile networks go down as people work from home due to coronavirus", *Metro*, 17 de março de 2020, disponível em: <https://

metro.co.uk/2020/03/17/uk-mobile-networks-o2-ee-vodafone-3-go-people-work-home-12410145/>.
34. Kang, "The Humble Phone Call Has Made a Comeback".
35. "The Phone Call Strikes Back", O2 News, 23 de abril de 2020, disponível em: <https://news.o2.co.uk/press-release/the-phone-call-strikes-back/>.
36. Considerando sua importância para a interação humana, é compreensível (se não desculpável) que pessoas que não conseguem reconhecer rostos — pessoas como Oliver Sacks, que sofria de uma condição chamada prosopagnosia — sejam com frequência consideradas socialmente inábeis, tímidas, reclusas e até autistas. Ver Oliver Sacks, "Face-Blind", *New Yorker*, 30 de agosto de 2010, disponível em: <https://www.newyorker.com/magazine/2010/08/30/face-blind>.
37. Jing Jiang et al., "Neural Synchronization During Face-to-Face Communication", *Journal of Neuroscience* 32, n° 45 (novembro de 2012), p. 16064-9, disponível em: <https://doi.org/10.1523/JNEUROSCI.2926-12.2012>.
38. Emily Green, "How technology is harming our ability to feel empathy", *Street Roots*, 15 de fevereiro de 2019, disponível em: <https://news.streetroots.org/2019/02/15/how-technology-harming-our-ability-feel-empathy>; ver também Helen Riess e Liz Neporent, *The Empathy Effect* (Louisville, Colorado, Sounds True Publishing, 2018).
39. F. Grondin, A. M. Lomanowska e P. L. Jackson, "Empathy in Computer-Mediated Interactions: A Conceptual Framework for Research and Clinical Practice", *Clinical Psychology: Science and Practice* e12298, disponível em: <https://doi.org/10.1111/cpsp.12298>.
40. Kate Murphy, "Why Zoom is Terrible", *New York Times*, 29 de abril de 2020, disponível em: <https://www.nytimes.com/2020/04/29/sunday-review/zoom-video-conference.html>.
41. Hannah Miller et al., "'Blissfully happy' or 'ready to fight': Varying interpretations of emoji", *Grouplens Research*, University of Minnesota, 2016, disponível em: <https://www-users.cs.umn.edu/~bhecht/publications/ICWSM2016_emoji.pdf>.
42. M. A. Riordan e L. A. Trichtinger, "Overconfidence at the Keyboard: Confidence and accuracy in interpreting affect in e-mail exchanges", *Human Communication Research* (2016), disponível em: <https://doi.org/10.1111/hcre.12093>.

43. Heather Cicchese, "College class tries to revive the lost art of dating", *Boston Globe*, 16 de maio de 2014, disponível em: <https://www.bostonglobe.com/lifestyle/2014/05/16/boston-college-professor-assigns-students-dates/jHXENWsdmp7cFlRPPwf0UJ/story.html>.
44. A tarefa original pode ser vista on-line em: <https://www.bc.edu/content/dam/files/schools/lsoe/pdf/DatingAssignment.pdf>.
45. Heather Cicchese, "College class tries to revive the lost art of dating".
46. Site original: <https://www.wikihow.com/Ask-Someone-Out>.
47. Angie S. Page *et al.*, "Children's Screen Viewing is Related to Psychological Difficulties Irrespective of Physical Activity", *Pediatrics* 126, n° 5 (2010), p. 1011-17.
48. Katie Bindley, "When Children Text All Day, What Happens to Their Social Skills?", *Huffington Post*, 9 de dezembro de 2011, disponível em: <https://www.huffpost.com/entry/children-texting-technology-social-skills_n_1137570>.
49. "Children, Teens, and Entertainment Media: The View from the Classroom" (Common Sense Media, 2012), p. 19, disponível em: <https://www.commonsensemedia.org/research/children-teens-and-entertainment-media-the-view-from-the-classroom>.
50. V. Carson *et al.*, "Physical activity and sedentary behavior across three time-points and associations with social skills in early childhood", *BMC Public Health* 19, n° 27 (2019), disponível em: <https://doi.org/10.1186/s12889-018-6381-x>.
51. Vera Skalická *et al.*, "Screen time and the development of emotion understanding from age 4 to age 8: A community study", *British Journal of Developmental Psychology* 37, n° 3 (2019), p. 427-43, disponível em: <https://doi.org/10.1111/bjdp.12283>.
52. Ver, por exemplo, Douglas B. Downey e Benjamin G. Gibbs, "Kids These Days: Are Face-to-Face Social Skills among American Children Declining?", *American Journal of Sociology* 125, n° 4 (janeiro de 2020), p. 1030-83, disponível em: <https://doi.org/10.1086/707985>.
53. Yalda T. Uhls *et al.*, "Five Days at Outdoor Education Camp without Screens Improves Preteen Skills with Nonverbal Emotion Cues", *Computers in Human Behavior* 39 (2014), p. 387-92, disponível em: <https://www.sciencedirect.com/science/article/pii/S0747563214003227>.
54. Belinda Luscombe, "Why Access to Screens Is Lowering Kids' Social Skills", *Time*, 21 de agosto de 2014, disponível em: <https://time.com/3153910/why-access-to-screens-is-lowering-kids-social-skills/>.

NOTAS

55. Nos Estados Unidos, por exemplo, 53% das crianças de 11 anos têm; Anya Kamenetz, "It's a Smartphone Life: More Than Half of U.S. Children Now Have One", *NPR Education*, 31 de outubro de 2019, disponível em: <https://www.npr.org/2019/10/31/774838891/its-a-smartphone-life-more-than-half-of-u-s-children-now-have-one>; Zoe Kleinman, "Half of UK 10-year-olds own a smartphone", *BBC News*, 4 de fevereiro de 2020, disponível em: <https://www.bbc.co.uk/news/technology-51358192>.
56. "Most children own mobile phone by age of seven, study finds", *Guardian*, 30 de janeiro de 2020, disponível em: <https://www.theguardian.com/society/2020/jan/30/most-children-own-mobile-phone-by-age-of-seven-study-finds>.
57. Nick Bilton, "Steve Jobs Was a Low-Tech Parent", *New York Times*, 10 de setembro de 2014, disponível em: <https://www.nytimes.com/2014/09/11/fashion/steve-jobs-apple-was-a-low-tech-parent.html>; Chris Weller, "Bill Gates and Steve Jobs Raised Their Kids Tech-Free and It Should Have Been a Red Flag", *Independent*, 24 de outubro de 2017, disponível em: <https://www.independent.co.uk/life-style/gadgets-and-tech/bill-gates-and-steve-jobs-raised-their-kids-techfree-and-it-shouldve-been-a-red-flag-a8017136.html>.
58. Matt Richtel, "A Silicon Valley School That Doesn't Compute", *New York Times*, 22 de outubro de 2011, disponível em: <https://www.nytimes.com/2011/10/23/technology/at-waldorf-school-in-silicon-valley-technology-can-wait.html>.
59. Nellie Bowles, "Silicon Valley Nannies Are Phone Police for Kids", *New York Times*, 26 de outubro de 2018, disponível em: <https://www.nytimes.com/2018/10/26/style/silicon-valley-nannies.html>.
60. Nellie Bowles, "The Digital Gap Between Rich and Poor Kids Is Not What We Expected", *New York Times*, 26 de outubro de 2018, disponível em: <https://www.nytimes.com/2018/10/26/style/digital-divide-screens-schools.html>.
61. Entre aqueles que têm dispositivos. Rani Molla, "Poor kids spend nearly 2 hours more on screens each day than rich kids", *Vox*, 29 de outubro de 2019, disponível em: <https://www.vox.com/recode/2019/10/29/20937870/kids-screentime-rich-poor-common-sense-media>; dados originais de "The Common Sense Census: Media Use by Tweens and Teens, 2019" (Common Sense Media, 2019), disponível em: <https://www.commonsensemedia.org/research/the-common-sense-census-media-use-by-tweens-and-teens-2019>.

62. Conversa pessoal em outubro de 2019.
63. Ben Hoyle, "Jittery American pupils can hold on to their phones", *The Times*, 22 de janeiro de 2020, disponível em: <https://www.thetimes.co.uk/article/jittery-american-pupils-can-hold-on-to-their-phones-z0zxr972c>.
64. O acrônimo é baseado nas próprias perguntas: 1. Você já sentiu que precisava *Cortar* a quantidade de álcool que ingeria? 2. As pessoas que criticam o quanto você bebe o *Aborrecem*? 3. Você já sentiu *Grande culpa* por beber? 4. Você precisa beber assim que acorda (*Estímulo*)?
65. Ver, por exemplo, Jamie Bartlett, *The People vs. Tech: How the Internet is Killing Democracy (and How We Can Save It)* (Londres, Ebury Press, 2018); Sherry Turkle, *Alone Together: Why We Expect More from Technology and Less from Each Other*, edição revista (Nova York, Basic Books, 2017). Para saber mais sobre design de produto imersivo, ver Joseph Dickerson, "Walt Disney: The World's First UX Designer", *UX Magazine*, 9 de setembro de 2013, disponível em: <https://uxmag.com/articles/walt-disney-the-worlds-first-ux-designer>.
66. Lo Min Ming, "UI, UX: Who Does What? A Designer's guide to the Tech Industry", *Fast Company*, 7 de julho de 2014, disponível em: <https://www.fastcompany.com/3032719/ui-ux-who-does-what-a-designers-guide-to-the-tech-industry>; Stefan Stieger e David Lewetz, "A Week Without Using Social Media: Results from an Ecological Momentary Intervention Study Using Smartphones", *Cypberpsychology, Behavior, and Social Networking* 21, n° 10 (2018), disponível em: <https://www.liebertpub.com/doi/abs/10.1089/cyber.2018.0070>.
67. Olivia Solon, "Ex-Facebook president Sean Parker: site made to exploit human 'vulnerability'", *Guardian*, 9 de novembro de 2017, disponível em: <https://www.theguardian.com/technology/2017/nov/09/facebook-sean-parker-vulnerability-brain-psychology>.
68. Jean M. Twenge, Brian H. Spitzberg e W. Keith Campbell, "Less In-Person Social Interaction with Peers among US Adolescents in the 21st Century and Links to Loneliness", *Journal of Social and Personal Relationships* 36, n° 6 (19 de março de 2019), p. 1892-913, disponível em: <https://doi.org/10.1177/0265407519836170>.
69. Brian A. Primack *et al.*, "Social Media Use and Perceived Social Isolation Among Young Adults in the US", *American Journal of Preventive Medicine* 53, n° 1 (1° de julho de 2017), p. 1-8, disponível em: <https://doi.org/10.1016/j.amepre.2017.01.010>.

70. Twenge et al., "Less In-Person Social Interaction with Peers".
71. Ibid.; ver também os dados originais disponíveis em: <https://www.pewresearch.org/internet/2018/05/31/teens-social-media-technology-2018/>. Além de Twenge, cujo livro iGen (Nova York, Simon & Schuster, 2017) colocou o uso de smartphones por adolescentes em primeiro plano nas discussões sobre saúde mental, críticos ferrenhos do uso de smartphones por adolescentes incluem Jonathan Haidt e Greg Lukianoff, coautores de The Coddling of the American Mind (Nova York, Penguin, 2018).
72. Hunt Allcott et al., "The Welfare Effects of Social Media" (2019), p. 6, disponível em: <https://web.stanford.edu/~gentzkow/research/facebook.pdf>.
73. Melissa G Hunt et al., "No More FOMO: Limiting Social Media Decreases Loneliness and Depression", Journal of Social and Clinical Psychology 37, n° 10 (8 de novembro de 2018), p. 751-68, disponível em: <https://doi.org/10.1521/jscp.2018.37.10.751>.
74. Hunt Allcott et al., "The Welfare Effects of Social Media", p. 23.
75. Kyt Dotson, "YouTube sensation and entrepreneur Markee Dragon swatted on first day of YouTube Gaming", Silicon Angle, 28 de agosto de 2015, disponível em: <https://siliconangle.com/2015/08/28/youtube-sensation-and-entrepreneur-markee-dragon-swatted-on-first-day-of-youtube-gaming/>; ver também Jason Fagone, "The Serial Swatter", New York Times magazine, 24 de novembro de 2015, disponível em: <https://www.nytimes.com/2015/11/29/magazine/the-serial-swatter.html>.
76. Matthew Williams, "The connection between online hate speech and real-world hate crime", OUP Blog, 12 de outubro de 2019, disponível em: <https://blog.oup.com/2019/10/connection-between-online-hate-speech-real-world-hate-crime/>. Ver também Williams, The Science of Hate (Londres, Faber & Faber, no prelo).
77. "The Rise of Antisemitism on Social Media: Summary of 2016" (The World Jewish Congress, 2016), p. 184, disponível em: <https://www.crif.org/sites/default/fichiers/images/documents/antisemitismreport.pdf>.
78. J. J. Van Bavel et al., "Emotion shapes the diffusion of moralized content in social networks", PNAS 114, n° 28 (julho de 2017), p. 7313-7318. Ver

também informações suplementares disponíveis em: <https://www.pnas.org/content/pnas/suppl/2017/06/20/1618923114.DCSupplemental/pnas.1618923114.sapp.pdf, 17-18>.

79. Zeynep Tufekci, "It's the (Democracy-Poisoning) Golden Age of Free Speech", *Wired*, 16 de janeiro de 2018, disponível em: <https://www.wired.com/story/free-speech-issue-tech-turmoil-new-censorship/>.

80. Richard Seymour, "How addictive social media fuels online abuse", *Financial Times*, 4 de novembro de 2019, disponível em: <https://www.ft.com/content/abc86766-fa37-11e9-a354-36acbbb0d9b6>.

81. O tuíte original e a mensagem de alerta podiam ser vistos, até o momento em que escrevi o livro, em: <https://twitter.com/realDonaldTrump/status/1266231100780744704>.

82. Tony Romm e Allyson Chiu, "Twitter flags Trump, White House for 'glorifying violence' after tweeting Minneapolis looting will lead to 'shooting'", *Washington Post*, 30 de maio de 2020, disponível em: <https://www.washingtonpost.com/nation/2020/05/29/trump-minneapolis-twitter-protest/>; Kate Conger, "Twitter had been drawing a line for months when Trump crossed it", *New York Times*, 30 de maio de 2020, disponível em: <https://www.nytimes.com/2020/05/30/technology/twitter-trump-dorsey.html>; para o contexto histórico, ver Barbara Sprunt, "The History Behind 'When the Looting Starts, the Shooting Starts'", *NPR Politics*, 29 de maio de 2020, disponível em: <https://www.npr.org/2020/05/29/864818368/the-history-behind-when-the-looting-starts-the-shooting-starts>.

83. Mike Isaac e Cecilia Kang, "While Twitter confronts Trump, Zuckerberg keeps Facebook out of it", *New York Times*, 29 de maio de 2020, disponível em: <https://www.nytimes.com/2020/05/29/technology/twitter-facebook-zuckerberg-trump.html>.

84. Derrick A. Paulo e Ellen Lokajaya, "3 in 4 youngsters say they have been bullied online", *CNA Insider*, 1º de março de 2018, disponível em: <https://www.channelnewsasia.com/news/cnainsider/3-in-4-teens-singapore-cyberbullying-bullied-online-survey-10001480>.

85. Christo Petrov, "Cyberbullying Statistics 2020", *Tech Jury*, 2 de junho de 2020, disponível em: <https://techjury.net/stats-about/cyberbullying/#Cyberbullying_around_the_world>.

86. "The Annual Bullying Survey 2017" (Ditch the Label, 2017), p. 28, disponível em: <https://www.ditchthelabel.org/wp-content/uploads/2017/07/The-Annual-Bullying-Survey-2017-2.pdf>.
87. Simon Murphy, "Girl killed herself after intense social media activity, inquest finds", *Guardian*, 17 de abril de 2019, disponível em: <https://www.theguardian.com/uk-news/2019/apr/17/girl-killed-herself-social-media-inquest-jessica-scatterson>.
88. Clyde Haberman, "What the Kitty Genovese Killing Can Teach Today's Digital Bystanders", *New York Times*, 4 de junho de 2017, disponível em: <https://www.nytimes.com/2017/06/04/us/retro-report-bystander-effect.html>; Carrie Rentschler, "Online abuse: we need Good Samaritans on the web", *Guardian*, 19 de abril de 2016, disponível em: <https://www.theguardian.com/commentisfree/2016/apr/19/online-abuse-bystanders-violence-web>.
89. Gordon Harold e Daniel Aquah, "What works to enhance interparental relationships and improve outcomes for children?" (Early Intervention Foundation, 2016), disponível em: <https://www.eif.org.uk/report/what-works-to-enhance-interparental-relationships-and-improve-outcomes-for-children/>.
90. Vemos isso com mais clareza entre aqueles para quem fazer apenas isso é seu trabalho. Existem hoje mais de 100 mil pessoas empregadas (muitas vezes por meio de empresas contratadas, em vez de diretamente por empresas de mídia social) como "moderadores de conteúdo", encarregadas de avaliar se determinada postagem é macabra, racista, obscena ou ofensiva o suficiente para ser removida. Os moderadores costumam apresentar sintomas de transtorno de estresse pós-traumático após meses assistindo a conteúdo abusivo com pouco ou nenhum apoio institucional. Uma mulher, ex-moderadora do MySpace, passou três anos sem conseguir apertar a mão das pessoas depois de pedir demissão. Depois que o jornalista Casey Newton expôs as péssimas condições de trabalho em uma empresa de moderação contratada pelo Facebook em *The Verge*, a empresa anunciou que estava cortando os laços com o gigante da mídia social. Ver Newton, "The Trauma Floor: The secret lives of Facebook moderators in America", *The Verge*, 25 de fevereiro de 2019, disponível em: <https://www.theverge.com/2019/2/25/18229714/cognizant-facebook-content-moderator-interviews-trauma-working-conditions-arizona>; "Facebook firm Cognizant quits", *BBC News*, 31 de

outubro de 2019, disponível em: <https://www.bbc.co.uk/news/technology-50247540>; Isaac Chotiner, "The Underworld of Online Content", *New Yorker*, 5 de julho de 2019, disponível em: <https://www.newyorker.com/news/q-and-a/the-underworld-of-online-content-moderation>; Sarah T. Roberts, *Behind the Screen: Content Moderation in the Shadows of Social Media* (New Haven, Yale University Press, 2019).

91. Sebastian Deri, Shai Davidai e Thomas Gilovich, "Home alone: why people believe others' social lives are richer than their own", *Journal of Personality and Social Psychology* 113, n° 6 (dezembro 2017), p. 858-77.

92. "Childline: More children seeking help for loneliness", *BBC News*, 3 de julho de 2018, disponível em: <https://www.bbc.co.uk/news/uk-44692344>.

93. J. Clement, "U.S. group chat frequency 2017, by age group", *Statista*, 5 de novembro de 2018, disponível em: <https://www.statista.com/statistics/800650/group-chat-functions-age-use-text-online-messaging-apps/>.

94. Shoshana Zuboff, *The Age of Surveillance Capitalism* (Nova York, Public Affairs, 2019); ver também John Harris, "Death of the private self: how fifteen years of Facebook changed the human condition", *Guardian*, 31 de janeiro de 2019, disponível em: <https://www.theguardian.com/technology/2019/jan/31/how-facebook-robbed-us-of-our-sense-of-self.>

95. Josh Constine, "Now Facebook says it may remove Like counts", *TechCrunch.com*, 2 de setembro de 2019, disponível em: <https://techcrunch.com/2019/09/02/facebook-hidden-likes/>; Greg Kumparak, "Instagram will now hide likes in 6 more countries", *TechCrunch.com*, 17 de julho de 2019, disponível em: <https://techcrunch.com/2019/07/17/instagram-will-now-hide-likes-in-6-more-countries/>.

96. Amy Chozick, "This Is the Guy Who's Taking Away the Likes", *New York Times*, 17 de janeiro de 2020, disponível em: <https://www.nytimes.com/2020/01/17/business/instagram-likes.html>.

97. "Over Three Quarters of Brits Say Their Social Media Page is a Lie", *Custard Media*, 6 de abril de 2016, disponível em: <https://www.custard.co.uk/over-three-quarters-of-brits-say-their-social-media-page-is-a-lie/>.

98. Sirin Kale, "Logged off: meet the teens who refuse to use social media", *Guardian*, 29 de agosto de 2018, disponível em: <https://www.theguardian.com/society/2018/aug/29/teens-desert-social-media>.

99. Harris, "Death of the private self".

100. Rebecca Jennings, "Facetune and the internet's endless pursuit of physical perfection", *Vox*, 25 de julho de 2019, disponível em: <https://www.vox.com/the-highlight/2019/7/16/20689832/instagram-photo-editing-app-facetune>.
101. Chris Velazco, "Apple highlights some of the best (and most popular) apps of 2019", *Engadget*, 3 de dezembro de 2019, disponível em: <https://www.engadget.com/2019/12/03/apple-best-apps-of-2019-iphone-ipad-mac/>.
102. Elle Hunt, "Faking it: how selfie dysmorphia is driving people to seek surgery", *Guardian*, 23 de janeiro de 2019, disponível em: <https://www.theguardian.com/lifeandstyle/2019/jan/23/faking-it-how-selfie-dysmorphia-is-driving-people-to-seek-surgery>.
103. Jessica Baron, "Does Editing Your Selfies Make You More Likely to Want Plastic Surgery?", *Forbes*, 27 de junho de 2019, disponível em: <https://www.forbes.com/sites/jessicabaron/2019/06/27/plastic-surgeons-ask-if-selfie-editing-is-related-to-a-desire-for-plastic-surgery/#87499d11e021>; ver também Susruthi Rajanala, Mayra B. C. Maymone e Neelam A. Vashi, "Selfies-Living In the Era of Filtered Photographs", *JAMA Facial Plastic Surgery* 20, n° 6 (novembro de 2018), p. 443-44.
104. Cass Sunstein, "Nudging Smokers", *New England Journal of Medicine* 372, n° 22 (maio de 2015), p. 2150-51, disponível em: <https://doi.org/10.1056/NEJMe1503200>.
105. Michael Zelenko, "The High Hopes of the Low-Tech Phone", *The Verge*, 4 de setembro de 2019, disponível em: <https://www.theverge.com/2019/9/4/20847717/light-phone-2-minimalist-features-design-keyboard-crowdfunding>.
106. Ver Jonathan Haidt e Nick Allen, "Scrutinizing the effects of digital technology on mental health", *Nature*, News and Views Forum, 10 de fevereiro de 2020, disponível em: <https://www.nature.com/articles/d41586-020-00296-x?sf229908667=1>.
107. "Children Unprepared for Social Media 'Cliff Edge' as They Start Secondary School, Children's Commissioner for England Warns in New Report", *Children's Commissioner of England*, 4 de janeiro de 2018, disponível em: <https://www.childrenscommissioner.gov.uk/2018/01/04/children-unprepared-for-social-media-cliff-edge-as-they-start-secondary-school-childrens-commissioner-for-england-warns-in-new-report/>; para o relato completo, ver "Life in 'Likes': Children's Commissioner

Report into Social Media Use among 8-12 Year Olds" (Children's Commissioner of England, 2018).
108. Embora essa seja uma idade inferior à idade mínima necessária para a compra de produtos do tabaco na maioria dos países, considerando que muitos jovens entram no mercado de trabalho e como as interações informais no local de trabalho costumam ocorrer nesses fóruns, não seria razoável proibir os adolescentes mais velhos de usá-los.
109. Para mais contextualização histórica, ver "How has the seatbelt law evolved since 1968?", *Road Safety GB*, 9 de abril de 2018, disponível em: <https://roadsafetygb.org.uk/news/how-has-the-seatbelt-law-evolved-since-1968/>; ver a legislação original em: <http://www.legislation.gov.uk/uksi/1989/1219/made>.
110. Fumar dentro de um carro na presença de um menor é ilegal no Reino Unido desde 2015 (UK Department of Health and Social Care, "Smoking in Vehicles", 17 de julho de 2015, disponível em: <https://www.gov.uk/government/news/smoking-in-vehicles>); diferentes estados e condados nos Estados Unidos têm sua própria regulamentação; a Califórnia é notória por ter banido esse comportamento em 2007 (<http://leginfo.legislature.ca.gov/faces/codes_displaySection.xhtml?lawCode=HSC&sectionNum=118948>).
111. Ver Jacob Shamsian, "Facebook"s head of policy says it would allow "denying the Holocaust" in the weeks before banning high-profile anti-Semitic conspiracy theorists", *Business Insider*, 3 de maio de 2019, disponível em: <https://www.insider.com/facebook-allows-holocaust-denial-anti-semitic-ban-2019-5>.
112. "Social media global revenue 2013-2019", *Statista*, 14 de julho de 2016, disponível em: <https://www.statista.com/statistics/562397/worldwide-revenue-from-social-media/>. Observe-se que os dados referentes a 2016-19 são estimativas em vez de relatórios.
113. Jamil Zaki, "The Technology of Kindness".
114. Mark Zuckerberg, "The Internet needs new rules. Let's start in these four areas", *Washington Post*, 30 de março de 2019, disponível em: <https://www.washingtonpost.com/opinions/mark-zuckerberg-the-internet-needs-new-rules-lets-start-in-these-four-areas/2019/03/29/9e6f0504-521a-11e9-a3f7-78b7525a8d5f_story.html>.
115. "Australian government pushes through expansive new legislation targeting abhorrent violent material online", *Ashurst Media Update*, 10

de abril de 2019, disponível em: <https://www.ashurst.com/en/news-and-insights/legal-updates/media-update-new-legislation-targeting-abhorrent-violent-material-online/>.
116. Mas a formulação vaga pode diminuir a eficácia da legislação. As discussões sobre a definição de termos-chave como "repugnante" e "prontamente" já ameaçam torná-la controversa; ver ibid.
117. Jamil Zaki, "The Technology of Kindness".
118. Jonathan Rauch, "Twitter Needs a Pause Button", *The Atlantic*, agosto de 2019, disponível em: <https://www.theatlantic.com/magazine/archive/2019/08/twitter-pause-button/592762/>.
119. "Age Appropriate Design: A Code of Practice for Online Services. Full Version to be Laid in Parliament" (Information Commissioner's Office, 22 de janeiro de 2020), p. 68, disponível em: <https://ico.org.uk/media/for-organisations/guide-to-data-protection/key-data-protection-themes/age-appropriate-design-a-code-of-practice-for-online-services-0-0.pdf>.
120. "Online Harms White Paper" (UK Department for Digital, Culture, Media & Sport and the UK Home Office, atualizado em 12 de fevereiro de 2020), disponível em: <https://www.gov.uk/government/consultations/online-harms-white-paper/online-harms-white-paper>.
121. "Impact of social media and screen-use on young people's health", *HC 822* (House of Commons, 2019), disponível em: <https://publications.parliament.uk/pa/cm201719/cmselect/cmsctech/822/822.pdf>.
122. Allan M. Brandt, "Inventing Conflicts of Interest: A History of Tobacco Industry Tactics", *American Journal of Public Health* 102, nº 1 (janeiro de 2012), p. 63-71, disponível em: <https://doi.org/10.2105/AJPH.2011.300292>.
123. Alex Hern, "Third of advertisers may boycott Facebook in hate speech revolt", *Guardian*, 30 de junho de 2020, disponível em: <https://www.theguardian.com/technology/2020/jun/30/third-of-advertisers-may-boycott-facebook-in-hate-speech-revolt>.
124. "More Companies Join Facebook Ad Boycott Bandwagon", *New York Times*, 29 de junho de 2020, disponível em: <https://www.nytimes.com/reuters/2020/06/29/business/29reuters-facebook-ads-boycott-factbox.html>; ver também Stop Hate for Profit, disponível em: <https://stophateforprofit.org>.

Capítulo 7: Sozinho no escritório

1. Dan Schawbel, *Back to Human: How Great Leaders Create Connection in the Age of Isolation* (Boston, Da Capo, 2018), Introdução [ed. bras.: *De volta às conexões humanas*, Cascavel, AlfaCon, 2020]. Observe que, embora Schawbel não afirme explicitamente que sua pesquisa foi feita apenas com pessoas que trabalham em escritório, fica claro, ao ler o livro, que o foco de sua pesquisa é predominantemente o empregado de escritório. Ver também David Vallance, "The workplace is a lonely place, but it doesn't have to be", *Dropbox*, 15 de julho de 2019, disponível em: <https://blog.dropbox.com/topics/work-culture/tips-for-fixing-workplace-loneliness>.
2. Emma Mamo, "How to combat the rise of workplace loneliness", *TotalJobs*, 30 de julho de 2018, disponível em: <https://www.totaljobs.com/insidejob/how-to-combat-the-rise-of-workplace-loneliness/>; Jo Carnegie, "The rising epidemic of workplace loneliness and why we have no office friends", *Telegraph*, 18 de junho de 2018, disponível em: <https://www.telegraph.co.uk/education-and-careers/0/rising-epidemic-workplace-loneliness-have-no-office-friends/>; em 2014, 42% dos britânicos relatavam não ter um único amigo no escritório.
3. "Most white-collar workers in China anxious and lonely: survey", *China Daily*, 23 de maio de 2018, disponível em: <https://www.chinadaily.com.cn/a/201805/23/WS5b04ca17a3103f6866eea0e9.html>.
4. "Research on friends at work", *Olivet Nazarene University*, disponível em: <https://online.olivet.edu/news/research-friends-work>; "Loneliness and the Workplace", *Cigna*, janeiro de 2020, disponível em: <https://www.cigna.com/static/www-cigna-com/docs/about-us/newsroom/studies-and-reports/combatting-loneliness/cigna-2020-loneliness-report.pdf>, p. 7.
5. "Loneliness during coronavirus", *Mental Health Foundation*, 3 de junho de 2020, disponível em: <https://www.mentalhealth.org.uk/coronavirus/coping-with-loneliness>.
6. "State of the Global Workplace", *Gallup*, disponível em: <https://www.gallup.com/workplace/238079/state-global-workplace-2017.aspx>.
7. Jane Ammeson, "Storytelling with Studs Terkel", *Chicago Life*, 28 de maio de 2007, disponível em: <http://chicagolife.net/content/interview/Storytelling_with_Studs_Terkel>; "Teenage Telephone Operator Re-

veals Loneliness In Terkel's 'Working'", *NPR*, 27 de setembro de 2016, disponível em: <https://www.npr.org/templates/transcript/transcript.php?storyId=495671371>.
8. Dan Schawbel, *Back to Human* (Boston, Da Capo, 2018); see also Kerry Hannon, "People with pals at work more satisfied, productive", *USA Today*, 13 de agosto de 2013, disponível em: <https://usatoday30.usatoday.com/money/books/reviews/2006-08-13-vital-friends_x.htm>.
9. Dan Schawbel, "How technology created a lonely workplace", *MarketWatch*, 2 de dezembro de 2018, disponível em: <https://www.marketwatch.com/story/how-technology-created-a-lonely-workplace-2018-11-13>; "40% of Australians feel lonely at work", *a future that works*, 8 de julho de 2019, disponível em: <https://www.afuturethatworks.org.au/mediastories/2019/7/8/40-of-australians-feel-lonely-at-work>; Hakan Ozcelik e Sigal G. Barsade, "No Employee an Island: Workplace Loneliness and Job Performance", *Academy of Management Journal* 61, n° 6 (11 de dezembro de 2018), p. 2343, disponível em: <https://doi.org/10.5465/amj.2015.1066>.
10. "Loneliness on the Job: Why No Employee Is an Island", *Knowledge@Wharton*, 9 de março de 2018, disponível em: <https://knowledge.wharton.upenn.edu/article/no-employee-is-an-island/>.
11. Pesquisa realizada com 1.624 funcionários em tempo integral, cf. Shawn Achor, Gabriella Rosen Kellerman, Andre Reece e Alexi Robichaux, "America's Loneliest Workers, According to Research", *Harvard Business Review*, 19 de março de 2018, disponível em: <https://hbr.org/2018/03/americas-loneliest-workers-according-to-research>; "Loneliness Causing UK Workers to Quit Their Jobs", *TotalJobs*, 26 de julho de 2018, disponível em: <https://press.totaljobs.com/release/loneliness-causing-uk-workers-to-quit-their-jobs/>.
12. "Global Study Finds That Dependency on Technology Makes Workers Feel Isolated, Disengaged and Less Committed to Their Organizations", *The Work Connectivity Study*, 13 de novembro de 2018 (publicado em 1° de junho de 2020), disponível em: <https://workplacetrends.com/the-work-connectivity-study/>.
13. S. Y. Park *et al.*, "Coronavirus Disease Outbreak in Call Center, South Korea", *Emerging Infectious Diseases* 26, n° 8 (2020), disponível em: <https://doi.org/10.3201/eid2608.201274>; ver também Sean Fleming, "COVID-19: How an office outbreak in South Korea shows that protecting workers is vital for relaxing lockdown", *Fórum Econômico Mun-*

dial, 4 de maio de 2020, disponível em: <https://www.weforum.org/agenda/2020/05/protecting-office-workers-vital-for-relaxing-lockdown-south-korea/>.

14. "The State of the Open Office Research Study", *Stegmeier Consulting Group*, disponível em: <https://cdn.worktechacademy.com/uploads/2018/01/Open-Office-Research-Study-Stegmeier-Consulting-Group.pdf>; Jeremy Bates, Mike Barnes e Steven Lang, "What Workers Want: Europe 2019", *Savills PLC*, 17 de junho de 2019, disponível em: <https://www.savills.co.uk/research_articles/229130/283562-0/what-workers-want-europe-2019>; Brian Borzykowski, "Why open offices are bad for us", *BBC*, 11 de janeiro de 2017, disponível em: <https://www.bbc.com/worklife/article/20170105-open-offices-are-damaging-our-memories>.

15. Ethan S. Bernstein e Stephen Turban, "The impact of the 'open' workspace on human collaboration", *Philosophical Transactions of the Royal Society B* 1753, n° 373 (julho de 2018), disponível em: <https://doi.org/10.1098/rstb.2017.0239>.

16. John Medina e Ryan Mullenix, "How Neuroscience Is Optimising the Office", *Wall Street Journal*, 1° de maio de 2018, disponível em: <https://www.wsj.com/articles/how-neuroscience-is-optimizing-the-office-1525185527>; ver também Barbara Palmer, "Sound Barriers: Keeping Focus in a Noisy Open Office", *PCMA*, 1° de dezembro de 2019, disponível em: <https://www.pcma.org/open-office-spaces-distractions-noise/>.

17. "Too Much Noise", *Steelcase*, disponível em: <https://www.steelcase.com/research/articles/topics/open-plan-workplace/much-noise/>.

18. Zaria Gorvett, "Why office noise bothers some people more than others", *BBC*, 18 de novembro de 2019, disponível em: <https://www.bbc.com/worklife/article/20191115-office-noise-acceptable-levels-personality-type>.

19. Jeremy Luscombe, "When All's Not Quiet On the Office Front, Everyone Suffers", *TLNT*, 4 de maio de 2016, disponível em: <https://www.tlnt.com/when-alls-not-quiet-on-the-office-front-everyone-suffers/>.

20. Vinesh Oommen, Mike Knowles e Isabella Zhao, "Should Health Service Managers Embrace Open-Plan Work Environments? A Review", *AsiaPacific Journal of Health Management 3*, n° 2 (2008), p. 37-43.

21. Therese Sprinkle, Suzanne S. Masterson, Shalini Khazanchi e Nathan Tong, "A spacial model of work relationships: The relationship-building and relationship-straining effects of workspace design", *The Academy of Management Review* 43, nº 4 (junho de 2018), disponível em: <https://doi.org/10.5465/amr.2016.0240>.
22. "Divisive practice of hot desking heightens employee stress", *Consultancy.uk*, 7 de maio de 2019, disponível em: <https://www.consultancy.uk/news/21194/divisive-practice-of-hot-desking-heightens-employee-stress>.
23. Conversa pessoal; Carla é um pseudônimo para proteção de privacidade.
24. Sarah Holder, "Can 'Pods' Bring Quiet to the Noisy Open Office?", *CityLab*, 2 de julho de 2019, disponível em: <https://www.citylab.com/design/2019/07/open-plan-offices-architecture-acoustics-privacy-pods/586963/>; Josh Constine, "To fight the scourge of open offices, ROOM sells rooms", *TechCrunch*, 15 de agosto de 2018, disponível em: <https://techcrunch.com/2018/08/15/room-phone-booths/?guccounter=1&guce_referrer_us=aHR0cHM6Ly93d3cuZ29vZ2xlLmNvbS8&guce_referrer_cs=p6XDk_kXhi4qkZLStN5AfA>.
25. Cubicall, disponível em: <https://www.cubicallbooth.com/>.
26. Chip Cutter, "One Architects Radical Vision to Replace the Open Office", *Wall Street Journal*, 9 de janeiro de 2020, disponível em: <https://www.wsj.com/articles/one-architects-radical-vision-to-replace-the-open-office-11578578407?emailToken=3d0330849f5ede15b0c7196985e56f38CBKL>.
27. "Why offices are becoming more 'open'", *InterviewQ's*, disponível em: <https://www.interviewqs.com/blog/closed_open_office>.
28. Em qualquer dado momento, até 40% da equipe de uma empresa não está em suas respectivas mesas. Jeff Pochepan, "Here's What Happens When You Take Away Dedicated Desks for Employees", *Inc.*, 10 de maio de 2018, disponível em: <https://www.inc.com/jeff-pochepan/heres-what-happens-when-you-take-away-dedicated-desks-for-employees.html>; Niall Patrick Walsh, "Is Coronavirus the Beginning of the End of Offices?", *Arch Daily*, 11 de março de 2020, disponível em: <https://www.archdaily.com/935197/is-coronavirus-the-beginning-of-the-end-of-offices>.
29. Dan Schawbel, "How technology created a lonely workplace", *MarketWatch*, 2 de dezembro de 2018, disponível em: <https://www.marketwatch.com/story/how-technology-created-a-lonely-workplace-2018-11-13>; também

de dados compartilhados comigo de uma auditoria interna de e-mails de uma grande empresa de mídia.
30. Ibid.
31. Lori Francis, Camilla M. Holmvall e Laura E. O"Brien, "The influence of workload and civility of treatment on the perpetration of email incivility", *Computers in Human Behavior* 46 (2015), p. 191-201, disponível em: <https://doi.org/10.1016/j.chb.2014.12.044>.
32. Ver Gina Luk, "Global Mobile Workforce Forecast Update 2017-2023", *Strategy Analytics*, 18 de maio de 2018, disponível em: <https://www.strategyanalytics.com/access-services/enterprise/mobile-workforce/market-data/report-detail/global-mobile-workforce-forecast-update-2017-2023>. Observe que essa previsão foi anterior à pandemia de Covid-19, durante a qual trabalhar em casa foi a norma para a maioria dos funcionários de escritório. É provável que a aceitação do trabalho remoto se acelere daqui em diante.
33. Erica Dhawan e Tomas Chamorro-Premuzic, "How to Collaborate Effectively If Your Team Is Remote", *Harvard Business Review*, 27 de fevereiro de 2018, disponível em: <https://hbr.org/2018/02/how-to-collaborate-effectively-if-your-team-is-remote>.
34. Bryan Robinson, "What Studies Reveal About Social Distancing And Remote Working During Coronavirus", *Forbes*, 4 de abril de 2020, disponível em: <https://www.forbes.com/sites/bryanrobinson/2020/04/04/what-7-studies-show-about-social-distancing-and-remote-working-during-covid-19/>.
35. Hailley Griffis, "State of Remote Work 2018 Report: What It's Like to be a Remote Worker In 2018", *Buffer*, 27 de fevereiro de 2018, disponível em: <https://open.buffer.com/state-remote-work-2018/>.
36. Ver tuíte original em: <https://twitter.com/hacks4pancakes/status/1­06743840751476736?s=20>.
37. Ryan Hoover, "The Problems in Remote Working", *LinkedIn*, 19 de março de 2019, disponível em: <https://www.linkedin.com/pulse/problems-remote-working-ryan-hoover/?trackingId=KaDtuFRVTiy­DDxgnaFy5Q%3 D%3D>.
38. Ver tuítes originais em: <https://twitter.com/hacks4pancakes/status/106743840751476736?s=20>; <https://twitter.com/SethSandler/status/1­06721799306244096?s=20>.
39. Ver tuíte original em: <https://twitter.com/john_osborn/status/1106­70727103348738?s=20>.

40. Ver tuíte original em: <https://twitter.com/ericnakagawa/status/1106567592225890305?s=20>.
41. Ver tuíte original em: <https://twitter.com/ahmed_sulajman/status/1106561023652302848?s=20>; outros incluíam "Encontrar comunidades de trabalho intencionais. Sentir falta das conversas passivas com colegas de equipe" @DavidSpinks; "Falta de dinamismo social. Eu enlouqueço e não paro de pensar quando não falo/não posso falar com outras pessoas" @jkwade; "Não falar com outros seres humanos" @belsito; "resolver problemas é mais fácil quando vc está com colegas do que on-line" @GabbarSanghi; "Minha maior frustração é que não tem ninguém com quem comemorar quando você faz uma coisa importante" @MadalynSklar; "Perder as interações sociais do escritório. É onde a mágica dos relacionamentos acontece!" @EraldoCavalli; Ryan Hoover, "The Problems in Remote Working", LinkedIn, 19 de março de 2019, disponível em: <https://www.linkedin.com/pulse/problems-remote-working-ryan-hoover/?trackingId=KaDtuFRVTiy7DDxgnaFy5Q%3D%3D>.
42. Jenni Russell, "Office life is more precious than we admit", *The Times*, 6 de maio de 2020, disponível em: <https://www.thetimes.co.uk/article/office-life-is-more-precious-than-we-admit-q3twmh8tv>.
43. Nicholas Bloom, James Liang, John Roberts e Zhichun Jenny Ying, "Does Working From Home Work? Evidence from a Chinese Experiment", *The Quarterly Journal of Economics* 130, n° 1 (novembro de 2014), p. 165-218, disponível em: <https://doi.org/10.1093/qje/qju032>.
44. Isabella Steger, "A Japanese aquarium under lockdown wants people to video call its lonely eels", *Quartz*, 30 de abril de 2020, disponível em: <https://qz.com/1848528/japan-aquarium-asks-people-to-video-call-eels-under-lockdown/>.
45. Kevin Roose, "Sorry, But Working From Home is Overrated", *New York Times*, 10 de março de 2020, disponível em: <https://www.nytimes.com/2020/03/10/technology/working-from-home.html>.
46. Ibid.
47. Em cidades tão diversas quanto Birmingham, Brasília, Toronto, Istambul, Bogotá, Rio de Janeiro e Los Angeles, o deslocamento diário médio é de mais de uma hora e meia, porque os custos de moradia nas áreas centrais das cidades se tornaram simplesmente inacessíveis, mesmo para trabalhadores de classe média. Julia Watts, "The Best and Worst Cities for

Commuting", *Expert Market*, disponível em: <https://www.expertmarket.co.uk/vehicle-tracking/best-and-worst-cities-for-commuting>. Ver dados originais em: <https://images.expertmarket.co.uk/wp-content/uploads/sites/default/files/FOCUSUK/Commuter%20Carnage/The%20Best%20and%20Worst%20Cities%20for%20Commuting%20-%20Expert%20Market.pdf?_ga=2.6892788.710211532.1591291518-1056841509.1591291518>.

48. Alison Lynch, "Table for one: Nearly half of all meals in the UK are eaten alone", *Metro*, 13 de abril de 2016, disponível em: <https://metro.co.uk/2016/04/13/table-for-one-nearly-half-of-all-meals-in-the-uk-are-eaten-alone-5813871/>.

49. Malia Wollan, "Failure to Lunch", *New York Times*, 25 de fevereiro de 2016, disponível em: <https://www.nytimes.com/2016/02/28/magazine/failure-to-lunch.html>; Olivera Perkins, "Eating lunch alone, often working at your desk: the disappearing lunch break (photos)", *Cleveland.com*, 14 de setembro de 2015, disponível em: <https://www.cleveland.com/business/2015/09/eating_lunch_alone_often_worki.html>.

50. Robert Williams, Kana Inagaki, Jude Webber e John Aglionby, "A global anatomy of health and the workday lunch", *Financial Times*, 14 de setembro de 2016, disponível em: <https://www.ft.com/content/a1b8d81a-48f5-11e6-8d68-72e9211e86ab>.

51. Stan Herman, "In-work dining at Silicon Valley companies like Google and Facebook causes spike in divorce rate", *Salon*, 24 de junho de 2018, disponível em: <https://www.salon.com/2018/06/24/in-work-dining-in-silicon-valley-companies-like-google-and-facebook-cause-spike-in-divorce-there/>; Lenore Bartko, "Festive Feasts Around the World", *InterNations.org*, disponível em: <https://www.internations.org/magazine/plan-prepare-feast-and-enjoy-tips-for-celebrating-national-holidays-abroad-17475/festive-feasts-around-the-world-2>.

52. Ver, por exemplo, a discussão em Anthony Charuvastra e Marylene Cloitre, "Social Bonds and Post-Traumatic Stress Disorder", *Annual Review of Psychology* 59 (2008), p. 301-28.

53. O nome da cidade não foi revelado no estudo original para proteger a identidade dos bombeiros. Kevin M. Kniffin, Brian Wansink, Carol M. Devine e Jeffery Sobal, "Eating Together at the Firehouse: How Workplace Commensality Relates to the Performance of Firefighters", *Human Performance* 28, n° 4 (2015), p. 281-306, disponível em: <https://doi.org/10.1080/08959285.2015.1021049>.

54. Susan Kelley, "Groups that eat together perform better together", *Cornell Chronicle*, 19 de novembro de 2015, disponível em: <https://news.cornell.edu/stories/2015/11/groups-eat-together-perform-better-together>; ver também Kniffin *et al.*, "Eating Together at the Firehouse"; "Team-Building in the Cafeteria", *Harvard Business Review*, dezembro de 2015, disponível em: <https://hbr.org/2015/12/team-building-in-the-cafeteria>.
55. Kelley, "Groups that eat together perform better together", "Team-Building in the Cafeteria".
56. Trevor Felch, "Lunch at Google HQ is as Insanely Awesome as You Thought", *Serious Eats*, 8 de janeiro de 2014, disponível em: <https://www.seriouseats.com/2014/01/lunch-at-google-insanely-awesome-as-you-thought.html>; Katie Canales, "Cayenne pepper ginger shots, homemade lemon tarts, and Michelin-starred chefs — here's what employees at Silicon Valley's biggest tech companies are offered for free", *Business Insider*, 31 de julho de 2018, disponível em: <https://www.businessinsider.com/free-food-silicon-valley-tech-employees-apple-google-facebook-2018-7?r=US&IR=T#apple-employees-dont-get-free-food-but-they-do-get-subsidized-cafes-2>.
57. "'Team-Building in the Cafeteria."
58. Alex Pentland, "The New Science of Building Great Teams", *Harvard Business Review*, abril de 2012, disponível em: <https://hbr.org/2012/04/the-new-science-of-building-great-teams>; Ron Miller, "New Firm Comines Wearables And Data To Improve Decision Making", *TechCrunch*, 24 de fevereiro de 2015, disponível em: <https://techcrunch.com/2015/02/24/new-firm-combines-wearables-and-data-to-improve-decision-making/>.
59. Jen Hubley Luckwaldt, "For the Love of the Job: Does Society Pay Teachers What They Are Worth?", *PayScale*, disponível em: <https://www.payscale.com/data-packages/most-and-least-meaningful-jobs/teacher-pay-versus-job-meaning>; "Nurses are undervalued because most of them are women, a new study shows", *Oxford Brookes University*, 29 de janeiro de 2020, disponível em: <https://www.brookes.ac.uk/about-brookes/news/nurses-are-undervalued-because-most-of-them-are-women-a-new-study-finds/>; artigo original: "Gender and Nursing as a Profession", Royal College of Nursing e Oxford Brookes University, janeiro de 2020; Jack Fischl, "Almost 82 Per cent of Social Workers Are Female, and This is Hurting Men", *Mic*, 25 de março de 2013, disponível em: <https://www.mic.com/articles/30974/almost-82-percent-of-social-

workers-are-female-and-this-is-hurting-men>; análise das descrições de trabalho disponível em: <totaljobs.com>.
60. Sarah Todd, "Can nice women get ahead at work?", *Quartz*, disponível em: <https://qz.com/work/1708242/why-being-nice-is-a-bad-word-at-work/>.
61. Sarah Todd, "Finally, a performance review designed to weed out 'brilliant jerks'", *Quartz*, 22 de julho de 2019, disponível em: <https://qz.com/work/1671163/atlassians-new-performance-review-categories-weed-out-brilliant-jerks/>.
62. Sarah Todd, "Can nice women get ahead at work?".
63. Joan C. Williams e Marina Multhaup, "For Women and Minorities to Get Ahead, Managers Must Assign Work Fairly", *Harvard Business Review*, 5 de março de 2018, disponível em: <https://hbr.org/2018/03/for-women-and-minorities-to-get-ahead-managers-must-assign-work-fairly>.
64. Patrick Moorhead, "Why No One Should Be Surprised Cisco Named 'World's Best Workplace' for 2019", *Forbes*, 1º de novembro de 2019, disponível em: <https://www.forbes.com/sites/moorinsights/2019/11/01/why-no-one-should-be-surprised-cisco-named-worlds-best-workplace-for-2019/#5d7032443886>.
65. Paul Verhaghe, "Neoliberalism has brought out the worst in us", *The Guardian*, 29 de setembro de 2014, disponível em: <https://www.theguardian.com/commentisfree/2014/sep/29/neoliberalism-economic-system-ethics-personality-psychopathicsthic>.
66. Entre 1950 e 2012, por exemplo, a quantidade de horas trabalhadas por ano por empregado caiu cerca de 40% na Holanda e na Alemanha. Nos Estados Unidos, esse número é cerca de 10% mais baixo. Matthew Yglesias, "Jeb Bush and longer working hours: gaffesplainer 2016", *Vox*, 9 de julho de 2015, disponível em: <https://www.vox.com/2015/7/9/8920297/jeb-bush-work-longer>; Derek Thompson, "Workism Is Making Americans Miserable", *The Atlantic*, 24 de fevereiro de 2019, disponível em: <https://www.theatlantic.com/ideas/archive/2019/02/religion-workism-making-americans-miserable/583441/>.
67. Anna S. Burger, "Extreme working hours in Western Europe and North America: A new aspect of polarization", LSE "Europe in Question" Discussion Paper Series, maio de 2015, disponível em: <https://www.lse.ac.uk/europeanInstitute/LEQS%20Discussion%20Paper%20Series/LEQSPaper92.pdf>. Esse estudo analisou especificamente pessoas

com diploma universitário. É razoável supor que profissionais seriam um subgrupo deles propenso a seguir a mesma tendência; Heather Boushey e Bridget Ansel, "Overworked America", *Washington Center for Equitable Growth*, 16 de maio de 2016, disponível em: <https://equitablegrowth.org/research-paper/overworked-america/>. Sabemos também que, entre 1985 e 2010, o tempo de lazer semanal de homens com formação universitária diminuiu em 2,5 horas, mais do que qualquer outro grupo; Derek Thompson, "Are We Truly Overworked? An Investigation — in 6 Charts", *The Atlantic*, junho de 2013, disponível em: <https://www.theatlantic.com/magazine/archive/2013/06/are-we-truly-overworked/309321/>.

68. Steven Clarke e George Bangham, "Counting the hours", *Resolution Foundation*, janeiro de 2018, disponível em: <https://www.resolutionfoundation.org/app/uploads/2018/01/Counting-the-hours.pdf>.

69. Justin McCurry, "Japanese woman 'dies from overwork' after logging 159 hours of overtime in a month", *Guardian*, 5 de outubro de 2017, disponível em: <https://www.theguardian.com/world/2017/oct/05/japanese-woman-dies-overwork-159-hours-overtime>.

70. Rita Liao, "China's Startup Ecosystem is hitting back at demanding working hours", *TechCrunch*, 13 de abril de 2019, disponível em: <https://techcrunch.com/2019/04/12/china-996/>.

71. Os custos são 30% mais altos nos Estados Unidos hoje do que eram vinte anos atrás. Larry Getlen, "America's middle class is slowly being 'wiped out'", *MarketWatch*, 23 de julho de 2018, disponível em: <https://www.marketwatch.com/story/americas-middle-class-is-slowly-being-wiped-out-2018-07-23>. Ver também Alissa Quart, *Squeezed: Why Our Families Can't Afford America* (Nova York, Ecco, 2018); isso acontece também no Reino Unido, onde o número de lares de classe média diminuiu 27% entre 1980 e 2010; por sua vez, a classe média encolheu em dois terços nos países da União Europeia desde a crise financeira de 2008. Ver Daniel Boffey, "How 30 years of a polarised economy have squeezed out of the middle class", *Guardian*, 7 de março de 2015, disponível em: <https://www.theguardian.com/society/2015/mar/07/vanishing-middle-class-london-economy-divide-rich-poor-england>; Liz Alderman, "Europe's Middle Class Is Shrinking. Spain Bears Much of the Pain", *New York Times*, 14 de fevereiro de 2019, disponível em: <https://www.nytimes.com/2019/02/14/business/spain-europe-middle-class.html>.

72. Jennifer Szalai, "Going for Broke, the Middle Class Goes Broke", *New York Times*, 27 de junho de 2018, disponível em: <https://www.nytimes.com/2018/06/27/books/review-squeezed-alissa-quart.html>.
73. Sarah Graham, "Meet The Young Nurses Who Need A Side Hustle Just To Pay Their Bills", *Grazia*, 12 de julho de 2017, disponível em: <https://graziadaily.co.uk/life/real-life/meet-young-nurses-need-side-hustle-just-pay-bills/>.
74. "Nursing Shortage: 52% of US Nurses Say It's Gotten Worse", *Staffing Industry Analysts*, 12 de novembro de 2019, disponível em: <https://www2.staffingindustry.com/site/Editorial/Daily-News/Nursing-shortage-52-of-US-nurses-say-it-s-gotten-worse-51871>; tanto nos Estados Unidos quanto no Reino Unido, acadêmicos também podem cair nessa armadilha. Reino Unido: conversas com colegas. Para os Estados Unidos, ver, por exemplo, Seth Freed Wessler, "Your College Professor Could Be On Public Assistance", *NBC News*, 6 de abril de 2015, disponível em: <https://www.nbcnews.com/feature/in-plain-sight/poverty-u-many-adjunct-professors-food-stamps-n336596>; Matt Saccaro, "Professors on food stamps: The shocking true story of academia in 2014", *Salon*, 21 de setembro de 2014, disponível em: <https://www.salon.com/test/2014/09/21/professors_on_food_stamps_the_shocking_true_story_of_academia_in_2014/>.
75. Katherine Schaeffer, "About one-in-six U.S. teachers work second jobs — and not just in the summer", *Pew Research Center*, 1º de julho de 2019, disponível em: <https://www.pewresearch.org/fact-tank/2019/07/01/about-one-in-six-u-s-teachers-work-second-jobs-and-not-just-in-the-summer/>; Michael Addonizio, "Are America's teachers really underpaid?", *The Conversation*, 11 de abril de 2019, disponível em: <https://theconversation.com/are-americas-teachers-really-underpaid-114397>.
76. Szalai, "Going for Broke, the Middle Class Goes Broke".
77. Sylvia Ann Hewlett e Carolyn Buck Luce, "Extreme Jobs: The Dangerous Allure of the 70-Hour Workweek", *Harvard Business Review*, dezembro de 2006, disponível em: <https://hbr.org/2006/12/extreme-jobs-the-dangerous-allure-of-the-70-hour-workweek>.
78. "New statistics reveal effect of modern day lifestyles on family life", *British Heart Foundation*, 12 de maio de 2017, disponível em: <https://www.bhf.org.uk/what-we-do/news-from-the-bhf/news-archive/2017/may/new-statistics-reveal-effect-of-modern-day-lifestyles-on-family-life>.

79. Emma Seppälä e Marissa King, "Burnout at Work Isn't Just About Exhaustion. It's Also About Loneliness", *Harvard Business Review*, 29 de junho de 2017, disponível em: <https://hbr.org/2017/06/burnout-at-work-isnt-just-about-exhaustion-its-also-about-loneliness>.
80. Christina Zdanowicz, "Denver is so expensive that teachers have to get creative to make ends meet", *CNN*, 11 de fevereiro de 2019, disponível em: <https://edition.cnn.com/2019/02/10/us/denver-teacher-strike-multiple-jobs/index.html>.
81. Zoe Schiffer, "Emotional Baggage", *The Verge*, 5 de dezembro de 2019, disponível em: <https://www.theverge.com/2019/12/5/20995453/away-luggage-ceo-steph-korey-toxic-work-environment-travel-inclusion>.
82. *Rise and Grind* ["Levante-se e dê duro", em tradução livre] (Nova York, Currency, 2018) é o título de um livro do astro do programa televisivo *Shark Tank* e fundador da FUBU Daymond John e tema de um recente anúncio da Nike, disponível em: <https://www.youtube.com/watch?v=KQSiiEPKgUk>.
83. "The Relationship Between Hours Worked and Productivity", *Crunch Mode*: Programming to the Extreme, disponível em: <https://cs.stanford.edu/people/eroberts/cs201/projects/crunchmode/econ-hours-productivity.html>; Sarah Green Carmichael, "The Research Is Clear: Long Hours Backfire for People and for Companies", *Harvard Business Review*, 19 de agosto de 2015, disponível em: <https://hbr.org/2015/08/the-research-is-clear-long-hours-backfire-for-people-and-for-companies>.
84. "Volkswagen turns off Blackberry email after work hours", *BBC News*, 8 de março de 2012, disponível em: <https://www.bbc.co.uk/news/technology-16314901>.
85. "Should holiday email be deleted?", *BBC News*, 14 de agosto de 2014, disponível em: <https://www.bbc.co.uk/news/magazine-28786117>.
86. É preciso frisar que faço parte do conselho do Warner Music Group.
87. "French workers get 'right to disconnect' from emails out of hours", *BBC News*, 31 de dezembro de 2016, disponível em: <https://www.bbc.co.uk/news/world-europe-38479439>.
88. Daniel Ornstein e Jordan B. Glassberg, "More Countries Consider Implementing a 'Right to Disconnect'", *The National Law Review*, 29 de janeiro de 2019, disponível em: <https://www.natlawreview.com/article/more-countries-consider-implementing-right-to-disconnect>.

89. Raquel Flórez, "The future of work — New rights for new times", *Freshfields*, 5 de dezembro de 2018, disponível em: <https://digital.freshfields.com/post/102f6up/the-future-of-work-new-rights-for-new-times>; Ornstein e Glassberg, "More Countries Consider Implementing a 'Right to Disconnect'".
90. "Banning out-of-hours email 'could harm employee wellbeing'", *BBC News*, 18 de outubro de 2019, disponível em: <https://www.bbc.co.uk/news/technology-50073107>.
91. Evgeny Morozov, "So you want to switch off digitally? I'm afraid that will cost you...", *Guardian*, 19 de fevereiro de 2017, disponível em: <https://www.theguardian.com/commentisfree/2017/feb/19/right-to-disconnect-digital-gig-economy-evgeny-morozov>.
92. Peter Fleming, "Do you work more than 39 hours per week? Your job could be killing you", *Guardian*, 15 de janeiro de 2018, disponível em: <https://www.theguardian.com/lifeandstyle/2018/jan/15/is-28-hours-ideal-working-week-for-healthy-life>.
93. "Two in five low-paid mums and dads penalised by bad bosses, TUC study reveals", *Trades Union Congress*, 1º de setembro de 2017, disponível em: <https://www.tuc.org.uk/news/two-five-low-paid-mums-and-dads-penalised-bad-bosses-tuc-study-reveals-0>. A crise da Covid-19 aponta para mais riscos, já que o Trades Union Congress [federação de sindicatos do Reino Unido] exigiu proteção governamental para pais e mães forçados a escolher entre empregos de baixa remuneração e a segurança de sua família quando a crise ameaçou levar o setor de creches ao colapso. "Forced out: The cost of getting childcare wrong", *Trades Union Congress*, 4 de junho de 2020, disponível em: <https://www.tuc.org.uk/research-analysis/reports/forced-out-cost-getting-childcare-wrong>.
94. Brian Wheeler, "Why Americans don't take sick days", *BBC News*, 14 de setembro de 2014, disponível em: <https://www.bbc.co.uk/news/world-us-canada-37353742>.
95. Harriet Meyer, "Part-time workers 'trapped' in jobs with no chance of promotion", *Guardian*, 8 de julho de 2013, disponível em: <https://www.theguardian.com/money/2013/jul/08/part-time-workers-trapped-jobs>; Richard Partington, "Mothers working part-time hit hard by gender pay gap, study shows", *Guardian*, 5 de fevereiro de 2018, disponível em: <https://www.theguardian.com/society/2018/feb/05/mothers-working-part-time-hit-hard-by-gender-pay-gap-study-shows>; Paul Johnson,

"We must not ignore plight of low-paid men as once we ignored that of working women", *Institute for Fiscal Studies*, 12 de novembro de 2018, disponível em: <https://www.ifs.org.uk/publications/13706>.

96. Ver, por exemplo, Ariane Hegewisch e Valerie Lacarte, "Gender Inequality, Work Hours, and the Future of Work", *Institute for Women's Policy Research*, 14 de novembro de 2019, disponível em: <https://iwpr.org/publications/gender-inequality-work-hours-future-of-work/>.
97. Dominic Walsh, "Centrica staff get extra paid leave to care for sick relatives", *The Times*, 7 de maio de 2019, disponível em: <https://www.thetimes.co.uk/article/centrica-staff-get-extra-paid-leave-to-care-for-sick-relatives-6397f7vs8>.
98. Joe Wiggins, "9 Companies That Offer Corporate Volunteering Days", *Glassdoor*, 6 de maio de 2019, disponível em: <https://www.glassdoor.co.uk/blog/time-off-volunteer/>.
99. Kari Paul, "Microsoft Japan tested a four-day work week and productivity jumped by 40%", *Guardian*, 4 de novembro de 2019, disponível em: <https://www.theguardian.com/technology/2019/nov/04/microsoft-japan-four-day-work-week-productivity>.

Capítulo 8: Escravidão digital

1. Robert Booth, "Unilever saves on recruiters by using AI to assess job interviews", *Guardian*, 25 de outubro de 2019, disponível em: <https://www.theguardian.com/technology/2019/oct/25/unilever-saves-on-recruiters-by-using-ai-to-assess-job-interviews>; The Harvey Nash HR Survey 2019, disponível em: <https://www.harveynash.com/hrsurvey/full-report/charts/#summary>.
2. "HireVue surpasses ten million video interviews completed worldwide", *HireVue*, 21 de maio de 2019, disponível em: <https://www.hirevue.com/press-release/hirevue-surpasses-ten-million-video-interviews-completed-worldwide>.
3. "EPIC Files Complaint with FTC about Employment Screening Firm HireVue", *Electronic Privacy Information Center*, 6 de novembro de 2019, disponível em: <https://epic.org/2019/11/epic-files-complaint-with-ftc.html>; ver a queixa completa em: <https://epic.org/privacy/ftc/hirevue/EPIC_FTC_HireVue_Complaint.pdf>.

4. Loren Larsen, "HireVue Assessments and Preventing Algorithmic Bias", *HireVue*, 22 de junho de 2018, disponível em: <https://www.hirevue.com/blog/hirevue-assessments-and-preventing-algorithmic-bias>; cf. Emma Leech, "The perils of AI recruitment", *New Statesman*, 14 de agosto de 2019, disponível em: <https://tech.newstatesman.com/emerging-technologies/ai-recruitment-algorithms-bias>; Julius Schulte, "AI-assisted recruitment is biased. Here's how to make it more fair", *Fórum Econômico Mundial*, 9 de maio de 2019, disponível em: <https://www.weforum.org/agenda/2019/05/ai-assisted-recruitment-is-biased-heres-how-to-beat-it/>.

5. Drew Harwell, "A face-scanning algorithm increasingly decides whether you deserve the job", *Washington Post*, 6 de novembro de 2019, disponível em: <https://www.washingtonpost.com/technology/2019/10/22/ai-hiring-face-scanning-algorithm-increasingly-decides-whether-you-deserve-job/>.

6. Reuters, "Amazon ditched AI recruiting tool that favoured men for technical jobs", *Guardian*, 11 de outubro de 2018, disponível em: <https://www.theguardian.com/technology/2018/oct/10/amazon-hiring-ai-gender-bias-recruiting-engine>.

7. Kuba Krys *et al.*, "Be Careful Where You Smile: Culture Shapes Judgments of Intelligence and Honesty of Smiling Individuals", *Journal of Nonverbal Behavior* 40 (2016), p. 101-16, disponível em: <https://doi.org/10.1007/s10919-015-0226-4>. Essas suposições, refletidas em provérbios e estereótipos, são agora corroboradas por análises quantitativas de 44 países.

8. A teoria geral sustenta que em países com maior diversidade histórica — ou seja, com uma população formada por uma grande proporção de imigrantes que podem não compartilhar línguas ou normas culturais — os sorrisos são mais esperados e usados como moeda social; ver Khazan, "Why Americans smile so much", *The Atlantic*, 3 de maio de 2017, disponível em: <https://www.theatlantic.com/science/archive/2017/05/why-americans-smile-so-much/524967/>.

9. O eventual fechamento das lojas da gigante do varejo na Alemanha teve relação, especulam analistas, com sua incapacidade de se adaptar a diferentes expectativas culturais. Mark Landler e Michael Barbaro, "Wal-Mart Finds That Its Formula Doesn't Fit Every Culture", *New York Times*, 2 de agosto de 2006, disponível em: <https://www.nytimes.

com/2006/08/02/business/worldbusiness/02walmart.html>; ver também Khazan, "Why Americans smile so much".

10. Implícito nesta declaração em seu site, na seção de perguntas frequentes para entrevistados: "Os empregos em que há contato com o cliente, como o de caixa de banco, exigem certo grau de simpatia e atenção para com outras pessoas. Um trabalho mais técnico pode não requerer o mesmo grau de interação social e, portanto, saber se você sorri ou faz contato visual prolongado provavelmente não fará parte do modelo de avaliação para esse trabalho"; *HireVue*, disponível em: <https://www.hirevue.com/candidates/faq>.

11. Stéphanie Thomson, "Here's why you didn't get that job: your name", *Fórum Econômico Mundial*, 23 de maio de 2017, disponível em: <https://www.weforum.org/agenda/2017/05/job-applications-resume-cv-name-discrimination/>.

12. Dave Gershgorn, "AI is now so complex its creators can't trust why it makes decisions", *Quartz*, 7 de dezembro de 2017, disponível em: <https://qz.com/1146753/ai-is-now-so-complex-its-creators-cant-trust-why-it-makes-decisions/>.

13. Jordi Canals e Franz Heukamp, *The Future of Management in an AI World: Redesigning Purpose and Strategy in the Fourth Industrial Revolution* (Cham, Suíça, Springer Nature, 2019), p. 108.

14. Observe que, além da entrevista em vídeo, eu tive que "jogar" alguns "jogos" psicométricos. Até que ponto eles foram contabilizados na avaliação não ficou claro.

15. Terena Bell, "This bot judges how much you smile during your job interview", *Fast Company*, 15 de janeiro de 2019, disponível em: <https://www.fastcompany.com/90284772/this-bot-judges-how-much-you-smile-during-your-job-interview>.

16. "Jane" é uma personagem composta.

17. Cogito Corporation, disponível em: <https://www.cogitocorp.com>.

18. "Jack" também é uma personagem composta.

19. Ron Miller, "New Firm Combines Wearables And Data To Improve Decision Making", *TechCrunch*, 24 de fevereiro de 2015, disponível em: <https://techcrunch.com/2015/02/24/new-firm-combines-wearables-and-data-to-improve-decision-making/>.

20. Jessica Bruder, "These Workers Have a New Demand: Stop Watching Us", *The Nation*, 27 de maio de 2015, disponível em: <https://www.

thenation.com/article/archive/these-workers-have-new-demand-stop-watching-us/>.
21. Ceylan Yeginsu, "If Workers Slack Off, the Wristband Will Know (And Amazon Has a Patent for It)", *New York Times*, 1º de fevereiro de 2018, disponível em: <https://www.nytimes.com/2018/02/01/technology/amazon-wristband-tracking-privacy.html>.
22. James Bloodworth, Hired: *Six Months Undercover in Low-Wage Britain* (Londres, Atlantic Books, 2018).
23. Luke Tredinnick e Claire Laybats, "Workplace surveillance", *Business Information Review* 36, nº 2 (2019), p. 50-2, disponível em: <https://doi.org/10.1177/0266382119853890>.
24. Ivan Manokha, "New Means of Workplace Surveillance: From the Gaze of the Supervisor to the Digitalization of Employees", *Monthly Review*, 1º de fevereiro de 2019, disponível em: <https://monthlyreview.org/2019/02/01/new-means-of-workplace-surveillance/>.
25. Zuboff, *The Age of Surveillance Capitalism*.
26. Olivia Solon, "Big Brother isn't just watching: workplace surveillance can track your every move", *Guardian*, 6 de novembro de 2017, disponível em: <https://www.theguardian.com/world/2017/nov/06/workplace-surveillance-big-brother-technology>.
27. Ibid.
28. Observe que em "vendas" estou incluindo testes. Por exemplo, um fornecedor desse tipo de software, a Hubstaff, relatou que o número de empresas testando seus produtos de rastreamento de tempo quase triplicou à medida que mais e mais empregadores colocaram seus funcionários para trabalhar de casa. Outras empresas disseram que o interesse em seus produtos aumentou seis vezes. Jessica Golden e Eric Chemi, "Worker monitoring tools see surging growth as companies adjust to stay-at-home orders", *CNBC*, 13 de maio de 2020, disponível em: <https://www.cnbc.com/2020/05/13/employee-monitoring-tools-see-uptick-as-more-people-work-from-home.html>.
29. O aplicativo se tornou voluntário e foi eliminado após uma greve de professores. Jess Bidgood, "'I Live Paycheck to Paycheck': A West Virginia Teacher Explains Why She's on Strike", *New York Times*, 1º de março de 2018, disponível em: <https://www.nytimes.com/2018/03/01/us/west-virginia-teachers-strike.html>?.
30. Bruder, "These Workers Have a New Demand: Stop Watching Us".

31. Padraig Belton, "How does it feel to be watched at work all the time?", *BBC News*, 12 de abril de 2019, disponível em: <https://www.bbc.com/news/business-47879798>.
32. Ibid.
33. Ellen Ruppel Shell, "The Employer-Surveillance State", *The Atlantic*, 15 de outubro de 2018, disponível em: <https://www.theatlantic.com/business/archive/2018/10/employee-surveillance/568159/>.
34. Antti Oulasvirta *et al.*, "Long-term effects of ubiquitous surveillance in the home", *Proceedings of the 2012 ACM Conference on Ubiquitous Computing* (2012), disponível em: <https://doi.org/10.1145/2370216.2370224>.
35. Shell, "The Employer-Surveillance State".
36. Embora certamente haja características comuns entre as instituições de trabalho forçado e o ambiente de trabalho atual, optei por me concentrar no "ambiente de trabalho" no cenário capitalista pós-industrial. No entanto, como muitos estudiosos demonstraram, a escravidão, seja no mundo antigo, seja, por exemplo, no sistema de *plantations* dos Estados Unidos, fornece muitos outros exemplos de vigilância como arma de controle social, desumanização e alteridade. Para leitura adicional sobre vigilância racializada, ver, por exemplo, Simone Browne, *Dark Matters: On the Surveillance of Blackness* (Durham, Carolina do Norte, Duke University Press, 2015).
37. "Pinkerton National Detective Agency", *Encyclopaedia Britannica*, 25 de setembro de 2017, disponível em: <https://www.britannica.com/topic/Pinkerton-National-Detective-Agency>.
38. Ifeoma Ajunwa, Kate Crawford e Jason Schultz, "Limitless Worker Surveillance", *California Law Review* 105, n° 3 (2017), p. 735-6.
39. Julie A. Flanagan, "Restricting electronic monitoring in the private workplace", *Duke Law Journal* 43 (1993), p. 1256, disponível em: <https://scholarship.law.duke.edu/cgi/viewcontent.cgi?article=3255&context=dlj>.
40. Já nos anos 1980, estudiosos estavam soando o alarme. Ver, por exemplo, Shoshana Zuboff, *In the Age of the Smart Machine: The Future of Work and Power* (Nova York, Basic Books, 1988); Barbara Garson, *The Electronic Sweatshop: How Computers Are Turning the Office of the Future into the Factory of the Past* (Nova York, Simon & Schuster, 1988); Michael Wallace, "Brave New Workplace: Technology and Work in the New Economy", *Work and Occupations* 16, n° 4 (1989), p. 363-92.
41. Ivan Manokha, "New Means of Workplace Surveillance: From the Gaze of the Supervisor to the Digitalization of Employees", *Monthly*

42. *Review*, 1º de fevereiro de 2019, disponível em: <https://monthlyreview.org/2019/02/01/new-means-of-workplace-surveillance/>.
42. Em 1985, 30% dos trabalhadores da OCDE eram sindicalizados; em 2019, essa porcentagem tinha caído para 16%. Niall McCarthy, "The State of Global Trade Union Membership", *Statista*, 7 de maio de 2019, disponível em: <https://www.statista.com/chart/9919/the-state-of-the-unions/>.
43. A adesão aos sindicatos caiu pela metade desde os anos 1980, praticamente em todo o mundo; Niall McCarthy, "The State of Global Trade Union Membership", *Forbes*, 6 de maio de 2019, disponível em: <https://www.forbes.com/sites/niallmccarthy/2019/05/06/the-state-of-global-trade-union-membership-infographic/>; ONS, "Trade Union Membership Statistics 2018", *Departamento de Negócios, Energia e Estratégia Industrial*, disponível em: <https://assets.publishing.service.gov.uk/government/uploads/system/uploads/attachment_data/file/805268/trade-union-membership-2018-statistical-bulletin.pdf>.
44. Richard Feloni, "Employees at the world's largest hedge fund use iPads to rate each other's performance in real-time — see how it works", *Business Insider*, 6 de setembro de 2017, disponível em: <https://www.businessinsider.com/bridgewater-ray-dalio-radical-transparency-app-dots-2017-9?IR=T>.
45. Disponível em: <https://www.glassdoor.com/Reviews/Employee-Review-Bridgewater-Associates-RVW28623146.htm>.
46. Disponível em: <https://www.glassdoor.com/Reviews/Employee-Review-Bridgewater-Associates-RVW25872721.htm>.
47. Disponível em: <https://www.glassdoor.com/Reviews/Employee-Review-Bridgewater-Associates-RVW25450329.htm>; Allana Akhtar, "What it's like to work at the most successful hedge fund in the world, where 30% of new employees don't make it and those who do are considered 'intellectual Navy SEALs'", *Business Insider*, 16 de abril de 2019, disponível em: <https://www.businessinsider.com/what-its-like-to-work-at-ray-dalio-bridgewater-associates-2019-4>.
48. Ibid.
49. Amir Anwar, "How Marx predicted the worst effects of the gig economy more than 150 years ago", *New Statesman*, 8 de agosto de 2018, disponível em: <https://tech.newstatesman.com/guest-opinion/karl-marx-gig-economy>.
50. Richard Partington, "Gig economy in Britain doubles, accounting for 4.7 million workers", *Guardian*, 28 de junho de 2019, disponível em

<https://www.theguardian.com/business/2019/jun/28/gig-economy-in-britain-doubles-accounting-for-47-million-workers>; Siddharth Suri e Mary L. Gray, "Spike in online gig work: flash in the pan or future of employment?", *Ghost Work*, novembro de 2016, disponível em: <https://ghostwork.info/2016/11/spike-in-online-gig-work-flash-in-the-pan-or-future-of-employment/>.

51. Thor Berger, Chinchih Chene e Carl Frey, "Drivers of disruption? Estimating the Uber effect", *European Economic Review* 110 (2018), p. 197-210, disponível em: <https://doi.org/10.1016/j.euroecorev.2018.05.006>.

52. O professor Stephen Zoepf, do MIT, chamou atenção em março de 2018 ao publicar sua descoberta de que os motoristas da Uber ganhavam em média 3,37 dólares por hora, afirmação que o economista-chefe da Uber refutou, questionando a metodologia de Zoepf. No entanto, depois que Zoepf reconheceu que as críticas eram válidas e refez os cálculos, o resultado foi 8,55 dólares — ainda assim dificilmente um valor generoso. Ver Lawrence Mishel, "Uber and the labor market", *Economic Policy Institute*, 15 de maio de 2018, disponível em: <https://www.epi.org/publication/uber-and-the-labor-market-uber-drivers-compensation-wages-and-the-scale-of-uber-and-the-gig-economy/>.

53. Isso, é claro, além dos milhares de trabalhadores cujos empregos na economia informal agora também dependem fortemente das avaliações dos clientes; quando foi a última vez que você foi convidado a responder a uma pesquisa depois de falar ao telefone com um representante do atendimento ao cliente? O emprego dessas pessoas pode estar em jogo; Rob Brogle, "How to Avoid the Evils Within Customer Satisfaction Surveys", *ISIXIGMA.com*, disponível em: <https://www.isixsigma.com/methodology/voc-customer-focus/how-to-avoid-the-evils-within-customer-satisfaction-surveys/>. Ver em especial os comentários de usuários e anedotas pessoais.

54. Will Knight, "Is the Gig Economy Rigged?", *MIT Technology Review*, 17 de novembro de 2016, disponível em: <https://www.technologyreview.com/s/602832/is-the-gig-economy-rigged/>; Aniko Hannak *et al.*, "Bias in online freelance marketplaces: Evidence from Taskrabbit and Fiverr", *Proceedings of the 2017 ACM Conference on Computer Supported Cooperative Work and Social Computing* (2017), p. 13, disponível em: <http://claudiawagner.info/publications/cscw_bias_olm.pdf>.

55. Ver, por exemplo, Lev Muchnik, Sinan Aral e Sean J. Taylor, "Social Influence Bias: A Randomized Experiment", *Science* 341, nº 6146 (9 de

agosto de 2013), p. 647-51; para mais detalhes, ver Daniel Kahneman, *Thinking, Fast and Slow* (Nova York, Penguin, 2011) [ed. bras.: *Rápido e devagar: duas formas de pensar*, Rio de Janeiro, Objetiva, 2012].

56. As plataformas insistem que as classificações são a única forma de indicar quão confiáveis são seus "realizadores de tarefas", "andadores" ou "motoristas" (nunca "contratados"). Obviamente, não é a *única* maneira. Antes do surgimento da *gig economy*, mecanismos formais e informais, como referências de clientes ou de empregadores, serviam a esse propósito. Deixar a classificações a cargo dos consumidores pode, no entanto, ser a única maneira de indicar quão confiáveis são massas de pessoas em larga escala, se a plataforma on-line não estiver disposta a assumir a responsabilidade pela confiabilidade ou pelo padrão das pessoas que trabalham para ela.

57. Aaron Smith, "Gig Work, Online Selling and Home Sharing", *Pew Research Center*, 17 de novembro de 2016, disponível em: <https://www.pewresearch.org/internet/2016/11/17/gig-work-online-selling-and-home-sharing/>.

58. Tudo isso foi obscurecido por completo pelos dados otimistas de emprego em muitos países no fim da década de 2010. Ver, por exemplo, Lawrence Mishel e Julia Wolfe, "CEO compensation has grown 940% since 1978", *Economic Policy Institute*, 14 de agosto de 2019, disponível em: <https://www.epi.org/publication/ceo-compensation-2018/>; Richard Partington, "Four million British workers live in poverty, charity says", *Guardian*, 4 de dezembro de 2018, disponível em: <https://www.theguardian.com/business/2018/dec/04/four-million-british-workers-live-in-poverty-charity-says>; Anjum Klair, "Zero-hours contracts are still rife — it's time to give all workers the rights they deserve", *Trades Union Congress*, 19 de fevereiro de 2019, disponível em: <https://www.tuc.org.uk/blogs/zero-hours-contracts-are-still-rife-its-time-give-all-workers-rights-they-deserve>; Nassim Khadem, "Australia has a high rate of casual work and many jobs face automation threats: OECD", *ABC News*, 25 de abril de 2019, disponível em: <https://www.abc.net.au/news/2019-04-25/australia-sees-increase-in-casual-workers-ai-job-threats/11043772>; Melisa R. Serrano (org.), *Between Flexibility and Security: The Rise of Non-Standard Employment in Selected ASEAN Countries* (Kuala Lumpur, ASETUC, 2014), disponível em: <https://library.fes.de/pdf-files/bueros/singapur/10792.pdf>; Simon Roughneen, "Nearly one billion Asians in vulnerable jobs, says ILO", *Nikkei Asian Review*,

23 de janeiro de 2018, disponível em: <https://asia.nikkei.com/Economy/Nearly-one-billion-Asians-in-vulnerable-jobs-says-ILO>; Bas ter Weel, "The Rise of Temporary Work in Europe", *De Economist* 166 (2018), p. 397-401, disponível em: <https://doi.org/10.1007/s10645-018-9329-8>; Yuki Noguchi, "Freelanced: The Rise of the Contract Workforce", *NPR*, 22 de janeiro de 2018, disponível em: <https://www.npr.org/2018/01/22/578825135/rise-of-the-contract-workers-work-is-different-now?t=1576074901406>; Jack Kelly, "The Frightening Rise in Low-Quality, Low-Paying Jobs: Is This Really a Strong Job Market?", *Forbes*, 25 de novembro de 2019, disponível em: <https://www.forbes.com/sites/jackkelly/2019/11/25/the-frightening-rise-in-low-quality-low-paying-jobs-is-this-really-a-strong-job-market/>; ver também Martha Ross e Nicole Bateman, "Meet the low-wage workforce", *Brookings*, 7 de novembro de 2019, disponível em: <https://www.brookings.edu/research/meet-the-low-wage-workforce/>; Hanna Brooks Olsen, "Here's how the stress of the gig economy can affect your mental health", *Healthline*, 3 de junho de 2020, disponível em: <https://www.healthline.com/health/mental-health/gig-economy#6>; Edison Research, "Gig Economy", *Marketplace-Edison Research Poll*, dezembro de 2018, disponível em: <https://www.edisonresearch.com/wp-content/uploads/2019/01/Gig-Economy-2018-Marketplace-Edison-Research-Poll-FINAL.pdf>.

59. Ver Karl Marx, "Economic and Philosophical Manuscripts of 1844", in *Karl Marx, Friedrich Engels: Collected Works*, vol. 3 (Londres, Lawrence & Wishart, 1975), p. 229-347.

60. Na esteira da crise financeira de 2008, muitas empresas demitiram funcionários em tempo integral e os substituíram por trabalhadores por contrato e estagiários não remunerados, cujos termos de emprego eram mais precários e que tinham direito a poucos ou nenhum benefício. Ver Katherine S. Newman, "The Great Recession and the Pressure on Workplace Rights", *Chicago-Kent Law Review* 88, nº 2 (abril de 2013), disponível em: <https://scholarship.kentlaw.iit.edu/cklawreview/vol88/iss2/13>.

61. Ver Michael Kearns e Aaron Roth, *The Ethical Algorithm* (Oxford, Oxford University Press, 2019).

62. Joseph J. Lazzarotti e Maya Atrakchi, "Illinois Leads the Way on AI Regulation in the Workplace", *SHRM*, 6 de novembro de 2019, disponível em: <https://www.shrm.org/resourcesandtools/legal-and-compliance/

state-and-local-updates/pages/illinois-leads-the-way-on-ai-regulation-in-the-workplace.aspx>; Gerard Stegmaier, Stephanie Wilson, Alexis Cocco e Jim Barbuto, "New Illinois employment law signals increased state focus on artificial intelligence in 2020", *Technology Law Dispatch*, 21 de janeiro de 2020, disponível em: <https://www.technologylawdispatch.com/2020/01/privacy-data-protection/new-illinois-employment-law-signals-increased-state-focus-on-artificial-intelligence-in-2020/>.

63. Esse é especialmente o caso fora da Europa, onde o Regulamento Geral de Proteção de Dados, que entrou em vigor em maio de 2018, trata em parte desse desequilíbrio.

64. Identificação por radiofrequência é a tecnologia incorporada em quase todos os cartões "sem contato" que você usa diariamente, de cartões de crédito e débito a cartões de trânsito, como o Oyster [utilizado no sistema de transporte público da região metropolitana de Londres].

65. Maggie Astor, "Microchip Implants for Employees? One Company Says Yes", *New York Times*, 25 de julho de 2017, disponível em: <https://www.nytimes.com/2017/07/25/technology/microchips-wisconsin-company-employees.html>. John Moritz, "Rules on worker microchipping pass Arkansas House", *Arkansas Democrat Gazette*, 25 de janeiro de 2019, disponível em: <https://www.arkansasonline.com/news/2019/jan/25/rules-on-worker-microchipping-passes-ho/>. Califórnia, Dakota do Norte e Wisconsin (estado de origem do Three Square Market) já têm leis semelhantes contra a implantação impositiva de chips, embora não sejam específicas para o ambiente de trabalho; uma proibição também havia sido proposta na Flórida, mas não foi aprovada. Ver Mary Colleen Charlotte Fowler, "Chipping Away Employee Privacy: Legal Implications of RFID Microchip Implants for Employees", *National Law Review*, 10 de outubro de 2019, disponível em: <https://www.natlawreview.com/article/chipping-away-employee-privacy-legal-implications-rfid-microchip-implants-employees>.

66. Joshua Z. Wasbin, "Examining the Legality of Employee Microchipping Under the Lens of the Transhumanistic Proactionary Principle", *Washington University Jurisprudence Review* 11, n° 2 (2019), 401, disponível em: <https://openscholarship.wustl.edu/law_jurisprudence/vol11/iss2/10>.

67. European Parliament, "Gig economy: EU law to improve workers' rights (infographic)", 9 de abril de 2019, disponível em: <https://www.europarl.europa.eu/news/en/headlines/society/20190404STO35070/

gig-economy-eu-law-to-improve-workers-rights-infographic>; Kate Conger e Noam Scheiber, "California Bill Makes App-Based Companies Treat Workers as Employees", *New York Times*, 11 de setembro de 2019, disponível em: <https://www.nytimes.com/2019/09/11/technology/california-gig-economy-bill.html>. Além disso, em novembro de 2019, o estado de Nova Jersey cobrou da Uber uma conta tributária de 649 milhões de dólares em impostos atrasados por supostamente classificar seus motoristas como trabalhadores por contrato em vez de empregados; Matthew Haag e Patrick McGeehan, "Uber Fined $649 Million for Saying Drivers Aren't Employees", *New York Times*, 14 de novembro de 2019, disponível em: <https://www.nytimes.com/2019/11/14/nyregion/uber-new-jersey-drivers.html>.

68. State of California, "Assembly Bill n° 5", publicada em 19 de setembro de 2019, disponível em: <https://leginfo.legislature.ca.gov/faces/billTextClient.xhtml?bill_id=201920200AB5>; "ABC is not as easy as 1-2-3 — Which independent contractor classification test applies to whom after AB5?", *Porter Simon*, 19 de dezembro de 2019, disponível em: <https://www.portersimon.com/abc-is-not-as-easy-as-1-2-3-which-independent-contractor-classification-test-applies-to-whom-after-ab5/>.

69. Kate Conger, "California Sues Uber and Lyft, Claiming Workers Are Misclassified", *New York Times*, 5 de maio de 2020, disponível em: <https://www.nytimes.com/2020/05/05/technology/california-uber-lyft-lawsuit.html>.

70. "3F reaches groundbreaking collective agreement with platform company Hilfr", *Uni Global Union*, 18 de setembro de 2018, disponível em: <https://www.uniglobalunion.org/news/3f-reaches-groundbreaking-collective-agreement-platform-company-hilfr>.

71. GMB Union, "Hermes and GMB in groundbreaking gig economy deal", 4 de fevereiro de 2019, disponível em: <https://www.gmb.org.uk/news/hermes-gmb-groundbreaking-gig-economy-deal>; ver também Robert Wright, "Hermes couriers awarded union recognition in gig economy first", *Financial Times*, 4 de fevereiro de 2019, disponível em: <https://www.ft.com/content/255950d2-264d-11e9-b329-c7e6ceb5ffdf>.

72. Liz Alderman, "Amazon Loses Appeal of French Order to Stop Selling Nonessential Items", *New York Times*, 24 de abril de 2020, disponível em: <https://www.nytimes.com/2020/04/24/business/amazon-france-unions-coronavirus.html>.

73. Mesmo assim, os kits demoravam semanas para chegar, o processo de pedido era cheio de burocracias e o número de kits era limitado. Arielle Pardes, "Instacart Workers Are Still Waiting for Those Safety Supplies", *Wired*, 18 de abril de 2020, disponível em: <https://www.wired.com/story/instacart-delivery-workers-still-waiting-safety-kits/>.
74. Mark Muro, Robert Maxim e Jacob Whiton, "Automation and Artificial Intelligence: How machines are affecting people and places", *Brookings*, 24 de janeiro de 2019, disponível em: <https://www.brookings.edu/research/automation-and-artificial-intelligence-how-machines-affect-people-and-places/>; ver também Tom Simonite, "Robots Will Take Jobs From Men, the Young, and Minorities", *Wired*, 24 de janeiro de 2019, disponível em: <https://www.wired.com/story/robots-will-take-jobs-from-men-young-minorities/>.
75. Cate Cadell, "At Alibaba's futuristic hotel, robots deliver towels and mix cocktails", *Reuters*, 22 de janeiro de 2019, disponível em: <https://www.reuters.com/article/us-alibaba-hotels-robots/at-alibabas-futuristic-hotel-robots-deliver-towels-and-mix-cocktails-idUSKCN1PG21W>.
76. O número preciso é 47%. Carl Benedikt Frey e Michael A. Osborne, "The Future of Employment: How Susceptible are Jobs to Computerisation?", *Technological Forecasting and Social Change* 114 (2017): 254-280, disponível em: <https://www.oxfordmartin.ox.ac.uk/downloads/academic/The_Future_of_Employment.pdf>.
77. Carl Benedikt Frey, "Covid-19 will only increase automation anxiety", *Financial Times*, 21 de abril de 2020, disponível em: <https://www.ft.com/content/817228a2-82e1-11ea-b6e9-a94cffd1d9bf>.
78. PA Media, "Bosses speed up automation as virus keeps workers home", *Guardian*, 30 de março de 2020, disponível em: <https://www.theguardian.com/world/2020/mar/30/bosses-speed-up-automation-as-virus-keeps-workers-home>; Peter Bluestone, Emmanuel Chike e Sally Wallace, "The Future of Industry and Employment: COVID-19 Effects Exacerbate the de março de of Artificial Intelligence", *The Center for State and Local Finance*, 28 de abril de 2020, disponível em: <https://cslf.gsu.edu/download/covid-19-ai/?wpdmdl=6496041&refresh=5ea830afd2a471588080815>.
79. Andrew G. Haldane, "Ideas and Institutions — A Growth Story", *Bank of England*, 23 de maio de 2018, 13, disponível em: <https://www.bankofengland.co.uk/-/media/boe/files/speech/2018/ideas-and-institutions-a-growth-story-speech-by-andy-haldane>; ver também Tabela 1.

80. Daron Acemoglu e Pascual Restrepo, "Robots and Jobs: Evidence from US Labor Markets", *Journal of Political Economy* 128, n° 6 (de junho de 2020), p. 2188-244, disponível em: <https://www.journals.uchicago.edu/doi/abs/10.1086/705716>. Observe que "em 'zonas pendulares' onde robôs foram acrescentados à força de trabalho, cada robô substitui cerca de 6,6 empregos no âmbito local, segundo os pesquisadores. No entanto, em uma reviravolta sutil, acrescentar robôs à linha de produção beneficia pessoas em outras indústrias e outras áreas do país — ao reduzir o custo das mercadorias, entre outras coisas. Esses benefícios econômicos nacionais são a razão pela qual os pesquisadores calcularam que um robô substitui 3,3 empregos no país como um todo". Peter Dizikes, "How many jobs do robots really replace?", *MIT News*, 4 de maio de 2020, disponível em: <https://news.mit.edu/2020/how-many-jobs-robots-replace-0504>.

81. Como disse o economista Henry Siu em 2015: "O computador pessoal existia nos anos 1980, mas só vimos efeitos sobre os empregos de escritório e de suporte administrativo nos anos 1990 e, de repente, na última recessão, o efeito foi enorme. Então, hoje há telas para checkout e a promessa de carros sem motorista, drones voadores e pequenos robôs operando depósitos. Sabemos que essas tarefas podem ser realizadas por máquinas em vez de pessoas. Mas talvez só vejamos os efeitos disso na próxima recessão, ou na recessão depois dela." Derek Thompson, "When Will Robots Take All the Jobs?", *The Atlantic*, 31 de outubro de 2016, disponível em: <https://www.theatlantic.com/business/archive/2016/10/the-robot-paradox/505973/>. Os instintos de Siu são corroborados por pesquisas que mostram que os anúncios de emprego aumentaram significativamente as qualificações na esteira da crise financeira de 2008: Brad Hershbein e Lisa B. Kahn, "Do Recessions Accelerate Routine-Biased Technological Change? Evidence from Vacancy Postings", *The National Bureau of Economic Research*, outubro de 2016 (revisado em setembro de 2017), disponível em: <https://www.nber.org/papers/w22762>.

82. Yuan Yang e Xinning Lu, "China's AI push raises fears over widespread job cuts", *Financial Times*, 30 de agosto de 2018, disponível em: <https://www.ft.com/content/1e2db400-ac2d-11e8-94bd-cba20d67390c>.

83. June Javelosa e Kristin Houser, "This company replaced 90% of its workforce with machines. Here's what happened", *Fórum Econômico Mundial*, 16 de fevereiro de 2017, disponível em: <https://www.weforum.org/agenda/2017/02/after-replacing-90-of-employees-with-robots-this-companys-productivity-soared>.

84. Brennan Hoban, "Robots aren't taking the jobs, just the paychecks — and other new findings in economics", *Brookings*, 8 de março de 2018, disponível em: <https://www.brookings.edu/blog/brookings-now/2018/03/08/robots-arent-taking-the-jobs-just-the-paychecks-and-other-new-findings-in-economics/>; David Autor e Anna Salomons, "Is automation labor-displacing? Productivity growth, employment, and the labor share", *Brookings*, 8 de março de 2018, disponível em: <https://www.brookings.edu/bpea-articles/is-automation-labor-displacing-productivity-growth-employment-and-the-labor-share/>.

85. Carl Benedikt Frey, "The robot revolution is here. Prepare for workers to revolt", *University of Oxford*, 1º de agosto de 2019, disponível em: <https://www.oxfordmartin.ox.ac.uk/blog/the-robot-revolution-is-here-prepare-for-workers-to-revolt/>.

86. Jenny Chan, "Robots, not humans: Official policy in China", *New Internationalist*, 1º de novembro de 2017, disponível em: <https://newint.org/features/2017/11/01/industrial-robots-china>.

87. Carl Benedikt Frey, Thor Berger e Chinchih Chen, "Political Machinery: Automation Anxiety and the 2016 U.S. Presidential Election", *University of Oxford*, 23 de julho de 2017, disponível em: <https://www.oxfordmartin.ox.ac.uk/downloads/academic/Political%20Machinery-Automation%20Anxiety%20and%20the%202016%20U_S_%20Presidential%20Election_230712.pdf>.

88. Massimo Anelli, Italo Colantone e Piero Stanig, "We Were the Robots: Automation and Voting Behavior in Western Europe", *IZA Institute of Labor Economics*, 24 de julho de 2019, disponível em: <https://ftp.iza.org/dp12485.pdf>.

89. "The Mini Bakery", *Wilkinson Baking Company*, disponível em: <https://www.wilkinsonbaking.com/the-mini-bakery>.

90. Mark Muro, Robert Maxim e Jacob Whiton, "The robots are ready as the COVID-19 recession spreads", Brookings, 24 de março de 2020, disponível em: <https://www.brookings.edu/blog/the-avenue/2020/03/24/the-robots-are-ready-as-the-covid-19-recession-spreads/?preview_id=791044>.

91. O Conselho de Assessores Econômicos de Barack Obama estimou em 2016 que 83% dos trabalhadores em ocupações que pagavam menos de 20 dólares por hora corriam alto risco de ser substituídos, ao passo que para trabalhos em ocupações que pagavam mais de 40 dólares por hora essa

proporção era de apenas 4%. Jason Furman, "How to Protect Workers from Job-Stealing Robots", *The Atlantic*, 21 de setembro de 2016, disponível em: <https://www.theatlantic.com/business/archive/2016/09/jason-furman-ai/499682/>.

92. Jaclyn Peiser, "The Rise of the Robot Reporter", *New York Times*, 5 de fevereiro de 2019, disponível em: <https://www.nytimes.com/2019/02/05/business/media/artificial-intelligence-journalism-robots.html>.

93. Christ Baraniuk, "China's Xinhua agency unveils AI news presenter", *BBC News*, 8 de novembro de 2018, disponível em: <https://www.bbc.com/news/technology-46136504>.

94. Isabella Steger, "Chinese state media's latest innovation is an AI female news anchor", *Quartz*, 20 de fevereiro de 2019, disponível em: <https://qz.com/1554471/chinas-xinhua-launches-worlds-first-ai-female-news-anchor/>.

95. Michelle Cheng, "JP Morgan Chase has an AI copywriter that writes better ads than humans can", *Quartz*, 7 de agosto de 2019, disponível em: <https://qz.com/work/1682579/jpmorgan-chase-chooses-ai-copywriter-persado-to-write-ads/>.

96. James Gallagher, "Artificial intelligence diagnoses lung cancer", *BBC News*, 20 de maio de 2019, disponível em: <https://www.bbc.com/news/health-48334649>; Sara Reardon, "Rise of Robot Radiologists", *Nature*, 19 de dezembro de 2019, disponível em: <https://www.nature.com/articles/d41586-019-03847-z>; D. Douglas Miller e Eric W. Brown, "Artificial Intelligence in Medical Practice: The Question to the Answer?", *American Journal of Medicine* 131, n° 2 (2018), p. 129-33, disponível em: <https://doi.org/10.1016/j.amjmed.2017.10.035>.

97. "The Rise of the Robo-advisor: How Fintech Is Disrupting Retirement", *Knowledge@Wharton*, 14 de junho de 2018, disponível em: <https://knowledge.wharton.upenn.edu/article/rise-robo-advisor-fintech-disrupting-retirement/>; Charlie Wood, "Robot analysts are better than humans at picking stocks, a new study found", *Business Insider*, 11 de fevereiro de 2020, disponível em: <https://www.businessinsider.com/robot-analysts-better-than-humans-at-picking-good-investments-study-2020-2?r=US&IR=T>.

98. "Robotic reverend blesses worshippers in eight languages", *BBC News*, 30 de maio de 2017, disponível em: <https://www.bbc.com/news/av/world-europe-40101661/robotic-reverend-blesses-worshippers-in-eight-languages>.

99. Essa ideia foi inspirada por uma conversa com Gabrielle Rifkind, do Oxford Research Group.
100. Daiga Kamerädeet al., "A shorter working week for everyone: How much paid work is needed for mental health and well-being?", *Social Science & Medicine* 241 (novembro de 2019), p. 112353, disponível em: <https://doi.org/10.1016/j.socscimed.2019.06.006>; "One day of employment a week is all we need for mental health benefits", University of Cambridge, 18 de junho de 2019, disponível em: <https://www.sciencedaily.com/releases/2019/06/190618192030.htm>.
101. Kevin J. Delaney, "The robot that takes your job should pay taxes, says Bill Gates", *Quartz*, 17 de fevereiro de 2017, disponível em: <https://qz.com/911968/bill-gates-the-robot-that-takes-your-job-should-pay-taxes/>.
102. David Rotman, "Should we tax robots? A debate", *MIT Technology Review*, 12 de junho de 2019, disponível em: <https://www.technologyreview.com/2019/06/12/134982/should-we-tax-robots-a-debate/>.
103. Câmara dos Comuns, Negócios — Comitê de Energia e Estratégias Industriais, "Oral evidence: Automation and the future of work, HC 1093", 15 de maio de 2019, disponível em: <https://publications.parliament.uk/pa/cm201719/cmselect/cmbeis/1093/1093.pdf>; Câmara dos Comuns, Negócios — Comitê de Energia e Estratégias Industriais, "Automation and the future of work — Twenty-Third Report of Session 2017-19", 9 de setembro de 2019, disponível em: <https://data.parliament.uk/writtenevidence/committeeevidence.svc/evidencedocument/business-energy-and-industrial-strategy-committee/automation-and-the-future-of-work/oral/102291.htmlQ303>.
104. Eduardo Porter, "Don't Fight the Robots. Tax Them", *New York Times*, 23 de fevereiro de 2019, disponível em: <https://www.nytimes.com/2019/02/23/sunday-review/tax-artificial-intelligence.html>; "Robot density rises globally", International Federation of Robotics, 7 de fevereiro de 2018, disponível em: <https://ifr.org/ifr-press-releases/news/robot-density-rises-globally>.

Capítulo 9: Sexo, amor e robôs

1. "Gentle touch soothes the pain of social rejection", *UCL News*, 18 de outubro de 2017, disponível em: <https://www.ucl.ac.uk/news/2017/oct/gentle-touch-soothes-pain-social-rejection>

2. Allison Marsh, "Elektro the Moto-Man Had the Biggest Brain at the 1939 World's Fair", IEEE *Spectrum*, 28 de setembro de 2018, disponível em: <https://spectrum.ieee.org/tech-history/dawn-of-electronics/elektro-the-motoman-had-the-biggest-brain-at-the-1939-worlds-fair>.
3. *Time*, 24 de abril de 1939, p. 61, disponível em: <https://content.time.com/time/magazine/0,9263,7601390424,00.html>.
4. H. R. Everett, *Unmanned Systems of Worlds War I and II* (Cambridge, Massachusetts, MIT Press, 2015), p. 451; Justin Martin, "Elektro?", *Discover Magazine*, 6 de janeiro de 2009, disponível em: <https://discovermagazine.com/2009/jan/06-whatever-happened-to-elektro>; Despina Kakoudaki, *Anatomy of a Robot: Literature, Cinema and the Cultural Work of Artificial People* (New Brunswick, Nova Jersey, Rutgers University Press, 2014), p. 9.
5. Library of Congress, "The Middleton Family at the New York World's Fair", disponível em: <https://www.youtube.com/watch?v=Q6TQEoDS-fQ>.
6. Noel Sharkey, "Elektro's return", *New Scientist*, 20 de dezembro de 2008; Marsh, "Elektro the Moto-Man Had the Biggest Brain at the 1939 World's Fair".
7. Library of Congress, "The Middleton Family at the New York World's Fair".
8. Marsh, "Electro the Moto-Man Had the Biggest Brain at the 1939 World's Fair".
9. Ibid.
10. H. R. Everett, *Unmanned Systems of Worlds War I and II*, p. 458.
11. Ibid.
12. J. Gilbert Baird, carta à revista *LIFE*, 22 de setembro de 1952.
13. Louise Moon, "Chinese man buried in his car as dying wish is granted", *South China Morning Post*, 31 de maio de 2018, disponível em: <https://www.scmp.com/news/china/society/article/2148677/chinese-man-buried-his-car-dying-wish-granted>.
14. JaYoung Soung, Rebecca E. Grinter e Henrik I. Christensen, "Domestic Robot Ecology: An Initial Framework to Unpack Long-Term Acceptance of Robots at Home", *International Journal of Social Robotics* 2 (julho de 2010), p. 425, disponível em: <https://doi.org/10.1007/s12369-010-0065-8>.
15 Conversa pessoal em dezembro de 2018

16. Neil Steinberg, "Why some robots are created cute", *Mosaic Science*, 13 de julho de 2016, disponível em: <https://mosaicscience.com/story/why-some-robots-are-created-cute/>.
17. Julie Carpenter, *Culture and Human-Robot Interaction in Militarized Spaces: A War Story* (Farnham, Reino Unido, Ashgate, 2016).
18. Ibid.
19. "MARCbot", Exponent, disponível em: <https://www.exponent.com/experience/marcbot>.
20. Paul J. Springer, *Outsourcing War to Machines: The Military Robotics Revolution* (Santa Barbara, Praeger Security International, 2018), p. 93.
21. "Soldiers are developing relationships with their battlefield robots, naming them, assigning genders, and even holding funerals when they are destroyed", *Reddit*, 2014, disponível em: <https://www.reddit.com/r/Military/comments/1mn6y1/soldiers_are_developing_relationships_with_their/ccat8a7/>.
22. Christian J. A. M. Willemse e Jan B. F. van Erp, "Social Touch in Human-Robot Interaction: Robot Initiated Touches Can Induce Positive Responses Without Extensive Prior Bonding", *International Journal of Social Robotics* 11 (abril de 2019), p. 285-304, disponível em: <https://doi.org/10.1007/s12369-018-0500-9>.
23. Observe que a resposta foi puramente fisiológica.
24. "Value of social and entertainment robot market worldwide from 2015 to 2025 (in billion U.S. dollars)", *Statista*, maio de 2019, disponível em: <https://www.statista.com/statistics/755684/social-and-entertainment-robot-market-value-worldwide/>; Escritório de Relações Públicas: Governo do Japão, disponível em: <https://www.gov-online.go.jp/cam/s5/eng/>; Abishur Prakash, "China Robot Market Likely to Continue Rising, Despite Trade Disputes", *Robotics Business Review*, julho de 2018, disponível em: <https://www.roboticsbusinessreview.com/regional/china-robot-market-still-rising/>; Kim Sang-mo, "Policy Directions for S. Korea's Robot Industry", *Business Korea*, agosto de 2018, disponível em: <https://www.businesskorea.co.kr/news/articleView.html?idxno=24394>; Tony Diver, "Robot 'carers' to be funded by government scheme", *Telegraph*, 26 de outubro de 2016, disponível em: <https://www.telegraph.co.uk/politics/2019/10/26/robot-carers-funded-government-scheme/>; "Europe develops range of next-generation robots for

the elderly", *Apolitical*, 30 de janeiro de 2017, disponível em: <https://apolitical.co/en/solution_article/using-robots-ease-pain-old-age>. Durante a pandemia da Covid-19, os robôs também foram rapidamente mobilizados para entregar comida e desinfectar superfícies nos hospitais da China e depois da Índia. "Robots help combat COVID-19 in world, and maybe soon in India too", *Economic Times*, 30 de março de 2020, disponível em: <https://economictimes.indiatimes.com/news/science/robots-help-combat-covid-19-in-world-and-maybe-soon-in-india-too/>.

25. "Sony's beloved robotic dog is back with a new bag of tricks", *ABC News*, 1º de outubro de 2018, disponível em: <https://www.nbcnews.com/mach/video/sony-s-beloved-robotic-dog-is-back-with-a-new-bag-of-tricks-1333791811671>; Kate Baggaley, "New companion robots can't do much but make us love them", *NBC News*, 23 de junho de 2019, disponível em: <https://www.nbcnews.com/mach/science/new-companion-robots-can-t-do-much-make-us-love-ncna1015986>.

26. A. J. Dellinger, "Furhat Robots gives AI a face with its new social robot", *Engadget*, 11 de novembro de 2018, disponível em: <https://www.engadget.com/2018/11/06/furhat-robotics-furhat-social-robot/>.

27. Jamie Carter, "Amazon could be set to redefine personal robots in 2019, as rumours fly at CES", *South China Morning Post*, 12 de janeiro de 2019, disponível em: <https://www.scmp.com/lifestyle/gadgets/article/2181642/amazon-could-be-set-redefine-personal-robots-2019-rumours-fly-ces>; Chris DeGraw, "The robot invasion arrived at CES 2019 — and it was cuter than we expected", *Digital Trends*, 11 de janeiro de 2019, disponível em: <https://www.digitaltrends.com/home/cutest-companion-robots-ces-2019/>; "Top Tech Themes from the Consumer Electronics Show: 2020", *Acceleration Through Innovation*, 3 de fevereiro de 2020, disponível em: <https://aticornwallinnovation.co.uk/knowledge-base/top-tech-themes-from-the-consumer-electronics-show-2020/>.

28. Ibid.; Nick Summers, "Groove X's Lovot is a fuzzy and utterly adorable robot", *Engadget*, 7 de janeiro de 2019; disponível em: <https://www.engadget.com/2019/01/07/lovot-groove-x-robot-adorable>.

29. Baggaley, "New companion robots can't do much but make us love them".

30. "Kiki: A Robot Pet That Grows With You", *Zoetic AI*, disponível em: <https://www.kiki.ai>.

31. "Hi, I'm ElliQ", *ElliQ*, disponível em: <https://elliq.com>.
32. Em 2019, 28% da população japonesa tinha mais de 65 anos. Banco Mundial, "Population ages 65 and above", *Banco Mundial*, 2019, disponível em: <https://data.worldbank.org/indicator/SP.POP.65UP.TO.ZS>.
33. "19 prefectures to see 20% population drops by '35", *Japan Times*, 30 de maio de 2007, disponível em: <https://www.japantimes.co.jp/news/2007/05/30/national/19-prefectures-to-see-20-population-drops-by-35/>; "Statistical Handbook of Japan", *Statistics Bureau, Ministry of Internal Affairs and Communications*: Statistics Japan, 2018, disponível em: <https://www.stat.go.jp/english/data/handbook/pdf/2018all.pdf>.
34. "Japan is fighting back against loneliness among the elderly", *Apolitical*, 18 de março de 2019, disponível em: <https://apolitical.co/solution_article/japan-is-fighting-back-against-loneliness-among-the-elderly/> estatísticas originais de Nobuyuki Izumida, "Japan's Changing Societa Structure and Support by Families and Communities (*Japanese Nationa Institute of Population and Social Security Research*, 2017), disponível em <https://fpcj.jp/wp/wp-content/uploads/2018/09/a1b488733565199b8c 9c8f9ac437b042.pdf>.
35. Emiko Takagi, Merril Silverstein e Eileen Crimmins, "Intergenerationa Coresidence of Older Adults in Japan: Conditions for Cultural Plasticity" *The Journals of Gerontology* 62, nº 5 (setembro de 2007), p. 330-9, disponí vel em: <https://doi.org/10.1093/geronb/62.5.S330>; Mayumi Hayashi "The care of older people in Japan: myths and realities of family 'care" *History and Policy*, 3 de junho de 2011, disponível em: <https://www historyandpolicy.org/policy-papers/papers/the-care-of-older-people in-japan-myths-and-realities-of-family-care>. O Instituto Nacional d Pesquisa sobre População e Seguridade Social do Japão estima que número de idosos que vivem sozinhos terá aumentado 43% em 204 em relação aos números já altos de 2015; "Rising numbers of elderl people are living alone", *Japan Times*, 3 de maio de 2019, disponível em <https://www.japantimes.co.jp/opinion/2019/05/03/editorials/rising numbers-elderly-people-living-alone/>.
36. As idades e os anos são todos de um artigo publicado em meados d 2019, portanto são relativos a esse período.
37. "Robots perking up the lives of the lonely elderly across Japan", *Strai Times*, 19 de agosto de 2019, disponível em: <https://www.straitstime com/asia/east-asia/robots-perking-up-lives-of-the-lonely-elderly-acros

japan>; Ikuko Mitsuda, "Lonely? There's a bot for that", *Oregonian*, 18 de agosto de 2018, disponível em: <https://www.oregonlive.com/business/2019/08/lonely-theres-a-bot-for-that.html>; Martin Coulter, "Will virtual reality and AI help us to find love or make us lonelier", *Financial Times*, 12 de setembro de 2019, disponível em: <https://www.ft.com/content/4fab7952-b796-11e9-8a88-aa6628ac896c>.

38. "Robots perking up the lives of the lonely elderly across Japan"; Ikuko Mitsuda, "Lonely? There's a bot for that".
39. Anne Tergesen e Miho Inada, "It's Not A Stuffed Animal, It's a $6,000 Medical Device", *Wall Street Journal*, 21 de junho de 2010, disponível em: <https://www.wsj.com/articles/SB10001424052748704463504575301051844937276>.
40. Malcolm Foster, "Ageing Japan: Robots' role in future of elder care", *Reuters*, 28 de março de 2018, disponível em: <https://widerimage.reuters.com/story/ageing-japan-robots-role-in-future-of-elder-care>.
41. Conversa pessoal em junho de 2019; ver também Shizuko Tanigaki, Kensaku Kishida e Akihito Fujita, "A preliminary study of the effects of a smile-supplement robot on behavioral and psychological symptoms of elderly people with mild impairment", *Journal of Humanities and Social Sciences* 45 (2018), disponível em: <https://core.ac.uk/reader/154410008>.
42. Malcolm Foster, "Ageing Japan: Robots' role in future of elder care".
43. Observe que, recentemente, em 2011, os programas de aluguel de guias hospitalares robóticos foram cancelados devido à baixa demanda no Japão — portanto, também houve uma rápida mudança na receptividade das pessoas; "Over 80% of Japanese Would Welcome Robot Caregivers", *Nippon.com*, 4 de dezembro de 2018, disponível em: <https://www.nippon.com/en/features/h00342/over-80-of-japanese-would-welcome-robot-caregivers.html>.
44. "Robot density rises globally", *International Federation of Robotics*, 7 de fevereiro de 2018, disponível em: <https://ifr.org/ifr-press-releases/news/robot-density-rises-globally>.
45. Terry, "Destroy All Monsters! Tokusatsu in America", *Comic Art Community*, 8 de março de 2013, disponível em: <https://comicartcommunity.com/comicart_news/destroy-all-monsters-tokusatsu-in-america/>.
46. Para mais sobre o "tecnoanimismo" no Japão, ver Casper Bruun Jensen e Anders Blok, "Techno-animism in Japan: Shinto Cosmograms, Actor-network Theory, and the Enabling Powers of Non-human Agencies",

Theory, Culture and Society 30, n° 2 (2013), p. 84-115, disponível em: <https://doi.org/10.1177/0263276412456564>.
47. John Thornhill, "Asia has learnt to love robots — the West should, too", *Financial Times*, 31 de maio de 2018, disponível em: <https://www.ft.com/content/6e408f42-4145-11e8-803a-295c97e6fd0b>.
48. Aaron Smith e Monica Anderson, "4. Americans' attitudes toward robot caregivers", *Pew Research Center*, 4 de outubro de 2017, disponível em: <https://www.pewinternet.org/2017/10/04/americans-attitudes-toward-robot-caregivers/>.
49. Ibid.
50. "ElliQ beta users' testimonials", *Intuition Robotics*, YouTube, 6 de janeiro de 2019, disponível em: <https://www.youtube.com/watch?v=emrqHpC8Bs8&feature=youtu.be>.
51. De acordo com seu fabricante. Maggie Jackson, "Would You Let a Robot Take Care of Your Mother?", *New York Times*, 13 de dezembro de 2019, disponível em: <https://www.nytimes.com/2019/12/13/opinion/robot-caregiver-aging.html>.
52. "Amazon Alexa 'Sharing is caring' by Joint", *Campaign US*, 29 de maio de 2019, disponível em: <https://www.campaignlive.com/article/amazon-alexa-sharing-caring-joint/1585979>.
53. Alireza Taheri, Ali Meghdari, Minoo Alemi e Hamidreza Pouretema, "Human-Robot Interaction in Autism Treatment: A Case Study on Three Autistic Children as Twins, Siblings and Classmates", *International Journal of Social Robotics* 10 (2018), p. 93-113, disponível em: <https://doi.org/10.1007/s12369-017-0433-8>; Hideki Kozima, Cocoro Nakagawa e Yuiko Yasuda, "Children-robot interaction: a pilot study in autism therapy", *Progress in Brain Research* 164 (2007), p. 385-400, disponível em: <https://doi.org/10.1016/S0079-6123(07)64021-7>; H. Kumuzaki *et al.*, "The impact of robotic intervention on joint attention in children with autism spectrum disorders", *Molecular Autism* 9, n° 46 (2018), disponível em: <https://doi.org/10.1186/s13229-018-0230-8>.
54. Alyssa M. Alcorn, Eloise Ainger *et al.*, "Educators' Views on Using Humanoid Robots With Autistic Learners in Special Education Settings in England", *Frontiers in Robotics and AI* 6, n° 107 (novembro de 2019), disponível em: <https://doi.org/10.3389/frobt.2019.00107>.
55. Victoria Waldersee, "One in five young Brits can imagine being friends with a robot", *YouGov*, 1° de novembro de 2018, disponível em: <ht-

tps://yougov.co.uk/topics/technology/articles-reports/2018/11/01/one-five-young-brits-can-imagine-being-friends-rob>; dados originais em "Internal Robots and You", *YouGov*, 2018, disponível em: <https://d25d2506sfb94s.cloudfront.net/cumulus_uploads/document/0pta4dnee1/YG--Archive-RobotsAndYouInternal-220818.pdf>.

56. Elizabeth Foster, "Young kids use smart speakers daily", *Kidscreen*, 28 de março de 2019, disponível em: <https://kidscreen.com/2019/03/28/young-kids-use-smart-speakers-daily-survey/>.

57. Jacqueline M. Kory-Westlund, "Kids' relationships and learning with social robots", *MIT Media Lab*, 21 de fevereiro de 2019, disponível em: <https://www.media.mit.edu/posts/kids-relationships-and-learning-with-social-robots/>; Jacqueline Kory-Westlund, Hae Won Park, Randi Williams e Cynthia Breazeal, "Measuring young children's long-term relationships with social robots", *Proceedings of the 17th ACM Conference on Interaction Design and Children* (junho de 2018), p. 207-18, disponível em: <https://doi.org/10.1145/3202185.3202732>.

58. Jacqueline M. Kory-Westlund, "Measuring kids' relationships with robots", *MIT Media Lab*, disponível em: <https://www.media.mit.edu/posts/measuring-kids-relationships-with-robots>.

59. Ibid.

60. Natt Garun, "One Year Later, Restaurants are Still Confused by Google Duplex", *The Verge*, 9 de maio de 2019, disponível em: <https://www.theverge.com/2019/5/9/18538194/google-duplex-ai-restaurants-experiences-review-robocalls>.

61. Ibid.

62. Hassan Ugail e Ahmad Al-dahoud, "A genuine smile is indeed in the eyes — The computer aided non-invasive analysis of the exact weight distribution of human smiles across the face", *Advanced Engineering Informatics* 42 (outubro de 2019), disponível em: <https://doi.org/10.1016/j.aei.2019.100967>.

63. Erico Guizzo, "How Aldebaran Robotics Built its Friendly Humanoid Robot, Pepper", *Spectrum*, 26 de dezembro de 2014, disponível em: <https://spectrum.ieee.org/robotics/home-robots/how-aldebaran-robotics-built-its-friendly-humanoid-robot-pepper>; Alderaban/SoftBank, "Pepper Press Kit", disponível em: <https://cdn.shopify.com/s/files/1/0059/3932/files/SoftBank_Pepper_Robot_Overview_Robot_Center.pdf>.

64. Ibid.

65. Yoko Wakatsuki e Emiko Jozuka, "Robots to cheer coronavirus patients are also helping hotel staff to keep a safe distance", *CNN*, 1º de maio de 2020, disponível em: <https://edition.cnn.com/world/live-news/coronavirus-pandemic-05-01-20-intl/h_6df7c15d1192ae720a504dc90ead353c.>; "'I'm cheering for you': Robot welcome at Tokyo quarantine", *Barrons*, 1º de maio de 2020, disponível em: <https://www.barrons.com/news/im-cheering-for-you-robot-welcome-at-tokyo-quarantine-01588319705>.

66. "Pepper Press Kit."

67. Sharon Gaudin, "Personal robot that shows emotions sells out in 1 minute", *Computer World*, 22 de junho de 2015, disponível em: <https://www.computerworld.com/article/2938897/personal-robot-that-shows-emotions-sells-out-in-1-minute.html>.

68. Simon Chandler, "Tech's dangerous race to control our emotions", *Daily Dot*, 7 de junho de 2019, disponível em: <https://www.dailydot.com/debug/emotional-manipulation-ai-technology/>.

69. Conversa por e-mail com o professor Adrian Cheok, da i-University, em Tóquio.

70. Hayley Tsukayama, "When your kid tries to say 'Alexa' before 'Mama'", *Washington Post*, 21 de novembro de 2017, disponível em: <https://www.washingtonpost.com/news/the-switch/wp/2017/11/21/when-your-kid-tries-to-say-alexa-before-mama/>.

71. "How does sex feel with a RealDoll?", *RealDoll*, disponível em: <https://www.realdoll.com/knowledgebase/how-does-sex-feel-with-a-realdoll>; "How strong are the doll's joints?", *RealDoll*, disponível em: <https://www.realdoll.com/knowledgebase/how-*strong*-are-the-dolls-joints/>.

72. "Michelle 4.0", RealDoll, disponível em: <https://www.realdoll.com/product/michelle-4-0/>.

73. Allison P. Davis, "Are We Ready for Robot Sex?", *The Cut*, disponível em: <https://www.thecut.com/2018/05/sex-robots-realbotix.html>.

74. "Sex Robot Doll with Artificial Intelligence: Introducing Emma...", *Smart Doll World*, disponível em: <https://www.smartdollworld.com/ai-sex-robot-doll-emma>; Emily Gaudette, "There's a Heated Debate Over the Best Sex Doll Skin Material", *Inverse*, 9 de agosto de 2017, disponível em: <https://www.inverse.com/article/36055-best-sex-doll-robot-tpe-silicone>.

75. "Sex Robot Doll with Artificial Intelligence: Introducing Emma...".

76. Ver, por exemplo, David G. Cowan, Eric J. Vanman e Mark Nielsen, "Motivated empathy: The mechanics of the empathetic gaze", *Cognition and Emotion* 28, n° 8 (2014), p. 1522-30, disponível em: <https://doi.org/10.1080/02699931.2014.890563>.
77. Jenna Owsianik, "RealDoll Releasing Intimate AI App That Will Pair with Love Dolls", *Future of Sex*, disponível em: <https://futureofsex.net/robots/realdoll-releasing-intimate-ai-app-will-pair-love-dolls/>.
78. Jenny Kleeman, "The race to build the world's first sex robot", *Guardian*, 27 de abril de 2017, disponível em: <https://www.theguardian.com/technology/2017/apr/27/race-to-build-world-first-sex-robot>.
79. Andrea Morris, "Meet The Man Who Test Drives Sex Robots", *Forbes*, 27 de setembro de 2018, disponível em: <https://www.forbes.com/sites/andreamorris/2018/09/27/meet-the-man-who-test-drives-sex-robots/#419c304c452d>.
80. Katherine E. Powers *et al.*, "Social Connection Modulates Perceptions of Animacy", *Psychological Science* 25, n° 10 (outubro de 2014), p. 1943-8, disponível em: <https://doi.org/10.1177%2F0956797614547706>.
81. O filósofo John Danaher aponta: "Não temos como entrar na cabeça dos nossos amigos para descobrir seus verdadeiros interesses e valores" — e ainda assim os consideramos amigos. Então, os robôs não poderiam ser nossos amigos? Conforme discutido em John Danaher, "The Philosophical Case for Robot Friendship", *Journal of Post Human Studies* 3, n° 1 (2019), p. 5-24, disponível em: <https://doi.org/10.5325/jpoststud.3.1.0005>.
82. Aristóteles, *Nicomachean Ethics*, Book 8 (Cambridge, Cambridge University Press, 2000) [ed. bras.: *Ética a Nicômaco*, São Paulo, Edipro, 2014].
83. "Drunken Kanagawa man arrested after kicking SoftBank robot", *Japan Times*, 7 de setembro de 2015, disponível em: <https://www.japantimes.co.jp/news/2015/09/07/national/crime-legal/drunken-kanagawa-man-60-arrested-after-kicking-softbank-robot-in-fit-of-rage/#.XeLHii2cZeM>.
84. Tomasz Frymorgen, "Sex robot sent for repairs after being molested at tech fair", *BBC*, 29 de setembro de 2017, disponível em: <https://www.bbc.co.uk/bbcthree/article/610ec648-b348-423a-bd3c-04dc701b2985>.
85. Hunter Walk, "Amazon Echo Is Magical. It's Also Turning My Kid Into an Asshole", *HunterWalk.com*, 6 de abril de 2016, disponível em: <https://hunterwalk.com/2016/04/06/amazon-echo-is-magical-its-also-turning-my-kid-into-an-asshole/>.

86. Mark West, Rebecca Kraut e Han Ei Chew, "The Rise of Gendered AI and Its Troubling Repercussions", em *I'd Blush If I Could: Closing Gender Divides in Digital Skills Through Education* (UNESCO/EQUALS Skills Coalition, 2019), p. 113, 104, 107.
87. Ibid. Observe que a resposta da Siri foi mudada depois de protestos.
88. O principal foco dessas investigações tem sido a proliferação de bonecas sexuais infantis, que foram sinalizadas por governos em todo o mundo, principalmente pela Austrália, como um risco para crianças reais. Ver Rick Brown e Jane Shelling, "Exploring the implications of child sex dolls", *Trends and Issues in Criminal Justice* (Australian Institute of Criminology, março de 2019). Ver também Caitlin Roper, "'Better a robot than a real child': The spurious logic used to justify child sex dolls", *ABC Religion and Ethics*, 9 de janeiro de 2020, disponível em: <https://www.abc.net.au/religion/spurious-logic-used-to-justify-child-sex-dolls/11856284>.
89. Xanthe Mallett, "No evidence that sexbots reduce harms to women and children", *The Conversation*, 5 de junho de 2018, disponível em: <https://theconversation.com/no-evidence-that-sexbots-reduce-harms-to-women-and-children-97694>. Kathleen Richardson, professora da Universidade DeMontfort e fundadora da Campaign Against Sex Robots [campanha contra robôs sexuais], concorda, enfatizando que bonecas sexuais e robôs sexuais são fundamentalmente diferentes de brinquedos sexuais como vibradores. Segundo ela, "na mente de quem compra e usa, *são* mulheres e meninas. Elas são projetadas propositalmente para se parecer com mulheres e meninas porque a ideia é que o homem compre e use as bonecas acreditando que é uma mulher ou menina. São coisas claramente diferentes. Bonecas sexuais e mecânicas em forma de mulheres e meninas reforçam a ideia de que as mulheres são orifícios a ser penetrados". Terri Murray, "Interview with Kathleen Richardson on Sex Robots", *Conatus News*, 25 de outubro de 2017, disponível em: <https://conatusnews.com/kathleen-richardson-sex-robots/>.
90. Jessica Miley, "Sex Robot Samantha Gets an Update to Say 'No' if She Feels Disrespected or Bored", *Interesting Engineering*, 28 de junho de 2018, disponível em: <https://interestingengineering.com/sex-robot-samantha-gets-an-update-to-say-no-if-she-feels-disrespected-or-bored>.
91. "Amazon Alexa to reward kids who say: 'Please'", *BBC News*, 25 de abril de 2018, disponível em: <https://www.bbc.com/news/technology-43897516>.

92. "Studying Computers to Learn About Ourselves", *NPR*, 3 de setembro de 2010, disponível em: <https://www.npr.org/templates/story/story.php?storyId=129629756>.
93. Compreendo, é claro, que determinar quais categorias de objetos mecânicos devem ser protegidas não é um desafio insignificante.
94. G. W. F. Hegel, *Phenomenology of Spirit*, trad. [para o inglês] de A. V. Miller com revisão de texto e prefácio de J. N. Findlay (Oxford, Clarendon Press, 1977) [ed. bras.: *Fenomenologia do espírito*, Petrópolis, Vozes, 2014]; ver, por exemplo, 111, parágrafo 179.
95. Jacqueline M. Kory-Westlund, "Robots, Gender, and the Design of Relational Technology", *MIT Media Lab*, 12 de agosto de 2019, disponível em: <https://www.media.mit.edu/posts/robots-gender-and-the-design-of-relational-technology/>.
96. Nicholas A. Christakis, "How AI Will Rewire Us", *The Atlantic*, abril de 2019, disponível em: <https://www.theatlantic.com/magazine/archive/2019/04/robots-human-relationships/583204/>.
97. David Levy, *Love and Sex With Robots* (Nova York, HarperCollins, 2007), p. 132; Laurence Goasduff, "Emotion AI Will Personalize Interactions", *Smarter With Gartner*, 22 de janeiro de 2018, disponível em: <https://www.gartner.com/smarterwithgartner/emotion-ai-will-personalize-interactions/>.
98. Anco Peeters e Pim Haselager, "Designing Virtuous Sex Robots", *International Journal of Social Robotics* (2019), disponível em: <https://doi.org/10.1007/s12369-019-00592-1>.
99. Brian Borzykowski, "Truth be told, we're more honest with robots", *BBC*, 19 de abril de 2016, disponível em: <https://www.bbc.com/worklife/article/20160412-truth-be-told-were-more-honest-with-robots>.
100. Judith Shulevitz, "Alexa, Should We Trust You?", *The Atlantic*, novembro de 2018, disponível em: <https://www.theatlantic.com/magazine/archive/2018/11/alexa-how-will-you-change-us/570844/>.
101. Adam Satariano, Elian Peltier e Dmitry Kostyukov, "Meet Zora, the Robot Caregiver", *New York Times*, 23 de novembro de 2018, disponível em: <https://www.nytimes.com/interactive/2018/11/23/technology/robot-nurse-zora.html>.
102. Kate Julian, "Why Are Young People Having So Little Sex?", *The Atlantic*, dezembro de 2018, disponível em: <https://www.theatlantic.com/magazine/archive/2018/12/the-sex-recession/573949/>.

103. Jean M. Twenge, "Have Smartphones Destroyed a Generation?", *The Atlantic*, setembro de 2017, disponível em: <https://www.theatlantic.com/magazine/archive/2017/09/has-the-smartphone-destroyed-a-generation/534198/>.
104. "British people 'having less sex' than previously", *BBC News*, 8 de maio de 2019, disponível em: <https://www.bbc.co.uk/news/health-48184848>.
105. Klinenberg, *Going Solo*, p. 15.
106. Chen Mengwei, "Survey: Young, alone, no house and not much sex", *China Daily*, 5 de maio de 2017, disponível em: <https://africa.chinadaily.com.cn/china/2017-05/05/content_29210757.htm>.
107. "Meet Henry, The World's First Generation of Male Sex Robots", *Fight The New Drug*, 27 de setembro de 2019, disponível em: <https://fightthenewdrug.org/meet-henry-the-worlds-first-generation-of-male-sex-robots/>.
108. Gabby Jeffries, "Transgender sex robots are a thing now and apparently they're very popular", *Pink News*, 9 de abril de 2018, disponível em: <https://www.pinknews.co.uk/2018/04/09/transgender-sex-robots-are-a-thing-now-and-apparently-theyre-very-popular/>.
109. "Meet Henry, The World's First Generation of Male Sex Robots."
110. Realbotix, disponível em: <https://realbotix.com>.
111. Eve Herold, "Meet Your Child's New Nanny: A Robot", *Leaps* magazine, 31 de dezembro de 2018, disponível em: <https://leapsmag.com/meet-your-childrens-new-nanny-a-robot/>.

Capítulo 10: A economia da solidão

1. Lanre Bakare, "Glastonbury tickets sell out in 34 minutes", *Guardian*, 6 de outubro de 2019, disponível em: <https://www.theguardian.com/music/2019/oct/06/glastonbury-tickets-sell-out-in-34-minutes>; cerca de 2 milhões de pessoas se registraram para estar aptas a comprar os ingressos.
2. David Doyle, "12 things I learned as a Glastonbury virgin", *4 News*, 23 de junho de 2015, disponível em: <https://www.channel4.com/news/glastonbury-2015-festival-lessons-12-things-know-virgin>.
3. Robyn Taylor-Stavely, "Glastonbury Festival, the weird and the wonderful", *The Fair*, 23 de julho de 2019, disponível em: <https://wearethefair.com/2019/07/23/glastonbury-festival-review/>; Crispin Aubrey e John

Shearlaw, *Glastonbury: An Oral History of the Music, Mud and Magic* (Londres, Ebury Press, 2005), p. 220.
4. Jenny Stevens, "Glastonbury's Healing Fields: festivalgoer wellbeing is not just for hippies", *Guardian*, 27 de junho de 2015, disponível em: <https://www.theguardian.com/music/2015/jun/27/glastonbury-healing-green-fields-hippies-wellbeing>.
5. Ver tuítes originais em: <https://twitter.com/CNDTradeUnions/status/482469314831085568>; <https://twitter.com/WI_Glasto_Cakes/status/600374352475992064>.
6. Lisa O'Carroll e Hannah Ellis-Petersen, "Michael Eavis laments muddiest ever Glastonbury festival", *Guardian*, 26 de junho de 2016, disponível em: <https://www.theguardian.com/music/2016/jun/26/michael-eavis-laments-muddiest-ever-glastonbury-festival>; Neil McCormick, "A wonderful wet weekend", *Telegraph*, 27 de junho de 2016.
7. "Working at the Festival", *Glastonbury Festival*, disponível em: <https://www.glastonburyfestivals.co.uk/information/jobs/>.
8. Stevie Martin, "Shit-Covered Tents and Used Tampons: What It's Really Like to Clean Up After Glastonbury", *Grazia*, 4 de agosto de 2018, disponível em: <https://graziadaily.co.uk/life/opinion/shit-covered-tents-used-tampons-s-really-like-clean-glastonbury/>.
9. Hannah Ellis-Petersen, "15,000 at Glastonbury set for record human peace sign", *Guardian*, 23 de junho de 2017, disponível em: <https://www.theguardian.com/music/2017/jun/22/glastonbury-weather-to-cool-after-heat-left-dozens-needing-a-medic>.
10. Akanksha Singh, "Biggest Music Festivals on the Planet", *Far & Wide*, 10 de junho de 2019, disponível em: <https://www.farandwide.com/s/biggest-music-festivals-ca71f3346443426e>.
11. Joey Gibbons, "Why I Loved Coachella", *Gibbons Whistler*, 6 de junho de 2016, disponível em: <https://gibbonswhistler.com/why-i-loved-coachella/>.
12. "The Largest Music Festivals in the World", *Statista*, 18 de abril de 2019, disponível em: <https://www.statista.com/chart/17757/total-attendance-of-music-festivals/>; para o público dos festivais Donauinselfest, Rock in Rio e Kostrzyn nad Odra em 2019, ver, respectivamente, "2,7 Millionen Besucher beim Donauinselfest", *Die Presse*, 24 de junho de 2019, disponível em: <https://www.diepresse.com/5648670/27-millionen-besucher-beim-donauinselfest>; Mark Beaumont, "Rock in Rio: Brazil's

Totemic Event that Brings the Entire Country Together", *Independent*, 17 de outubro de 2019, disponível em: <https://www.independent.co.uk/arts-entertainment/music/features/rock-in-rio-festival-brazil-lineup-roberto-medina-2020-a9160101.html>; "Record attendance and a global reach for the 18th edition of Mawazine", *Mawazine Rabat*, 30 de junho de 2019, disponível em: <https://www.mawazine. ma/en/mawazine-2019-reussite-totale-et-historique-2/>.

13. Simon Usborne, "Get me out of here! Why escape rooms have become a global craze", *Guardian*, 1º de abril de 2019, disponível em: <https://www.theguardian.com/games/2019/apr/01/get-out-how-escape-rooms-became-a-global-craze>; Will Coldwell, "Escape games: why the latest city-break craze is being locked in a room", *Guardian*, 3 de abril de 2015, disponível em: <https://www.theguardian.com/travel/2015/apr/03/room-escape-games-city-breaks-gaming>.

14. Simon Usborne, "Get me out of here! Why escape rooms have become a global craze".

15. Malu Rocha, "The rising appeal of board game cafés", *Nouse*, 21 de janeiro de 2020, disponível em: <https://nouse.co.uk/2020/01/21/the-rising-appeal-of-board-game-cafs->.

16. Tom Walker, "'Huge growth' in number of people doing group exercise", *Health Club Management*, 14 de maio de 2018, disponível em: <https://www.healthclubmanagement.co.uk/health-club-management-news/Huge-growth-in-number-of-people-doing-group-exercise-/337501>.

17. Vanessa Grigoriadis, "Riding High", *Vanity Fair*, 15 de agosto de 2012, disponível em: <https://www.vanityfair.com/hollywood/2012/09/soulcycle-celebrity-cult-following>.

18. Tara Isabella Burton, "'CrossFit is my church'", *Vox*, 10 de setembro de 2018, disponível em: <https://www.vox.com/the-goods/2018/9/10/17801164/crossfit-soulcycle-religion-church-millennials-casper-ter-kuile>.

19. Tom Layman, "CrossFit as Church? Examining How We Gather", *Harvard Divinity School*, 4 de novembro de 2015, disponível em: <https://hds.harvard.edu/news/2015/11/04/crossfit-church-examining-how-we-gather#>; Tara Isabella Burton, "'CrossFit is my church'".

20. Um estudo revelou que pessoas que se exercitaram em uma bicicleta ergométrica por 30 minutos com um parceiro experimentaram mais calma e efeitos psicológicos positivos do que aquelas que se exercitaram sozinhas. Thomas Plante, Laura Coscarelli e Marie Ford, "Does

Exercising with Another Enhance the Stress-Reducing Benefits of Exercise?", *International Journal of Stress Management* 8, n° 3 (julho de 2001), p. 201-13, disponível em: <https://www.psychologytoday.com/files/attachments/34033/exercise-another.pdf>.

21. Cynthia Kim, "In daytime discos, South Korea's elderly find escape from anxiety", *Reuters*, 16 de abril de 2018, disponível em: <https://af.reuters.com/article/worldNews/idAFKBN1HN01F>.

22. Émile Durkheim, *The Elementary Forms of the Religious Life*, trad. [para o inglês] de Carol Closman, org. de Mark Cladis (Oxford, Oxford University Press, 2008) [ed. bras.: *As formas elementares da vida religiosa*, São Paulo, Martins Fontes, 1996]. Embora as comunidades on-line possam fornecer algum grau de efervescência coletiva, é de uma forma muito menos intensa. Ver, por exemplo, Randall Collins, "Interaction Rituals and the New Electronic Media", *The Sociological Eye*, 25 de janeiro de 2015, disponível em: <https://sociological-eye.blogspot.com/2011/01/interaction-rituals-and-new-electronic.html>.

23. Charles Walter Masters, *The Respectability of Late Victorian Workers: A Case Study of York, 1867-1914* (Newcastle upon Tyne, Cambridge Scholars Publishing, 2010).

24. National Museum of African American History & Culture, "The Community Roles of the Barber Shop and Beauty Salon", 2019, disponível em: <https://nmaahc.si.edu/blog/community-roles-barber-shop-and-beauty-salon>.

25. Ray Oldenburg, *The Great Good Place* (Cambridge, Massachusetts, Da Capo Press, 1999), p. 22. Observe que a acessibilidade "universal" desses "terceiros lugares" é em si uma suposição idealista que não necessariamente leva em consideração as barreiras que foram amplamente expostas desde que Oldenburg escreveu o livro, como o racismo que rotineiramente torna esses mesmos "terceiros lugares" desconfortáveis e/ou inacessíveis para pessoas negras. Para uma crítica de Oldenburg nesse sentido, ver F. Yuen e A. J. Johnson, "Leisure spaces, community, and third places", *Leisure Sciences* 39, n° 2 (2017), p. 295-303.

26. "ANNOUNCING Mission Pie's 12th Annual PIE CONTEST", Mission Pie, 2018, disponível em: <https://missionpie.com/posts/12th-annual-community-pie-baking-contest-september-9-2018/>; "Join us on National Typewriter Day for typewriter art, poetry, stories, and letter writing-and of course, delicious pie!", *Mission Pie*, disponível em: <https://missionpie.com/posts/3rd-annual-type-in/>.

27. "PAN in conversation with Karen Heisler", *Pesticide Action Network*, disponível em: <https://www.panna.org/PAN-conversation-Karen-Heisler>.
28. Joe Eskenazi, "Last meal: Mission Pie will soon close its doors", *Mission Local*, 17 de junho de 2019, disponível em: <https://missionlocal.org/2019/06/last-meal-mission-pie-will-soon-close-its-doors/>.
29. J. D. Esajian, "Rent Report: Highest Rent In US 2020", *Fortune Builders*, disponível em: <https://www.fortunebuilders.com/top-10-u-s-cities-with-the-highest-rents/>.
30. Nuala Sawyer Bishari, "Can the Mission Save Itself from Commercial Gentrification?", *SF Weekly*, 13 de fevereiro de 2019, disponível em: <https://www.sfweekly.com/topstories/can-the-mission-save-itself-from-commercial-gentrification/>; Kimberly Truong, "Historically Latino district in San Francisco on track to lose half its Latino population", *Mashable UK*, 30 de outubro de 2015, disponível em: <https://mashable.com/2015/10/30/san-francisco-mission-latino-population/>; Chris Colin, "36 Hours in San Francisco", *New York Times*, 11 de setembro de 2008, disponível em: <https://www.nytimes.com/2008/09/14/travel/14hours.html>; Joyce E. Cutler, "'Twitter' Tax Break in San Francisco Ends Amid Push For New Funds", *Bloomberg Tax*, 15 de maio de 2019, disponível em: <https://news.bloombergtax.com/daily-tax-report-state/twitter-tax-break-in-san-francisco-ends-amid-push-for-new-taxes>.
31. Carolyn Alburger, "As Twitter Tax Break Nears Its End, Mid-Market Restaurants Feel Glimmer of Hope", *Eater San Francisco*, 19 de setembro de 2018, disponível em: <https://sf.eater.com/2018/9/19/17862118/central-market-tax-exclusion-restaurants-post-mortem-future>.
32. James Vincent, "DoorDash promises to change controversial tipping policy after public outcry", *The Verge*, 24 de julho de 2019, disponível em: <https://www.theverge.com/2019/7/24/20708212/doordash-delivery-tip-theft-policy-change-tony-xu-tweets>; Jaya Saxena, "Delivery Apps Aren't Getting Any Better", *Eater*, 29 de maio de 2019, disponível em: <https://www.eater.com/2019/5/29/18636255/delivery-apps-hurting-restaurants-grubhub-seamless-ubereats>.
33. Joe Eskenazi, "Last meal: Mission Pie will soon close its doors".
34. Infelizmente, depois do fechamento do Mission Pie, o post no Facebook não está mais disponível.

35. Ver o post original no Facebook em: <https://www.facebook.com/131553526891752/photos/a.213721682008269/2380204862026596/?type=3&theater>.
36. Melissa Harrison, "We Must Be Brave by Francis Liardet review — a child in wartime", *Guardian*, 13 de fevereiro de 2019, disponível em: <https://www.theguardian.com/books/2019/feb/13/we-must-be-brave-frances-liardet-review>.
37. "One Community One Book", *Kett's Books*, disponível em: <https://www.kettsbooks.co.uk/onecommunity/>.
38. "Clarkes Bookshop Cape Town", *Getaway.co.za*, disponível em: <http://www.clarkesbooks.co.za/assets/docs/GW1214p69%202%20(3).pdf>.
39. June McNicholas e Glyn M. Collis, "Dogs as catalysts for social interactions: Robustness of the Effect", *British Journal of Psychology* 91, n° 1 (fevereiro de 2000), p. 61-70, disponível em: <https://doi.org/10.1348/000712600161673>.
40. Abha Bhattarai, "Apple wants its stores to become 'town squares'. But skeptics are calling it a 'branding fantasy'", *Washington Post*, 13 de setembro de 2017, disponível em: <https://www.washingtonpost.com/news/business/wp/2017/09/13/apple-wants-its-stores-to-become-town-squares-but-skeptics-call-it-a-branding-fantasy/>.
41. Andrew Hill, "Apple stores are not 'town squares' and never should be", *Financial Times*, 17 de setembro de 2017, disponível em: <https://www.ft.com/content/8c5d4aec-988f-11e7-a652-cde3f882dd7b>.
42. Julia Carrie Wong, "Pepsi pulls Kendall Jenner ad ridiculed for co-opting protest movements", *Guardian*, 6 de abril de 2017, disponível em: <https://www.theguardian.com/media/2017/apr/05/pepsi-kendall-jenner-pepsi-apology-ad-protest>.
43. Ver tuíte original em: <https://twitter.com/BerniceKing/status/849656699464056832?s=20pepsi-kendall-jenner-pepsi-apology-ad-protest>.
44. Wong, "Pepsi pulls Kendall Jenner ad ridiculed for co-opting protest movements"; como muitos críticos apontaram, o enquadramento de Jenner e do policial parece fazer referência a uma imagem impressionante de Ieshia Evans, uma mulher negra com vestido esvoaçante fotografada parada enquanto oferece as mãos para ser presa em um protesto contra a brutalidade policial no estado de Louisiana. Ver foto de Jonathan Bachman, *Reuters*, em: <https://www.nytimes.com/slideshow/2017/02/13/blogs/the-worlds-best-photo/s/13-lens-WPress-slide-JSQ0.html>.

45. Keiko Morris e Elliot Brown, "WeWork Surpasses JPMorgan as Biggest Occupier of Manhattan Office Space", *Wall Street Journal*, 18 de setembro de 2018, disponível em: <https://www.wsj.com/articles/wework-surpasses-jpmorgan-as-biggest-occupier-of-manhattan-office-pace-1537268401>; "WeWork Locations", arquivado em novembro de 2017, disponível em: <https://www.wework.com/locations>.
46. "The We Company", *Comissão de Valores Mobiliários dos Estados Unidos*, 14 de agosto de 2019, disponível em: <https://www.sec.gov/Archives/edgar/data/1533523/000119312519220499/d781982ds1.htm>.
47. Rani Molla, "'Co-living' is the new 'having roommates' — with an app", *Vox*, 29 de maio de 2019, disponível em: <https://www.vox.com/recode/2019/5/29/18637898/coliving-shared-housing-welive-roommates-common-quarters>.
48. Henny Sender, "Investors embrace millennial co-living in Asia's megacities", *Financial Times*, 28 de janeiro de 2020, disponível em: <https://www.ft.com/content/c57129f8-40d9-11ea-a047-eae9bd51ceba>.
49. "Coliving is city living made better", *Common*, disponível em: <https://www.common.com>; Society, disponível em: <https://oursociety.com>; "Join the global living movement", *The Collective*, disponível em: <https://thecollective.com>; Winnie Agbonlahor, "Co-living in London: Friendship, fines and frustration", *BBC*, 24 de abril de 2018, disponível em: <https://www.bbc.com/news/uk-england-london-43090849>.
50. Common, disponível em: <https://www.common.com/why-common/>; "The 4 Co's of Coliving", *Ollie*, disponível em: <https://www.ollie.co/coliving>.
51. Jessica Burdon, "Norn: the offline social network reviving the art of conversation", *The Week*, 30 de abril de 2018, disponível em: <https://www.theweek.co.uk/93266/norn-the-offline-social-network-reviving-the-art-of-conversation>; Annabel Herrick, "Norn rethinks co-living for a new generation of nomads", *The Spaces*, disponível em: <https://thespaces.com/introducing-norn-the-startup-taking-co-living-to-new-heights/>.
52. Ver comentário em: <https://news.ycombinator.com/threads?id=rcconf>.
53. Ver comentário em: <https://news.ycombinator.com/item?id=19783245>.
54. Conversa com Daniel.
55. Agbonlahor, "Co-living in London: Friendship, fines and frustration".

56. Will Coldwell, "'Co-living': the end of urban loneliness-or cynical corporate dormitories?", *Guardian*, 3 de setembro de 2019, disponível em: <https://www.theguardian.com/cities/2019/sep/03/co-living-the-end-of-urban-loneliness-or-cynical-corporate-dormitories>.
57. Peter Timko, "Co-Living With Lefebvre: The Production of Space at The Collective Old Oak" (Radboud University, 2018), p. 49, disponível em: <https://theses.ubn.ru.nl/bitstream/handle/123456789/7424/Timko%2C_Peter_1.pdf?sequence=1>.
58. Agbonlahor, "Co-living in London: Friendship, fines and frustration".
59. Timko, "Co-Living With Lefebvre".
60. Ibid.
61. Coldwell, "'Co-living': the end of urban loneliness".
62. "Berlin Coliving Meetup: How Can Coliving Foster Thriving Communities?", *Conscious Coliving*, 30 de julho de 2019, disponível em: <https://www.consciouscoliving.com/2019/07/30/berlin-co-living-meet-up-how-can-coliving-foster-thriving-communities/>.
63. Coldwell, "'Co-Living': The end of urban loneliness".
64. Venn, "2019 Semi Annual Impact Report" (Venn, 2019), disponível em <https://39q77k1dd7472q159r3hoq5p-wpengine.netdna-ssl.com/wp content/uploads/2019/10/impactreport2019.pdf>.
65. "Your Amenities", *Nomadworks*, disponível em: <https://nomadworks com/amenities/>.
66. Alessandro Gandini, "The rise of coworking spaces: A literature review", *Ephemera* 15, nº 1 (fevereiro de 2015), p. 193-205, disponível em: <https://www.ephemerajournal.org/contribution/rise-coworking-spaces-literature-review>.
67. Doing things together", *Happy City*, disponível em: <https://thehappy-city.com/resources/happy-homes/doing-things-together-principle/>.
68. Oliver Smith, "Exclusive: Britain's Co-living King Has Raised $400m to Take On WeWork In America", *Forbes*, 27 de março de 2018, disponível em: <https://www.forbes.com/sites/oliversmith/2018/03/27/exclusive-britains-co-living-king-has-raised-400m-to-take-on-wework-in-america/>.
69. Brad Eisenberg, "Why is WeWork so popular?", *Medium*, 15 de julho de 2017, disponível em: <https://medium.com/@eisen.brad/why-is-wework-so-popular-934b07736cae>.

70. Hannah Foulds, "Co-Living Spaces: Modern Utopia Or Over-Organised Hell?", *The Londonist*, 12 de abril de 2017, disponível em: <https://londonist.com/london/housing/co-living-spaces-modern-utopia-or-over-organised-hell>.
71. Marisa Meltzer, "Why Fitness Classes Are Making You Go Broke", *Racked*, 10 de junho de 2015, disponível em: <https://www.racked.com/2015/6/10/8748149/fitness-class-costs>.
72. Hillary Hoffower, "Nearly one-third of millennials who went to a music festival in the past year say they took on debt to afford it, survey finds", *Business Insider*, 1º de agosto de 2019, disponível em: <https://www.businessinsider.com/millennials-going-into-debt-music-festivals-coachella-lollapalooza-bonnaroo-2019>.
73. "City Reveals Selected Shared Housing Development Proposals", *NYC Housing Preservation and Development*, disponível em: <https://www1.nyc.gov/site/hpd/news/092-19/city-reveals-selected-shared-housing-development-proposals#/0>.
74. Jane Margolies, "Co-Living Grows Up", *New York Times*, 14 de janeiro de 2020, disponível em: <https://www.nytimes.com/2020/01/14/realestate/co-living-grows-up.html>; "City Reveals Selected Shared Housing Development Proposals".
75. The Common Team, "Common and L+M Development Partners Win ShareNYC", *Common*, 8 de outubro de 2019, disponível em: <https://www.common.com/blog/2019/10/common-announced-as-winner-of-sharenyc-hpd/>.

Capítulo 11: Restabelecer conexões em um mundo fragmentado

1. Mesmo em termos individuais, a solidão pode assumir várias formas, como vimos. Ver também Fay Bound Alberti, que descreve a solidão como um "conjunto de emoções" historicamente recente. Fay Bound Alberti, "This 'Modern Epidemic': Loneliness as an Emotion Cluster and a Neglected Subject in the History of Emotions", *Emotion Review* 10, nº 3 (julho de 2018), p. 242-54, disponível em: <https://doi.org/10.1177/1754073918768876>; e, para mais detalhes, Fay Bound Alberti, *A Biography of Loneliness: The History of an Emotion* (Oxford, Oxford University Press, 2019).

2. Ver, por exemplo, Corinne Purtill, "Loneliness costs the US almost $7 billion extra each year", *Quartz*, 28 de outubro de 2018, disponível em: <https://qz.com/1439200/loneliness-costs-the-us-almost-7-billion-extra-each-year/>; "The cost of loneliness to employers", *Campaign to End Loneliness*, disponível em: <https://www.campaigntoendloneliness.org/wp-content/uploads/cost-of-loneliness-2017.pdf>.
3. Incluo aqui também aqueles que escreveram sobre o colapso da comunidade. Conservadores que seguem essa linha incluem Roger Scruton e Mary Eberstadt; ver, respectivamente, Roger Scruton, "Identity, family, marriage: our core conservative values have been betrayed", *Guardian*, 11 de maio de 2013, disponível em: <https://www.theguardian.com/commentisfree/2013/may/11/identity-family-marriage-conservative-values-betrayed>; Mary Eberstadt, *Primal Screams: How the Sexual Revolution Created Identity Politics* (West Conshohocken, Pensilvânia, Templeton Press, 2019). Jeremy Corbyn seria exemplo de uma voz à esquerda que defende o ponto de vista de que toda a responsabilidade cabe ao Estado, assim como teóricos políticos como Neil Vallelly.

Observe também que há pensadores de "esquerda", como Alasdair MacIntyre (*After Virtue: A Study in Moral Theory* [Notre Dame, Indiana, University of Notre Dame Press, 1981] [ed. bras.: *Depois da virtude*, Guarulhos, EDUSC, 2001), e Christopher Lasch (*The True and Only Heaven: Progress and Its Critics* [Nova York, W.W. Norton, 1991]), que também escreveram sobre o papel fundamental que o colapso da família desempenhou no colapso da comunidade. Portanto, embora o debate possa ser caracterizado por linhas partidárias, há óbvias exceções.
4. Para uma visão abalizada da desigualdade moderna e sua relação com o capitalismo neoliberal, ver Thomas Piketty, *Capital in the Twenty-First Century*, trad. [para o inglês] de Arthur Goldhammer (Cambridge, Mass., Harvard University Press, 2014) [ed. bras.: *O capital no século XXI*, Rio de Janeiro, Intrínseca, 2014]. Sobre raça e neoliberalismo, ver Darrick Hamilton e Kyle Strickland, "The Racism of Neoliberalism", *Evonomics*, 22 de fevereiro de 2020, disponível em: <https://evonomics.com/racism-neoliberalism-darrick-hamilton/>; ou, para mais detalhes, ver David Theo Goldberg, *The Threat of Race: Reflections on Racial Neoliberalism* (Hoboken, Nova Jersey, Wiley-Blackwell, 2008). Sobre gênero e neoliberalismo, ver, por exemplo, Andrea Cornwall, Jasmine Gideon e Kalpana Wilson, "Reclaiming Feminism: Gender and Neoliberalism",

Institute of Development Studies Bulletin 39, n° 6 (dezembro de 2008), disponível em: <https://doi.org/10.1111/j.1759-5436.2008.tb00505.x>; ou, de maneira mais abrangente, Nancy Fraser, *Fortunes of Feminism: From State-Managed Capitalism to Neoliberal Crisis* (Nova York, Verso, 2013).

5. Adam Smith, *The Theory of Moral Sentiments*, org. de Ryan Patrick Hanley (Nova York, Penguin Random House, 2010) [ed. bras.: *Teoria dos sentimentos morais*, São Paulo, WMF Martins Fontes, 2015].

6. David J. Davis, "Adam Smith, Communitarian", *The American Conservative*, 19 de dezembro de 2013, disponível em: <https://www.theamericanconservative.com/articles/adam-smith-communitarian/>; Jack Russell Weinstein, *Adam Smith's Pluralism* (New Haven, Yale University Press, 2013); Jesse Norman, "How Adam Smith Would Fix Capitalism", *Financial Times*, 21 de junho de 2018, disponível em: <https://www.ft.com/content/6795a1a0-7476-11e8-b6ad-3823e4384287>.

7. Isso representaria mais ou menos 287 bilhões de dólares, considerando o tamanho da economia dos Estados Unidos. OCDE, "Social Expenditure: Aggregated data", *OECD Social and Welfare Statistics* (database), disponível em: <https://doi.org/10.1787/data-00166-en>. Acessado em: 30 de junho de 2020.

8. "Fauci, Governors Get Highest Marks For Response to Coronavirus, Quinnipiac University National Poll Finds; Majority Say Trump's Response Not Aggressive Enough", Quinnipiac University, 8 de abril de 2020, disponível em: <https://poll.qu.edu/national/release-detail?ReleaseID=3658>.

9. Luke Savage, "The Coronavirus Has Created Record Support for Medicare For All", *Jacobin*, 2 de abril de 2020, disponível em: <https://www.jacobinmag.com/2020/04/coronavirus-pandemic-medicare-for-all-support>; enquete original em Yusra Murad, "As Coronavirus Surges, 'Medicare For All' Support Hits 9-Month High", *Morning Consult*, 1º de abril de 2020, disponível em: <https://morningconsult.com/2020/04/01/medicare-for-all-coronavirus-pandemic/>.

10. Laura Gardiner, "The shifting shape of social security: Charting the changing size and shape of the British welfare system", *Resolution Foundation*, novembro de 2019, disponível em: <https://www.resolutionfoundation.org/app/uploads/2019/11/The-shifting-shape-of-social-security.pdf>.

11. Phillip Inman, "Rightwing thinktanks call time on age of austerity", *Guardian*, 16 de maio de 2020, disponível em: <https://www.theguar

dian.com/politics/2020/may/16/thatcherite-thinktanks-back-increase-public-spending-in-lockdown>.

12. "A New Deal for the Arts", *The National Archives*, disponível em: <https://www.archives.gov/exhibits/new_deal_for_the_arts/index.html#>.
13. Embora alguns países tenham muito mais margem de manobra aqui do que outros.
14. Jonathan Nicholson, "Tax 'excess' profits of big money-making companies to fix coronavirus economy, scholar urges", *MarketWatch*, 30 de abril de 2020, disponível em: <https://www.marketwatch.com/story/tax-excess-profits-of-big-money-making-companies-to-fix-coronavirus-economy-scholar-urges-2020-04-30>.
15. Tommy Wilson, "Budget wish list-look after those who look after others", *New Zealand Herald*, 31 de maio de 2019, disponível em: <https://www.nzherald.co.nz/premium/news/article.cfm?c_id=1504669&objectid=12235697>.
16. "The Wellbeing Budget", *Budget 2019 New Zealand*, 30 de maio de 2019, esp. 10, 18, disponível em: <https://treasury.govt.nz/sites/default/files/2019-05/b19-wellbeing-budget.pdf>.
17. "Build Back Better", *Wellbeing Economy Alliance*, disponível em: <https://wellbeingeconomy.org>.
18. Richard A. Easterlin, "Well-Being, Front and Center: A Note on the Sarkozy Report", *Population and Development Review* 36, n° 1 (março de 2010), p. 119-124, disponível em: <https://www.jstor.org/stable/25699039?seq=1#meta data_info_tab_contents>; "PM Speech on Wellbeing", *Gov.uk*, 25 de novembro de 2010, disponível em: <https://www.gov.uk/government/speeches/pm-speech-on-wellbeing>; Emma Bryce, "The flawed era of GDP is finally coming to an end", *Wired*, 3 de agosto de 2019, disponível em: <https://www.wired.co.uk/article/countries-gdp-gross-national-happiness>.
19. Dan Button, "The UK should stop obsessing over GDP. Wellbeing is more telling", *Guardian*, 10 de junho de 2019, disponível em: <https://www.theguardian.com/commentisfree/2019/jun/10/uk-obsessing-gdp-wellbeing-new-zealand>; para mais sobre o legado da Comissão Sarkozy, ver Paul Allin e David J. Hand, *The Wellbeing of Nations: Meaning, Motive, and Measurement* (Nova York, Wiley, 2014).
20. Noreena Hertz, *The Silent Takeover* (Nova York, Random House, 2002), p. 17-20.

21. Ver também o trabalho de Diane Coyle nessa área: *GDP: A Brief But Affectionate History* (Princeton, Princeton University Press, 2014).
22. "Business Roundtable Members", *Business Roundtable*, disponível em: <https://www.businessroundtable.org/about-us/members>.
23. Milton Friedman, "The Social Responsibility of Business is to Increase Its Profits", *New York Times magazine*, 13 de setembro de 1970.
24. "Business Roundtable Redefines the Purpose of a Corporation to Promote 'An Economy That Serves All Americans'", *Business Roundtable*, 19 de agosto de 2019, disponível em: <https://www.businessroundtable.org/business-roundtable-redefines-the-purpose-of-a-corporation-to-promote-an-economy-that-serves-all-americans>.
25. Julia Carrie Wong, "Amazon execs labeled fired worker 'not smart or articulate' in leaked PR notes", *Guardian*, 3 de abril de 2020, disponível em: <https://www.theguardian.com/technology/2020/apr/02/amazon-chris-smalls-smart-articulate-leaked-memo>.
26. Chris Smalls, "Dear Jeff Bezos, instead of firing me, protect your workers from coronavirus", *Guardian*, 2 de abril de 2020, disponível em: <https://www.theguardian.com/commentisfree/2020/apr/02/dear-jeff-bezos-amazon-instead-of-firing-me-protect-your-workers-from-coronavirus>.
27. Julia Carrie Wong, "Amazon execs labeled fired worker 'not smart or articulate' in leaked PR notes".
28. "AG James' Statement on Firing of Amazon Worker Who Organized Walkout", *Escritório da Procuradoria-Geral de Nova York*, disponível em: <https://ag.ny.gov/press-release/2020/ag-james-statement-firing-amazon-worker-who-organized-walkout>.
29. Brad Smith, "As we work to protect public health, we also need to protect the income of hourly workers who support our campus", *Microsoft*, 5 de março de 2020, disponível em: <https://blogs.microsoft.com/on-the-issues/2020/03/05/covid-19-microsoft-hourly-workers/>.
30. Ver, por exemplo, o projeto de lei do senador republicano Josh Hawley, apresentado em junho de 2019, para reduzir o vício em smartphones proibindo a "rolagem infinita" dos feeds de mídias sociais e limitando o uso de mídias sociais por indivíduo a 30 minutos por dia em todos os dispositivos, Emily Stewart, "Josh Hawley's bill to limit your Twitter time to 30 minutes a day, explained", *Vox*, 31 de julho de 2019, disponível em: <https://www.vox.com/recode/2019/7/31/20748732/josh-hawley-smart-act-social-media-addiction>; ou as advertências feitas pelo comissário da

União Europeia para o mercado interno, Thierry Breton, em fevereiro de 2020, de que se as principais plataformas de tecnologia não conseguissem conter de forma efetiva o discurso de ódio e a desinformação, regras e penalidades mais severas passariam a ser aplicadas ("EU threatens tougher hate-speech rules after Facebook meeting", *DW*, 17 de fevereiro de 2020, disponível em: <https://www.dw.com/en/eu-threatens-tougher-hate-speech-rules-after-facebook-meeting/a-52410851>).

31. "Camden Council tackles the climate crisis", ver vídeo em: <https://youtu.be/JzzWc5wMQ6s>. É claro que há limitações para a participação; embora os participantes tenham recebido um voucher de 150 libras em reconhecimento por dispor de seu tempo, sei que essa pode não ser uma opção viável para pessoas que têm um trabalho precarizado ou que não têm garantia de folga. Com a oferta de creches e tradutores para aqueles que não se sentiam tão à vontade com o inglês, o conselho iniciou o processo de abertura desse engajamento comunitário para todos.

32. Deveriam ser aprovados em meados de 2020. "Camden Climate Action Plan", *Camden Council*, disponível em: <https://consultations.wearecamden.org/supporting-communities/camden-climate-action-plan/>.

33. Carl Miller, "Taiwan is making democracy work again. It's time we paid attention", *Wired*, 26 de novembro de 2019, disponível em: <https://www.wired.co.uk/article/taiwan-democracy-social-media>.

34. "VTaiwan: Using digital technology to write digital laws", *The Gov Lab*, disponível em: <https://congress.crowd.law/case-vtaiwan.html>.

35. Liz Barry, "VTaiwan: Public Participation Methods on the Cyberpunk Frontier of Democracy", *Civic Hall*, 11 de agosto de 2016, disponível em: <https://civichall.org/civicist/vtaiwan-democracy-frontier/>.

36. O crucial é que, embora qualquer pessoa possa postar um comentário independente, a formatação do processo é tal que respostas diretas não são permitidas, o que significa que os trolls não conseguem fazer seu trabalho destrutivo.

37. "Camden Council tackles the climate crisis", ver vídeo em: <https://youtu.be/JzzWc5wMQ6s>.

38. Ver o trabalho de Hélène Landemore sobre o pensamento democrático, por exemplo, em *Democratic Reason: Politics, Collective Intelligence, and the Rule of the Many* (Princeton, Princeton University Press, 2012).

39. Observe, no entanto, que, como vimos, em especial em nossas geografias locais, a inclusão e a diversidade podem estar ausentes. E algumas comunidades se definem expressamente por aqueles que excluem.

40. Thomas F. Pettigrew e Linda R. Tropp, "A Meta-Analytic Test of Intergroup Contact Theory", *Journal of Personality and Social Psychology* 90, nº 5 (2006), p. 751-83; Bhikhu Parekh *et al.*, "The Commission on the Future of Multi-Ethnic Britain", *The Runnymede Trust*, 2000; Alejandro Portes e Julia Sensenbrenner, "Embeddedness and Immigration: Notes on the Social Determinants of Economic Action", *American Journal of Sociology* 98, nº 6 (maio de 1993), p. 1320-50.
41. Este é o total acumulado de registros em 2017, 2018 e 2019, informado diretamente pelo *Die Zeit*. Christian Bangel *et al.*, "Start debating!", *Zeit Online*, 9 de março de 2018, disponível em: <https://www.zeit.de/gesellschaft/2018-03/germany-talks-match-debate-politics-english>.
42. Shan Wang, "In Germany, a news site is pairing up liberals and conservatives and actually getting them to (gasp) have a civil conversation", *Nieman Lab*, 8 de agosto de 2018, disponível em: <https://www.niemanlab.org/2018/08/in-germany-a-news-site-is-pairing-up-liberals-and-conservatives-and-actually-getting-them-to-gasp-have-a-civil-conversation/>.
43. Bangel *et al.*, "Start debating!".
44. "'You Are Rejecting an Entire Religion'", *Zeit Online*, maio de 2018, disponível em: <https://www.zeit.de/gesellschaft/2018-04/germany-talks-experience-report-meeting/seite-2>.
45. Jochen Wegner, "There Is No Mirko Here", *Zeit Online*, 22 de junho de 2017, disponível em: <https://www.zeit.de/gesellschaft/2017-06/germany-talks-dispute-political-contention-english>.
46. Bangel *et al.*, "Start debating!", p. 2.
47. "Improving Social Cohesion, One Discussion at a Time", *Zeit Online*, agosto de 2019, disponível em: <https://www.zeit.de/wissen/2019-08/armin-falk-germany-talks-behaviour-research-english/seite-2>.
48. Ibid.
49. Elena Erdmann *et al.*, "The Issues Dividing Germany", *Zeit Online*, 18 de novembro de 2019, disponível em: <https://www.zeit.de/gesellschaft/2019-11/germany-talks-discussion-issues-democracy-english>; Armin Falk, Lasse Stötzer e Sven Walter, "Evaluation Deutschland Spricht", disponível em: <https://news.briq-institute.org/wp-content/uploads/2019/08/Technical_Report_Deutschland_Spricht.pdf>. O efeito humanizador do encontro de pessoas diferentes não deve ser subestimado — na verdade, há um volume significativo de pesquisas

que corroboram isso. Ver, por exemplo, Thomas F. Pettigrew e Linda R. Tropp, "A Meta-Analytic Test of Intergroup Contact Theory", *Journal of Personality and Social Psychology* 90, n° 5 (de junho de 2006), p. 751-83.
50. 91 Ways, disponível em <http://91ways.org/>.
51. "Public Works", *The Public Theater*, disponível em: <https://publictheater.org/programs/publicworks/>; Richard Halpern, "Theater and Democratic Thought: Arendt to Rancière", *Critical Inquiry* 37, n° 3 (primavera de 2011), p. 545-72, disponível em: <https://doi.org/10.1086/659358>.

Na Atenas da Grécia Antiga, substituir performances fragmentadas específicas de cada tribo por um festival de teatro público unificado uniu as tribos em uma experiência compartilhada.
52. "Public Works' *As You Like It*", The Public Theater, disponível em: <https://publictheater.org/productions/season/1920/sitp/as-you-like-it/>.
53. Carl Worswick, "Colombia's Farc guerillas turn to football as route back into society", *Guardian*, 11 de outubro de 2017, disponível em: <https://www.theguardian.com/football/2017/oct/11/colombia-football-farc-la-paz-fc>.
54. "Who's Doing What in Italy", Refugees and Football, disponível em: <https://refugeesandfootball.org/whos-doing-what/in/italy>.
55. Eytan Halon, "Playing on the same team for a peaceful future", *Jerusalem Post*, 14 de maio de 2019, disponível em: <https://www.jpost.com/israel-news/playing-on-the-same-team-for-a-peaceful-future-589575>.
56. "Umuganda", Rwanda Governance Board, disponível em: <https://www.rgb.rw/index.php?id=37>; Amy Yee, "How Rwanda Tidied Up Its Streets (And The Rest Of The Country, Too)", *NPR*, 18 de julho de 2018, disponível em: <https://www.npr.org/sections/goatsandsoda/2018/07/18/628364015/how-rwanda-tidied-up-its-streets-and-the-rest-of-the-country-too>. Observe que *Umuganda* também tem um lado negro; a palavra *Umuganda* foi sequestrada pelo governo extremista hutu durante o genocídio de 1994 quando, escreve a historiadora Penine Uwimbabazi, *Umuganda* "não envolvia plantar árvores, mas 'arrancar as ervas daninhas' — uma expressão usada pelos genocidas para justificar a morte de tutsis" e hutus moderados. Para uma análise e síntese dessa história, ver Penine Uwimbabazi, "An Analysis of Umuganda: The Policy and Practice of Community Work in Rwanda", *University of KwaZulu-Natal*, 2012, p. 47-9. Para a história de *Umuganda* durante a reconstrução de pós-genocídio, ver, por exemplo, Timothy Longman,

Memory and Justice in Post-Genocide Rwanda (Cambridge, Cambridge University Press, 2017).

57. "Umuganda", Rwanda Governance Board, disponível em: <http://www.rgb.rw/fileadmin/Key_documents/HGS/UMUGANDA_2017.pdf>.
58. Unesco, *Mapping Research and Innovation in the Republic of Rwanda*, org. de G.A. Lemarchand e A. Tash; GOSPIN Country Profiles in Science, Technology and Innovation Policy 4, (Unesco, 2015), p. 31.
59. Melanie Lidman, "In once-torn Rwanda, fear of a fine molds a nation of do-gooders", *Times of Israel*, 27 de março de 2017, disponível em: <https://www.timesofisrael.com/in-rwanda-where-good-deeds-are-law/>.
60. Ibid.
61. A reunião da comunidade é menos comum na capital Quigali e em cidades maiores.
62. Lidman, "In once-torn Rwanda, fear of a fine molds a nation of do-gooders".
63. Marie Anne Dushimimana e Joost Bastmeijer, "Rwanda, part 4: The 'reconciliation villages' where genocide survivor and perpetrator live side by side", *New Humanitarian*, 20 de maio de 2019, disponível em: <https://www.thenewhumanitarian.org/special-report/2019/05/20/rwanda-reconciliation-villages-genocide-survivor-perpetrator>.
64. Laura Eramian, "Ethnic Boundaries in Contemporary Rwanda: Fixity, Flexibility and Their Limits", *Anthropologica* 57, n° 1, (2015), p. 93-104.
65. Nesse caso, eles eram voluntários, mas a intenção é que o esquema seja obrigatório.
66. Angelique Chrisafis, "Macron's national service sparks criticism from French left", *Guardian*, 19 de junho de 2019, disponível em: <https://www.theguardian.com/world/2019/jun/19/rollout-of-compulsory-civic-service-for-young-people-in-france-sparks-criticisms>.
67. Ibid.; "France begins trial of compulsory civic service for teens", *France 24*, 16 de junho de 2019, disponível em: <https://www.france24.com/en/20190616-france-trial-macron-new-compulsory-national-service-teen-military>.
68. George Makin, "Small acts of kindness helping lives in lockdown", *Express and Star*, 30 de abril de 2020, disponível em: <https://www.expressandstar.com/news/health/coronavirus-covid19/2020/04/30/small-acts-of-kindness-helping-lives-in-lockdown/>.

69. Andy Devane, "Acts of kindness: Italy helps the most fragile during crisis", Wanted In Milan, 14 de março de 2020, disponível em: <https://www.wantedinmilan.com/news/acts-of-kindness-italy-helps-the-most-fragile-during-crisis.html>.
70. The Learning Network, "What Students Are Saying About Random Acts of Kindness, Internet Habits and Where They'd Like to Be Stranded", *New York Times*, 16 de abril de 2020, disponível em: <https://www.nytimes.com/2020/04/16/learning/what-students-are-saying-about-acts-of-kindness-internet-habits-and-where-theyd-like-to-be-stranded.html>.

Índice

#

"91 Ways to Build a Global City" [91 Formas de Construir Uma Cidade Global], programa, 301

A

Academia Chinesa de Ciências, 25
Acra, 102
Agbonlahor, Winnie, 270, 271
Ageno, Junko, 13
Aibo (robô), 229
Alemanha
    lockdown devido à Covid-19 na, 10
    prevalência da solidão na, 12
    populismo na, 63, 68, 73
    vida urbana na, 89
    trabalho na, 180-181
    "Deutschland Spricht" ["Alemanha Fala"], programa, 300
Alexa (assistente de voz), 160, 224, 225, 243, 244, 245-246
Ali, Ahmed, 106
Amazon, 190-191, 195-196, 201, 209, 233, 244, 292
nelli, Massimo, 213
nteby, Michel, 199-200

Ardern, Jacinda, 209
Arendt, Hannah, 19, 54-56, 75
arquitetura hostil, 101-105
Asimov, Isaac, 19
assembleias de cidadãos, 295-296
Associated Press, 214-215
Atlantic, The (revista), 248
Austrália, 152
autoestima, 142-144
automação no trabalho, 210-219
avaliações no trabalho, 201-204
Avni, Chen, 274, 275

B

Baird, J. Gilbert, 225
banco de Camden, 101
Barcelona, 112-113
Batson, Daniel, 86
BBC, 214
Beecroft, Nicholas, 170-171
Bélgica, 68, 71
Berlim, 89
Bezos, Jeff, 291
Black Mirror, 19, 143
Blair, Tony, 23
Blond, Oliver, 141
Bloodworth, James, 195-196, 198, 201

Bloomberg News, 214
Blücher, Heinrich, 55
BOMP (crença de que os outros são mais populares), 139-141
Boston College, 128-129
Bradlee, Ben, 38
Brahnam, Cheryl, 127
Brewster, David, 117, 118
Bridgewater Advogados, 201-202
Bristol, 301
Broghammer, Francie Hart, 44
Brooker, Charlie, 19, 143
Brown, Kelsey, 178
Buettner, Dan, 36
Butão, 290

C

Cacioppo, John, 37, 53
caleidoscópios, 117-118
Calland, Chris, 122, 129
Canadá, 130, 182
Carpenter, Julie, 227
Catedral de Santa Maria (San Francisco), 102
causas da solidão
    redes sociais, 20, 134-135
    racismo, 20
    sexismo, 20
    nas cidades, 20
    emprego, 21
    declínio dos espaços comuns, 22
    neoliberalismo, 22-27, 285-286
Center for the Study of Elections and Democracy, 58
Centrica, 184
Chan, Jenny, 213
Chernichovsky, Dov, 35
Chicago, 110-111
China
    solidão entre as pessoas mais velhas, 14
    crescimento do individualismo na, 25
    ligação entre solidão e saúde mental, 43
    vida nas cidades, 85, 90
    trabalho na, 176, 177, 212-213, 215
    atividade sexual dos jovens, 249
Christakis, Nicholas, 247
cidades
    como causa da solidão, 21
    exemplo de solidão na, 79-80
    solidão histórica nas, 81-82
    prevalência de solidão nas, 81
    razões para solidão nas, 81-82
    cultura de cortesia negativa nas, 84
    ritmo de vida nas, 85-86
    microinterações nas, 86-88
    natureza transiente das, 12-14
    viver sozinho nas, 90-91
    comer sozinho nas, 92-94
    falta de "habilidades democráticas", 94-95
    espaços sem contato nas, 97-101
    arquitetura hostil nas, 101-105
    segregação nas, 105-108
    espaços comunais nas, 109-116
    projetos de revitalização, 110-116
Cingapura, 85, 137
Cisco, 297
Clinton, Bill, 23
Clinton, Hillary, 58, 67
Cole, Steve, 40
Coleridge, Samuel Taylor, 41, 117
Coleridge, Sara, 117
comer sozinho, 92-94, 169-170
Comissão Europeia, 91
complexo Baylis Old School, 106
Complexo Westbourne Place, 106-10
compras, 97-99
comunidade
    dentro da comunidade hared 32-35

ÍNDICE

benefícios para a saúde, 35-39
e ascensão do populismo, 66-71
e refeições comunitárias, 170-173
cooptação comercial de, 266-281
inclusão em, 279-281, 300-302
iniciativas para, 297-298
programas obrigatórios para, 302--305
contato pessoal
   necessidade de, 222-223
   robôs para, 223-238
Cook, Tim, 291
Cooper, Marianne, 174
Corbat, Michael, 291
Coreia do Sul
   e *mukbangs*, 92
   uso de smartphone na, 119
   robôs na, 219
   retomada de espaços comunais na, 256-257
Covid-19
   e aumento da solidão, 9-10
   efeito na saúde mental, 43
   e populismo, 57, 72-73
   e espaços sem contato, 99
   respostas da comunidade a, 114-116
   uso de smartphones durante, 125
   videochamada durante, 125
   em locais de trabalho de plano aberto, 159
   direitos dos trabalhadores durante, 208-209
   e Economia da Solidão, 258
   resposta política para, 287-290
   resposta de Amazon, 292
craftjams, 255
crianças *ver também* pessoas jovens
   efeito do uso do smartphone pelos pais em, 122-123
   efeito de tempo de tela em, 129, 130
   iniciativas livres de telas, 131-132
   e robôs sociais, 234-235, 250

Cronin, Kerry, 128-129
Cruz, Reynalda, 195, 198
Cruz, Ted, 58-59
Cullen, William, 38
cyberbullying, 136-139

D

Daimler, 180
Dalio, Ray, 202
Darley, John, 86
De Quincey, Thomas, 81
Deep, Shannon, 83
definição de solidão, 16-20
Desconexão
   da política, 19, 20
   e aumento do populismo, 59-64
   propostas para lidar com, 294-296
desigualdade
   como causa da solidão, 23
   no trabalho, 205
   propostas para enfrentar a, 286-288
"Deutschland Spricht" ["Alemanha Fala"], programa, 300
Die Zeit, 300
Dinamarca, 75
dispositivos "mosquitos", 102
Dodd, Sarah, 255
Dubai, 81
Dunn, Elizabeth, 87
Duplex (assistente de voz), 235-236
Durkheim, Émile, 19, 258
Duterte, Rodrigo, 57
Dwyer, Johnny, 68

E

economia *ver também* trabalho
   impacto da solidão na, 15
   neoliberal como causa da solidão, 22-27
   e Economia da Solidão, 258-259

cooptação comercial da comunidade, 266-269
soluções para a crise de solidão, 285-294
Elektro (robô), 224-225
Eliot, George, 19
ElliQs (robôs), 233
Emanuel, Rahm, 110
Emma (robô), 239
Emmanuel, Anton, 38, 40
Empathy Effect, The [O efeito empatia] (Riess), 126
empatia, 123-127
emprego *ver* trabalho
Endicott, Katie, 197
entrevistas virtuais, 187-194
Erdogan, Recep Tayyip, 57
Eros, Ade, 106
Escala de Solidão da UCLA, 16, 17-18, 83
espaços comunitários
    perda de, como causa da solidão, 22
    segregação nos, 105-108
    declínio nas cidades, 109-110
    iniciativas para uso dos, 110-116
    ressurgimento dos, 253-259
    exemplos de ressurgimento, 259-266
    restauração de, 298-299
espaços de convivência, 268-271, 272-278, 281
espaços de coworking, 267-269, 271-278, 280
espaços sem contato, 97-101
Espanha
    populismo na, 68-69, 70
    projetos de revitalização na, 112-113
    trabalhos na, 182
    status, declínio da, 64-66

Estados Unidos
    impacto econômico da solidão nos, 15
    solidão entre as jovens, 15
    solidão entre negros e hispânicos, 21
    declínio dos espaços comuns, 22
    desigualdade nos, 23, 205
    ligação entre solidão e saúde mental, 42, 45
    disposição para ajudar nos, 47
    populismo nos, 58-59, 60-62, 64-68, 72, 73
    vida urbana nos, 79-81, 83, 84, 90
    mukbang nos, 92
    arquitetura hostil nos, 102, 104
    segregação nos, 107
    espaços comuns nos, 110-111
    uso de smartphones nos, 123-124
    tempo de tela entre crianças, 129-130, 130-131, 131-132
    trabalho nos, 159, 162, 177, 183, 199, 202, 205, 207-208, 212
    robôs sociais nos, 233
    New Deal, 286, 288
    resposta à Covid-19, 287
estigma da solidão, 16
estudo sobre Roseto, 35-36
Europa
    prevalência da solidão na, 12
    populismo na, 68-70, 213
    atitudes em relação à migração, 73-74
    viver sozinho na, 91
    trabalho na, 159, 176, 213
European Social Survey, 74

F

Facebook Effect, The (Kirkpatrick) [O efeito Facebook], 146

falta de moradia, 102, 104
Feldman, Hazel, 84, 114
festivais, 253-255, 279
Festival Coachella, 254, 279
festival de Glastonbury, 253-254, 279
Filadélfia, 102
Filipinas, 182
Financial Times, 266
Flippy (robô), 210-211
FOMO *ver* BOMP
Forbes, 215
Ford, Henry, 200
França
  desconfiança na, 58
  populismo na, 62-64, 69-70
  trabalho na, 181-182, 209
  serviço comunitário na, 304-305
Frey, Carl, 212
Furhat (robô), 229

G

Gana, 102
Garner, Simon, 114
Gates, Bill, 131
Gibbons, Joey, 254
Gidron, Noam, 65
gig economy, 202-204, 207-208
Gilman, Charlotte Perkins, 42
Gordon, Margaret, 118
Great Good Place, The (Oldenburg), 259
Griggins, Sharon, 158
Grupo de Robôs Pessoais (MIT), 234
Guangzhou, 85
Guardian, The 215, 255

H

habilidades de comunicação, 127-131
habilidades de namoro, 127-129
haekjji, 93

Hall, Peter A., 65
Hamai, Koichi, 13
haredi (comunidade), 32-35
Harmony (robô), 240-241, 245
Harvard Business School, 159
Harvard Study of Adult Development [Estudo sobre o comportamento adulto de Harvard], 38-39
Haselager, Pim, 248
Heisler, Karen, 260, 263
Henry (robô), 249
Hermes, 208-209
Hill, Andrew, 266
HireVue, 187, 190, 191, 194
Hogg, Thomas Jefferson, 118-119
Holanda
  prevalência da solidão na, 12
  desconfiança na, 58
  populismo na, 75
  trabalho na, 182
Homecoming (filme), 254
Honeyman, Gail, 42
Hong Kong, 81
hostilidade produzida pela solidão, 51-54
Hungria, 72
Huxley, Aldous, 19

I

I'd Blush if I Could [Eu coraria, se pudesse] (relatório da ONU), 244
imigração *ver* racismo
inclusividade nas comunidades, 279-281, 300-302
Índia, 92, 182
individualismo, 25-27
Instituto de Pesquisa Social (Universidade de Michigan), 47
intolerância, 54-56
Ishikawa, Masatoshi, 232
Itália, 69, 72, 301

J

James, Letitia, 292
Japão
    Rent-a-Friend [Alugue-um-Amigo] no, 10-11
    solidão entre as pessoas mais velhas, 13-14
    mukbang no, 92
    trabalho no, 176
    robôs sociais no, 229-233
    atividade sexual dos jovens, 248-249
Jenner, Kendall, 266
Jobs, Steve, 119, 131
Jones, Matt, 253
jovens *ver também* crianças
    prevalência de solidão entre, 14-15
    e arquitetura hostil, 102-103
    personas nas redes sociais, 144-145
    controle do uso de mídias sociais, 148-149, 154-155
    atividade sexual, 248-249
    e revitalização de espaços comuns, 254-256
JP Morgan, 215
Jung, Carl, 19, 59

K

Kant, Immanuel, 55
Kennedy, John F., 38
Kett's Books (Wymondham), 264
Kim In-gil, 257
King, Bernice, 267
King, Jaspar, 111
King's College (Universidade de Londres), 52-53
Kirkpatrick, David, 146
Klein, Stéphane, 170
Kniffin, Kevin, 171-172
Kuile, Casper ter, 256
Kwan, Justin, 183

L

LA Times, 215
Laboratório de Dinâmica Cerebral (Universidade de Chicago), 52
Lancia, Emily, 125
Le Pen, Jean-Marie, 58, 62
Le Pen, Marine, 62-64
Lei de Compartilhamento de Material Violento Torpe, 151-152
Levy, David, 237, 247
Liardet, Frances, 264
Lidl, 181
literatura da solidão, 41-42, 157-158
livraria Readings (Melbourne), 264
locais de trabalho de plano aberto, 159-164
lojas da Apple, 266
lojas de conveniência Amazon Go, 21-22, 97-98, 214
Londres, 81, 88, 105-107, 108, 295-296
Long, Meri T., 104
Longfield, Anne, 149
Love and Sex with Robots (Levy), 237

M

Ma, Jack, 177
Macron, Emmanuel, 304
Malásia, 92
Mallett, Xanthé, 245
Manokha, Ivan, 200
Marx, Karl, 19, 157
McCormick, Neil, 254
McDowell, Shelley, 110
McKenzie, Robert, 214
McMullen, Matt, 239, 240-241, 245

medições de bem-estar, 290
Melville, Herman, 157
Merkel, Angela, 73
microinterações, 86-88
Microsoft, 184, 293
mídias sociais
  como causa da solidão, 20, 134-135
  e populismo, 70-71
  e trollagem, 136-139
  e BOMP (uma crença de que os outros são mais populares), 139-141
  sentimentos de autoestima através das, 142-144
  criação de falsas personas nas, 144-147
  possíveis alterações às, 147-155
Mission Pie (San Francisco), 259-263
Mosseri, Adam, 143
mukbangs, 92-94

N

Nanyang Business School, 24
neoliberalismo
  como causa da solidão, 22-27, 285-286
  valores de, no local de trabalho, 174-176
New Deal, 286, 288
New York Times, The 120, 131-132
Nikocado Avocado, 92, 94
NomadWorks, 275-276
Nottingham, 103
Nova York, 79-80, 81, 83, 84, 107, 182, 281, 301
Nova Zelândia, 290

O

Obama, Barack, 60
Oldenburg, Ray, 259-260

Olds, Jacqueline, 52
Orbán, Viktor, 57, 72
Organização das Nações Unidas, 244
Origens do totalitarismo, As (Arendt), 46
Ortega, Melissa, 129
Osborne, Michael, 212
Owen-Jones, Allison, 116

P

PaPeRo (robô), 231
Park, Sojeong, 92
Peeters, Anco, 248
Pentland, Alex "Sandy", 173
Pepper (robô), 236-237, 243, 250
Pesquisa sobre Índices Urbanos, 81
pessoas mais velhas
  prevalência da solidão entre, 13-14
  robôs sociais para, 229-233
  e revitalização de espaços comuns, 256-257
Pinkerton, Allan, 200
Plath, Sylvia, 158
política *ver também* populismo
  impacto da solidão na, 15
  desconexão da, 19-20, 59-64
  respostas à solidão, 283-284
  propostas para
populismo *ver também* política
  ligação com a solidão, 53-54, 56-58
  causas do, 56-58
  e desconfiança dos outros, 58-59
  e desconexão da política, 59-64
  e perda de status, 64-66
  e senso de comunidade, 66-71
  na Europa, 68-71, 213
  medo da imigração, 71-77
  e automação do trabalho, 213
programa Futuro do Trabalho, 212
programas comunitários obrigatórios, 302-305

Projeto "How We Gather" [Como nos reunimos], 256
Projeto PEACH (Universidade de Bristol), 129-130
Putnam, Robert, 21

R

racismo
  como causa da solidão, 20
  e ascensão do populismo, 71-77
  e avaliações de trabalho, 203-204
Rea, Salvatore, 106
Reagan, Ronald, 23, 24
RealDoll (robô), 238-239
Reino Unido
  prevalência da solidão no, 12
  solidão entre os mais velhos, 14
  impacto econômico da solidão, 15
  declínio de espaços comunais, 22
  desigualdade no, 23
  ligação entre solidão e saúde mental, 42
  segregação no, 105-107, 108
  espaços comuns no, 109
  experiência de cyberbullying no, 136, 137-138
  trabalho no, 176, 177, 178, 184, 202, 203, 205
  atividade sexual de jovens, 248
  resposta à Covid-19, 287
  iniciativas comunitárias no, 301
Rent-a-Friend [Alugue-um-Amigo], 10
retomada de espaços comuns, 253-259
Riess, Helen, 126
Riqueza das nações, A (Smith), 286
robôs sexuais, 238-241, 243, 244-245
robôs sociais, 228-238
Robôs
  no local de trabalho, 210-219
  para contato pessoal, 223-238
  nas forças armadas, 227, 228
  robôs sociais, 228-238
  robôs sexuais, 238-241, 243, 244-245
  potencial de relacionamentos com 241-242
  violência contra, 243-246
  dependência de, para relações, 247-249
  importância de, nos relacionamentos, 249-251
Roeselare, 111
Romney, Mitt, 213
Roomba (robô), 226-227
Roosevelt, Franklin D., 286, 288
Rosenbaum, Scott, 10
Royal Oak espaço de residência coletiva, 270
Royal Wharf development, 105-106
Ruanda, 302-303
Rubin, Krystin, 260, 263
Rueda, Salvador, 113
Rutte, Mark, 75

S

Saki, Sakamoto, 231
salas de fuga, 255
Salesforce, 184
Salmela, Mikko, 71
Salvini, Matteo, 69, 72
Samantha (robô sexual), 243, 245-246
San Francisco, 102, 104
Sanders, Bernie, 58
Sandstrom, Gillian, 87
Santos, Sergi, 245
São Paulo, 81
saúde mental, 41-46 *ver também* saúde
saúde *ver também* saúde mental
  impacto da solidão na, 15, 29-32, 35-41

na comunidade haredi, 32-35
benefícios da comunidade, 35-37, 38-39
benefícios de ajudar os outros, 47-49
Scassellati, Brian, 226
Scatterson, Jessica, 138
Scheve, Christian von, 71
Schröder, Gerard, 23
Seattle, 102
segregação nas cidades, 105-108
"sempre conectado", cultura de trabalho, 178-182
Serviço Nacional de Saúde [National Health Service — NHS], 15, 289
Seul, 119
sexismo
    como causa da solidão, 21
    no trabalho, 183
    e robôs, 244-246
Shelley, Percy Bysshe, 118
Shulevitz, Judith, 248
Sikora, Kimberly, 261, 263
sindicatos, 208-209, 294
Smalls, Christian, 292
smartphones
    tempo gasto em, 119
    efeito nas interações sociais, 120-121
    efeito no desenvolvimento infantil, 122-123, 129-131
    efeito na empatia, 123-127
    efeito na capacidade de comunicação, 127-131
    razões para vício em, 133-135
Smith, Adam, 286
Smith, Doug, 110
Sócrates, 120
solidão
    na Europa, 12
    no mundo, 12

entre os mais velhos, 13-14
entre os jovens, 14-15
impacto na saúde, 15, 29-32, 37-41
impacto na política, 15
impacto econômico da, 15
estigma ligado à, 16
definição de, 16-20
literatura da, 41-42, 157-158
impacto sobre a saúde mental, 41-46
e sentimento de hostilidade, 51-54
e aumento do populismo, 55, 56-77
e intolerância, 54-56
respostas políticas à, 283-285
Stokes-Lampard, Helen, 41
Suécia, 12
Suíça, 12
suicídio, 43-45
surto de SARS, 43
Swain, Frank, 101

T

Taiwan, 92, 296
Taylor-Stavely, Robin, 253
Tega (robô), 234-235
teoria das janelas quebradas, 103
Teoria dos sentimentos morais (Adam Smith), 286
terceiros lugares, 259
Terkel, Studs, 158
Thai, Kim, 92, 93
Thatcher, Margaret, 23, 24
Three Square Market, 207
Torre Grenfell, 106-107
trabalho remoto, 164-168
trabalho *ver também* economia
    mudanças no, como causa da solidão, 21
    prevalência de solidão no, 157-158

e de locais de trabalho com plano aberto, 159-164
trabalho remoto, 164-168
sociabilidade no, 168-176
possíveis mudanças no, 170-176, 217-219, 293-294
tempo gasto no, 176-178
"sempre conectado", 178-182
e responsabilidades domésticas, 182-185
entrevistas virtuais para, 187-194
vigilância no, 194-201, 206-207
retração do, 199-201
avaliações no, 201-204
na *gig economy*, 202-204, 207-208
erosão das proteções no, 205-209
automação no, 210-219
redefinição do, 217-218
tributação, 289-290
Trithemius, Johannes, 120
trollagem, 136-139
Trump, Donald, 58-59, 60-61, 64, 66, 67-68, 72, 137, 213, 287

U

Uber, 170, 177, 182, 203, 206, 208, 262, 296
Uhls, Yalda T., 131
União Europeia, 69, 207-208, 218, 229, 300
urbanização *ver* cidades
utilidade, 47-49

V

videochamadas, 125
vigilância no trabalho, 194-199, 206-207
viver sozinho, 90-91
Volkswagen, 180

W

Waldinger, Robert, 39
Walk, Hunter, 243
Wall Street (filme), 25
Wang, Andy, 211
Washington D.C., 107, 123
Washington Post, 215
Westlund, Jacqueline Kory, 234
WeWork, 267, 275-276
Wikihow, 129
Wilders, Geert, 75
Wordsworth, Dora, 118

X

Xi Jinping, 57
Xinhua (estação de TV), 215

Z

Zaki, Jamil, 124, 151, 152
Zimmerman, Shannon, 132
"Zonas Azuis", 36
Zuboff, Shoshana, 143, 196
Zuckerberg, Mark, 150, 151

Este livro foi composto na tipografia Dante MT Std,
em corpo 12/16, e impresso em papel off-white
no Sistema Cameron da
Divisão Gráfica da Distribuidora Record.